JESUS
O Último dos Faraós

A verdadeira história
da religião revelada

Conforme Novo Acordo Ortográfico

Ralph Ellis

JESUS
O Último dos Faraós

A verdadeira história
da religião revelada

Tradução:
Fulvio Lubisco

MADRAS®

Publicado originalmente em inglês sob o título *Jesus, Last of the Pharaohs*, por Edfu Books.
© 1998, Ralph Ellis.
Direitos de edição e tradução para todos os países de língua portuguesa.
Tradução autorizada do inglês.
© 2008, Madras Editora Ltda.

Editor:
Wagner Veneziani Costa

Produção e Capa:
Equipe Técnica Madras

Tradução:
Silvia Spada

Revisão Técnica:
Lucia Sano

Revisão:
Sérgio Scuoto
Wilson Ryoji Imoto
Denise R. Camargo
Carolina Hidalgo Castelani

Dados Internacionais de Catalogação na Publicação (CIP)
(Câmara Brasileira do Livro, SP, Brasil)

Ellis, Ralph
Jesus, o último dos Faraós : a verdadeira
história da religião revelada / Ralph Ellis ;
tradução Fulvio Lubisco. — São Paulo : Madras, 2008.
Título original: Jesus : last of the pharaohs.
Bibliografia.
ISBN 978-85-370-0384-8
1. Cristianismo e outras religiões
2. Cristianismo - Origens 3. Egito - Religião
4. Egito na Bíblia 5. Jesus Cristo - Historicidade
I. Título.
08-06186 CDD-232.908

Índices para catálogo sistemático:
1. Historicidade de Jesus : Cristologia 232.908

Proibida a reprodução total ou parcial desta obra, de qualquer forma ou por qualquer meio eletrônico, mecânico, inclusive por meio de processos xerográficos, incluindo ainda o uso da internet, sem a permissão expressa da Madras Editora, na pessoa de seu editor (Lei nº 9.610, de 19.2.98).

Todos os direitos desta edição, em língua portuguesa, reservados pela

MADRAS EDITORA LTDA.
Rua Paulo Gonçalves, 88 — Santana
CEP: 02403-020 — São Paulo/SP
Caixa Postal: 12299 — CEP: 02013-970 — SP
Tel.: (11) 2281-5555 — Fax: (11) 2959-3090
www.madras.com.br

Junto aos rios da Babilônia,
Ali nos sentamos
E choramos,
Ao lembrarmos Sião.

Aqueles que nos levaram cativos
Pediam-nos uma canção.
Mas como podemos cantar a canção do Senhor
Em terra estranha?

Canção popular de 'Boney M' (1978)
Baseada no Salmo 137:1

Dedicatória

Aos meus filhos, para que possam conhecer a verdade.

Agradecimentos

Em primeiro lugar, gostaria de agradecer a Linda Doeser, minha editora co-pesquisadora, que empenhou grande parte de seu tempo neste projeto, embora não se tivesse certeza de sua publicação. Seus esforços incansáveis na verificação do material e na agregação de teorias clássicas sobre Teologia e História deram a este livro a possibilidade de ser apresentado a acadêmicos como uma obra que deve ser levada a sério. Admiro o seu profissionalismo e sou-lhe imensamente grato por sua assistência.

Além disso, devo reconhecer os outros autores que trilharam este mesmo caminho antes e que não só me influenciaram como também facilitaram minha tarefa. Não poderia agradecer suficientemente a Ahmed Osman por promover o conceito de que Moisés e o faraó Akhenaton estivessem de alguma forma relacionados. No mesmo momento em que me deparei com essa informação, tive a certeza de que só poderia ser verdade; assim, a trilogia dos livros de Ahmed teve uma profundíssima influência nas minhas ideias. Christopher Knight e Robert Lomas também tiveram uma grande influência nesta obra, mas de maneira peculiar. Sua simples observação de que o título 'Nazareno' para Jesus poderia ser traduzido como 'peixe' gerou dois capítulos inteiros e permitiu reescrever, potencialmente, grande parte do Novo Testamento. Será interessante observar o que os estudiosos de Teologia farão em relação às afirmações radicais nos capítulos VIII e IX. Michael Baigent, Richard Leigh e Henry Lincoln também tiveram uma grande influência, e a tese que eu lhes apresentei após a publicação de seu *best-seller Holy Blood Holy Grail* (Santo Sangue Santo Graal) forma os capítulos VI e VII por completo. Apesar do intervalo de 17 anos, ela permaneceu praticamente inalterada.

Também agradeço a todos aqueles que leram e apreciaram *Thoth – Arquiteto do Universo*. Foi inteiramente em razão do apoio e estímulo desses leitores que tive a confiança de continuar nessa busca pela verdade histórica. Finalmente, um agradecimento especial a Chris Ogilvie-Herald, que permaneceu firme como uma rocha, mesmo quando o mundo literário ameaçava nos engolir. Com paciência, persistência e muito apoio, vencemos.

Ralph Ellis

Índice

Notas e Referências 13
Terra Prometida 15
O Rei Jacó 23
Gênesis 44
Êxodo 82
José 113
Moisés 124
Cordeiro de Deus 168
O Último dos Faraós 201
Evangelista 231
A Queda de Jerusalém 266
Legado 279
A Crucificação 321
Relação dos Diagramas 326
Créditos Fotográficos 328
Índice Remissivo 329

Notas e Referências

Bíblia Todas as referências foram extraídas da Bíblia Católica on-line. Às vezes o texto é modernizado por motivo de clareza.

Josephus CA = Contra Apião, Ant = Antiguidades, GJ = Guerra Judaica.
As páginas na referência são da coleção "Loeb Classical Library" (LCL).
As citações são extraídas da tradução de William Whiston, publicada originalmente em 1736. Algumas referências são da edição da Penguin Classics, edição de G. Williamson, publicada originalmente em 1959.

Maneton Todos os números das páginas são extraídos da edição "Loeb Classical Library" (LCL), editor G. Goold.

No sistema de referências deste livro, alguns números têm prefixos com letras que dão ao leitor uma ideia da fonte de referência, sem que ele tenha de procurar por ela. Isso só se aplica às obras mais populares. Os prefixos são os seguintes:

B = Bíblia   M = Maneton   J = Josephus
T = Talmude   C = Corão   N = Nag Hammadi

Prólogo

Terra Prometida

A estrada de volta para Ein Zivan era quente e poeirenta no verão de 1978. Eu havia conseguido uma carona em um velho e surrado Land Rover, mas o motorista me deixara no sopé dos Montes Golã e a perspectiva era voltar para o *kibutz* por um caminho abrasador. Agradeci ao motorista, ajeitei bem o meu costumeiro chapéu de abas largas e rumei para a minha residência temporária. Para ganhar tempo, cortava caminho por onde fosse possível, arriscando-me pelo terreno rochoso, evitando o aglomerado espinhoso dos cactos e subindo sempre para a planície superior. Era uma tarefa difícil e as minhas pernas começavam a parecer geleia. Os grilos cantavam incessantemente, o suor caía de minha fronte e o sol intenso ameaçava queimar minhas costas através da camisa. Finalmente, alcancei o plano superior e tive a oportunidade de analisar o meu progresso. Fiz outra pausa, para tomar um gole d'água, e o suor salgado fez arder meus olhos; com um lenço enxuguei a testa e inspecionei o cenário que se me apresentava abaixo. Ali, tremulando no calor da tarde, estava Yam Kenneret – o Mar da Galileia – cercado pelo tapete verdejante do vale irrigado pelo Rio Jordão.

Bem abaixo, um comboio militar subia pelo caminho sinuoso da colina. Três tanques transportes, dois caminhões abertos com metralhadoras montadas e alguns jipes. O rumor de seus motores acelerados aumentava e diminuía à medida que o comboio aparecia e sumia de vista na faixa do asfalto serpejante. Levou algum tempo para que, finalmente, alcançassem o topo da via, e, ao passarem por mim, o chão tremeu sensivelmente. O último jipe do comboio parou e o motorista ofereceu-me uma carona que eu, agradecido, aceitei. Ele parecia um profissional experiente da linha de frente – bronzeado e musculoso, com uma ferida que estava cicatrizando e subindo pelo seu antebraço direito.

Seguimos adiante pelo Golã, o comboio à frente fazia subir uma nuvem de poeira e escombro tão densa que tínhamos de manter uma certa distância a fim de que pudéssemos enxergar alguma coisa. O motorista parecia ser mais amável do que a sua aparência sugeria e começamos a conversar. Ele falava bem o inglês e contou-me que era professor de Geografia de Haifa, que passava por um mês de serviço militar obrigatório e que a feia cicatriz em seu antebraço havia sido provocada por algo pouco agressivo, um traiçoeiro tambor de óleo. Entretanto, as ameaças que ele enfrentava eram bem reais; o comboio estava escoltando reforços no Golã por causa de recentes ataques de foguetes sobre Quiriat Shamona. Isso havia elevado as tensões ao longo da fronteira norte e, portanto, esses tanques não estavam realizando simples manobras anuais.

Aceleramos pela planície, os rastros de poeira estavam sendo agora soprados para o sul por uma forte brisa. Tratava-se de um desses ventos do deserto que não refrescam, ao contrário, fazem parecer que se está dentro de um forno ventilado. A areia cruzava a estrada em rios tortuosos, e pequenos arbustos secos rolavam pela paisagem à medida que progredíamos, de buraco em buraco, pela estreita estrada cheia de curvas. Eu segurava o meu chapéu e entreolhava o caminho com os olhos castigados pela areia.

Finalmente, Ein Zivan apareceu; um pequeno aglomerado de edifícios de teto plano em meio a uma área verdejante – a única terra irrigada em quilômetros. Um pouco além do *kibutz*, o terreno declinava através de fileiras de árvores frutíferas que pareciam emergir magicamente do deserto. No fundo do pomar, vigiada por duas metralhadoras, estava a linha de cessar-fogo de 1974. Essa era uma faixa de terra de ninguém, uma dupla fileira de cercas eletrificadas instaladas ao longo de toda a extensão dos Montes de Golã. Essa cerca não somente separava Israel da Síria, mas também envolvia a cidade fantasma de El Qunaytirah, um lugar abandonado desde a Guerra dos Seis Dias, de 1967.

Isso foi o mais próximo que cheguei do conflito armado; descobri que se tratava de um lugar surreal, bem distante da realidade de minha habitual existência suburbana. Há pouco tempo, eu estava no transporte que me levava para Londres e agora colhia maçãs escoltado por um guarda armado de metralhadora. Há pouco tempo, o *pub* era um porão inusitado de Londres e, agora, o bar e a discoteca eram um *bunker* de trabalho nuclear do *kibutz*.

Isso e o Vale da Galileia, que eu acabara de deixar para trás, eram a Terra Prometida. Na realidade, era um lugar selvagem e inóspito – física e politicamente – para ter sido escolhido como berço de três das mais importantes religiões do mundo. É uma pequena faixa de terra, não maior do que o País de Gales, que, de alguma forma, parece imitar, em miniatura, a topografia do grande Vale do Nilo, a sudoeste. A Palestina é uma terra árida, atravessada por uma valiosa fonte de água para irrigação –

neste caso, o Rio Jordão. Não se trata de uma propriedade de grande valor imobiliário e, no entanto, é uma faixa de terra que poucas vezes esteve em paz nos últimos 3.500 anos, disputada por exércitos de todos os pontos possíveis da bússola: Egito, Pérsia, Grécia, Roma, Arábia, França, Alemanha e Inglaterra.

Alguns conquistaram e outros foram conquistados, mas sempre houve conflito. Esse é um fato curioso, pois parece haver muito pouco a lucrar com a conquista da Palestina. O que os exércitos realmente queriam além de um árido acesso aos grandes impérios do Egito e da Pérsia?

Como muitas vezes é o caso, a resposta nem sempre é a mais óbvia. Provavelmente, aqui não se trata de um problema com a terra propriamente dita. Talvez o fato de essa terra, geralmente conhecida como Palestina, ser o centro reconhecido das religiões ocidentais e do Oriente Médio seja a verdadeira causa do conflito. Esses contínuos embates não parecem ser apenas as habituais lutas causadas por disputas sobre qual religião é mais dominante, mas, sim, cruzadas na busca de conhecimento. Flavius Josephus,* o historiador judeu do primeiro século, parece ter concordado com isso quando descreveu a sua religião da seguinte forma:

> ... um esquema de acordo com o qual a religião é o objetivo final do treinamento de toda a comunidade, sendo essa missão especial confiada aos sacerdotes, e toda a administração do Estado parece uma cerimônia sagrada. Práticas que, sob o nome de mistérios e ritos de iniciação, mantemos com gáudio e determinação resoluta durante todas as nossas vidas, enquanto outras nações as realizam apenas por alguns dias.[J1]

Obviamente, a nação judaica se considerava a detentora de uma grande e antiga tradição; havia conhecimento sagrado a ser encontrado na Palestina. Esse era o conhecimento que, de acordo com Josephus, Salomão negociou com o rei Hiram em troca de matéria-prima com a qual construiria o seu grande templo,[J2] e que os cavaleiros das Cruzadas** também disputariam, muitos séculos mais tarde. Quer seja verdade ou não, essa tradição de um conhecimento sagrado mantido nessa área atraiu reis e potências do mundo todo, provocando ali grandes colisões. Entretanto, a fonte-raiz desse conhecimento parece ser religiosa. O que poderia realmente haver em uma religião para atrair uma civilização vizinha dessa maneira? É uma pergunta interessante, e a resposta a esses enigmas deve estar nos livros sagrados.

---

* N.E.: Sugerimos a leitura de *Seleções de Flavius Josephus*, Madras Editora.
J1. Josephus, CA 2:189.
J2. *Ibid.* 1:109.
** N.E.: Ver também: *O Guia Completo das Cruzadas*, de Paul Williams, Madras Editora.

A Crença

Religião é um assunto curioso. Ela é, provavelmente, uma das primeiras matérias que aprendemos no mundo ocidental e, no entanto, talvez a que seja ensinada da pior maneira e a menos compreendida de todas. Ensinam-se aos cristãos que a vida familiar é o núcleo da crença e, no entanto, só descobri, sozinho, quando eu tinha 15 anos, que Jesus tinha irmãos e irmãs.[B3] Insinua-se que sofreremos numerosas calamidades se não frequentarmos a igreja e, no entanto, eu tinha 17 anos quando descobri que Jesus dizia que não deveríamos ir à igreja.[B4] Essas claras lacunas em nossa educação existem porque os textos não concordam com a crença e, para poder criar uma ponte entre esses abismos teológicos, os tópicos mais controversos dos textos são encobertos.

O propósito deste livro é provocar discussões em relação aos conceitos das quatro religiões ocidentais e iluminar os cantos escuros da Bíblia, a respeito dos quais os profissionais não ousam se pronunciar, e os segredos explosivos que não se atrevem a mencionar. Além disso, procuro explorar como esses textos evoluíram, para que servem e, de fato, de que forma são relevantes para o mundo moderno. Será que nos é possível desenterrar a verdadeira história da religião e descobrir por que ela se tornou o tema central da psique humana? Por que, por exemplo, uma certa nação acreditou ser a única designada para guardar essa tradição?

De fato, as origens das religiões ocidentais são mais centradas do que em uma nação em particular. A história do Judaísmo gira em torno da família patriarcal como as de Abraão, José e Moisés, mas essas figuras também são centrais às crenças cristã, islâmica e maçônica. Por que essa linha familiar foi escolhida dentre milhões de famílias para ser tão especial à História da humanidade?

Este livro veio a existir porque a pesquisa empreendida em meu primeiro livro, *Thoth – o Arquiteto do Universo,** sugeria fortemente existir uma tradição secreta envolvida nos escalões superiores da sociedade do mundo antigo. O local mais óbvio para iniciar a busca dessa antiga tradição era o Egito – o berço de todas as civilizações. A matéria em questão deveria, portanto, dizer respeito aos faraós do Egito e à religião, que era o fundamento desse antigo e majestoso império. Seria possível encontrar qualquer elo dentro dessa esfera que apontasse para uma tradição secreta? Durante a pesquisa inicial, eu estava folheando o livro *Act of God* (Ato de Deus), de Graham Phillips, e deparei-me, na página 194, com uma informação interessante; uma observação de poucas linhas que dizia simplesmente:

B3. Bíblia, Mateus 13:55, Marcos 6:3.
B4. Bíblia, Mateus 6:5.
*N.E.: Lançado no Brasil pela Madras Editora. Sugerimos também a leitura de *Moisés e Akhenaton*, de Almed Osman, Madras Editora.

É interessante notar que um dos faraós da décima sexta dinastia hicsos era chamado Yacobaam, um nome que um grande número de estudiosos bíblicos reconheceu ter forte semelhança com o nome hebreu de Jacó.[5]

Meu coração disparou por um minuto esperando que alguma coisa dramática e estupenda estivesse para ser revelada; a descoberta de uma vida, a sensação do milênio era iminente. Mas o momento passou rapidamente e o texto seguiu adiante para a Dinastia Amarna. Yacobaam não seria mencionado novamente e o momento se perdeu. Tal como ocorre com muitos estudiosos, inclusive Josephus, Graham Phillips havia talvez pensado que essa associação fosse impossível e seguiu em frente para outros tópicos. Essa porta para a história tinha passado despercebida e a relação entre os dois não foi feita. O faraó Yacobaam ainda repousava em paz e a tradição secreta permaneceu como estava.

Mas os elos são tão óbvios que eu não posso acreditar que essas tradições não tenham sido notadas anteriormente. É possível que um ou dois historiadores do passado tenham enxergado as semelhanças, mas talvez ao olhar para elas novamente e, sem gostar das consequências de tal descoberta, passaram a assuntos menos controversos. Por outro lado, é possível que essa porta em particular nunca tenha sido aberta – quem sabe? O importante é que *Jesus – O Último dos Faraós* permitirá revelar todos os elos perdidos de nossa história e muito mais.

Para fazer essa transição, devemos novamente limpar nossas mentes da bagagem da história ortodoxa e questionar a veracidade da mais meticulosa informação que nos foi transmitida. Eu mesmo comecei esse processo na tenra idade de 7 anos, sentado diante de uma lareira chamejante na fria véspera de um Natal invernal. A conversa girava em torno da espera pelo Papai Noel e, à medida que progredia, alegou-se que Papai Noel não existia. Eu estava mortificado não pelo fato de que a heroica figura não fosse aparecer, mas porque as pessoas nas quais eu mais confiava – meus pais – haviam mentido para mim.

Esse pode parecer um evento trivial na plenitude de nossas vidas, mas o fato obrigou-me a questionar tudo o que, desde então, me era ensinado. A conclusão era clara: os que detêm poder e influência podiam inventar histórias que servissem aos seus propósitos pessoais. Papai Noel pode ter sido uma mentirinha sem consequências, mas se isso foi feito em uma ocasião poderia muito bem ser feito em outra. Quantos outros e inúmeros Papais Noéis poderiam ser encontrados em nossa História?

---

5. *Act of God*, Graham Phillips. London: Pan Books, 1998.

Adendo à Introdução

Quando decidi empreender essa busca pela verdade religiosa e histórica, não imaginava o quanto do que nos é ensinado na escola e na faculdade pudesse estar tão terrivelmente errado. *Jesus – o Último dos faraós* estabelece as regras básicas dessa nova interpretação da História, mas é o livro *Salomão – Faraó do Egito (Salomão – o Falcão de Sabá)** que contém a informação irrefutável que demonstra que quase toda a história bíblica se baseia em acontecimentos ocorridos no Egito. Por mais estranho que pareça, é certo que o rei Salomão era um Faraó egípcio cuja primeira capital estava em Tanis. O *Éden no Egito* leva esse conceito a um passo além e demonstra que a liturgia judaica se baseava originalmente na crença de Akhenaton e de Nefertiti. E, assim, tendo compreendido os fundamentos deste livro, continue lendo e comece a entender a verdadeira história da civilização ocidental.

Notas ao Leitor

Alguma explicação se faz necessária quanto à apresentação deste livro, a fim de esclarecer algumas das convenções por mim utilizadas e as dificuldades que procurei superar.

a. Em decorrência da natureza radical deste livro, foi necessário enfatizar a diferença entre as afirmações-padrão ortodoxas e aquelas geradas pela minha visão lateral de Teologia. Portanto, neste livro, usei parênteses ( ) para indicar as afirmações ortodoxas e colchetes [ ] para minhas novas afirmações radicais. Espero que isso possa dar clareza ao texto.

b. Muitos textos históricos foram usados na compilação desta obra e muitas vezes eles não estão em concordância quanto à ortografia de um nome em particular. Procurei padronizar a ortografia, de maneira que as referências de um certo texto que o leitor estiver usando podem discordar dessa minha ortografia padronizada. Ocasionalmente, diferentes grafias foram usadas para ilustrar certos pontos e, assim, os nomes podem, às vezes, mudar sutilmente.

c. No texto, existem muitas referências. Para facilitar o problema de referir-se continuamente à seção no começo do livro, foram colocados alguns prefixos em algumas referências, que são os seguintes:

B = Bíblia, C = Corão, J = Josephus, T = Talmud, M = Maneton
N = Nag Hammadi**

---

* N.E.: Sugerimos a leitura de *As Chaves de Salomão – O Falcão de Sabá*, de Ralph Ellis, e *A Sombra de Salomão*, de Laurence Gardner, ambos da Madras Editora.
** N.E.: Sugerimos a leitura de *A Biblioteca de Nag Hammadi*, de James Robinson, Madras Editora.

d. Por causa da natureza radical desta investigação, alguns personagens históricos bem conhecidos aparecem com outros nomes. Por exemplo, Akhenaton torna-se o bíblico Aarão. Nem sempre é possível referir-se aos dois nomes, de maneira que, geralmente, um só nome é usado.

e. As citações bíblicas nem sempre podem concordar com a Bíblia do leitor. Infelizmente, as últimas edições da Bíblia foram entusiasticamente traduzidas em idiomas modernos e, em passagens nas quais os tradutores modernos toparam com "absurdos" bíblicos, eles usaram expressões modernas para dar sentido ao texto. Por exemplo, Gênesis 31:12 fala de "ovelhas acasalando com gado", o que parece ser totalmente absurdo para a maioria dos leitores e, por isso, a Bíblia Gideon, por exemplo, traduziu o trecho da seguinte maneira: "carneiros acasalando com os rebanhos".

Entretanto, essa Bíblia inadvertidamente alterou o verdadeiro significado do texto, pois a história original não se referia a ovelhas e gado de fato – referia-se às constelações estelares de Áries e de Touro, ovelhas e gado estelares. O texto original faria sentido se o indivíduo soubesse como interpretá-lo. Para superar esse problema, fiz uso da Bíblia do rei Jaime em todo o livro, com algumas alterações para reduzir o uso dos pronomes "tu" e "vós".

f. Em Egiptologia, dois termos muitas vezes causam confusão, pois parecem ser contra-intuitivos. O Baixo Egito refere-se à metade norte do país, inclusive o Delta do Nilo. O Alto Egito refere-se à parte sul e Tebas (Luxor moderno). Na realidade, os termos são bem lógicos pelo fato de o Nilo fluir para o mar através do Baixo Egito.

Capítulo I

O Rei Jacó

O faraó desceu do barco sobre o Rio Nilo e subiu na parte posterior de seu carro dourado. Os corneteiros soaram seu *staccato* de boas-vindas ao rei, e a multidão o aclamava enquanto os dois corcéis, enfeitados de joias, mostravam sinais de inquietude, ligeiramente surpresos pelo tumulto. Músicos, dançarinas, sacerdotes e dignitários, à frente da procissão, tomaram-no como sinal e começaram a se movimentar. Por sua vez, o condutor do carro brandiu cautelosamente o chicote e a sua parelha começou a andar pelo caminho que conduzia ao templo de Heliópolis. Címbalo, música e dança vinham à frente da procissão; depois vinham os sacerdotes, que se mantinham em restrita solenidade; em seguida vinha o esplendoroso faraó em seu traje vistoso e, finalmente, a guarda real com seu uniforme vermelho e branco bem destacado sob o bronze resplandecente.

À frente, o grande templo aguardava a procissão. As paredes de suas pilastras externas eram da altura dos penhascos da margem leste, pintadas de um branco brilhante e realçadas com cenas de batalhas, formando um glorioso caleidoscópio de cores que cintilavam no brilhante Sol de inverno. Os quatro enormes mastros de cedro libanês atingiam alturas superiores a qualquer mastro de navio, ousando estender-se em direção aos deuses. As bandeiras brancas e douradas em seu ápice flutuavam na brisa matutina. A multidão alinhada ao longo da estrada aclamava, cantava e jogava ramos de palmeiras na estrada, pois o tapete verde representava o símbolo do domínio do rei sobre a dádiva do Nilo. À medida que o faraó passava, as pessoas se ajoelhavam silenciosamente, pois essa era a única oportunidade que tinham de estar na presença dos deuses. O faraó não era apenas o rei, mas o filho do próprio deus; o mundo dos espíritos encarnado para o benefício da humanidade.

À medida que a procissão se aproximava dos portões dourados que selavam a entrada do templo, o carro do rei, enfeitado de joias, aproximou-se da frente. O faraó desceu sobre um luxuoso tapete vermelho, dirigiu-se para os portões e, cerimoniosamente, bateu com seu cetro de bronze encimado por uma serpente. Vagarosa e silenciosamente, os grandes portões abriram-se para o rei, uma tradição antiga designada para demonstrar o poder do faraó sobre tudo o que havia nesta terra – nenhuma porta lhe era fechada ou barrada.[6] Um pequeno estrado havia sido preparado para o rei, que foi transportado para uma atmosfera mais sóbria que a do pátio externo do templo onde se encontravam todos os dignitários da nação do Baixo Egito.

Depois da entrada da procissão e de todos terem se acomodado na extremidade do pátio, os portões foram novamente fechados. Um silêncio tenebroso desceu sobre a multidão fora do templo: os deuses estavam para entrar em comunhão entre si. O sacerdote-mor de Heliópolis aproximou-se do rei, parando e curvando-se a cada passo. Ao ajoelhar-se sobre um pequeno escabelo, toda a audiência também se ajoelhou. Houve um movimento rápido entre os presentes, e o silêncio voltou logo em seguida. O sacerdote pronunciou um pequeno discurso de boas-vindas ao seu humilde templo, com sua voz ecoando em volta dos grandes pilares de pedra que cercavam o claustro. O faraó fez um pequeno gesto para indicar que se levantaria novamente e, ao fazê-lo, o mestre-de-cerimônias do templo pronunciou em voz alta: "Longa vida ao faraó". Os senhores e as damas ali reunidos levantaram-se de uma só vez e responderam: "Longa vida ao rei Abraão, Pai da Nação".

Fantasia?

Se eu sugerir que a cena descrita acima refere-se ao Abraão bíblico, ela pareceria fruto de uma imaginação tremendamente absurda de uma mente perturbada? Inicialmente, pode parecer que sim, mas apenas porque nos acostumamos tanto à crença eclesiástica ortodoxa que nos esquecemos de que o Abraão bíblico era, de fato, um rei. A imagem que retratei não é tão absurda; no máximo, ela seria um embelezamento do que dizem os textos. Essa grandiosa imagem do rei Abraão e de seu neto, Jacó, é uma imagem que quero investigar minuciosamente, pois ela contém a chave para os fundamentos da Teologia moderna que são bem distantes das imagens dos cartões de Natal que nos são tão familiares.

Será que essa busca tem alguma relevância para os dias atuais? Realmente, algumas pessoas podem até estar tentadas a dizer que nenhum tópico religioso tem qualquer relevância no mundo moderno, pois trata-se de um assunto do qual a sociedade se desvencilhou amplamente. Entretanto, olhem para o mundo ao seu redor, vejam com que fervor a religião é praticada em alguns setores e observem as consequências dos conflitos que acontecem em seu nome. A religião ainda é muito importante para todos

---

6. Baseado aleatoriamente na cerimônia de abertura do Parlamento Britânico, Westminster.

nós; é um assunto para o qual devemos nos voltar, aprender com ele e, mais importante, conhecer mais a seu respeito.

Uma pessoa religiosa deve ter pleno comando de todos os fatos para tomar uma decisão consciente sobre as suas crenças, assim como o ateu também deve conhecer intimamente a religião, pois como é possível rejeitar o que não é compreendido?

A primeira tarefa, portanto, é trazer à luz os verdadeiros fundamentos do nosso mundo religioso ocidental. O clero, ao qual confiamos nossa educação em assuntos religiosos, conta-nos frequentemente histórias bíblicas sem enfatizar suas ramificações. Em nossa ignorância, escutamos seus sermões sem entender o significado. O que mais precisa ser enfatizado, desde o início, é uma pequena verdade que chega a ser um tanto esquecida nos círculos clericais. O que os sacerdotes esquecem de dizer a seus rebanhos é que a Bíblia, o Corão e a Torá baseiam-se nos mesmos acontecimentos, todos contam a mesma história a respeito da família de Abraão, seus ancestrais e descendentes.

Até hoje, muitas pessoas podem estar tentadas a olhar para uma dessas "outras" religiões e pensar que ela é bem diferente da própria e que seus seguidores estão, de alguma forma, enganados. "Nós" somos, de certo modo, bastante civilizados por termos uma determinada religião; por outro lado, "os outros" são bárbaros. É um erro comum designar tais rótulos, o que é provocado por uma falha na nossa educação. Em nossa formação religiosa, não somos ensinados que os muçulmanos, os cristãos, os judeus e até os franco-maçons são todos primos religiosos. De fato, o relacionamento é até muito maior do que isso; eles são irmãos religiosos, nascidos da mesma essência.

A Torá judaica, as seções mais antigas do Corão islâmico e o Velho Testamento cristão baseiam-se todos na mesma história – a de Abraão e de sua família. Os cinco livros de Moisés, como esses textos são às vezes chamados, são simplesmente a história de uma linhagem real, mas uma história que se ramificou durante as eras e em seitas ligeiramente diferentes. Essa mais antiga história teve a sua primeira divisão na Babilônia, por volta do século VI a.C., quando a Torá foi fundada; a história dividiu-se novamente no século I d.C., formando a Bíblia; e ela se ramificou mais uma vez no século VI d.C., quando se desenvolveu o Corão. Entretanto, a mensagem básica permanece a mesma, independentemente da forma pela qual é transmitida.

Outra "religião" manteve as tradições dessa sagrada família: a Franco-Maçonaria.* Em alguns aspectos, a Maçonaria parece ter preservado uma versão ainda mais antiga da história dessa santa família do que a Torá, mas ela ainda é mantida em tradição oral. Para dar respaldo a essa ideia, é

---

* N.E.: Sugerimos a leitura de *Maçonaria – Escola de Mistérios*, de Wagner Veneziani Costa, Madras Editora.

evidente que a Maçonaria parece guardar muito dos princípios cosmológicos e matemáticos que essa família bíblica ensinava – evidência que será apresentada mais adiante –, enquanto as outras religiões tendem a considerar a Astrologia e a Numerologia como heresias. Mas enquanto a confraria não se tornar mais acessível quanto à sua verdadeira história, não poderemos afirmar quão próxima a "Teologia" da Maçonaria realmente é dos ensinamentos originais de Abraão ou o quanto ela foi corrompida ao longo dos anos. Seria interessante comparar esses dados e é uma pena o fato de nos ser negada a oportunidade de uma pesquisa mais profunda nesse campo.

Todavia, a história básica permanece a mesma em cada uma dessas religiões. Com algumas adições e algumas eliminações, trata-se apenas da história da família de Abraão e de seus descendentes. Por que essa família foi tão especial a ponto de milhares de livros terem sido escritos a seu respeito, de bilhões de pessoas acreditarem nela e, muitas vezes, sacrificarem suas vidas por ela? O que fez com que essa família fosse tão importante para o mundo? Está claro que algo portentoso deve ter ocorrido no passado distante, o que levou uma específica família a acreditar que fosse muito especial e abençoada pelos deuses; alguma coisa que, da mesma forma, também convenceu os seus seguidores. Se pudermos rastrear qualquer indício, esse acontecimento pode ser a base de grande parte de nossas crenças religiosas.

Entretanto, para que se possa entender esses textos religiosos, é necessário ajustar as percepções gerais de nossa Teologia. O primeiro ajuste diz respeito à nossa escala de tempo. Muitas pessoas consideram a História como algo muito distante sem nenhuma ligação e influência sobre o presente. Elas estão erradas. A História é relevante e os principais movimentos ocorridos há 3 mil anos ainda são sentidos e afetam as nossas vidas, mesmo que não os percebamos.

Por outro lado, o Egito Antigo estava apto a pensar em amplos ciclos de tempo e, mais adiante, mostraremos por que isso é importante. Maneton (Sincello citando Maneton), sacerdote e historiador egípcio, aponta para as tradições que registram o "dilúvio" no ano 5500 a.C. Os egípcios também parecem ter registrado a precessão do eixo da Terra – o movimento oscilatório do planeta – com registros (extrapolações) datando de uns 36 mil anos atrás.[7] Maneton menciona que o ciclo precessional do eixo da Terra tinha duração de 36 mil anos, um vasto espaço de tempo, o que não era tão errado, pois o verdadeiro ciclo é de cerca de 25,7 mil anos.

Essa é realmente uma longa tradição, mas os egípcios não eram tão ousados a ponto de dizer que isso marcava o início do mundo; tratava-se apenas do início dos registros históricos egípcios. Mesmo que tivessem condições de conceituar as eras com facilidade, talvez nos seja difícil efetuar esses reajustes para a nossa estrutura de tempo. Eventualmente, outra ilustração poderá ajudar.

---

7. Maneton, LCL p. 233.

A Família

O povo judaico não tem a sua fé no sentido estrito da palavra; eles possuem um completo estilo de vida. Um judeu aprende a respeito das vidas de Abraão e de José não somente como uma história contada em um livro, mas também como uma instrução religiosa a ser aprendida dedicadamente, acreditando nela sem compreender o texto ou os princípios envolvidos; os contos dos patriarcas na Torá são mais uma parte de sua própria família. Esses não são personagens vagos do passado distante, mas muito mais um "avô" e, quem sabe, um "primo" ou os dois. A vida dos patriarcas torna-se parte da vida moderna dos judeus, e eles são bem reais, até mesmo no frenético mundo atual.

Esta é a imagem que precisa ser captada a fim de que se possa compreender este livro e os conceitos mais amplos da história teológica e mundial, pois parece ser assim que a história funciona no mundo real. Também parece que existem algumas famílias que consideram a religião tão seriamente a ponto de guardar rancor por 2 mil anos ou mais e ainda tentar vencer seus inimigos mortais. Esse conceito, o da linhagem real, será o tema central deste livro.

Então, qual é a história fundamental que serviu de base aos ensinamentos das três principais religiões judaicas: Judaísmo, Islamismo e Cristianismo? Devemos acreditar no dogma eclesiástico ortodoxo que nada mais é do que uma história a respeito de alguns pastores, um carpinteiro e um fabricante de tendas? Teriam essas pessoas a capacidade de transformar o mundo e a vida de milhões de indivíduos ao longo de uma história de mais de 3,5 mil anos? De que maneira esses diários teriam sido escritos e preservados no decurso de longas e instáveis épocas do mundo antigo, quando a própria palavra escrita era sagrada, exclusiva e cara? As palavras eram consideradas tão mágicas durante esse período que, em inglês, o verbo "soletrar" (*to spell*) está relacionado à ideia de "palavra mágica, feitiço" (*spell*) ainda nos dias atuais. É possível que um humilde pastor tenha conseguido acesso a esse conhecimento sagrado? Alguém poderia acreditar que não. Um pastor solitário, em uma colina, não se proporia a reescrever toda a História do mundo e, mesmo que o fizesse, ninguém lhe daria crédito, tampouco o seguiria. A verdade é que a religião acabou se separando de suas reais raízes. Perdemos a sua verdadeira história e esta é a principal tarefa em nossa busca: tentar encontrar o verdadeiro *status* social dos patriarcas bíblicos.

Esse processo de obscurecimento não foi uma transição desorientada e aleatória de um conto sobre pessoas importantes para o de simples pastores que vagueavam pelos desertos. Parece ser mais um programa designado e orquestrado por autoridades religiosas para divorciar nossas crenças cotidianas de suas verdadeiras raízes, e há bons motivos que as levaram a fazer isso. A maioria das pessoas está muito ocupada com o dia-a-dia para se preocupar em se aprofundar na Teologia, e o que as autoridades queriam era uma história simples para contar às pessoas simples. A fórmula funcionou conforme havia sido planejado e o conto popular de simples pastores com uma mensagem divina permeou os lares de todo o mundo ocidental, mas a realidade da história era bem diferente. Basta olhar para alguns textos antigos para enxergar a verdade. Por exemplo, Josephus refere-se a Abraão da seguinte forma:

> O faraó Neco, na época Rei do Egito, desceu sobre essa terra com um imenso exército e capturou a Princesa Sara, mãe de nossa nação. E o que fez o nosso ancestral Abraão? Tentou ele vingar o insulto pela força das armas? E, no entanto, ele tinha trezentos e dezoito oficiais sob o seu comando e um efetivo ilimitado à sua disposição![J8]

Algumas pessoas podem descartar os trabalhos de Josephus dizendo tratar-se de histórias duvidosas, mas repetidamente os seus escritos podem ser verificados com outros textos. Por exemplo, a citação acima é confirmada pela própria Bíblia, mas nela o trecho procura ofuscar a inconsistência do *status* social de Abraão, chamando os oficiais do exército envolvido de "servos".

> Abraão, tendo ouvido que Lot, seu parente, ficara prisioneiro, escolheu trezentos e dezoito dos seus melhores e mais corajosos servos, nascidos em sua casa, e foi ao alcance dos reis até Dan.[B9]

O fato de que eram realmente soldados e não servos é confirmado na Bíblia pela subsequente batalha comandada pelo irmão de Abraão e o massacre de Chedorlaomer. Olhando para os dois textos, a impressão é que a versão do Velho Testamento de Josephus seja o relato mais confiável. Ele não deve ser levianamente descartado. Se cada oficial de Abraão contasse apenas 30 homens sob o seu comando, então Abraão teria um exército de mais de 11 mil soldados. Isso não significa apenas uma força considerável para a época, mas também reforça a ideia de que Abraão era mais do que os textos preferem admitir. De fato, ele era influente o bastante para que a sua esposa Sara fosse uma princesa real. No mesmo sentido, a Bíblia faz referência a um personagem posterior, José:

> E (o faraó) fazendo-o montar (José) no segundo dos seus carros, mandou que se clamasse diante dele: "Ajoelhai-vos!". É assim que ele (José) foi posto à frente de todo o Egito.[B10]

J8. Josephus, GJ LCL v. 379.
B9. Bíblia, Gênesis 14:14.
B10. *Ibid.*, 41:43.

O historiador Maneton também comenta a posição de José no Egito:

... foi em sua época[11] que José pareceu ter governado o Egito.[M12]

Então, a que isso nos leva? As autoridades religiosas referem-se a esses homens como se fossem praticamente mendigos de rua; pobres agricultores pastando umas poucas e miseráveis ovelhas nas áreas áridas do Deserto de Negev. Entretanto, os textos afirmam que se tratava de homens poderosos e governantes de vastas nações. José era o vizir-chefe do faraó do Egito e, portanto, o segundo homem mais poderoso do mundo depois dele. Aqui estava um homem que controlava as vidas de uma nação inteira, aquela que, na época, era a mais poderosa do mundo. Abraão também não era um pobre pastor, disso podemos ter certeza. Ele era o líder de um exército com um "número ilimitado de soldados", um exército com 318 oficiais. Por outro lado, as autoridades religiosas procuram indicar que os dois patriarcas eram apenas pobres pastores. Por quê?

Parece haver uma enorme dicotomia nos textos: qual das duas posições tão divergentes é a verdadeira? Além disso, se os patriarcas bíblicos eram realmente homens poderosos, qual seria o propósito desse obscurecimento por parte das autoridades religiosas? A irrefutável conclusão é a de que houve um encobrimento em algum ponto de nossa história. Ninguém em sã consciência transformaria heróis da posição de reis e de vizir-chefe em pobres pastores se não houvesse algo para esconder. Mas o que estaria sendo escondido?

Prosa Pesher

Em seus dois livros sobre esse assunto, Barbara Thiering sugere uma possível solução para o problema. Ela diz que, na realidade, os textos bíblicos eram destinados a duas ou mais diferentes audiências e compostos em uma forma de escrita judaica conhecida por "Técnica Pesher".[13] As pessoas comuns enxergariam e escutariam unicamente os contos pastorais e acreditariam em uma vida de agricultores, de famílias e nas maneiras de praticar uma vida moral. Por outro lado, o círculo íntimo de iniciados, os que tinham "ouvidos para ouvir", poderiam ler nas entrelinhas do texto e seguir o real significado. Essa é uma dedução lógica, mas por que duas classes de seguidores?

Parte da tese de Barbara Thiering baseia-se no fato de que os próprios textos continham os segredos dos judeus que lutavam pela liberdade,

---

11. Era a época dos reis hicsos do Egito, um assunto tratado em sua totalidade em capítulos posteriores.
M12. Maneton, LCL p. 97.
13. *Jesus the Man,* Barbara Thiering. New York: Simon & Schuster, 1993.

empenhados em uma campanha contra a ocupação de Israel pelos romanos. É verdade que na virada do primeiro século havia muitas facções fundamentalistas judaicas que lutavam ferrenhamente pela libertação do jugo de Roma e pela independência. Esse foi um curso de ação que finalmente resultou no saque de Jerusalém pelos romanos, na perda total da pátria judaica e no exílio de grande parte de sua população. Esse foi o quarto grande êxodo dos judeus, o que mais pesadamente reforçou as fundações da diáspora judaica, a atual população expatriada. É bastante razoável pensar que os defensores da liberdade daquela época, cujas vidas deveriam estar em constante perigo, quisessem guardar segredo de suas intenções. É bem possível, portanto, que os textos religiosos que eles escreviam contivessem duas camadas de informação: uma para os laicos e outra para os rebeldes.

Entretanto, para a infelicidade da teoria da "rebelião contra Roma", o rebaixamento de Abraão, nesses textos religiosos, de grande líder militar para humilde pastor ocorreu bem antes de qualquer problema com Roma. As circunstâncias da vida de Abraão no Egito eram bem diferentes da disputa posterior com Roma por uma pátria. A nação judaica nem sequer tinha uma pátria na época de Abraão e, no entanto, até no Velho Testamento há muito obscurecimento deliberado sobre os fatos históricos.

Então, por que a história de Abraão havia de ser alterada tão radicalmente? Por que uma nação faria com que um de seus maiores líderes militares fosse transformado em um simples pastor? Não foi porque Abraão perdera a confiança de seu povo, pois ele ainda é reverenciado como o patriarca. Ele é o pai fundador da nação judaica e, de fato, também o fundador do Cristianismo e do Islamismo. Ele é o personagem central dessas três religiões.

Podemos começar a nos aproximar da verdade ao olhar mais profundamente para os textos, mas sem tentar enxergar em demasia a ponto de obscurecer nossa visão. Existem, sim, duas histórias paralelas nesses textos religiosos, mas provavelmente não se trata de provocações nacionalistas contra Roma pelas forças rebeldes de Jerusalém; em vez disso é possível tratar-se de algo mais sutil e mais antigo. Esse processo de duplo significado pode ser demonstrado por um belo exemplo que consta do Novo Testamento. O próprio Jesus confirmou que existem dois significados nas histórias bíblicas. Seus discípulos lhe perguntavam por que ele sempre falava ao povo comum em parábolas, e a resposta a essa simples pergunta é bem peculiar:

> Respondeu Jesus: Porque a vós (os discípulos) é dado compreender os mistérios do Reino dos céus, mas a eles (o povo), não.[B14]

B14. Bíblia, Mateus 13:11.

A importância desse comentário é surpreendente: ao povo, a Igreja oculta segredos. Essa linha de raciocínio torna-se mais clara no Evangelho de Felipe, que faz parte dos pergaminhos de Nag Hammadi. Esses pergaminhos consistem de 52 manuscritos, em linguagem copta, encontrados em Nag Hammadi, no centro-leste do Egito. Acredita-se que sejam cópias de textos do século IV escritos durante os primeiro e segundo séculos. De acordo com esses pergaminhos, Jesus disse:

> Ora (o agricultor) era um homem sensato e ele sabia qual era o alimento de cada um. Ele serviu pão às crianças, serviu farinha de trigo aos servos, cevada e capim ao gado, ossos aos cães e restos de comida aos porcos. Compare o discípulo de Deus, se ele for um homem sensato, as formas corpóreas não o confundirão... Há muitos animais no mundo em forma humana... aos porcos ele jogará restos de comida, ao gado capim e cevada, aos cães ele jogará ossos, aos escravos ele dará lições elementares e às crianças ele dará a instrução completa.[N15]

A fonte pode ser questionada por não fazer parte do cânone central da Igreja. Entretanto, compare os sentimentos apresentados nesse parágrafo com a maneira pela qual Jesus tratou a mulher canaanita ou a grega nos Evangelhos de Mateus e de Marcos, respectivamente. O sentido dos dois versículos é exatamente igual:

> Mateus – Jesus respondeu-lhe: Não convém jogar aos cachorrinhos o pão dos filhos. Certamente, Senhor, replicou-lhe ela, mas os cachorrinhos ao menos comem as migalhas que caem da mesa de seus donos...

> Marcos – Disse-lhe Jesus: Deixa primeiro que se fartem os filhos, porque não fica bem tomar o pão dos filhos e lançá-lo aos cães. Mas ela respondeu: É verdade, Senhor; mas também os cachorrinhos debaixo da mesa comem das migalhas dos filhos.[B16]

Não há dúvida de que o parágrafo do Evangelho de Felipe decorra dos ensinamentos de Jesus e, ao mesmo tempo, seja mais uma confirmação de que os pergaminhos de Nag Hammadi têm tanta autoridade nesses assuntos quanto os textos que foram escolhidos para constar da Bíblia.

O texto mais completo desses valiosos pergaminhos de Nag Hammadi torna perfeitamente claro por que Jesus chamava essa mulher de "cão". Não se tratava de uma mera repreensão racista somente porque ela era grega, mas sim porque ela não fazia parte de sua religião e, certamente, não era uma iniciada nos segredos da Igreja. Portanto, ela não tinha direito ao pão (os segredos) que eram transmitidos aos filhos (os discípulos). Este é o duplo sentido que pode ser encontrado na Bíblia.

N15. Nag Hammadi, manuscrito do Evangelho de Felipe.
B16. Bíblia, Mateus 15:26-27, Marcos 7:27-28.

A Bíblia

É preciso observar que o uso da Bíblia a título de referência e citação não é totalmente correto, pois existe um grande número de "Bíblias" diferentes em circulação. A Bíblia judaica, conhecida dos cristãos como o Velho Testamento, consiste de 39 livros escrito em sua maioria em hebreu – embora algumas estejam escritas em aramaico – no período entre 1000 a.C. e 100 d.C. A Bíblia cristã inclui esses livros judaicos do Velho Testamento e os 27 livros do Novo Testamento, este último, em sua maior parte, escrito em grego.

A palavra Bíblia deriva do grego *biblio,* que significa "livro". Talvez esse nome não lhe seja bem apropriado, pois o Velho Testamento não é bem um livro em termos de autoria ou de data de composição. Ele seria, de preferência, uma coletânea de livros pelo fato de incluir vários estilos literários – narrativo, jurídico, histórico, profético e poético – coletados durante um período de mais de mil anos. O processo de escrever o Velho Testamento poderia ser mais corretamente descrito como edição. Material mais antigo – tanto oral quanto escrito e de diferentes fontes – foi coletado, interpretado e compilado durante um longo período de tempo por inúmeras pessoas de diversas habilidades e pontos de vista. Muitas vezes, histórias são duplicadas, até mesmo dentro de uma mesma narrativa, com alterações, modificações e muitas contradições.

A tradição atribui a autoria da Torá ou Pentateuco – de Gênesis ao final de Deuteronômio – a Moisés, embora nenhuma declaração do tipo seja feita no texto. Não somente existe variação de estilo, de detalhe e de abordagem, que explicaria uma autoria composta, mas também Deuteronômio termina com a morte de Moisés, algo sobre o que ele teria "certa" dificuldade em escrever. Portanto, não existe realmente nenhum Velho Testamento definitivo e, para complicar os processos de estudos e de pesquisa, não existe nenhuma versão do cânone hebraico original.

Cópias antigas de alguns livros individuais do Velho Testamento em hebraico, que datam do século VI d.C., foram encontradas depositadas em uma sinagoga do Cairo no final do século XIX. O mais antigo manuscrito completo em hebraico ainda existente, o Códice de Alepo, datado da primeira metade do século X d.C., mais de mil anos depois de os últimos livros do Velho Testamento terem sido escritos e, talvez, 2 mil anos depois do primeiro. Atualmente, a Bíblia hebraica padrão baseia-se em um manuscrito datado de 1088 d.C., que agora se encontra na Biblioteca de São Petersburgo. Os dois manuscritos estão em formato de códice ou livro em vez da forma tradicional de papiros e são conhecidos como Textos Massoréticos.[17]

---

17. Encarte 96, Enciclopédia.

Os estudiosos e pesquisadores deparam-se com muitas dificuldades em seu trabalho sobre o Novo Testamento, apesar de os problemas aqui serem diferentes. Para começar, os primeiros escritores cristãos não esperavam que suas obras chegassem a ter a mesma autoridade escritural da Bíblia hebraica. Na realidade, elas tinham por objetivo instruir as recentes congregações de cristãos emergentes. Foi somente no século II d.C. que começou a surgir a ideia de um cânone cristão semelhante à Bíblia hebraica.

O primeiro Novo Testamento, que consistia unicamente do Evangelho de Lucas e versões pesadamente editadas de dez das Epístolas de Saulo (Paulo), foi compilado no século II por Marcion. Subsequentemente, a corrente predominante da Igreja cristã confirmou a autoridade dos quatro Evangelhos e treze Epístolas Paulinas em sua totalidade. Isso estabeleceu a estrutura do que veio a ser o cânone cristão.

Foi somente no ano de 325 d.C., durante o Conselho de Niceia promovido pelo imperador romano Constantino I, que um consenso quanto ao conteúdo da Bíblia começou a surgir. Isso foi ratificado no ano de 367 d.C., e os 27 livros do Novo Testamento foram finalmente canonizados por Atanásio de Alexandria. Em seguida, o reconhecimento dessa Escritura cristã foi adotado pelas Igrejas ocidentais.[18]

A maior dificuldade com o Velho e o Novo Testamentos está no fato de que a maioria das pessoas lia os textos traduzidos para as suas próprias línguas, diversificando o nível de interpretação, utilizando a tradução de outra tradução e, até mesmo, lendo textos escritos em estilo antigo. Por exemplo, a Bíblia Autorizada ou Bíblia do "rei Jaime", publicada em 1611, continua sendo muito apreciada por sua maravilhosa linguagem e é amplamente conhecida no mundo de língua inglesa. Entretanto, o significado de algumas palavras inglesas mudou desde o século XVII, enquanto outras se tornaram arcaicas e obsoletas ou, pelo menos, não são exatamente fáceis para o leitor moderno entender.

Apesar disso, eu usei a versão autorizada em todo o livro, tradução que foi feita o mais literalmente possível dos Textos Massoréticos do Velho Testamento e do Novo Testamento de Tindale do século XVI. Além disso, a revisada versão autorizada de 1885 empenhou grandes esforços para revisar os textos com base nas cópias disponíveis mais antigas do Novo Testamento do primeiro milênio. Essas cópias incluíram o Texto Sinaítico de São Petersburgo, textos do Novo Testamento de Beza na Biblioteca de Cambridge e textos de William Laud na Biblioteca Bodleana de Oxford. Durante essa revisão, foram encontrados e devidamente corrigidos muitos erros de tradução nas edições contemporâneas da Bíblia.

Como consequência, muitas das Bíblias atuais ainda discordam em seções importantes de seu conteúdo. Além disso, algumas Bíblias moder-

---

18. *Illustrated Guide to the Bible*, J. Porter. Oxford: Oxford University Press, 1998.

nas, como aquelas distribuídas pela Gideons, tentaram interpretar os significados desses textos em termos modernos e, no processo, perderam muito do sentido original.

Sangue Real

Esses são alguns dos muitos e mais diversos problemas com os quais os estudiosos devem lidar na interpretação desses textos, mas talvez o maior problema de todos seja a deliberada alteração dos textos, há muitos séculos, para adequá-los à crença da época. Pelas histórias duplicadas, é bem evidente que alguns dos escritores tinham prazer em alterar os textos para pode retratar seus heróis em uma condição mais favorável. Isso também foi feito para mudar crenças e práticas mais antigas para formatos "modernos" mais aceitáveis.

Apesar desses problemas, existe indício suficiente nos relatos de Abraão, José e Jesus – encontrado nos manuscritos de Nag Hammadi, de Josephus e do Velho Testamento – de que há realmente um sentido subjacente nesses textos religiosos. Mas se não era a guerra contra Roma que estava sendo encoberta, qual seria então o grande segredo? O que havia para esconder e por que esse subterfúgio persiste até hoje? Para responder isso, devemos voltar à verdadeira identidade de Abraão, Isaque, Jacó e José, os patriarcas da Torá. Quem eram exatamente essas pessoas na realidade e por que esses importantes personagens não podem ser encontrados no mundo histórico secular? De que maneira essas pessoas puderam esquivar-se dos historiadores?

Os textos de Maneton, o historiador greco-egípcio, perderam-se na história e suas obras nos chegam por meio de citações de outros historiadores – Eusébio e Africano – que, por sua vez, foram citados por Josephus. Conforme Josephus, Maneton disse que os patriarcas do povo hebreu eram tanto pastores quanto prisioneiros.[J19, M19] Esse relato e o registro paralelo em Gênesis e em Êxodo formam a base da história padrão que nos é familiar. É a partir dessas raízes que agora temos essa história popular dos pobres pastores israelitas, prisioneiros em uma terra estrangeira que, na condição de escravos, tinham de fabricar tijolos para os perversos e brutais egípcios. Finalmente, após muitas gerações, seu grande líder Moisés veio em sua ajuda e iniciou o grande êxodo da nação judaica, da escravidão no Egito para a Terra Prometida – Israel. Para o norte e para o leste eles fugiram, pobres e esfomeados miseráveis, até Israel e a cidade de Jerusalém.

Infelizmente, essa interpretação não faz nenhum sentido. É apenas uma história para crianças. A verdadeira história bíblica é muito mais interessante, muito mais sutil e muito mais importante do que isso.

J19. Josephus, CA LCL 1:92.
M19. Maneton, LCL p. 85.

Hicsos

O antigo historiador Josephus também conta um fato interessante a respeito das origens de sua teoria sobre israelitas prisioneiros, algo que ele, por sua vez, recebeu do historiador egípcio Maneton. Josephus descreveu os hebreus como prisioneiros no Egito, assim como aparece na Bíblia. Ele então apresentou uma derivação para a palavra prisioneiro em egípcio, embora, ao fazê-lo, pareça não ter considerado algumas das grandes consequências disso, pois deixou de mencionar a seguinte coincidência.

O termo egípcio do qual deriva a palavra prisioneiro é conhecido como *hyk*. Entretanto, Maneton, por meio de Josephus, explicou que *hyk* tem dois significados na linguagem egípcia, dependendo de como a palavra é pronunciada.[J20, M20]

Se ela for aspirada como uma palavra de duração breve "hic", ela tem o significado tradicional de "prisioneiro", mas se lhe for dada um som mais longo e arredondado, a palavra "hyk" significa "rei". Isso é confirmado pelas modernas traduções da língua egípcia, nas quais o termo pode tanto significar um governante de um povo pastoril quanto um prisioneiro de guerra.

A conclusão é bem clara: existem dois significados para esta palavra, que foram interpretados de diferentes formas nas distintas disciplinas de História e de Teologia para adequar-se à sua própria história. Os historiadores optam pelo termo "rei pastor" por estarem lidando com uma linhagem de faraós, e a palavra rei enquadra-se bem em sua história. Por outro lado, os textos religiosos não lidam tão bem com essa noção, pois querem retratar um conto pastoril sobre gente simples e, desse modo, eles escolhem o termo "pastores prisioneiros".

Mesmo que o Velho Testamento tivesse assumido o termo "governante de um povo pastoril" (rei de pastores), isso não teria auxiliado na retratação de um povo tribal, pois o termo *hicsos* não se refere a qualquer velho líder tribal, mas a uma linhagem de reis muito específica. Nessa nova interpretação, Abraão não teria sido apenas um rei menor asiático controlando algumas terras incultas à beira do Deserto de Negev, com alguns milhares de súditos e algumas ovelhas esfomeadas. Não! O problema com essa interpretação alternativa é que a palavra *hyk* está associada a uma linhagem específica de reis, os hicsos ou reis pastores, faraós do Baixo Egito.

Os historiadores geralmente descrevem os hicsos como invasores semitas da Palestina e da Síria que conquistaram o Egito no início do século XVII a.C. Dizem que primeiro eles tomaram Mênfis e, depois, estabelece-

---

J20. Josephus, CA LCL 1:85.
M20. Maneton, LCL p. 85.

ram uma capital em Avaris, um lugar que os historiadores tentaram identificar com a cidade que, mais tarde, foi conhecida como Pi-Rameses. Esta foi por sua vez identificada na Bíblia como a cidade de Ramsés.[B21] A superioridade militar dos hicsos e de seus seguidores pode ser, em parte, atribuída ao uso da cavalaria, pois os cavalos, nessa época, não eram conhecidos pelos egípcios. Também dizem que eles estabeleceram um reinado na margem nordeste do Delta do Nilo, deixando o território ao norte de Mênfis para a nobreza remanescente da 16ª dinastia indígena. Cogita-se que esses príncipes do norte eram provavelmente subservientes aos hicsos. Ao sul, uma dinastia egípcia independente governava o território entre Elefantina e Abidos, e sua capital estava em Tebas.

Dizem que os hicsos governaram seu reino do norte egípcio (Baixo Egito) de 1680 a.C. até 1560 a.C. Eles foram finalmente expulsos do país por uma revolta nacionalista dos príncipes vassalos do Delta do Nilo e do Alto Egito, liderada por Ahmose I, fundador da 18ª dinastia. Pouco indício arqueológico foi encontrado do reino hicsos, mas fragmentos de cerâmica e escultura datando desse período sugerem que seus reis adotaram usos, costumes e nomes egípcios. Conforme mencionei anteriormente, os egiptólogos originalmente interpretaram a palavra hicsos como reis pastores, mas também foi sugerido que o nome significasse governantes estrangeiros.

Como a primeira sugestão parece nada significar enquanto esta última, aparentemente, tem uma boa relevância para uma invasão de governantes da Palestina, os historiadores resolveram recentemente adotar o termo governante estrangeiro como explicação para o título hicsos. Entretanto, o meu ponto de vista é que eles estejam errados, pois o hieróglifo usado para indicar *hyk* – o disputado termo para pastor – é, na realidade, o cajado do pastor ⌠. Assim, é muito provável que a correta tradução de hicsos seja rei pastor. O que é preciso, e o que os historiadores não obtiveram anteriormente, é uma explicação convincente sobre o motivo pelo qual o termo "pastor" foi usado por essa linhagem de governantes. Os motivos e a importância do título rei pastor são discutidos mais detalhadamente no Capítulo II. Uma completa, compreensiva e até surpreendente tradução do termo hicsos também é apresentada no livro *Tempest & Exodus* (Tempestade e Êxodo).

Naquela época, os hicsos eram nada menos do que os faraós do Egito durante as 15ª e 16ª dinastias. De acordo com a datação clássica do Egito, esse é um período que praticamente equivale ao ciclo de vida projetado do bíblico Abraão. Nesse caso, Abraão pode não ter sido simplesmente um poderoso líder militar e um monarca local dos asiáticos, mas pode muito bem ter sido um faraó hicso do Baixo Egito. Este pode ter sido

---

B21. Bíblia, Êxodo 12:37.

o motivo pelo qual ele e sua família eram conhecidos como pastores: ele não era um pobre pastor em um campo infértil, mas um rei pastor, um faraó do Egito. A designação de pastor para os patriarcas bíblicos é muito importante para toda a tese, pois há uma lógica para o termo, e ela é a causa-raiz do grande êxodo bíblico.

Essa é a essência, o enigma central, das três religiões judaicas. Essas crenças queriam projetar a nova e refinada imagem de uma religião que descendia diretamente de Deus. Entretanto, a história de seus povos indicava de modo sensível que eles provinham dos faraós do Egito, uma nação que começaram a desprezar devido ao tratamento sofrido pelos israelitas na época do êxodo. O que eles deveriam fazer? Se admitissem que seu patriarca era um faraó, isso significaria que faziam parte do próprio regime que os rejeitara e enviara para o exílio e que agora eles odiavam com uma incrível paixão. Isso era totalmente inaceitável. A alternativa era continuar um processo de histórias paralelas, um processo que sempre estivera presente na religião egípcia da qual o Judaísmo e, posteriormente, o Cristianismo surgiram.

Os Templos

No Egito, a essência da religião era, de certa forma, separada da laicidade; não era um assunto com o qual as pessoas se envolviam profundamente. Certamente, elas devem ter tido um altar em suas casas e se reunido durante as celebrações e festivais anuais, mas a essência da religião era sempre separada da população em geral. Os templos no Egito podem ter sido grandes lugares de reunião do povo, mas apenas os pátios externos eram disponíveis ao homem comum – somente pessoas importantes eram admitidas no pátio interno além dos grandes portões que ladeavam a entrada. Era nesse pátio interno que um grande altar quadrado de cristal de rocha foi erigido, sob uma superfície não realizada nem tocada por nenhuma ferramenta, tal como o Grande Altar de Cristal em Karnak, na antiga Tebas. De igual maneira, a Bíblia descreve como os altares devem ser feitos:

> Se me levantares um altar de pedra, não o construirás de pedras talhadas, pois levantando o cinzel sobre a pedra, tê-la-ás profanado.[B22]

De acordo com o plano apresentado pelas escrituras, o altar do pátio interior do templo de Jerusalém foi construído de maneira idêntica ao de Karnak, no Egito.

> Dentro desse recinto há um altar quadrado, construído de pedras amontoadas, brutas e não trabalhadas.[J23]

B22. Bíblia, Êxodo 20:25.
J23. Josephus, CA 1:198.

Mas, evidentemente, a Bíblia está seguindo a antiga tradição egípcia e não o contrário.

No interior dos templos egípcios havia ainda os grandes salões de hipostilo (do grego, que significa teto pousado sobre colunas). Eles formavam uma fantástica floresta de pilares, um recanto sagrado esculpido na pedra. Somente os sacerdotes e os nobres eram admitidos nesse complexo e apenas depois de um ritual de purificação. Mais adiante, ao longo de todo o templo, havia finalmente o Altar, o Santo dos Santos. Ali oficiando estariam somente os sacerdotes superiores e o próprio faraó, conforme é representado nas paredes do Altar. O Santo dos Santos era tanto sagrado quanto secreto, um lugar onde os sacerdotes e os faraós mantinham a ordem do cosmos intacta, realizando oferendas aos deuses. Trata-se de um Altar repleto de conotações cosmológicas em vez de conotações teológicas ortodoxas.

Os egiptólogos podem chamar as figuras dentro desses Altares de deuses e é possível que as pessoas assim as considerassem também, mas esses personagens, como Osíris e Thoth, eram mais administradores do que deuses. A verdadeira divindade era o profundo obrar do cosmos, cujas engrenagens deviam ser lubrificadas com oferendas e cerimônias para assegurar que as estrelas continuassem seu foxtrote anual e sua valsa milenar.

Portanto, os leigos do Egito não tinham nenhum conceito das funções internas do templo. Eles se satisfaziam em saber que os deuses haviam sido apaziguados, que a colheita do ano seguinte seria propícia e, talvez, se sofressem de algum mal, eles rezassem em seus próprios altares para um deus menor. O que importa aqui é a aparente separação das funções dos sacerdotes e as da população, um processo semelhante ao do Templo de Salomão em Jerusalém, o templo dos israelitas. Haverá uma exploração mais completa desse templo nos capítulos posteriores, pois, tal como foi descrito acima e é indicado nos próximos capítulos, os templos do Egito e de Jerusalém eram muito semelhantes.

O fato de o escalão superior de sacerdotes e a realeza estarem separados do povo em geral era e é, muitas vezes, comum, mas neste caso, podemos especular que sua religião também fosse separada, pois isso fez parte da origem da divisão religiosa que resultou no êxodo bíblico, um assunto tratado detalhadamente mais adiante. Os leigos acreditavam em Osíris e Set, Ísis e Néftis, Sekhmet, Nut e Hórus; havia um grande número de deuses, dependendo da cidade, da posição social e das condições do indivíduo.* Entretanto, os sacerdotes tinham uma missão diferente. Possuíam os segredos do Universo, que eles não deixariam, absolutamente, escapar de suas mãos, pois esse conhecimento era a fonte de seu poder secular e teológico.

---

* N.E.: Sugerimos a leitura de *Deusas e Deuses Egípcios*, de Normandi Ellis, Madras Editora

Com essa antiga tradição de duplo significado em sua religião, era muito fácil para as autoridades judaicas encobrir a verdadeira história de seu povo. A história é rapidamente perdida quando não há professores para ensiná-la e, como a própria história da União Soviética demonstrou recentemente, torna-se fácil manipulá-la de maneira a adequá-la a interesses particulares. Tudo depende da história que aos professores é permitido contar.

Reis Bíblicos

Portanto, aqui se desenvolve a teoria de que Abraão, Isaque e Jacó não eram, de forma alguma, uma família de pobres pastores, prisioneiros humilhados. Eles eram nada menos do que os hicsos, os reis pastores, os faraós do Egito. É por isso que essas histórias da Bíblia foram contadas e recontadas, escritas e, traduzidas para todas as línguas deste planeta. Longe de serem pobres criaturas errantes do deserto, esses homens eram os mais importantes e poderosos da época, controlando a maior parte do mundo conhecido e de sua riqueza, e é por isso que sua história é importante. É uma história antiga na qual alguns dos protagonistas podiam rastrear sua linhagem real por cerca de 77 gerações, tal como Jesus também podia. Quantas famílias reais, deixando de lado as famílias de carpinteiros, podem fazer isso?[B24] Essa conceito pode parecer um surpreendente reverso da história bíblica – uma ideia desenvolvida a partir de uma imaginação fértil – mas, também, é um conceito que pode ser sustentado por muitos indícios.

Como ponto de partida, dê uma olhada em uma enciclopédia dos faraós do Egito e procure pela 16ª dinastia – o período que envolve os últimos faraós hicsos. O último faraó relacionado, conforme mencionado no prólogo, é Yacobaam, que deu início a esta pesquisa.[25] Mas aqui há muito mais do que a mera semelhança desse nome com o do bíblico Jacó. Já se apresentou indício de uma ligação direta com os faraós hicsos e, agora, ela pode ser firmemente comprovada, pois também existe uma pista sobre as crenças desse particular faraó.

O Judaísmo, o Cristianismo e até o primitivo culto essênio de Israel têm um processo de iniciação que envolve a imersão na água. No Egito, o corpo do grande deus Osíris, em um ataúde, flutuou Nilo abaixo antes de sua ressurreição. O próprio Moisés aparentemente recebeu o seu nome por ter sido um príncipe que havia sido lançado no Rio Nilo em uma cesta e "salvo das águas".[B26] Essa é claramente uma variação do mito de Osíris ou, talvez, dos contos do rei Sargon de Akkad – cerca de 2360 a.C. Os textos sumérios são inegavelmente semelhantes aos equivalentes bíblicos:

B24. Bíblia, Lucas 3:23-38, Mateus 1:1. Observe que as duas genealogias são totalmente diferentes a partir do rei Davi.
25. *Who Were the Pharaohs?*, S. Quirke. Mineola: Dover, 1991.
B26. Bíblia, Êxodo 2:10.

Eu sou Sargon, o rei de Akkad... minha mãe me deu à luz em segredo, colocou-me em uma pequena caixa feita de juncos selando a tampa com piche. Ela me colocou no rio... O rio me transportou e levou-me para Akki, o absorvedor de água. Akki adotou-me e educou como seu filho...[27]

Qualquer que seja a origem dessa tradição, é claro que a água era elemento central da fé israelita, podendo até ser considerada como o seu xibolete ou marca. Isso é muito importante para a análise do nome do faraó Yacobaam.

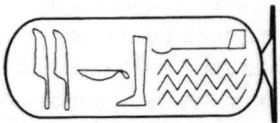

Figura 1. Cartucho de Yacobaam

Os nomes faraônicos eram sempre apresentados sobre um cartucho – uma figura mais ou menos oval ou oblonga lida a partir da extremidade arredondada para a parte plana. Na realidade, o cartucho deveria supostamente representar um anel de corda ao redor do nome e a proteção simbólica de seu dono. A curiosa coincidência no cartucho do faraó Yacobaam é que o glifo final do nome é ≈ (às vezes um glifo é um sinal simbólico, mas muitas vezes representa uma letra alfabética). Esse glifo ≈ final tem a pronúncia fonética de "mw" e, quando é usado como uma palavra completa, também significa água, como é possível presumir pelo seu formato.

Entretanto, ao traduzir esse nome, a Egiptologia, em muitos aspectos, está apenas fazendo suposições, pois desconhecemos o valor fonético das vogais desses nomes. As vogais de cada palavra não constam de qualquer hieróglifo.* Tal como em muitas línguas antigas, elas simplesmente não eram escritas e deveriam ser lembradas, mas a linguagem oral dos egípcios desapareceu há cerca de dois milênios. Na ausência de qualquer dado confiável de como esses nomes deveriam ser pronunciados e, de certa forma, indiferente a isso, a Egiptologia declara simplesmente que onde a pronúncia de uma vogal é desconhecida, uma letra "e" deve ser inserida na palavra. Se olharmos para os nomes egípcios, veremos que eles consistem de um grande número de "e"s. Essa convenção também afetou os nomes faraônicos estabelecidos há muito tempo. Por exemplo, Akhenaton tornou-se em muitos textos Akhenaten. Entretanto, essa é tão-somente uma convenção; não há base etimológica para essa modificação de pronúncia e, em árabe, o nome continua sendo conhecido como Akhenaton.

---

27. *Ancient Near Eastern Texts*, J. Pritchard. Princeton University Press, 1969.
*N.E.: Sugerimos a leitura de *Guia dos Hieróglifos Egípcios*, de Richard Parkison, Madras Editora.

Também não temos plena certeza do valor fonético de cada consoante nesses nomes egípcios. Os gregos foram para o Egito séculos antes da Era Cristã, quando os egípcios ainda falavam a sua língua original. Os gregos, porém, tendiam a dar diferentes pronúncias aos nomes egípcios. Eles com frequência diferem consideravelmente do que foi revelado dos textos por meio de comparações modernas com as línguas coptas e as do Oriente Médio. Por exemplo, os egiptólogos modernos leem alguns nomes de faraós do Novo Reino como Amenhotep, mas os gregos traduziram os mesmos glifos pronunciando-os como Amenophis. Eram os gregos apenas indiferentes em suas traduções? De fato, eles tinham o hábito de colocar os sufixos "is", "es" ou "us" em todos os nomes, quer o texto os exigisse ou não.

De modo geral, a tradução dos textos egípcios não é uma ciência exata. Muito pouco é conhecido da verdadeira língua falada e se um egiptólogo moderno se encontrasse com um antigo egípcio, muito provavelmente a conversação entre os dois seria entrecortada, comparando-se cada palavra e debatendo-se o seu significado. "Ah!", diria o primeiro, "é dessa forma que vocês a pronunciam? Por algum motivo, pensávamos que fosse assim." No mundo egiptológico, seria necessário um guia preciso para esclarecer como esses nomes eram realmente pronunciados; uma lista desses nomes em outra língua; uma pedra de Rosetta dos faraós.

É possível que tenhamos exatamente esse registro nas genealogias bíblicas, mas a tarefa não é nada fácil. Nas traduções gregas, de acordo com Platão, o significado da palavra regia a sua tradução. A vocalização seria usada como base para a transliteração somente se o nome não tivesse um significado específico. Seria esse o motivo de encontrarmos tão pouca ou nenhuma semelhança com os propostos equivalentes na Bíblia ou na Torá?

Isso é possível, mas o problema também pode estar mais relacionado à nossa falta de conhecimento do exato valor fonético dos textos egípcios do que aos erros de tradução ou a qualquer ausência de patriarcas faraônicos. Esse, provavelmente, é um dos motivos pelos quais essa área de investigação não foi anteriormente empreendida; parece não haver ligação a ser feita aqui. O fato de saber que alguns dos nomes faraônicos constam realmente da Bíblia é uma grande vantagem, pois a pronúncia dos nomes bíblicos é razoavelmente conhecida e é possível que esses nomes não tenham sofrido grandes modificações com o passar do tempo. Podemos, então, extrair os verdadeiros nomes faraônicos fazendo uso dos nomes bíblicos como guia do nosso trabalho.

Nome ou Título

Além de todos esses problemas na transliteração desses nomes, nem todos os glifos egípcios são realmente sons vocais; alguns são conhecidos como determinativos. O determinativo é o glifo que assegura não haver confusão com respeito ao que se está referindo. Se estivermos falando do céu, por exemplo, é possível terminar a palavra com o glifo determinativo ▭ para céu. Por outro lado, se estivermos falando de um deus, é possível terminar a palavra com ⊐, o determinativo para deuses. Ele reforça o ponto e realça o fato de que essa palavra diz respeito ao "céu" ou a um "deus" de uma ou outra maneira.

Um bom exemplo, que abarca muitos desses conceitos, é o nome do deus Ra (Re). Há muitas maneiras de escrever o nome desse deus. Ele pode ser representado tanto como a figura sentada de um sacerdote ou como um disco solar ⊙. Alternativamente, o nome pode ser soletrado usando o alfabeto fonético ⌒ₐ, o glifo oval representando "r" e o braço, o "a". Para confirmar o que está sendo mencionado, a bandeira é adicionada para indicar que um deus está sendo discutido. Esse conjunto forma a palavra ⌒ₐ⊐. É claro que existem muitas variáveis nesse jogo de leitura de nomes antigos. Portanto, somente sabendo qual "deveria" ser o nome do faraó poderíamos ler o nome em sua forma final. Somente então é possível ver onde devem estar as vogais de um som particular, onde não deve haver nenhuma e onde algumas das letras são determinativas.[28]

Voltando para o cartucho de Yacobaam, sabemos que o "j" e o "y" são intercambiáveis na linguagem hebraica, de maneira que Yacobaam também pode ser pronunciado como Jacobaam. O glifo final nesse nome é ≋, que tem o valor fonético de "mw" e proporciona o som tradicional de "m" ao final do nome do faraó. Entretanto, se esse glifo for considerado como determinativo de água (o determinativo é sempre colocado ao final da palavra), e não o glifo fonético "mw", podemos eliminar essas letras e o nome desse faraó muda, de repente, de Jacobaam para Jacoba. O determinativo, ao final, acrescenta significado ao nome, indicando a função ou o título da pessoa. Dessa forma, derivamos o nome Jacoba (que é da água) ou, talvez, Jacoba (que batiza).

Essa tradução alternativa é uma distinta possibilidade originada pela palavra egípcia *akhob*, que significa "água pura". *A khob* utiliza praticamente os mesmos hieróglifos do nome Yacobaam. Tal como Yacobaam, a palavra *akhob* tem o glifo ≋ ao final, que foi traduzido como determinativo de água e, portanto, não é normalmente pronunciado. Entretanto, está claro que o nome faraônico Yacobaam e *akhob*, o termo para "água pura", derivam da mesma raiz fonética. Por conseguinte, as palavras deveriam ser pronunciadas como Yacobaam e Akhobam ou, mais logicamente, considerando o glifo ≋ como determinativo nos dois casos, Yacoba (Jacoba) e Akhob. Portanto, o nome Jacoba, que deriva da raiz de "puro" ou, talvez, de "água santa", deve ser significativo em termos de uma relação israelita.

---

28. *Discovering Egyptian Hieroglyphs,* Karl-Theodor Zauzich. London: Thames & Hudson, 1992.

A impressão é que o simples conhecimento do valor fonético e o significado de um nome podem mudar a nossa inteira percepção da palavra. De repente, o bíblico Jacó, pai de José, torna-se o histórico Jacoba, um faraó hicso do Antigo Egito. Essa é uma revolução em Teologia e, no entanto, nada mais é que um pequeno passo em um longo e demorado processo de revelação da verdade. A família bíblica está para ser transformada, com relação a sua importância política e secular. Encontramos o primeiro cacho de uva dessa antiga vinha real.

Essa é a teoria que fundamenta os próximos capítulos deste livro. Trata-se de uma história verdadeira, constantemente apoiada nos próprios textos antigos. O primeiro passo para essa transformação é reajustar as percepções sobre o nosso passado. Descarte os anos de dogmas estabelecidos que anuviam a nossa habitual análise racional e crítica do mundo e reveja a História. Leia o incrível conto de uma dinastia governante que conseguiu firmar-se no mastro escorregadio da História, apesar das más interpretações e de perseguições milenares. Uma família que nem sequer é reconhecida pelos fiéis que a veneram até hoje. A Torá e o Velho Testamento nunca foram programados para serem contos sobre tribos asiáticas e pastores de ovelhas. Na realidade, a verdadeira e completa história diz respeito a uma família governante do Egito, "a linhagem de sangue real". É uma história que tanto pode resolver os mistérios de nosso passado obscuro e distante quanto revelar alguma coisa sobre o nosso destino.

Capítulo II

Gênesis

Nos capítulos subsequentes será necessário incluir uma grande quantidade de material explicativo, começando pela origem dos dados e de como eles foram interpretados. Eu pensei que, caso essa informação fosse redigida em texto geral, isso quebraria a história e dificultaria a sua sequência. Por outro lado, se todos esses dados fossem consignados à seção de referências, muito desse material interessante poderia chegar a não ser lido. Portanto, decidi colocar o que se refere à pesquisa na primeira parte de cada capítulo e a consequente narrativa – a nova história do mundo antigo e da Teologia – na segunda parte. Na parte 2 de cada capítulo, constará uma narrativa bíblica que, em termos clássicos, poderá até surpreender, mas terá sempre o total apoio dos próprios textos. Se a tradicional história bíblica não for familiar ou se ela foi estudada há muito tempo a ponto de ter sido esquecida, é necessário observar que essa nova narrativa segue a história bíblica bem de perto. Mesmo assim, o consequente relato é radicalmente diferente do dogma estabelecido.

O que tentei fazer na segunda parte de cada capítulo é voltar ao ponto original dos textos bíblicos que, no passado, continham uma mensagem sobre pessoas e acontecimentos importantes na História da humanidade. Não somente as pessoas importantes foram transformadas em pobres pastores, mas os acontecimentos da época também sofreram deturpações. É unicamente por meio de um repensar radical e lateral das origens e do significado de religião que a nova história pode vir à luz. A única diferença importante entre essas duas histórias é a mudança das alusões pastoris que ocorrem nos textos tradicionais. Na minha concepção, as alusões a ovelhas e gado não seriam agrícolas, mas astrológicas. Assim, eu alterei a palavra "gado" para "seguidores de Touro" e "ovelhas" para "seguidores de Áries". Essa é uma pequena modificação que afeta significativamente os textos bíblicos.

É de se surpreender como muitos dos textos fazem mais sentido do que anteriormente após essa modificação radical. Considero que essas conotações astrológicas na Bíblia eram uma parte essencial da história. O legado egípcio dessas religiões determinava que houvesse muitas dessas alusões, pois a Astrologia e a Astronomia eram matérias essenciais à fé egípcia. Entretanto, com o passar do tempo, elas deixaram de estar em voga. O Egito acabou tornando-se uma memória distante e embaraçosa para os hebreus de Jerusalém e, portanto, a história tinha de ser modificada e as constelações do céu acabaram sendo convertidas em animais reais. Tratava-se de uma pequena modificação, mas ela se adequava perfeitamente ao clima da época.

Para destacar as seções em que inseri uma interpretação radicalmente nova para os textos estabelecidos, foram usados colchetes [ ]. A fim de esclarecer o texto, nas interpretações que qualquer historiador ou autor ortodoxo teria feito foram usados parênteses ( ).

Parte 1

Jacoba-Jacó, faraó do Egito, senhor de tudo o que a sua visão alcançava e o homem mais poderoso do mundo. Ora, essa é uma história verdadeira que animará os autores a escrever a seu respeito, a história de seus ancestrais e descendentes, suas grandes obras e feitos. Tal como na história de todos os reis, todas as crianças seriam obrigadas a aprender de cor os nomes e as realizações da família real, o que formaria parte da psique nacional. Esse é o modelo de família cuja história pode ser rastreada ao longo de mais de 70 gerações, dando origem a milhões de livros. Jacoba foi identificado como o bíblico Jacó, mas e o resto de sua família? Havia também uma alusão à posição real de Abraão, o avô de Jacó; os textos indicam que ele também era um rei, mas de que terra e de que povo? Seria Jacó o mais bem-sucedido da família ou Abraão poderia também ter sido um faraó? Tratava-se de um tópico que merecia mais atenção e a tarefa era descobrir mais indícios dessa linhagem real nos textos religiosos e históricos.

Naturalmente, essa busca traz à tona a questão das doutrinas-padrão da Igreja e se elas estariam, de alguma forma, baseadas em fatos. Seria a Bíblia um guia histórico fidedigno que pode ser usado de maneira confiável? Eu acredito que, atualmente, muitas pessoas estejam tão desconfiadas do valor histórico da Bíblia que, provavelmente, substimariam o seu valor. Por outro lado, ao utilizar corretamente a técnica Pesher, você poderá entrever, mais ou menos, qualquer coisa nesses textos, mas sem conseguir chegar ou extrair alguma conclusão que seja válida. Uma razoável abordagem intermediária é o fato de que existe na Bíblia informação histórica que pode ser verificada desde que compreendamos o que ela esteja tentando dizer. Certamente, a Bíblia reuniu a sua parte de erros e de más informações deliberadamente ao longo dos anos, mas existem meios de entrever os erros dos tradutores e, até mesmo, os fundamentos da história e o verdadeiro texto.

Felizmente, a Bíblia teve muitos colaboradores, embora nem todos concordassem entre si. Por conseguinte, é possível frequentemente verificar esses erros propositais. Por exemplo, no Novo Testamento, cinco autores transmitem basicamente a mesma informação. Ao ler as cinco versões do mesmo evento e comparando-as entre si, podemos ter uma boa ideia do que realmente aconteceu. No Velho Testamento, os diferentes colaboradores são menos óbvios, mas existem frequentes repetições no texto, partes em que a mesma história é repetida e, muitas vezes, com diferentes personagens desempenhando os mesmos papéis.

Nem tudo é desinformação. Provavelmente essas histórias chegaram às mãos do compilador vindas de diferentes fontes e tradições e, ao longo do tempo, cada tribo ou facção rememorou a história de maneira ligeiramente diferente. O escriba simplesmente anotou o que lhe era relatado e assim, por meio de uma narrativa um tanto confusa, surgiu o Velho Testamento. É a partir dessas repetições no texto que podemos enxergar através do véu de ofuscamento e nos aproximarmos da verdade, pois cada versão possui um ponto de vista diferente a respeito dos mesmos acontecimentos.

Já mencionamos o indício de que Abraão pode ter sido um rei em vez de um pobre pastor, mas é possível confiar nele? O que mais é possível descobrir para dar suporte a esse conceito? Como é muitas vezes o caso, nem todos os textos puderam ser alterados pelos escribas e grande parte do material original sobreviveu aos censores. Na realidade, apesar do que possamos pensar, os textos estão repletos de grandes alusões ao *status* de Abraão. Por exemplo, ele teve três esposas, o que não é pouco para um pobre pastor, mas também acontece que Hagar, uma de suas esposas, era escrava egípcia. Como e por que Abraão veio a casar-se com uma escrava egípcia?[B29] Isso não tende a confirmar o seu *status* real? E o que é possível dizer do casamento de Isaque, o filho de Abraão, que descreveu o seu pai como sendo um homem bem-abençoado?

> O Senhor encheu de bênçãos o meu senhor, que se tornou poderoso;
> e deu-lhe ovelhas e bois, prata e ouro, servos e servas, camelos e jumentos.[B30]

Abraão é novamente promovido, no mínimo, de simples pastor à categoria de aristocrata. Mas como isso pode ser interpretado? Era Abraão realmente de sangue real e, se assim fosse, qual o país de sua origem? Em certos lugares, o contexto da história é tortuoso, mas eu acredito que uma hipótese plausível seja a de que Abraão não era tão-somente um rei semita, mas um

---

B29. Bíblia, Gênesis 16:1-2.
B30. *Ibid.*, 24:35.

faraó hicso do Egito, e, para isso, devemos analisar suas viagens ao Egito. O livro bíblico de Gênesis, por exemplo, inclui uma história de Abraão indo ao Egito para comprar trigo, pois havia fome em sua terra.[B31] Nessas viagens, Abraão encontra-se com o faraó vindo do sul das terras do próprio Abraão.

Entretanto, se Abraão fosse apenas um rei menor da Palestina ou do Sinai, ele teria de viajar mais para o oeste do que para o sul para chegar ao Egito e encontrar-se com o faraó. E, no entanto, todos os relatos afirmam que ele viajava para o sul. Se Abraão era asiático, não havia nenhum país ao sul da Palestina para o qual viajar. Da mesma forma, se Abraão era um faraó hicso egípcio, não havia nenhuma terra ao norte do Egito a partir da qual ele poderia ter saído para as suas viagens. Entretanto, como os textos parecem ser unânimes nesse ponto, isso excluiria a possibilidade de Abraão ser egípcio ou asiático? Estariam os textos totalmente confusos e duvidosos?

Eu acredito que os antigos conheciam bem os pontos cardeais. Parece não haver motivos para alterar os textos e a Bíblia talvez seja bem específica, pois esse tópico é repetido mais de uma vez. Esse argumento foi usado inúmeras vezes pela ortodoxia para indicar que Abraão estava sediado na Judeia e que ele viajava para baixo (sudoeste) em direção ao Egito. No entanto, a Bíblia pode não estar tão errada quanto à direção da bússola entre a Palestina e o Egito. Essa pode ser apenas uma má interpretação cartográfica, pois a antiga definição do Egito pode não ser a mesma que a nossa. Josephus, o historiador, parece confirmar isso ao se referir à seita dos sicários judeus que fugiram de Alexandria, dizendo que...

> ... seiscentos deles foram capturados imediatamente; mas quanto a todos os que fugiram para o Egito e para Tebas egípcia não levou muito tempo para que fossem capturados também...[J32]

Mas esses sicários estavam radicados em Alexandria, no Delta do Nilo, a terra dos hicsos, e, no entanto, eles fugiram para o sul em direção ao Egito. Certamente, as fronteiras do Egito tinham uma diferente configuração do que a de hoje. William Whiston, o compilador das obras de Josephus, observa:

> Como Josephus nos informa que alguns desses Sicários foram de Alexandria para o Egito e Tebas, Relland observa com razão, baseado em Vossius, que o Egito, às vezes, designa o "Próprio" ou Alto Egito bem distinto do Delta e das partes baixas, perto da Palestina. Consequentemente, ele acrescenta, aqueles que dizem que nunca chove no Egito, devem referir-se ao Próprio ou Alto Egito, porque em outras partes às vezes chove.[J33]

B31. Bíblia, Gênesis 12:10.
J32. Josephus, GJ 7:416.
J33. Josephus, tradução dos comentários de William Whiston, p. 770.

Nesse caso, a Bíblia não está errada e os textos soam claros e verdadeiros se soubermos interpretá-los corretamente. Abraão viajava *realmente* para o sul, das terras dos hicsos, no Delta do Nilo – que é conhecido como o Baixo Egito e situado ao norte do país – e para baixo, no "Próprio Egito", para Tebas ao sul, conhecido como o Alto Egito. Centenas de anos mais tarde, os sicários seguiram o mesmo caminho que Abraão percorria para ir ao Egito.

Realmente, como o livro de Josephus, *Antiquities of the Jews* (Antiguidades dos Judeus), representa uma versão completa do Velho Testamento (uma versão baseada em textos mais antigos do que a atual Torá e que haviam sido recuperados depois da queda de Jerusalém), seria possível especular que a mesma linhagem de estudiosos e de escribas, responsável por reescrever os textos de Josephus, também o fosse pela reedição dos atuais textos do Velho Testamento. Não é difícil perceber como a mesma terminologia para descrever o Egito foi empregada nos dois livros. E, repito, os textos não estão necessariamente errados; basta conhecer as políticas locais da época para poder dar sentido à situação.

Essa estranha terminologia pode ter sido resultado do período dos hicsos na história egípcia. Tal como foi discutido no capítulo I, durante o segundo período intermediário – ou seja, desde aproximadamente os anos de 1780 ou 1680 a.C. até 1560 a.C. –, o Egito era dividido em duas nações: Norte e Sul. Havia um faraó ao sul com a sua capital em Tebas e um faraó ao norte com sede em Avaris, no Delta do Nilo. O faraó do norte era um dos hicsos, os reis pastores, que claramente se consideravam uma nação separada. Por conseguinte, havia ocasião histórica para um faraó viajar para o sul, no próprio Egito, para reunir-se um outro faraó, com a intenção de comprar trigo – o faraó hicso, ao norte, poderia ter feito isso.

Acontece que a era de Abraão coincide aproximadamente com a dos hicsos; então, estaria a Bíblia descrevendo o período no qual o Egito estava dividido? Estaria Abraão viajando de Avaris, Baixo Egito, para Tebas, Alto Egito, para comprar trigo? Seria o faraó que ele encontrou um faraó tebano? Abraão é descrito nos textos históricos como um rei com um exército de incontáveis soldados. Historicamente, o exército hicso era o mais poderoso do mundo na época. Ele tinha acesso à nova tecnologia de arcos compostos, cavalos e bigas, e tratava-se de uma força formidável que ameaçava o faraó do sul, em Tebas. Neste caso, seria Abraão o faraó hicso do norte?

Sara

Quando Abraão entrou no sul do Egito para encontrar-se com o faraó, um estranho acontecimento ocorreu. Ele foi obrigado a dizer ao faraó do sul que a sua esposa, Sara, era sua irmã. Nos textos bíblicos, Sara ocupava dois possíveis lugares na família. Ela foi inicialmente descrita como a jovem sobrinha de Abraão e, mais tarde, como sua meia-irmã:

Aliás, ela é realmente minha irmã, filha de meu pai, mas não de minha mãe; ela tornou-se minha mulher.[B34]

A explicação para a estranha negação de Sara como esposa e a sua promoção à posição de meia-irmã é bem estranha. Dizem que, graças à beleza de Sara, a vida de Abraão estaria em perigo caso o faraó descobrisse que ela era a sua esposa. A explicação não faz sentido, pois o faraó não tinha o hábito de se apossar das lindas esposas de outros homens. Na verdade, os textos claramente indicam que o faraó do Sul ficou subsequentemente horrorizado ao descobrir que Sara já era casada e que, portanto, ele quase se tornara um adúltero involuntário pelas atitudes de Abraão. Rapidamente, Abraão teve de retirar-se de Tebas, pois a situação estava ficando fora de controle.

Esse é um bom exemplo da maneira pela qual os textos foram alterados para encobrir um pequeno incidente. O acontecimento não pôde ser eliminado dos textos, pois, além de importante, todos o conheciam. E uma sutil modificação pode, muitas vezes, alterar completamente o significado e a importância do fato. É bem provável que a verdadeira explicação dessa estranha história seja o fato de que Sara não era apenas linda, mas também muito parecida com Abraão, pois ela realmente era a sua irmã. Se Abraão fosse o faraó do norte, o faraó hicso, ele teria se casado com a sua irmã, de acordo com a tradição faraônica. Essa semelhança entre Abraão e sua irmã-esposa teria enfurecido o faraó do sul, pois casar-se com a irmã era fundamentalmente uma tradição faraônica e o *status* real de Abraão teria sido óbvio. O faraó tebano teria ficado transtornado ao descobrir, de repente, que não estava tratando com um rico mercador do Norte e sacerdote que queria comprar alguns sacos de trigo, mas com um faraó "rebelde" do norte que havia assumido o controle de "suas" terras do norte.

Essa é uma história muito mais plausível em vista das políticas e tecnologia da época. Teria sido difícil para o faraó do Sul identificar o faraó hicso do Norte, de maneira que ele e seus conselheiros não saberiam necessariamente com quem estariam negociando. Nesse caso, o subterfúgio poderia ter funcionado. Abraão se disfarçaria facilmente de rico mercador e se encontraria com o seu inimigo do Sul. Esse é precisamente o tipo de história que seria contada em meio a alegres risadas, durante séculos, em reuniões de amigos regadas a cerveja. Basta imaginar a riqueza de contos que teriam surgido se Winston Churchill tivesse conseguido uma audiência com Hitler em Berlim, disfarçado de chefão da máfia italiana para obter informação importante sobre o Terceiro Reich. Essa analogia não é tão absurda quanto parece, pois Abraão não se encontrava no sul somente para comprar trigo, mas havia uma missão muito mais importante em progresso.

B34. Bíblia, Gênesis 20:12.

Uma explicação alternativa e mais interessante para essa viagem consta do livro *Antiguidades,* de Josephus, que, novamente, tem ar de plausibilidade. Conta Josephus que a viagem havia sido programada para espionar os sacerdotes do sul e saber o que eles diziam a respeito dos deuses.[J35] Esse é o tipo de ação que poderia ser esperado se Abraão fosse um faraó do norte. O meu ponto de vista, que será desenvolvido plenamente mais adiante, é que essa divisão entre o norte e o sul do Egito nada teve a ver com a invasão por parte de um povo da Palestina, mas foi uma divisão religiosa dentro da mesma nação. Essa dissensão foi uma antiga precursora da semelhante situação pela qual passa atualmente a Irlanda do Norte: dois povos idênticos e da mesma origem celta irrevogavelmente divididos em duas nações pelo que, na realidade, é uma religião em comum. Com efeito, um pouco mais adiante no livro, argumentarei que a moderna divisão na Irlanda foi ocasionada pelas ondas de choque que emanaram dessa antiga disputa egípcia, motivo pelo qual a religião ainda é importante para a nossa atual situação.

De volta ao Egito, Abraão também estava profundamente preocupado com a disputa religiosa que fervilhara durante gerações e que acabara dividindo o país em duas nações. Josephus torna claro que a intenção de sua missão de espionagem era verificar o que os sacerdotes do sul diziam a respeito dos deuses. Sua meta política era resolver, na fonte, junto aos sacerdotes do sul, essa disputa teológica e, talvez, convencê-los dos erros do caminho por eles enveredado. Nessa missão em território inimigo do Alto Egito, Abraão teria sido obrigado a manter em segredo o *status* de sua esposa Sara para proteger a sua própria identidade. Aliás, seria interessante saber o motivo da presença de Sara nessa viagem, mas talvez, em razão do tempo envolvido nas próprias viagens, os mercadores bem-sucedidos daquela época viajassem com uma comitiva completa. Qualquer que seja o caso, se Abraão tivesse conseguido êxito nesse ardil junto ao faraó do sul, o caso seria, indubitavelmente, comentado durante séculos por todas as tribos israelitas, como realmente aconteceu.

De fato, esse deve ter sido um notável evento nos anais dos israelitas-hicsos, pois esse mesmo episódio foi descrito em nada menos do que três ocasiões na Bíblia. É claro que isso não ocorreu três vezes, os escribas estavam sendo simplesmente entusiásticos e anotavam tudo o que ouviam ou liam a respeito disso. Podemos até perceber como essa mesma história deve ter sido multiplicada por escribas em diferentes lugares, pois o texto completado não faz sentido. A segunda história encontra-se mais adiante nos textos, de maneira que, quando Abraão empreendeu a sua viagem seguinte ao Egito, Sara tinha mais de 90 anos e, mesmo assim, o faraó do sul

---

J35. Josephus, ANT. 1:166.

achou-a muito atraente!^B36 A Bíblia não explica porque o governante tebano era tão atraído por uma mulher de 90 anos. Na terceira ocasião, foi a vez do casal Isaque e Rebeca, o filho e a nora de Abraão.^B37 É claro que esse mesmo evento não deve ter ocorrido três vezes – as diferentes tradições que evoluíram na história conhecida como Gênesis estão meramente confusas quanto *ao momento* em que ele realmente ocorreu, pois Josephus não faz nenhuma menção à terceira ocasião, mas o resto de sua narrativa acompanha bem de perto o Velho Testamento.

As mudanças feitas ao relatar as histórias duplicadas são esclarecedoras. Nas segunda e terceira ocasiões, em vez de viajar em direção sul para se encontrar com o faraó no Egito, as comitivas viajam para o Sul e chegam a Gerar, onde se encontram com o rei filisteu chamado Abimelec. Essa história não tem sentido histórico: a nação dos filisteus não havia sido estabelecida nessa época e o rei referido, Abimelec, era provavelmente fenício de Tiro na época de Akhenaton, um faraó posterior a esses eventos. É bem possível que "Egito" tenha sido alterado para "Gerar", provavelmente para distanciar esses eventos do próprio Egito. Para adequar essa alteração, o faraó egípcio teria sofrido modificações para representar um rei asiático menor a fim de confundir egípcios com filisteus e fenícios. Existe qualquer semelhança entre esses povos? De maneira interessante, o historiador grego, Heródoto, parece confirmar essa ideia. Ele menciona uma tribo de "pastores filitis", e essa breve referência tende realmente a ligar o termo filisteu aos reis pastores e ao Baixo Egito.[38] Essa confusão de povos – filisteu, fenício e egípcio – será importante no capítulo X, pois essas três raças podem estar relacionadas em alguns aspectos.

Certamente não será fácil traduzir todas as referências bíblicas relativas aos faraós do Egito, mas a importância social dos patriarcas bíblicos torna-se mais do que óbvia. Mesmo assim, por meio da técnica da comparação de nomes, seria possível encontrar outros nomes de reis nos textos bíblicos? Parece não haver nenhum faraó óbvio na narrativa, pois sempre que há uma referência ao Egito ou a um faraó na Bíblia, o rei em questão é meramente mencionado como "faraó". Isso é estranho, pois a Bíblia menciona o nome de quase todos os príncipes, sacerdotes, seguidores, membros familiares, publicanos, mendigos e prostitutas. Entretanto, os homens mais importantes e poderosos do mundo, na época os faraós do Egito, que afetavam o destino dos judeus em todas as voltas de sua história, nunca são nomeados. Por quê? Na verdade há um bom motivo para isso e ele está relacionado com os argumentos e com as antipatia existentes entre o Egito e os judeus que acabaram dando origem ao grande êxodo liderado por Moisés.

B36. Bíblia, Gênesis 17:17 e 20:2.
B37. *Ibid.*, 26:1, 26:7.
38. Heródoto, Gerar ii, 128.

Mas, se olharmos mais de perto, parece que alguns faraós superaram essa censura e seus nomes foram transmitidos para outros textos. Josephus menciona um deles e o faz dentro de um contexto bíblico, de maneira que essa particular conexão possa, talvez, ser datada. Isso é crucialmente importante, pois muitos estudiosos tentaram, muitas vezes sem êxito, datar acontecimentos bíblicos como o êxodo. Para conseguir isso, seria preciso que existissem conexões datáveis entre os dois registros: o da história e o da Bíblia. Mas o fato de existir uma única conexão é bem frustrante. Apesar disso, esse único elo pode estabelecer uma data para criarmos uma base e assim definir, a partir dos textos, faraó por faraó, até que se desenvolva uma história totalmente nova.

O elo a que Josephus se refere diz respeito à história mencionada nos parágrafos anteriores, a de Sara ser capturada pelo faraó que, subsequentemente, descobriu que ela já era casada. O faraó envolvido nessa disputa agora tem o nome de Neco.

> O faraó Neco, na época rei do Egito, desceu sobre essa terra com um imenso exército e capturou a princesa Sara, mãe de nossa nação. E o que fez o seu esposo, o nosso ancestral Abraão? Vingou-se ele do insulto pela força bruta? E, no entanto, ele tinha 318 oficiais sob o seu comando...[J39]

Essa é claramente uma referência à disputa de Sara mencionada antes, e uma busca nos registros históricos de um faraó equivalente ao Neco de Josephus revela que a correspondência mais próxima desse nome, nesse período específico, é Nehesy, um faraó da 15ª dinastia. Isso pode não parecer muito convincente neste momento, mas Nehesy será mais adiante identificado como o bíblico patriarca Nachor, o pai (ou avô) de Abraão. Entretanto, observe a semelhança de nomes entre o faraó de Josephus, Neco, e o do patriarca, Nachor. Esse erro de pronúncia, do histórico Nehesy para o bíblico e faraônico Neco(r), pode ter sido influenciada pela história contemporânea da época em que essa menção foi registrada, pois por volta desse período, – na 26ª dinastia egípcia – havia um faraó de nome Neco.

Entretanto, esse particular faraó (Neco) reinou cerca de mil anos mais tarde do que o incidente mencionado. É possível que o escriba, acostumado a escrever esse nome, tenha pensado que Neco fosse a pronúncia correta para Nehesy. Da mesma forma, o reconhecido autor Ahmed Osman disse que o sacerdote egípcio Panhesey tornou-se o bíblico personagem Pinhas, uma transformação semelhante. Essa identificação do faraó Nehesy/Neco(r), caso possa ser confirmada, colocaria um elo definitivo entre a 14ª dinastia (c. 1700 a.C.) e Abraão, o mais famoso dos patriarcas, o homem que, essencialmente, fundou a família bíblica.

J39. Josephus, GJ 5:379.

Se esse cenário de um bíblico faraó chamado Neco e de seu filho (ou neto) Abraão for aceito, as circunstâncias podem, inicialmente, parecer estranhas, pois o registro histórico parece agora indicar que Abraão estava combatendo o seu próprio pai. Entretanto, este é um acontecimento repetido em toda a História e faz parte de inúmeras mitologias, com príncipes reais de muitos países em conflito com o rei; basta lembrar de Ricardo I e o seu pai Henrique II. Portanto, não seria uma grande surpresa se esse conflito familiar tivesse realmente ocorrido. Nesse caso, esse seria outro motivo para manter em segredo o estado conjugal de Sara. Considere a eventual situação que surgiria caso Abraão tivesse se casado com Sara, a sua irmã, sem a devida permissão. O faraó Nehesy, pai (ou avô) de Abraão, agora queria casar-se com sua filha (ou neta) Sara, como era frequente na tradição da época faraônica e de acordo com o que a Bíblia indica. O fato de Abraão ter-se casado com a irmã sem a permissão de Nehesy pode ter sido uma ofensa traidora, pois ele estaria usurpando a autoridade do faraó; e o possível castigo poderia ter sido severo.

Então, seria tudo isso apenas mera especulação? Na realidade, o Corão convenientemente confirma o meu cenário histórico. Abraão estava realmente em uma disputa com seu pai, essencialmente religiosa. Um dos elementos-chave em todo o Corão, e repetido constantemente, é que Abraão "não era um idólatra". Tal como o faraó Akhenaton, que será discutido em detalhe mais adiante, Abraão havia renunciado à pletora de deuses egípcios e adorava o único Deus todo-poderoso. Akhenaton chamaria essa suprema divindade de Aton, manifestação de <u>Amen-Ra</u>, enquanto Abraão o teria conhecido como Adhon (Senhor), acrescentando "Amen" às orações de maneira surpreendentemente semelhante. O problema de Abraão era que seu pai não compartilhava dessas crenças:

> Quando Abraão disse a Ezra, seu pai: Tomas os ídolos por deuses? Eis que te vejo a ti e a teu povo em evidente erro.[C40]

Esse é o motivo pelo qual Abraão se tornou o principal patriarca bíblico, o pai de uma nova religião e o "Pai da Nação". Ele realizou uma significativa cisão com a tradição nesse ponto, iniciando efetivamente uma nova dinastia, e essa foi uma divergência que provaria ser fatalmente desagregadora: tal como as reformas religiosas de Akhenaton, ela resultaria, mais tarde, em uma guerra civil.

É estranho que essa modesta teoria, baseada em novas ideias, acabe tendo alguma validade não somente nos textos religiosos, mas também na versão histórica. Apesar de o registro histórico do Egito ser um pouco duvidoso a respeito desse período, é possível que o faraó Nehesy, assim como o bíblico Neco, também tenha sido o último faraó dessa época. O faraó seguinte a subir ao trono foi Sheshi, e ele foi o primeiro dos faraós

---

C40. Corão, 6:74.

hicsos no Norte. O nebuloso aparecimento conhecido como história está, paulatinamente, começando a aglutinar-se em alguma coisa mais tangível.

Linhagem Real

Entretanto, dois únicos faraós não constituem uma linhagem. Sem maiores indícios, essa é ainda uma posição fraca para a teoria de uma linhagem real com respeito aos patriarcas bíblicos, e é óbvio que havia a necessidade de uma pesquisa mais profunda. Os resultados não demoraram a chegar, pois ainda há muitos indícios sobre os faraós bíblicos encontrados pela comparação dos outros nomes da família de Adão, que se estende desde Noé até Abraão. Esses nomes, como o de Jacó, não soam necessariamente como faraós, mas podem ser comparados com eles por meio de uma análise minuciosa. É importante ter muito cuidado ao fazê-la, pois é fácil deixar-se levar pelas semelhanças fonéticas. Além disso, é óbvio que alguns dos nomes tenham sido ligeiramente alterados ao longo do tempo e que a ordem de herança também tenha mudado um pouco, de maneira que as comparações diretas não são exatamente precisas.

O fato de os nomes terem mudado com o tempo pode ser encontrado na Bíblia, visto que alguns nomes do Velho Testamento não são exatamente os mesmos em suas versões do Novo Testamento. Provavelmente isso ocorreu porque o Velho Testamento foi escrito em aramaico, copta ou hebraico e depois traduzido para o grego e, posteriormente, para o inglês. Por sua vez, o Novo Testamento foi traduzido do grego diretamente para o inglês, enquanto o Corão envolveu obviamente uma tradução para o árabe e a Torá para o hebraico. Por causa dessas diversas traduções, alguns dos nomes nesses textos terão, inevitavelmente, uma pronúncia ligeiramente diferente.

Os ancestrais de Abraão proporcionam um bom exemplo de como muitos desses nomes foram alterados dentro das mesmas tradições. No livro de Gênesis, dois dos ancestrais de Abraão são chamados de Eber e de Reu.[B41] Alguns séculos mais tarde, no Novo Testamento, esses mesmos personagens são chamados de Heber e de Ragau.[B42] O problema é que os nomes, por terem sido sutilmente mudados na Bíblia, tornam a identificação de outros faraós nessa linhagem real uma tarefa nada fácil. Felizmente, existem muitos textos a serem escolhidos para efeito de comparação a fim de que a variação na pronúncia possa ser compreendida. Esses textos incluem os registros egípcios, as obras de Maneton – o historiador egípcio cujas citações chegaram até nós por meio de Josephus –, além dos três textos religiosos: a Bíblia, a Torá e o Corão.

B41. Bíblia, Gênesis 11:14, 11:20.
B42. Bíblia, Lucas 3:35. A Bíblia moderna corrigiu esse erro, mas a Torá hebraica original chegou a conter diferentes ortografias de nomes.

A Bíblia é um bom ponto de partida para esse processo. Aqui, o pai de Abraão é chamado de Terah e o seu avô, Nachor (ou Nahor, de acordo com a variação nos textos). Eu já alinhei provisoriamente Nachor com o faraó Neco, mencionado por Josephus, e com o histórico faraó Nehesy, mas a posição de Terah é mais duvidosa, pois nenhum faraó aparece com esse nome no registro egípcio. Entretanto, a lista dos reis hicsos mostra que o faraó Nehesy também tinha o nome real de Aasehre. Nehesy, Nahor, Neco e Nachor parecem bem ser o mesmo tipo de nome e Terah é igualmente semelhante a Aasehre. Quem sabe se, neste caso, o pai e o avô de Abraão não seriam, na realidade, um único indivíduo.

É preciso lembrar que os egiptólogos têm dúvidas quanto à exata pronúncia desses nomes e que, portanto, Nehesy também pode ter a pronúncia de Nahosy: os dois são transliterações válidas. Também é significativo o fato de o nome da esposa de Abraão ser Sara que, como Terah, pode bem ser outra derivação do nome real de Nehesy, Aasehre, a esposa estaria simplesmente assumindo o nome do rei. A outra transliteração do nome real desse faraó poderia ser Aasahra e, por causa dessa explicação, esse é o nome que passarei a usar.

O nome Sara significa "princesa" nas línguas semitas e, assim, Sara era obviamente uma pessoa importante. Josephus confirma isso quando ele a menciona como princesa e mãe da nação na citação anterior. Além disso, e como mencionei antes, o nome Sara não é somente feminino, tampouco teve a sua origem do faraó Aasahra.

Aasahra foi traduzido como "tão poderoso quanto os deuses", certamente apropriado para um rei, mas o nome Sara tem uma fonte ainda mais antiga do que isso. Sara era um nome muito importante, frequentemente usado pelos faraós, e possui uma longa e ilustre história. O gênero masculino de Sara é *Sah,* que significa "rei" e, se alguém havia de ser "tão poderoso quanto os deuses", esse teria de ser o rei. Mas *Sah* não era uma alusão para qualquer deus antigo. Na linguagem egípcia, *Sah* é uma referência direta à constelação de Órion, e Órion foi sempre identificado com o deus egípcio Osíris.[43] Osíris era um dos pais fundadores do panteão de deuses egípcios e tornou-se a divindade mais influente do país. Como ele era muito importante na Teologia egípcia e o seu papel era essencial na ressurreição do faraó morto, durante séculos o *nome Sah* foi estreitamente ligado ao do próprio rei. De fato, os egípcios acreditavam que o rei recentemente falecido se tornaria uma encarnação de Osíris – ele se transformaria no próprio *Sah.* Ele então partiria em uma jornada espiritual rumo à constelação de Órion para se tornar uma nova estrela.

Como resultado dessa íntima associação entre o faraó e *Sah* (Osíris), o nome *Sah* tornou-se um título real não somente no Egito, mas em todo o mundo. Ele foi traduzido em quase todas as línguas do mundo ocidental e usado como título de quase todos os nossos reis. Os israelitas assumiram o

---

43. *The Religion of Ancient Egypt, S.* Mercer. London: Luzac, 1949.

seu nome durante o êxodo e o nome de *Sar-hair* foi dado aos seus reis tribais, enquanto a palavra *Sar* (שׂר) ainda significa "príncipe" ou "governante" em hebraico. *Sah* também era considerado um título sagrado pelos magos e era usado na Pérsia, onde se tornou o título real *Shah*. Mais para o Oriente, na Índia, ele se tornou *Sahib*. No maior dos impérios antigos, Roma, escolhe-se o título de César. As tribos saxônicas herdaram o título, mas pela aparência de sua escrita, de alguma forma, ele alcançou a Saxônia pela Grécia; a impressão é que as tribos saxônias assumiram a versão grega de César, *Kaisar*, e transliteraram-na em *Kaiser*.

Nas zonas frias do norte, na Rússia, eles herdaram a mesma tradição mediterrânea e, aí, o título adotado foi *Tsar*. A notícia do poder desse título sagrado continuou se expandindo e, assim, no úmido noroeste da Europa, na Inglaterra, o título real adotado foi *Sire* (que significa Majestade) e, para os menos nobres, o de *Sir*. No mundo militar, a tradição persiste e o título é pronunciado como *Sar!*. Tal foi o poder e a influência do Antigo Egito.

A Lista de Reis

Ao analisar os registros antigos, surge outro problema: o limitado conhecimento dos reis hicsos – a linha de faraós que precisa ser estudada – que torna a tarefa da comparação muito difícil. Após o êxodo dos hicsos, muitos dos registros do Baixo Egito foram deliberadamente destruídos, deixando muito pouca informação a ser usada pelos modernos egiptólogos com relação aos nomes e às datas dos faraós hicsos. Entretanto, Josephus apresenta uma lista de faraós que obteve de Maneton. A sua lista de reis não concorda inteiramente com a estabelecida cronologia do Egito e, embora existam algumas peculiaridades, parte dela faz sentido. Por exemplo, onde ele relaciona um faraó com o nome de Harmesses Miamoun,[J44] descobrimos que há um faraó denominado Ramsés II Meryamun.[45]

Aqui é preciso observar a ocorrência de outro famoso nome bíblico: Miriamme. (A palavra *meri* ou *mari* em egípcio significa "feliz" ou "amado".) Em sua forma abreviada, o nome histórico que resulta é Maria, que, mais adiante, será importante no desenrolar da história. Tal como o nome Sara, real de um faraó, Ramsés Meryamun, fez parte da história como um nome bíblico feminino.

Maneton também relaciona três faraós pelo nome de Akencheres seguindo o reino de Amenophis (Amenhotep III). Esses faraós não aparecem nos registros históricos, mas se acredita que Amenhotep III teve, no mínimo, quatro filhos homens: Tutmose, Akhenaton, Semenkhkare e

---

J44. Josephus, CA 1:96.
45. *Who Were the Pharaohs?*, S. Quirke. Mineola: Dover, 1991.

Tutankhaton* (Tutankamon). Os quatro irmãos eram muito incomuns por acreditarem ardentemente no deus conhecido como Aten (Aton),⁴⁶ uma crença que dividiu a nação do Egito e acabou provocando uma guerra civil.

Parece possível que Maneton tenha usado o prenome de Aken nos nomes de três desses irmãos devido ao prefixo do próprio Akhenaton, de maneira a juntar os três irmãos sob um nome genérico. Além disso, uma das palavras hebraicas para o Sol é *Cheres*, e essa palavra parece ser uma derivação direta do sufixo para o nome de Akencheres. A palavra hebraica *Cheres* (srj *Khe-res*) pode muito bem ser uma derivação da do Antigo Egito *Kherpii* (Cherpy), que significa "o Sol primaveril" e que é também identificada com o próprio Rá, o deus-Sol. Da mesma forma, *Aton* também era um nome para o Sol e, assim, o nome dado a esses irmãos era alguma coisa parecida com Aken-Aton (Aken-Cheres), o que concorda precisamente com o nome do próprio Akenaton. Nesse caso, torna-se bastante claro à qual família o nome Akencheres está sendo aplicado.

Em alguns dos textos, dizem que um desses "irmãos" Akencheres era uma mulher. Nesse caso, a referência pode não ser a Tutmose, que nunca chegou a ser faraó, mas pode muito bem ser a Nefertiti, a principal esposa de Akhenaton. É amplamente difundida a ideia de que Nefertiti possa ter sido elevada à posição de faraó e mantida como co-regente juntamente com o seu marido. Certamente o seu nome é às vezes encontrado em um cartucho real, e também existem cenas ritualísticas de Nefertiti lutando contra os inimigos do Egito, uma cena mais propriamente reservada ao rei. Caso Nefertiti possuísse o título de rainha, ela poderia muito bem ter sido mencionada por Maneton como um dos "irmãos" Amarna e, por conseguinte, aparecer na lista como a Akencheres feminina.

Dizem que o segundo faraó, o irmão do meio entre esses três da lista de Maneton, é Ratotis. Novamente, de início, esse nome não é de muita ajuda, pois seria de esperar que o faraó nessa posição fosse Amenhotep IV (Akhenaton). Amenhotep IV foi o segundo dos quatro irmãos e, como dizem que o primeiro irmão era mulher, também foi o marido de Nefertiti. De qualquer forma, o nome Ratotis ocupa a posição que Amenhotep IV deveria logicamente estar. É possível que Amenhotep IV tenha sido tratado diferentemente nessa tradução porque ele foi o mais infame dos irmãos e já havia trocado de nome para refletir a nova crença em Aton, chamando a si próprio de Akhenaton. Essa troca de nomes não parece ajudar muito a nossa busca, pois os nomes de Akhenaton e de Ratotis não parecem combinar de nenhuma forma, isto é, até investigarmos os hieróglifos e a política que envolveu o nome desse faraó.

---

*N.E.: Sugerimos a leitura de *As Profecias de Tutankhamon*, de Maurice Cotterell, Madras Editora.
46. *Akhenaton,* Cyril Aldred. London: Thames & Hudson, 1991, p. 293.

Akhenaton foi escrito de forma invertida, usando o nome do deus (Aton) no início do cartucho e, dessa forma, é lido foneticamente como Aton-akhen. Aqui é necessário explicar brevemente o motivo dessa inversão. Parece ter havido uma convenção egípcia segundo a qual os deuses eram tão importantes que deveriam ter seus nomes escritos no início, mesmo que eles fossem pronunciados ao final do nome. Assim, Akhen-aton é escrito Aton-akhen. O mesmo acontece com os faraós Wadjkara, Merykara, Kanefera e Djedefra: o deus Rá é sempre escrito no início do cartucho, mesmo que ele seja pronunciado no final. Entretanto, tal como em todas as regras linguísticas, existem algumas exceções.

Ramsés é pronunciado com o nome do deus no início tal como é escrito, assim como Amenhotep. Isso nos causa um problema para a tradução e até os egiptólogos não estão totalmente seguros a respeito das regras. Tome-se como exemplo o faraó Khafre (Quéfren), tradicionalmente considerado o construtor da Segunda Pirâmide de Gizé. Em quase todos os textos sobre o assunto, esse faraó é chamado Khafre, mas George Hart, professor especialista na coleção egípcia do Museu Britânico, chama esse faraó de Rakhaf.[47] Ele simplesmente colocou o nome do deus no início da palavra em vez de no final. Em razão da controvérsia no assunto, ambas as pronúncias são possibilidades a ser consideradas.

Além desse pequeno problema, o nome do deus Aton é muitas vezes reduzido a um disco solar que poderia ser traduzido por engano, como Re ou Rá, o deus-Sol.[48] Levando em conta que o nome Aton era considerado tabu, em lugar de Akhenaton, um tradutor poderia muito bem ter preferido ler o nome como Akhen-ra. Aqui, o cartucho simplificado é mais interessante porque poderia indicar a quem Maneton estava se referindo. O nome do deus poderia ser traduzido como Ra e lido no início do nome, pois nem todos os nomes de deuses são colocados ao final. Assim, podemos ler o nome como Ra-akhen. A segunda parte do nome também pode ter outra tradução, considerando o ambiente político da época. O faraó Akhenaton tornou-se uma não-pessoa por causa de sua tentativa de mudar a Teologia do Egito e, consequentemente, o seu nome não devia ser pronunciado de nenhuma forma por quem quer que fosse. Nessas circunstâncias, não é estranho o fato de a correta pronúncia de seu nome ter se perdido na História.

---

47. *Pharaohs and Pyramids,* G. Hart. London: Herbert Press, 1991.
48. *Ibid.,* p. 20.

Aton   Ak-hen

Ra   Akhen
Ra   Thot-hen

Figura 2. Cartucho de Akhenaton

É preciso considerar que Maneton estava escrevendo sobre textos que haviam sido redigidos, pela primeira vez, cerca de mil anos antes. Por conseguinte, se o leitor estivesse um pouco enferrujado com a linguagem egípcia ou se o escritor não quisesse mencionar o proibido de Akhenaton, a íbis 🦅 inserida no nome poderia sempre ser interpretada como o nome do deus Thoth. Na realidade, no nome de Thoth, íbis está pousada sobre uma vara 🦅, mas os pictogramas são bem semelhantes. Assim, o nome Akhenaton pode ser lido em certas circunstâncias como Ratoten – seria possível que este fosse o Ratotis de Maneton? Maneton está quase sempre correto – o suficiente para ser considerado seriamente, mas com cautela.

Maneton nos deixou uma longa lista de reis hicsos e essa relação, juntamente com o registro egípcio, pode ser comparada com os nomes de seus correspondentes bíblicos. De repente, outros três ou quatro nomes parecem ser identificáveis na Bíblia. Ao relacionar os nomes, eu mantive a mesma ordem bíblica e, nesse caso, alguns faraós históricos mudam de ordem entre as 14ª e 17ª dinastias. Entretanto, é de se observar que, em sua maioria, os faraós são mencionados em ordem cronológica.

Alguns registros na seguinte tabela podem parecer nada mais do que meras conjecturas, mas outros parecem ser bem plausíveis. Por exemplo, Apachnat e Arfaxad são quase um par perfeito, e Josephus – ao citar Maneton – indicou que Apachnat foi um verdadeiro faraó, mesmo que ainda não encontrado no registro egípcio. Também há a primeira de nossas descobertas, Jacó [Jacoba]. O restante da tabela pode parecer irregular em termos comparativos, e uma explicação maior se faz necessária quanto ao motivo de esses nomes terem sido colocados nessa ordem.

Tabela de faraós extraída dos seguintes registros:

Maneton	Bíblia	História egípcia[49]
Salitis	Sem	
Apachnat	Arfaxad	
[Khian] Jannus	Cainan (Caim)	[Khiiaan] Khyan
	Salah	
Bnon	Heber	[Eecbher] Yakubher
	Peleg	
	Ragau	[Raqu] (Aquenenre) Apepi
	Seruch	Apepi (Auserre)
Neco (J)	Nachor (Nahor)	Nehesy (Aaserra)
Assis	Terá (Terah, Azar)	(Aa<u>sahra</u>) Nehesy [Assii]
Abraham	Sheshi	
Isaque	Anather	
Jacó	[Jacoba] Jacobaam	

Os registros nos colchetes [ ] são os nomes por mim alterados. Os nomes nos parênteses ( ) reais ou, para os nomes bíblicos, representam uma ortografia alternativa de outros textos. (J) = Josephus.

Essa lista não foi elaborada simplesmente para que os nomes se enquadrassem. É preciso lembrar que os egiptólogos não sabem como esses nomes eram pronunciados; os nomes dos textos históricos são meramente suposições oriundas de comparações com outras línguas. A Pedra de Rosetta é um bom guia, mas não é absolutamente um dicionário completo e, além disso, a pronúncia grega de palavras egípcias ainda é suspeita em alguns casos. De maneira que qualquer tradução realizada do grego não tem garantia de ser precisa.

Basta pensar na confusão que poderia acontecer se a pronúncia apropriada de um nome moderno não fosse conhecida. Por exemplo, o nome Stephen deveria ser pronunciado como Stiven ou como Step-hen? Essa pequena alteração pode causar uma grande diferença no nome e, sem um intérprete nativo para proporcionar uma resposta adequada, a tarefa de decidir sobre a pronúncia correta seria quase impossível. Essa confusão provocou um amplo espectro de possíveis transliterações para esses nomes. Portanto, preciso me desculpar no caso de haver ocasionais diferenças de ortografia neste livro, mas todas as obras egiptológicas e todos os textos bíblicos parecem conter ortografias diferentes.

Entretanto, muitos dos sons fonéticos que resultam dos nomes são amplamente semelhantes e, ao decidir sobre a correta pronúncia, a Bíblia será utilizada como nossa "intérprete nativa", a fim de que nos oriente na direção correta. Essa não é a solução perfeita, mas, com essa ajuda a respeito de como esses nomes devem ser pronunciados, o progresso torna-

---

49. *Chronicle of the Pharaohs*, P. Clayton. London: Thames & Hudson, 1994.

se possível. Tudo o que fiz na tabela anterior foi mudar ligeiramente a pronúncia dos nomes seguindo as regras-padrão egípcias para produzir alguns desses nomes alternativos que agora correspondem ao registro bíblico.

Caim

Para ilustrar essa técnica, observe os três nomes de Caim na tabela. Com uma sutil alteração da transliteração tradicional do nome egípcio, as comparações parecem adequar-se muito bem. A versão egípcia deste nome é, muitas vezes, identificada como tendo um forte "k", como em "casa", no início. Dizem que a segunda letra "y" é pronunciada como "ai", o que resulta no registro histórico convencional do nome do faraó *Kh-y-an* – K-ai-an. Entretanto, de acordo com o professor Karl-Theodor Zauzich, respeitado egiptólogo, o primeiro glifo, ⊛, pode ser lido como um "k" suave projetado na parte de trás da garganta, como a palavra alemã "ich" ou a escocesa "loch".⁵⁰ Isso resulta no nome Cyan ou Cian. A segunda letra é representada por uma dupla cana, ⸾⸾, que tanto pode ser lida como um "i" breve quanto como um "ii" longo – essa última é mais provável, pois uma única cana, ⸾, é pronunciada como "i".

Ao considerar essas pequenas alterações, o nome do faraó soa mais como o nome inglês Ian ("i" longo) ou, se a primeira letra for incluída, Kh-ii-an (com o "kh" pronunciado como o "ch" na palavra escocesa "loch".) Essa pronúncia faz mais sentido nesta investigação, de maneira que assemelhei esse particular faraó ao patriarca bíblico Caim. (Esse é outro Caim bíblico, e não, irmão de Abel.)

Porém essas alterações que acabamos de fazer em Caim (Khyan) não ajudam a adequá-lo ao equivalente faraó da lista de Josephus, Jannus, que é o único possível candidato. Entretanto, no documento original de Maneton, copiado por Josephus, há outra ortografia para o nome desse faraó, Iannus (Iiannus). Maneton escrevia as suas obras em grego e o "us" ao final de um nome é um sufixo grego típico para nome. Esse sufixo deve ser eliminado, resultando no simples nome de Iann, que é semelhante ao nome faraônico de Kh-ii-an, extraído do registro histórico. Na versão de Maneton, parece que o "kh" inicial foi descartado, tendo sido agregado o sufixo padrão "us" ao nome, mas basicamente os nomes são iguais. Talvez a tradução do nome com o "J" no início indique que deveria haver um "kh" suave como o "ch" da palavra escocesa "loch". Qualquer que seja o caso, parece haver uma total concordância nos três registros antigos: o Caim bíblico foi possivelmente um faraó hicso.

---

50 Egyptian, *Discovering. Hieroglyphs,* Karl-Theodor Zauzich.

Figura 3. Cartucho do Caim bíblico

O nome bíblico de Eber foi outra interessante charada, pois não parecia corresponder a nenhum faraó nos registros egípcio ou de Maneton. Entretanto, o Novo Testamento proporciona outra pronúncia para o mesmo nome: o de Heber. Embora ele não correspondesse bem ao nome da versão de Josephus, havia alguma coisa nos registros egípcios que poderia ajudar: o faraó Yakubher. À frente dos hieróglifos no cartucho de Yakubher há a dupla cana ⵈⵈ (veja a Figura 4). Esse glifo pode ser traduzido como "iê", produzindo a versão dos egiptólogos de Ie-akubher; mas também poderia ser transliterado como o longo "ii", como acabamos de ver, o que resultaria no nome Ii-akubher.

No meio do nome, está o glifo ⏗, que soa como "k". Alguém colocou um "u" depois do "k", mas as vogais não fazem parte dos hieróglifos e, portanto, essa inserção provavelmente é pura suposição baseada em uma pronúncia que soasse melhor na língua para a qual fosse traduzida. De acordo com a tradição maçônica, a língua egípcia parece ter uma pronúncia inusitada de *staccato* e, possivelmente, essa vogal adicional nunca foi usada.[51] Com essas duas modificações, o nome Yakubher torna-se Iakbher, o que é bem próximo de Heber (Iiber). Novamente, para que os nomes correspondam precisamente, o "k" deve ser mudado para um "kh" suave, como na palavra escocesa "loch".

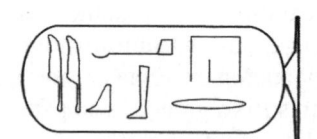

Figura 4. Cartucho do Heber bíblico

Outro faraó parece estar visível nesses textos se olharmos para Aqenenre, o nome real de Apopis II. O "re" ao final do nome refere-se ao deus Ra (Re), e Ra é o glifo colocado no início desse nome e não ao final. Novamente, aqui temos essa situação peculiar na qual o nome do deus pode ser lido tanto no início quanto no final do nome e, uma vez mais, devemos olhar para a opção alternativa.

---

51. *Hyram Key*, Lomas & Knight. London: Arrow Books, 1997.

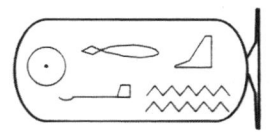

Figura 5. Cartucho do Ragu bíblico

Por conseguinte, o nome de Aqenenre pode bem ser lido como Raqenen que, apesar de não ser idêntico, é parecido com o nome bíblico de Ragu. E quanto ao último glifo do nome? Seria ele um duplo "n" ou o determinativo de água, como no caso do faraó Jacoba? Se o tradutor bíblico o interpretou, mesmo incorretamente, como determinativo, então o nome de Raqenen se torna Raqu. É por esse motivo que Aqenenre foi colocado junto ao bíblico Ragu, pois os nomes Raqu e Ragu são praticamente idênticos.

Outra observação incidente sobre esse nome é o fato de que Apopis pode também ser pronunciado como Apapi, e a versão original da 6ª dinastia desse nome era realmente Papi ou Popi que, como é possível ver, é a raiz da palavra papa – que significa pai. Papa é um nome arcaico de origem incerta, mas pode ser essencial para os argumentos deste livro, uma vez que também significa papa, o líder da Igreja Católica. Nos próximos capítulos, argumento que o Cristianismo derivou das crenças dos hicsos e, portanto, vale a pena observar duas coisas. Primeiro, que Apopis era um rei hicso, um rei pastoril. Segundo, que o papa carrega um cajado de pastor como símbolo de sua função, simbolizando a regência terrena do Papa em nome de Deus, o "Bom Pastor". Também é preciso notar que a representação hieroglífica do cajado do pastor pode ser traduzida como rei pastoril.

Existem muitas palavras egípcias antigas que passaram a fazer parte das línguas semitas, do grego, do latim e a partir daí de outras línguas. Por conseguinte, essa possível adoção de palavras e símbolos do antigo Egito não deve ser considerada inusitada. Por exemplo, *nob* é a palavra egípcia para nobreza, enquanto *djesert* significa deserto (as terras vermelhas); de maneira que existe a possibilidade de Papi ou Popi serem afins a Papa.

Abraão

Depois de termos investigado a lista dos faraós hicsos, voltamos novamente para Terá, o pai de Abraão. O possível nome surpreendente, extraído do registro egípcio, é o do faraó Nehesy. Conforme indiquei anteriormente, eu fiz essa dedução porque Terá pode ser apenas uma forma do nome real desse rei, Aasahra. Josephus, porém, proporciona outro motivo para fazer isso ao mencionar o faraó de nome Assis. É possível que este nome esteja relacionado ao primeiro nome desse faraó, Nehesy, e essa mudança de pronúncia poderia facilmente resultar, uma vez mais, de uma simples má tradução dos hieróglifos.

O "ne" de Nehesy resulta do glifo 🐦, uma codorniz que tem o valor fonético de "neh". Entretanto, se a linguagem egípcia do leitor estivesse um pouco enferrujada ou se o texto estivesse pouco legível, seria fácil confundir a codorniz pelo glifo do abutre egípcio, que tem este símbolo: 🐦. Embora os dois glifos egípcios sejam bem parecidos – as únicas diferenças óbvias sendo as barbelas embaixo do bico – os sons que eles representam são bem distintos. A codorniz tem o valor fonético de "neh" enquanto o do abutre é "aa". Se um erro simples desse fosse feito por um tradutor inexperiente, que era tudo o que Maneton tinha disponível, o nome dos textos egípcios Aasahra Nehesy se tornaria Aasahra Aassii. O nome Aassii é mais próximo do faraó Assis de Maneton. E, então, seria o faraó (Aasahra) Aassii realmente a identidade do pai de Abraão?

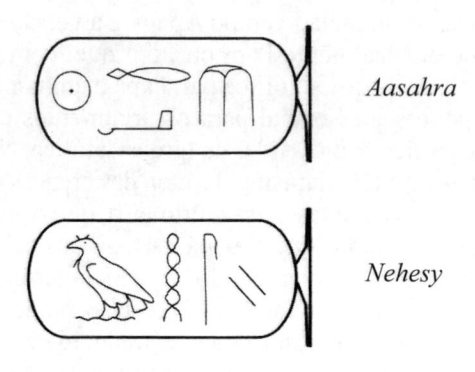

Aasahra

Nehesy

Figura 6. Cartuchos de Aasahra e de Nehesy

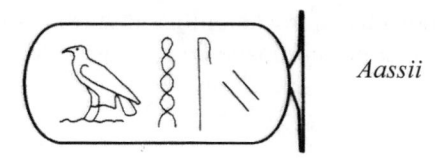

Aassii

Figura 7. Cartucho de Aassii, nome real do pai de Abraão

É preciso observar que todos esses faraós tinham dois nomes e, algumas vezes, outros mais. Cada faraó possui, no mínimo, o nome de nascimento e o nome real. Portanto, é possível que o registro bíblico possa ter registrado os dois nomes de um faraó como se fossem de dois diferentes patriarcas. Considerando essa possibilidade podemos progredir mais um pouco.

Anteriormente foi mostrado que o bíblico Abraão e o faraó Neco estavam prontos para lutar em consequência da captura da princesa Sara. O faraó Josephus, de nome Neco, foi identificado com o histórico faraó Nehesy e, ao mesmo tempo, ele também é equiparado ao bíblico patriarca Nachor, o avô de Abraão. É nesse ponto que parece haver um excesso de nomes bíblicos em comparação com os faraós egípcios do registro histórico. Entretanto, é possível ajustar esse excesso se o bíblico Nachor e o seu filho Terá fossem amalgamados em um só indivíduo – Nachor Terá.

O nome real do faraó Nehesy (Nachor) é Aasahra, e o nome Aasahra parece equiparar-se muito bem com o bíblico Terá (Terah), então a impressão é que a Bíblia simplesmente descartou o "a" inicial do nome. O fato de que havia um "a" original atrelado a esse nome bíblico está confirmado nas mesmas histórias, no Corão, nas quais o pai de Abraão é chamado de Azar.[C52] Por sua vez, o Corão parece ter perdido o sufixo desse nome, mas se associarmos os dois nomes, Terá e Azar, poderemos derivar o nome <u>Aatera</u> ou <u>Azarah.</u> De modo geral, parece que o nome faraônico de <u>Aasahra</u> foi bem conservado ao longo do tempo nesses textos religiosos.

O que agora temos é o pai e o avô de Abraão combinados em um só indivíduo, ao passo que no registro histórico este é listado sob os dois nomes do faraó Nehesy. Se alterarmos legitimamente a segunda vogal do nome Nehesy para um "o", teríamos:

Faraó: Nehosy   (Aasahra)
Patriarca: Nachor   (Azarah)

Esse é um ajuste bastante satisfatório. Entretanto, o edifício todo parece ruir devido a um clamoroso erro – a herança real. Nachor Azarah foi o pai do próprio Abraão e, no entanto, de acordo com o registro histórico, o filho de Nehesy Aasahra é o faraó chamado Sheshi. Isso é realmente insatisfatório e parece minar todo o progresso conseguido até aqui.

Na verdade, porém, não é bem isso. Trata-se justamente do resultado que era necessário para me persuadir e, possivelmente, convencer o leitor de que não se trata apenas de um delírio e que essa linhagem de faraós bíblicos é uma realidade histórica. Por quê? Porque o nome real do faraó Sheshi não é outro senão Mayebre ou Mayebra. Esse nome não somente soa como Abraão com o "m" deslocado para o final, ele bem possivelmente origina-se de outro erro simples de tradução. O cartucho de Mayebra é parecido com o seguinte:

C52. Corão, 6:71.

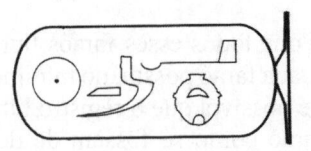

Figura 8. Cartucho de Mayebra

O nome Mayebra é até mais próximo ao nome Abraham (Abraão) do que poderíamos, inicialmente, imaginar, porque esse personagem bíblico era, na realidade, chamado de Abrão nas primeiras seções de Gênesis. Mayebra é uma perfeita associação fonética para Abram (Abrão), porém com o "m" deslocado para o final.

Somente mais tarde seu nome foi mudado para Abraham (Abraão).

> De agora em diante não te chamarás mais Abrão, e sim Abraão, porque farei de ti o pai de uma multidão de povos. Tornar-te-ei extremamente fecundo, farei nascer de ti nações e terás reis por descendentes.[B53]

E aqui podemos perceber claramente o *status* real de Abraão – é exatamente como os textos o descrevem: "... e terás reis por descendentes". Essa foi uma promessa dos deuses a Abraão, porque não havia nenhuma certeza de que ele chegasse a herdar o trono faraônico do Egito. Abraão tinha dois irmãos, um dos quais portava o nome do pai, Nahor. Seria ele um irmão mais velho que deveria ter assumido o trono? Isso ocorre muitas vezes nesses textos em que o irmão mais jovem assume o direito de nascimento do legítimo herdeiro. Parece que Abraão teve de lutar por sua herança a fim de estabelecer essa famosa linhagem de reis, de acordo com o que diz o Corão. Realmente, aqui o Corão está um pouco confuso, pois a luta entre Nahor e Abraão pode ter sido uma disputa entre dois irmãos, e não entre pai e filho.

Ao mesmo tempo, o nome da esposa de Abraão foi mudado de Sarai para Sara. Há alguma coisa estranha aqui. Seria esse apenas um problema de tradução ou teria sido um pobre escriba instruído a não usar o nome de Abram (Abrão), mas sim o completo título real de Abraham (Abraão)? Existem muitas possibilidades, mas o fato estranho é que os modernos egiptólogos parecem ter, novamente, o mesmo problema. O glifo da foice é interpretado no mundo egiptológico como a vocalização da sílaba "ma", porém novamente os livros de textos não concordam nessas sutilezas. Karl Zauzich afirma que esse desenho é composto de dois glifos, pela própria forma, que é de como é desenhado, dando ao glifo o som de "mam" ou "mama". Isso resulta em uma diferença equivalente ao nome desse faraó, que agora se torna Mamayebra. Esse glifo "mam" é muito semelhante ao sufixo "ham" que, posteriormente, foi dado a Abram (Abrão) na Bíblia, e eu acredito que todas as sílabas necessárias para perfazer o novo nome de Abraham (Abraão) estejam claramente visíveis nesse nome faraônico.

B53. Bíblia, Gênesis 17:5-6.

Mam-aye-bra ~ Ay-bra-ham

Esse problema do glifo da foice obviamente perturbou muitas mentes, tanto antigas quanto modernas. Mas mesmo superando esse erro, as sílabas do nome Abraham ainda parecem estar invertidas nas correspondências faraônicas. Está claro que deve ter havido má tradução ou certa manipulação por parte de um tradutor bíblico. Em toda a Bíblia, os nomes dos faraós foram excluídos ou manipulados para ocultar a verdade, ou seja, que os patriarcas bíblicos foram faraós do Egito.

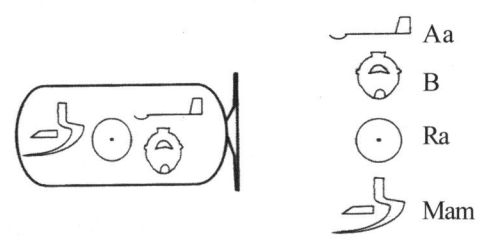

Figura 9. Novo cartucho de Abraham (Abraão), lendo-o invertido.

Mas o tradutor da Bíblia estava obviamente orgulhoso do nome do grande pai fundador e não queria excluí-lo por completo. Qual a melhor maneira de ocultar a verdade senão simplesmente deslocar a primeira sílaba para o final do nome? De fato, uma relíquia ou talvez uma pista para a verdadeira pronúncia do nome de Abraão poderia ter sido conservada no nome do carvalho que "estava na porta de Abraão". Tal como o nome faraônico, o carvalho sob o qual Abraão se sentava e se encontrava com "Deus" era chamado Mambre.[J54]

Esse simples estratagema foi tão sutil mas tão eficiente que a verdade ficou escondida por milhares de anos. Mas agora *maat*, a verdade, pode ser revelada e o cartucho de Abraão é mostrado na forma decretada pelos sacerdotes posteriores. Aqui está o faraó Abraham, também conhecido como Sheshi, faraó do Egito, senhor de tudo o que vislumbra. Os patriarcas bíblicos eram realmente pessoas poderosas.

Os Pastores

O que deve ser feito com a lista apresentada anteriormente? Considerando as dificuldades de tradução e o tempo decorrido desde a época desses acontecimentos, ainda parece haver alguns lugares que permitem uma boa comparação. Será esse o início da linhagem real – uma linhagem de faraós bíblicos? Será esse o motivo pelo qual os judeus e a Bíblia têm uma incrível obsessão pelas genealogias? Para o homem comum, o conhecimento de algumas gerações de sua família é suficiente, mas para

---

J54. Josephus, ANT 1:196.

reis e faraós suas genealogias são essenciais para sua sobrevivência. De fato, essa é uma necessidade de ofício. Os faraós nasceram de deuses e sem qualquer indício de sua descendência da família de deuses um faraó não poderia assumir a sua posição.

Esse é motivo pelo qual a árvore genealógica de Jesus foi tão importante em uma época posterior, como poderemos ver no capítulo VI.

Mas se essa suposição for correta, por que isso não foi visto antes? Os estudiosos bíblicos analisaram esses textos durante milênios. Então por que eles não enxergaram – ou não quiseram enxergar – essas semelhanças com os monarcas egípcios? A menos que se queira favorecer teorias conspiratórias, a resposta seria unicamente o desejo coletivo de separar o Judaísmo e o Cristianismo do politeísmo e da idolatria do Egito. Ao separar os israelitas do Egito, tudo ficaria bem, mas ao se admitir uma ancestralidade egípcia, uma situação complexa surgiria, principalmente para os teólogos. O fato é que esse processo de ocultação ocorreu e será comprovado no livro *Salomão, Faraó do Egito*. Essa obra abrangente demonstra, definitivamente, a ancestralidade egípcia do rei Davi e do rei Salomão e, ao mesmo tempo, mostra que o indício histórico desses monarcas em Israel é inexistente. Entretanto, apesar de toda essa evidência, os teólogos e a Academia reagem a isto com descrença, raiva e abuso injurioso. Algo excessivo para o *ethos* aberto e investigativo da pesquisa moderna.

Outra pergunta que deve ser respondida é: por que essa linhagem de reis era conhecida como a dos reis pastores? Por que esse título era tão importante para eles? A resposta é simples, mas para poder enxergá-la e aceitá-la é necessária outra mudança importante no clássico ponto de vista da religião. O Cristianismo e o Judaísmo insistem que suas religiões eram novas, transmitidas por Deus aos Pais de sua religião durante vários encontros com a divindade deles. O povo judeu foi então encarregado de manter essas regras e costumes ao longo do tempo e de preservar as leis judaicas, e parece que o fizeram com notável tenacidade. Entretanto, com todo o devido respeito à religião judaica, o povo judeu está preservando somente uma parte dessas crenças – a religião da laicidade ou do povo comum.

Conforme foi discutido anteriormente, sempre houve no mínimo duas camadas para essas religiões – a versão da classe sacerdotal e a laica –, e elas eram substancialmente diferentes. Todos nós somos familiarizados com a religião laica: ela diz respeito à moralidade pessoal, veneração da família bíblica e adoração da divindade. Entretanto, a versão original da classe sacerdotal era mais cosmológica. Ela olhava para o Universo e para as galáxias; para as estrelas, para os planetas e seus movimentos; para a Terra e a sua posição no cosmos. Ela era muito mais afim aos princípios herméticos, os ensinamentos de Thoth, o deus egípcio. Assim Josephus refere-se à ancestralidade judaica:

Deus lhes concedeu (aos patriarcas) um grande número de anos de vida por causa de suas virtudes e *do bom uso que fizeram dela em descobertas astronômicas e geométricas.*[J55] (Itálicos do Autor)

Na décima geração após o Dilúvio, havia entre os caldeus um grande homem justo (Abraão) e *hábil na ciência celestial.*[J56] (Itálicos do Autor)

E uma vez mais, ao falar de Abraão, dizem que, em seus discursos com os egípcios, Abraão:

lhes ensinava matemática e transmitia *a ciência da astronomia,* pois, antes de Abraão vir ao Egito, eles desconheciam essas partes dos ensinamentos.[J57] (Itálicos do Autor)

Há um surpreendente paralelo para essas afirmações na história arqueológica do Egito. O Papiro de Rhind, que agora se encontra no Museu Britânico, data da época dos hicsos e do reino do faraó Apepi Auserre. Sua fama deve-se ao fato de ser o mais abrangente de todos os documentos do Antigo Egito, que detalham seu conhecimento das funções matemáticas.

Assim, enquanto o povo do Egito rezava para os vários deuses locais, os sacerdotes hicsos olhavam particularmente para o Sol e para as estrelas e contemplavam o cosmos. Tradicionalmente, essa religião tinha como sede a cidade sagrada de Heliópolis, a cidade do Sol, a cidade bíblica de On. Heliópolis não somente era o núcleo da religião egípcia, mas também era sagrada à religião judaica, uma ideia que será explorada mais adiante. Portanto, os sacerdotes de Heliópolis investigavam os céus em busca de bons ou maus presságios, e, enquanto o faziam, um evento muito importante estava para se desenrolar ali.

Os Touros Apis

Por milênios, o Egito adorara o sagrado touro Apis. Apis era o mais sagrado de todos os cultos ao touro no Egito e foi assimilado à adoração dos deuses Ptah e Osíris. Em cada época, havia um só touro Apis e, ao morrer, ele era enterrado com grande cerimônia na grande cripta subterrânea conhecida como o Serapeu. Maneton diz que o Egito havia adorado o touro desde a segunda dinastia, mas outras fontes indicam que esse fato é ainda mais antigo, anterior ao Egito dinástico. Isso dataria o culto de cerca de 3500 a.C. Em outras palavras, já na época de Abraão, o Egito adorara o touro Apis por quase 2 mil anos.[58]

J55. Josephus, ANT 1:106.
J56. *Ibid.*, ANT 1:158.
J57. *Ibid.*, ANT 1:166.
58. *British Museum Dictionary of Egypt,* J. Shaw. London: British Museum Press, 1997.

Sou tentado a concordar com a primeira hipótese porque, do ponto de vista cosmológico, a adoração do touro Apis tinha sua origem no nascer do Sol e nas constelações estelares. Em muitos livros recentes, argumentou-se que a constelação que surge com o Sol no equinócio da primavera foi conhecida como a constelação regente.[59] Isso pode parecer complicado, mas realmente não é. Quando o Sol surge no céu todas as manhãs, junto com ele surge um certo grupo de estrelas, embora a intensidade da luz do Sol ofusque rapidamente a das estrelas.

A data estabelecida para visualizar esse fenômeno é o equinócio da primavera ou 23 de março. Em nossa época, a constelação que surge em 23 de março é Peixes e, proximamente, será a vez da constelação de Aquário.[60] É por causa desse movimento das estrelas que a nossa era, às vezes, é chamada de Aurora da Era de Aquário. Entretanto, para muitas das dinastias egípcias, a constelação regente não era a de Peixes, nem tampouco a de Áries, mas a de Touro – daí a veneração ao touro Apis em toda a primeira metade do Egito dinástico e também, sem dúvida, na antiga civilização minoica. Este culto estagnou em algumas regiões distantes onde o verdadeiro propósito dessa adoração talvez fosse desconhecido. Assim, o touro ainda é venerado na Espanha moderna e na Índia. O termo Apis confirma a importância do Sol no sistema da crença do touro, pois ele significa "à imagem do Sol". Por conseguinte, o culto ao Touro Apis no Egito era representado por um touro com o disco solar entre seus chifres – o Sol era visto nascendo e pondo-se no céu enquanto era sobreposto ao traçado da constelação de Touro.

As estrelas não são estáticas no céu porque a Terra oscila e essa pequena movimentação causa uma mudança gradativa na constelação que estiver surgindo no céu. As constelações vagueiam vagarosamente em círculo no céu completando a volta ao redor da Terra a cada 26 mil anos aproximadamente. Em termos humanos, esse é um período muito longo, mas os sacerdotes egípcios eram bem treinados e muito pacientes. Por fim, eles perceberam que Touro, paulatinamente, se afastava do Sol nascente na primavera – uma nova era estava emergindo. Um acontecimento muito importante para a Teologia egípcia estava para se desenrolar. Finalmente, os sacerdotes declararam que a era de Touro havia terminado e a constelação de Áries era a que nascia junto com o Sol. A era de Áries, o Carneiro, havia se iniciado.

---

59. *Orion Mistery,* R. Bauval, A. Gilbert. *Fingerprints of the Gods,* G. Hancock. New York: Three Rivers Press, 1995.
60. Essa não é uma referência às observações diárias do Zodíaco, popular por causa da Astrologia moderna. O fato de que 20 de março é o último dia de Peixes, em Astrologia, indicaria que as posições do calendário no Zodíaco moderno são um completo mês precessional fora de data e, portanto, não devem ter sido alteradas desde 600 a.C.

Infelizmente para a religião egípcia, Touro é fisicamente uma grande constelação, de maneira que o seu surgimento no equinócio da primavera foi constante desde cerca de 4500 a.C. até 1800 a.C.[61] Durante esse vasto período de tempo, as pessoas haviam se acostumado ao seu touro Apis e não estavam dispostas a mudar toda a religião por causa de alguns sacerdotes e de suas incompreensíveis previsões. Além disso, a classe sacerdotal que estivera pacientemente observando os céus durante milhares de anos estava sediada em Heliópolis. Essa cidade era um dos mais importantes centros de cultos do Antigo Egito dedicado à adoração do Sol (ou, talvez mais plenamente, à adoração do Cosmos), situada às margens do Delta do Nilo, no Baixo Egito, perto das pirâmides de Gizé. Embora permanecesse um centro religioso muito importante e influente em toda a história do Egito, nessa época já não era mais a única fonte de aprendizado teológico. Em Tebas, no Alto Egito, um novo centro de aprendizado havia surgido e com ideias diferentes.

Procure imaginar o tumulto que os sacerdotes de Heliópolis provocaram com essa declaração e o tamanho da caixa de Pandora que acabavam de abrir. As pessoas haviam venerado o touro Apis por mais de 2,7 milanos – um período de tempo quase tão extenso quanto o da existência dos judeus – e, de repente, uma autoridade religiosa declara que tudo em que eles acreditavam deveria mudar:

> "Eu sei que vocês devem se sentir um pouco irritados a esse respeito", disse o sacerdote cautelosamente, "mas estivemos observando as estrelas durante alguns milhares de anos e, agora, chegou o momento de vocês começarem a adorar... ovelhas... Eu sei que não lhes comunicamos o que estivemos fazendo todo esse tempo e não posso lhes dizer exatamente por que vocês devem adorar ovelhas... mas eu lhes garanto, os deuses assim ordenaram há muito tempo e é isso que vocês devem fazer".

---

61. *Redshift II,* Planisfério em CD-Rom. É preciso tomar cuidado com esses programas. Muitas vezes as datas foram baseadas no calendário gregoriano que contém alguns erros ao voltar para o passado e houve um grande salto de datas em 1582 na instituição desse calendário. Essas modificações devem ser consideradas, do contrário a data do solstício (e a posição das estrelas) pode estar totalmente errada. O único método confiável é o de usar a posição do Sol para encontrar o solstício. Por exemplo, no ano de 1090 a.C., o equinócio da primavera ocorreu em 7 de abril, com o Sol nascendo às 4 horas. Por meio dessa técnica, o ponto vernal cruza o limite moderno de Touro-Áries entre os anos de 1900 e 1700 a.C. O mapa da União Astronômica Internacional registra a data de 1800 a.C.

Desespero

Para a maior parte do povo, essa enorme mudança em suas vidas cotidianas deve ter sido devastadora. Basta imaginar o estardalhaço que resultaria hoje se um rabino superior se levantasse e dissesse que todos os princípios básicos do Judaísmo devessem mudar. Se esse rabino superior também conseguisse ter o apoio de alto nível do serviço civil e até mesmo do rei do país, a consequência poderia muito bem resultar em uma guerra civil. Foi exatamente isso que ocorreu no Antigo Egito. Os sacerdotes heliopolitanos diziam que a religião devia mudar; o povo estava devastado pela enorme alteração em suas vidas e procuravam verificar quem apoiaria a sua posição. Foi Tebas que, por fim, devolveu ao povo um pouco da segurança teológica que ele buscava.

Parece que até no grande centro religioso de Tebas e no Templo de Karnak os sacerdotes não tinham acesso a todos os segredos de Heliópolis e, assim, esses assuntos podem ter sido uma tremenda surpresa para eles, tanto quanto o foi para o público em geral. Ou, quem sabe, Tebas tenha sido um pouco mais comercial em seu empreendimento. Afinal, cada templo do Egito dependia das terras e dos títulos que lhe eram concedidos pelos nobres da região. Naquela época, como hoje, esses aristocratas podiam ser de grande influência por detrás dos cenários.

Tebas apoiou as pessoas comuns nessa disputa, de maneira que grande parte da população se juntou a Tebas e o país mergulhou no caos e na confusão. O povo estava dividido ao meio: sulistas contra nortistas, o Alto Egito contra o Baixo Egito. O Alto Egito considerou os nortistas hereges e declarou-se um Estado independente, com o seu próprio faraó sediado em Tebas. O Baixo Egito considerou os sulistas incultos plebeus e coroaram o seu próprio faraó em Avaris – um faraó hicso, um rei pastor, um seguidor de Áries.

Josephus parece confirmar essa hipótese e também indica que o centro da disputa para as pessoas comuns pode ter sido uma questão de calendário, bem como uma questão teológica. Ele menciona que a data de referência para observar o início do calendário judaico era o mês de Nisan, o primeiro do calendário judaico (sujeito às variações lunares), com o Sol em Áries nesse dia (o primeiro século). Acontece que Nisan inicia-se em março/abril, ou seja, no equinócio da primavera. Observar a posição do Sol contra uma constelação estelar no equinócio da primavera é essencialmente uma "observação de precessão", conforme acabamos de descrever. Como essa observação foi realizada no início do ano teológico judaico, é possível que essa tenha sido a maneira pela qual o início do ano judaico foi estabelecido – pela observação das constelações.

Esse pode ser o motivo de Josephus acreditar que, em sua época, o período zodiacal ainda estivesse em Áries quando, na realidade, ele acabava de entrar em Peixes.⁶² Se o calendário judaico tivesse sido estabelecido pela observação do Sol em Áries, no equinócio (como Josephus sugere), então a manutenção do calendário precisaria de um bom conhecimento de precessão para manter a sua exatidão. Sem esse conhecimento de precessão e de seus efeitos, o início do ano, por definição, recairia sempre em Áries, mas o início do ano relativo às estações, ao longo do tempo, se movimentaria imperceptivelmente para o verão.

A falta de atualização no calendário durante mil anos faria com que o início do ano se deslocasse 14 dias para a frente, no mês de abril. Se uma das facções, quer seja no primeiro século de Israel, quer seja no Antigo Egito, tivesse maior conhecimento do movimento das estrelas e agora começasse seus festivais importantes cerca de 14 dias antes dos outros, isso certamente causaria uma cisão entre as seitas rivais. Basta olhar para o calendário Juliano que ficou fora de sincronismo com as estações – e os efeitos dramáticos na população quando da consequente mudança para o calendário gregoriano – para sentir o desassossego social que poderia resultar de tais eventos. Seria essa outra causa por detrás do rápido agravamento da disputa que provocou o êxodo? Estaria Abraão iniciando os seus festivais mais cedo do que o resto do Egito devido ao mais apurado conhecimento da precessão e, por conseguinte, um calendário mais exato?

Siwa

Havia outro centro religioso no Egito que chegara às mesmas conclusões que Heliópolis: o Templo de Amon em Siwa, remota cidade de oásis na longínqua fronteira ocidental do Egito com a Líbia a 700 quilômetros do Nilo. Ela é dominada pelo Templo de Amon, edificado precariamente no topo de uma elevação arenosa que surge majestosamente do oásis, da mesma forma como *Ayres Rock* surge dos desertos da Austrália. Heródoto disse que ali os sacerdotes:

> ... tinham uma antipatia pelos costumes religiosos do país com respeito ao sacrifício de animais e não queriam mais aceitar a ordem que os proibia de comer carne de vaca.⁶³

Parece que aqui também os sacerdotes haviam parado de adorar o touro Apis e também deviam estar em consonância com o cosmos. Mas as exigências dos sacerdotes foram negadas, pois decretou-se que as leis do Egito também se aplicavam a Siwa. Com esse decreto, as origens de uma grande disputa que, por fim, resultaria em um dramático acontecimento que afetaria o mundo todo estavam começando a emergir. Será que Siwa se-

---

62. Em Astrologia, a precessão ocorre em oposição aos signos do Zodíaco. Na precessão, Peixes segue depois de Áries.
63. Heródoto, *Histórias,* Euterpe 18.

guia a doutrina do Egito, ou seja, dos sacerdotes de Tebas ou acompanhava mais a dos sacerdotes de Heliópolis?

Eu acredito que as tradições de Heliópolis estivessem bem estabelecidas em Siwa e que elas fizessem parte de uma história mais recente. Afirmo isso com grande convicção, pois essas tradições devem ter sido mantidas até a chegada de Alexandre, o Grande, mais de 1,5 mil anos mais tarde. Alexandre era um homem que pretendia ter um lugar junto dos deuses tanto quanto se ocupava com a conquista do mundo e, por conseguinte, ele aproveitou um tempo livre de suas campanhas militares para visitar Siwa. Não se tratava de um interesse passageiro. Alexandre e alguns homens deliberadamente escolhidos empreenderam a viagem de 1,5 mil quilômetros pela região árida, inóspita e às vezes mortal conhecida como Sahr al Gharbiya no Deserto Ocidental. O propósito dessa viagem para Siwa era o de consultar os sacerdotes do Templo de Amon que se haviam mantido tenazmente fiéis ao seu conhecimento sagrado.

Teria Alexandre compreendido as profundas implicações do conhecimento dos sacerdotes? Ele era um homem levado principalmente por um desejo de imitar o poder dos deuses por meios seculares e físicos para dominar o mundo. Porém ele não somente queria o poder dos antigos faraós como também o conhecimento divino encontrado nessas terras sagradas. Ele queria nada menos do que ser o "filho do próprio deus", um faraó.

Os sábios oráculos de Siwa olharam para esse novo conquistador de suas terras e podem não ter gostado do que viram, mas foram sensatos o suficiente para satisfazer seus desejos até certo ponto, pois Alexandre poderia tornar-se uma ferramenta útil para os sacerdotes, um aliado contra Tebas. Eles transmitiram-lhe parte de seu conhecimento sobre o cosmos e o declararam Filho do Rei-Sol. Alexandre saiu de Siwa como faraó de todo o Egito e, dali por diante, ele seria conhecido pelo mundo como "o ser de dois chifres", retratado com os dois chifres de um carneiro [Áries]. Como o nome de "Alexandre" tinha como base Páris, da mitologia grega, e como o segundo nome foi dado a Páris por ter vencido certos "ladrões de gado" [taurinos], fica bem claro que Alexandre, o Grande, deve ter compreendido e aceitado a mudança das constelações – ele endossou abertamente o culto de Áries.

Parte 2

E Nachor Athara foi o pai de Abraão, o primeiro dos reis pastores, que viveu em Avaris no Baixo Egito, perto do Delta do Nilo, cidade da região norte que se encontrava sob a jurisdição de Heliópolis. Aconteceu que houve uma ligeira "carestia" no norte do Egito, e Abraão, o faraó do Baixo Egito, pensou em usar esse motivo para viajar para o sul em território inimigo.[B64] Então Abraão viajou para o sul, para o Alto Egito, não somente

---

B64. Bíblia, Gênesis 12:10.

para comprar trigo, mas também para espionar os sacerdotes e tentar descobrir o que diziam da recente mudança das estrelas de Touro para Áries.[J65] Ao se aproximar do [Alto] Egito, ele disse à sua esposa Sara:

> Quando os egípcios te virem, dirão: É sua mulher, e me matarão, conservando-te a ti em vida. Dize, pois, que és minha irmã, para que eu seja poupado por causa de ti, e me conservem a vida em atenção a ti.[B66]

Realmente, a missão de Abraão foi bem-sucedida, e ele semeou as sementes da discórdia entre os sacerdotes do sul:

> Abraão conferenciou com cada um deles e, contrariando seus raciocínios [em ainda venerar Touro]..., demonstrou que seus raciocínios eram vãos e inverídicos.[J67]

Enquanto Abraão espionava os sacerdotes, o faraó do Alto Egito ficou fascinado por Sara e a levou para o seu harém.[B68] Quando o faraó do sul descobriu a verdade a respeito de seu estado civil, o que veio a confirmar suas suspeitas sobre o *status* social de Abraão, o faraó o expulsou de suas terras por quase torná-lo um adúltero e por espionar o seu povo. Abraão voltou para as suas terras com muito gado para alimento [adoradores de Touro a serem convertidos?], pois o povo do sul ainda não comia carne bovina por motivos religiosos e havia uma grande quantidade de gado a preço baixo. Assim, além de uma aventura política bem-sucedida, ele havia também economizado grande parte de seu ouro. De fato, a Bíblia diz que ele se tornara:

> ... muito rico em rebanhos, prata e ouro.[B69]

Mesmo depois de sua volta para Avaris, os problemas religiosos não terminaram. Lot, o sobrinho de Abraão, ainda estava insatisfeito com alguns aspectos da veneração ao carneiro. Havia muita coisa que ele podia suportar, mas matar gado sagrado para servir de alimento era demais. O touro era sagrado, assim como é considerado na Índia até hoje. Por conseguinte, havia conflitos entre os poucos remanescentes adoradores de Touro de Abraão, ao norte, e os veneradores de Touro de Lot.

> Por isso houve uma contenda entre os pastores dos rebanhos de Abraão e os dos rebanhos de Lot.[B70]

J65. Josephus, ANT 1:161.
B66. Bíblia, Gênesis 12:12-13.
J67. Josephus, ANT 1:166.
B68. Bíblia, Gênesis 12:15.
B69. *Ibid.*, 13:2.
B70. *Ibid.*, 13:7.

Finalmente, Lot não podia mais aguentar as mudanças e partiu com a família e o gado [adoradores de Touro] para as cidades da planície, Sodoma e Gomorra.[B71] Mas as cidades de Sodoma e Gomorra eram um estorvo para Abraão. Os sacerdotes de Heliópolis estavam a favor de destruir Sodoma, mas Abraão, sabendo que seu sobrinho Lot e sua família viviam ali, pediu aos sacerdotes de Heliópolis:

> Que será, se lá forem achados dez [adoradores de Áries]?[B72]

Depois de muita discussão, foi decidido que Sodoma seria poupada caso um fiel [a Áries] fosse encontrado na cidade.[B73] Em sua preocupação com a rápida escalada da situação, Abraão enviou mensageiros a Lot para avisá-lo da crise e do iminente ataque à cidade.[B74] Mas as pessoas da cidade de Sodoma souberam dessa visita secreta e reuniram-se em volta da casa de Lot exigindo que Lot fizesse sair esses jovens mensageiros para que elas pudessem sodomizá-los.[B75-J75] Desesperado, Lot apresentou ao povo suas duas filhas virgens para que fossem violentá-las em seu lugar, a fim de que os importantes visitantes fossem poupados dessa degradação.[B76] Isso de nada adiantou e uma luta começou, mas Lot, sua esposa e suas filhas escaparam rapidamente e fugiram da cidade.[B77] Abraão, que estava fora da cidade com todo o exército hicso, desceu sobre a cidade e a aniquilou pelo fogo, como tinha feito com os assírios pouco tempo antes.[B78]

> ... ele não demorou e marchou rapidamente sobre os Assírios... e antes que eles pudessem se armar, ele matou alguns que ainda estavam em suas camas antes que suspeitassem de qualquer perigo; e outros, que ainda não dormiam mas estavam tão embriagados a ponto de não poderem lutar, fugiram.[J79]

Lot, com a sua vida poupada por Abraão, acabou se casando com suas duas filhas, de acordo com a tradição faraônica, com as quais teve dois filhos.[B80] (Veja a Figura 14 – Árvore genealógica de Abraão.)

B71. Bíblia, Gênesis 13:11.
B72. *Ibid.*, 28:32.
B73. *Ibid.*, 18:24-32.
B74. *Ibid.*, 19:1.
B75. *Ibid.*, 19:4-5.
J75. Josephus, ANT 1:199.
B76. Bíblia, Gênesis 19:8.
B77. *Ibid.*, 19:16.
B78. *Ibid.*, 19:25.
J79. Josephus, ANT 1:176.
B80. Bíblia, Gênesis 19:36.

Finalmente, Abraão teve um filho de Sara, Isaque, embora ela já tivesse 90 anos nessa época.[J81] Mas ainda o conflito com o sul continuava. Abraão teve a sua consciência posta à prova por esses conflitos e estava prestes a sacrificar o seu único e verdadeiro filho, Isaque, aos deuses. Ele estava preparado para fazê-lo quando viu um carneiro preso por seus chifres em um espinheiro[82] e interpretou isso como uma profecia de que Áries acabaria por vencer a luta contra Touro.[B83] Mas o futuro de sua dinastia ainda não estava seguro e, então, Abraão disse ao seu vizir-chefe, guardião de todas as vastas terras que ele governava:

> Quero que jures pelo Senhor, Deus do céu e da terra, que não escolherás para mulher de meu filho (Isaque) nenhuma das filhas [princesa] dos cananeus [Alto Egito].[B84]

E o vizir jurou. Assim, Isaque conheceu e se apaixonou por Rebeca, a filha do sobrinho de Abraão, e casou-se com ela.[B85] Rebeca era apenas uma criança e ainda sem idade para conceber,[B86] quando finalmente ela teve condição, deu à luz gêmeos. E novamente, tal como fizera Abraão antes dele, o faraó Isaque viajou para o Alto Egito. (Essa é novamente a mesma história da esposa que se torna irmã; é muito mais provável que o escriba tenha repetido a mesma história anterior.)[B87] Por sua vez, Isaque proibiu seu filho Jacó de escolher por esposa uma dentre aquelas que acreditavam nos costumes antigos,[B88] e disse-lhe para escolher entre as filhas do irmão de sua mãe. Ele também esperava que os filhos dessa união voltassem a reinar [o sul do Egito e Tebas]:

> Que ele te dê, como também à tua posteridade, a bênção dada a Abraão, a fim de que possuas a terra onde moras, e que Deus deu a Abraão.[B89]

J81. Josephus, ANT 1:213.
82. Esse incidente deve ter um maior significado teológico que a interpretação bíblica, pois as tumbas reais em Ur, Suméria, continham uma estátua representando exatamente esse evento. É possível que esse artefato date da mesma época de Abraão. Considerando os argumentos relatados no capítulo III, eu sugeriria o seguinte: o espinheiro é uma representação da árvore suméria de sete ramos e a árvore do conhecimento, um conceito que acabaria se metamorfoseando no sagrado candelabro israelita de sete velas (são muito parecidos). Assim, a imagem do carneiro preso à árvore torna-se o conceito de "o conhecimento da era de Áries". Esse artefato sumério pode ser visto no Museu Britânico.
B83. Bíblia, Gênesis 22:10, 22:13.
B84. *Ibid.*, 24:3.
B85. *Ibid.*, 25:20.
B86. *Ibid.*, 25:21.
B87. *Ibid.*, 26:1, 26:7.
B88. *Ibid.*, 28:1.
B89. *Ibid.*, 28:4.

Assim, Jacó foi enviado para Padam-aram, no Delta Oriental do Nilo, em busca de sua esposa. Jacó conheceu, apaixonou-se e pediu a mão de Raquel, a filha de seu tio Labão. Mas Raquel não era uma adepta de Áries e manteve suas imagens dos antigos deuses até o fim, apesar de Jacó havê-la instruído para desprezá-los.[J90] Labão prometeu a Jacó que ele poderia comandar todos os seus rebanhos [fiéis de Áries] como pastor-chefe [alto sacerdote][J91] e disse que, se trabalhasse durante sete anos, ele poderia casar-se com Raquel. Jacó serviu o seu tempo, mas na noite do casamento, quando Jacó estava embriagado, Labão colocou sua filha mais velha, Lia, em sua cama.[J92]

Jacó ficou descontente por ter sido enganado, mas concordou em servir Labão por um período maior para poder casar-se com Raquel. Eles se casaram, mas seu filho, José, somente veio a nascer depois que Lia, sua primeira esposa, já havia dado à luz muitos filhos. Jacó veio a ter 12 filhos, que formaram as 12 tribos de Israel, e cada um deles foi educado para tornar-se um rei.

> ... não sendo possível que um único homem pudesse produzir tantos filhos... tal educação para tantas crianças não sendo facilmente conseguida pelos próprios reis.[J93]

Mas Jacó continuava infeliz pelo fato de que alguns do povo de Labão ainda não eram seguidores de Áries e, assim, ele evangelizou entre as pessoas do próprio Labão. Jacó mostrou ao gado e às ovelhas [pessoas] as varas listradas [os cetros listrados de azul e dourado desenhados na forma de um chicote e de um cajado de pastor, que sempre foram os símbolos de autoridade dos faraós].

> Jacó tomou então varas verdes de álamo ... fazendo nelas faixas brancas ... e colocou as varas assim preparadas sob os olhos das ovelhas [adoradores de Áries] ... e elas concebiam (ao vê-los).[B94]

Então Jacó separou as ovelhas [seguidores de Áries] do gado [seguidores de Touro]:

> Jacó punha-as à parte. Constituiu assim rebanhos para si, que não se misturaram aos de Labão.[B95]

J90. Josephus, ANT 1:311.
J91. *Ibid.*, 1:297.
J92. *Ibid.*, 1:301.
J93. *Ibid.*, 2:98.
B94. Bíblia, Gênesis 30:37-38.
B95. *Ibid.*, 30:40.

Sempre que os cidadãos dominantes tinham filhos, Jacó ensinava aos mais fortes e mais influentes os costumes de Áries para que seus sucessores se tornassem mais poderosos a cada geração, enquanto aos fracos e aos ineficientes, ele deixava que seguissem os costumes de Touro. Dessa maneira, os seguidores de Labão se tornaram cada vez mais pobres.[B96] (Essa técnica de evangelizar somente entre os ricos e os poderosos é praticada até hoje por uma seita sobrevivente no Egito). Finalmente, Jacó ouviu Labão lamentar-se de que tudo em que seu pai acreditara estava arruinado, pois o povo agora adorava Áries.[B97] E Jacó disse à sua esposa:

> Foi Deus mesmo que tomou o rebanho de vosso pai para me dar.[B98] Eu vi no tempo em que os animais deviam conceber, eu vi em sonhos que os bodes cobriam o gado.[99] Levanta os olhos e vê todos os bodes que cobrem o gado...[100-B101]

O pai de Jacó estava ficando velho e, então, o filho menor foi convidado a ser co-regente com o faraó. O privilégio deveria ter sido dado a Esaú, o irmão mais velho [mas ele não era um verdadeiro adepto de Áries], e foi, por isso, despojado de seu direito de nascença. Por conseguinte, o irmão mais jovem foi nomeado "Príncipe que tinha poder com deus [com o faraó]" e foi-lhe dado o nome real de Israel.[B102] Mas Esaú estava descontente com esta situação e ofereceu os seus serviços ao faraó do Alto Egito para reaver o seu trono. Na coroação de Jacó, Esaú chegou com todo um exército:

B96. Bíblia, Gênesis 30:41.
B97. *Ibid.*, 31:1.
B98. *Ibid.*, 31:9.
99. "Cobrir" significa acasalar ou, talvez, se interpretado literalmente, seja uma grande profanação.
100. Essa passagem é interessante e merece uma leitura mais profunda, pois, em termos pastoris, bodes acasalando com vacas não faz sentido, mas em termos de seitas religiosas faz, principalmente se interpretarmos o termo "acasalar" literalmente. Certamente, os bodes [os seguidores de Áries] estão sendo retratados como a parte dominante. A Bíblia Gideon traduziu isso como "os bodes que cobrem as cabras". No mundo natural, isso faz sentido, mas destrói totalmente a importância original do texto. Nesse caso, a citação completa, ao ser traduzida em termos originais teológicos, deveria ser lida da seguinte forma:
Eu sei que seu pai está transtornado, mas foi Deus quem deu os seus seguidores de Touro para mim. Eu vi isso em um sonho: que sempre que os seguidores de Touro tivessem filhos, os seguidores de Áries persuadiriam (converteriam) os seguidores de Touro. Levante os olhos e veja os seguidores de Áries persuadindo (ou tendo mais êxito do que) os Taurinos.
B101. Bíblia, Gênesis 31:12.
B102. *Ibid.*, 32:28.

Jacó estava com muito medo... e ponderou sobre como, nessas circunstâncias, ele poderia vencer os seus inimigos a fim de preservar a si mesmo e aqueles que eram próximos dele, no caso de ser atacado injuriosamente.[J103]

Jacó enviou emissários a seu irmão tentando explicar por que ele e o seu povo tinham de viver separado dele. Os emissários voltaram e indicaram que Esaú se encontraria com Jacó em território neutro com apenas uma guarda de 400 homens cada um.[B104-J104] Jacó viu Esaú e prostrou-se diante dele, assim como fizeram suas esposas e servos, prostrando-se sete vezes até se aproximarem de Esaú. Inicialmente, Esaú ficou satisfeito de ver Jacó, mas depois se voltou para o irmão e perguntou:

"Que significa todo esse acampamento que encontrei? [o exército de Jacó]".[B105]

Uma batalha estava para ocorrer, que poderia resultar na perda de todas as terras de Jacó, (Esaú adequa-se ao registro histórico que indica que príncipes vassalos do Norte ajudavam o faraó do Sul, Ahmose I, a fim de expulsar os faraós hicsos do Norte.) Como alternativa para evitar a guerra, Jacó enviou tributos para apaziguar Esaú, inclusive todo o seu gado [seguidores de Touro?]. Mas eles foram recusados:

"Possuo muitos bens, meu irmão, guarda o que te pertence".[B106]

O encontro nada resolveu, e os irmãos retiraram-se para suas respectivas tropas. Jacó colocou suas esposas no alto de uma colina para que observassem a batalha iminente, se essa fosse a intenção de Esaú.[J107] Então Jacó alinhou seus soldados em três partes: uma pequena vanguarda, a força maior no meio e alguns na reserva, de maneira que:

Se os primeiros fossem dominados, quando seu irmão atacasse, eles teriam os que lhes seguiriam como abrigo para voar (retirada) para eles.[J108]

Agora, Jacó estava comprometido a enfrentar essa força poderosa. O seu povo estava dividido em disputas teológicas e completamente confuso

---

J103. Josephus, ANT 1:327.
B104. Bíblia, Gênesis 33:1.
J104. Quando Josephus fala de homens, ele geralmente se refere a oficiais. Ele usa a força dos corpos de oficiais para demonstrar a força total do exército. Veja Maneton LCL p. 233.
B105. Bíblia, Gênesis 33:8.
B106. *Ibid.* 33:9.
J107. Josephus, ANT 1:329.
J108. *Ibid.*, 1:328.

quanto à legitimidade da causa. Áries não estava suficientemente alicerçado, e os taurinos – os adeptos de Touro – ainda participavam desse cenário exigindo a restauração da antiga tradição. Agora, as pessoas tinham diante de si uma verdadeira opção – Esaú com a antiga crença ou Jacó com a nova –, e elas faziam essa escolha passando para o campo de Esaú. O Talmude é bem específico a esse respeito: a opção dos irmãos era governar a terra onde se encontravam (Egito) ou a terra de Canaã.[109] Jacó podia ver que não tinha o apoio de seu povo — o poderoso exército hicso estava dividido —, e a situação parecia estar perdida.

Ele realmente não tinha opção. O exército do Alto Egito avançava para ajudar Esaú que, agora, estava em vantagem. O único recurso de Jacó era o exílio e, assim, ele escolheu a terra de Canaã. O primeiro dos maiores êxodos havia começado.

---

109. *Selections from the Talmud,* Polano. London: Frederick Warne, 1877, p. 83-84.

Capítulo III

Êxodo

Parte 1

O êxodo bíblico teve um profundo efeito na História do hemisfério ocidental, e os acontecimentos dessas épocas foram minuciosamente relatados, palavra por palavra, por milhares de anos. Embora isso tenha ocorrido há 3.500 anos, para algumas pessoas, isso é tão real hoje quanto o era no passado. É possível visualizá-lo como uma profunda cicatriz presente em todo o Cristianismo e Islamismo, enquanto no Judaísmo a ferida sequer começou a sarar. Ela mais se parece com uma ferida incômoda. De todos os eventos históricos que aconteceram neste mundo, por que isso deveria ser assim? Por que esse êxodo de um bando de "escravos" deveria ter um efeito tão profundo na história do Ocidente?

A versão ortodoxa desses acontecimentos é bem conhecida, mesmo que seu início incongruente seja, de certa forma, encoberto pelo clero. Entretanto, existem muitas inconsistências na história que precisam de maiores explicações. Na Bíblia, as últimas páginas do livro de Gênesis descrevem José e seus descendentes como parte das pessoas mais poderosas do mundo: José havia sido elevado à posição de vizir, o segundo homem mais poderoso depois do faraó. Como poderemos verificar mais adiante, o registro histórico também parece confirmar que José alcançou louvável posição e, em seguida, estabeleceu uma linhagem real de vizires que manteve sua posição de elite durante muitas gerações.

Prosseguindo com a Bíblia, passamos agora para o Livro do Êxodo. De repente, no espaço de duas curtas páginas, o povo judeu é pobre, um povo de escravos famintos trabalhando nas pedreiras do faraó! Não há menção a respeito de alguma terrível calamidade que sobreviera para que essas pessoas fossem rebaixadas a esse trágico nível. Está claro que não é possível confiar nos textos bíblicos sobre esse assunto, pois as circunstâncias são simplesmente muito estranhas.

O Livro do Êxodo baseia-se na história do herói Moisés, que nasceu para liderar o povo israelita e libertá-lo da nova condição em que se encontrava no Egito, conduzindo-o à "Terra Prometida" de Israel. Mas o maldoso faraó não queria liberar os judeus, e Moisés, como último recurso, teve de fazer com que as sete (ou dez) pragas atingissem o povo do Egito e, assim, persuadissem o faraó a liberar o povo israelita. Dessa maneira, iniciou-se o êxodo bíblico – a fuga da nação israelita. E, realmente, o êxodo tornou-se uma fuga, pois o faraó tinha segundas intenções ao deixar livres Moisés e os israelitas, e eles foram obrigados a fugir no meio da noite sem que o pão da manhã tivesse tempo de fermentar (daí o jejum do pão não-fermentado).[B110]

O faraó, então, perseguiu os israelitas com o seu grande exército. Mas com a ajuda de "deus", que fez com que o exército egípcio fosse engolido pelo Mar Vermelho, o povo israelita emigrou em massa para a "Terra Prometida" e para a cidade de Jerusalém. Tudo isso faz parte do legado e da cultura dos mundos ocidental e do Oriente Médio, mesmo que tenha sido um tanto esquecido pelas gerações mais recentes.

E quanto ao resto da história – a história oculta? O que mais ocorreu durante o êxodo que nunca foi discutido abertamente? Essa não foi uma fuga de escravos sob o jugo egípcio, parecia mais ser um importante embate militar. Os textos bíblicos são bem claros sobre o que ocorreu durante esse funesto episódio: primeiro, houve o massacre em massa das crianças egípcias por parte dos israelitas; segundo, ocorreu o grande saque antes que deixassem a cidade e, em terceiro lugar, a derrota do exército egípcio.

Finalmente, os israelitas emigraram para a "Terra Prometida". A imagem que frequentemente é apresentada dessa nova terra é a de um paraíso despovoado quando, na realidade, a Palestina já era densamente povoada. Estabelecer-se ali exigiu a destruição de dezenas, senão de centenas, de povoados e cidades, em uma profusão de morte e destruição que culminou com o saque da própria cidade de Jerusalém.

B110. Bíblia, Êxodo 12:34.

A era do êxodo

E, então, quando foi que tudo isso aconteceu? A história ainda continua sob o reino de Jacó e, no entanto, já existe o início de um êxodo bíblico. De fato, a Bíblia diz que Jacó dirigiu-se para Canaã onde ele e seus filhos saquearam Jerusalém.[B111] Isso parece uma reapresentação do grande êxodo tradicional, mas estaria Jacó realmente envolvido nesse evento? É bem possível, embora essa não seja a visão ortodoxa do êxodo tradicional, no qual figurou como herói o muito posterior Moisés.

Historicamente, os egiptólogos inseriram o êxodo na época de Ramsés II (c. 1280 a.C.) Entretanto, essa datação é 400 anos posterior à era de Jacó que se acabou de descrever. Essa cronologia tradicional se baseia em algum indício circunstancial bíblico que identifica as cidades que os escravos israelitas estavam construindo, como Pitom e Raameses, na época de Ramsés II.[B112]

Na década de 1940, Sigmund Freud, em seu livro *Moisés e o Monoteísmo*, fez alusão a uma teoria mais controversa. Essa ideia foi adotada por Ahmed Osman, em seu livro *Moses, Pharaoh of Egypt* (Moisés, faraó do Egito). Ahmed empreendeu um estudo muito sério e científico dos textos bíblicos e egípcios, apresentando argumentos persuasivos de que o Moisés bíblico era, de fato, o faraó egípcio Akhenaton. Isso pode estar correto sob alguns aspectos e essa teoria será detalhadamente explorada mais adiante. Entretanto, o reino de Akhenaton (c. 1350 a.C.) ainda estava 300 anos posterior ao reino do faraó Jacoba. Então, por que estamos olhando para a era de Jacoba/Jacó?

Historicamente, há um bom motivo para isso, pois não somente existe um documentado êxodo bíblico como também há um êxodo histórico do Egito – o êxodo dos hicsos. De acordo com Maneton, esse foi um grande evento na época, com quase 240 mil famílias fugindo do Egito. Esse é muito mais o tipo de evento que ficaria gravado na psique humana do que a fuga de alguns escravos cativos. Tratava-se da marcha de uma nação inteira que envolvia o restabelecimento de, no mínimo, meio milhão de pessoas (tomando em consideração o comum exagero), em uma época em que a população mundial era de alguns milhões de pessoas. O evento deve ter sido colossal.[M113] Citando Maneton, Josephus refere-se a esses reis pastores em fuga:

B111. Bíblia, Gênesis 33:18, 34:25-30.
B112. Bíblia, Êxodo 1:11.
M113. Maneton, p. 89.

Está claro que os supostos Pastores, *nossos ancestrais,* saíram do Egito e estabeleceram-se em nossa terra 393 anos antes da chegada de Dânao a Argos.^M114 (Itálicos do Autor)

De maneira que Josephus pensou que os hicsos fossem os ancestrais da nação judaica, assim como este livro também pretende demonstrar. Porém, nesse ponto, há uma grande confusão nas obras de Maneton. Em primeiro lugar, a identificação de Dânao não é muito clara. Seu outro nome é dado como Armais, descrito como irmão de Ramsés (o segundo). Uma possível identificação foi feita com Horemheb, o ex-comandante militar, mas eu acredito mais na probabilidade de ele ser Seti I. Isso faria de Seti I o equivalente de Sethos de Maneton e, portanto, Seti I seria irmão de Ramsés I e não o seu filho.

Mais confusão é evidente nesses textos pela indicação de que ocorreram dois êxodos. Assim, quando Josephus, Africano e Teófilo citam Maneton, eles dizem que Moisés saiu do Egito na época do êxodo dos hicsos. Por outro lado, ao citar os mesmos textos, Eusébio diz que Moisés saiu do Egito durante o reinado de Ratotis, o qual equipararei ao faraó Akhenaton. Está claro que aconteceram dois eventos conforme está descrito aqui e confirmado por Josephus. A sua lista de reis coloca o êxodo de Moisés na época de Tutmose (o primeiro) que, em outros lugares, é identificado como Amós. Isso tem sentido histórico, pois o êxodo dos hicsos ocorreu durante o reinado de Ahmose I (co-regente com Jacoba), que foi rapidamente sucedido por Tutmose I. Posteriormente, Josephus menciona que:

> Depois de citar o Rei Amenófis, uma pessoa fictícia – motivo pelo qual ele não se aventurou a definir o período de seu reinado –, Maneton dedica-lhe certas lendas havendo, sem dúvida, esquecido que, de acordo com a sua própria crônica, (...) o êxodo dos Pastores para Jerusalém ocorrera 518 anos antes.^M115

Provavelmente, Amenófis, ao qual ele se refere, seja Amenhotep III, o pai de Akhenaton, para o qual existe realmente um período de reinado. É evidente que, aqui, está se falando da existência de dois acontecimentos distintos. É por isso que Eusébio e a Bíblia indicam haver um êxodo posterior, e essa é a fonte de informação que enfureceu Josephus. Nesse caso, o maior êxodo de uma multidão de pessoas do Egito ocorreu na época da expulsão dos hicsos e, posteriormente, um êxodo menor, na época de Amenhotep III – o êxodo de Moisés. Também está claro que os reis pastores e seus povos, durante o primeiro grande êxodo (os arianos), foram os ancestrais primordiais da nação judaica. Aqui, eu estou equiparando o êxodo dos hicsos ao grande êxodo bíblico, tal como Josephus fez antes de mim. A tradição de um posterior êxodo de pessoas importantes do Egito diz respeito a um êxodo

---

M114. *Ibid.*, p. 107.
M115. Maneton, p. 121.

adicional e, agora, as duas tradições estão mescladas e tornaram-se inseparáveis.

A Bíblia, a versão de Josephus do Velho Testamento e Maneton apoiam essa hipótese. A Bíblia fundamenta essa ideia ao descrever o êxodo durante a época de Jacó, o que já foi explorado no capítulo II, assim como o posterior e mais famoso êxodo de Moisés. Da mesma forma, Maneton faz uma forte alusão à mesma possibilidade ao descrever o êxodo dos reis pastores, assim como o posterior, mas menor, êxodo dos "leprosos e dos inválidos". Esses dois acontecimentos foram separados por 500 anos, de acordo com Josephus,[J116] mas Maneton não dá muita importância ao fato no debate teológico. Por outro lado, Josephus ficou indignado com essas sugestões e defende acaloradamente a possibilidade de um segundo êxodo, uma atitude que demonstra claramente as tensões criadas por essa teoria. Fica claro que Josephus não queria, de forma alguma, ser associado aos egípcios e assim se refere a respeito deles:

> Esses frívolos e insensatos espécimes da humanidade, acostumados desde o início às ideias erradas a respeito dos deuses, não tiveram a capacidade de imitar a solenidade de nossa Teologia, e a visão de nossos inúmeros apreciadores encheu-nos de inveja.[J117]

Os Inválidos

Parece que Josephus não gostava nem um pouco dos egípcios. Esse é um tema recorrente nesta história, pois a guerra civil egípcia e o consequente êxodo provocaram uma ferida aberta na psique dos israelitas. Além de defender a nação judaica, é possível que Josephus também estivesse preocupado com a sua própria ancestralidade e não quisesse ser associado a esse segundo êxodo que Maneton denominou de êxodo de "leprosos, inválidos e sacerdotes aleijados". Moisés também era um levita, descendente de Levi, filho de Jacó, fundador de uma das 12 tribos de Israel, e até o advento de Jesus essa era tradicionalmente a tribo que controlava a classe sacerdotal judaica. Tradicionalmente, Moisés é presumidamente considerado como o autor do relato bíblico de Êxodo, mas os historiadores preferem atribuí-lo a sacerdotes levitas posteriores em cerca de 550 a.C. Esse não é somente um longo tempo após os acontecimentos, é possível que os pontos de vista dos levitas fossem diferentes dos de Maneton que, afinal, era um sacerdote egípcio que falava o grego, vivia no Egito e fora educado de acordo com a perspectiva egípcia.

J116. Josephus, CA 1:230.
J117. *Ibid.,* 1:228.

ÊXODO   87

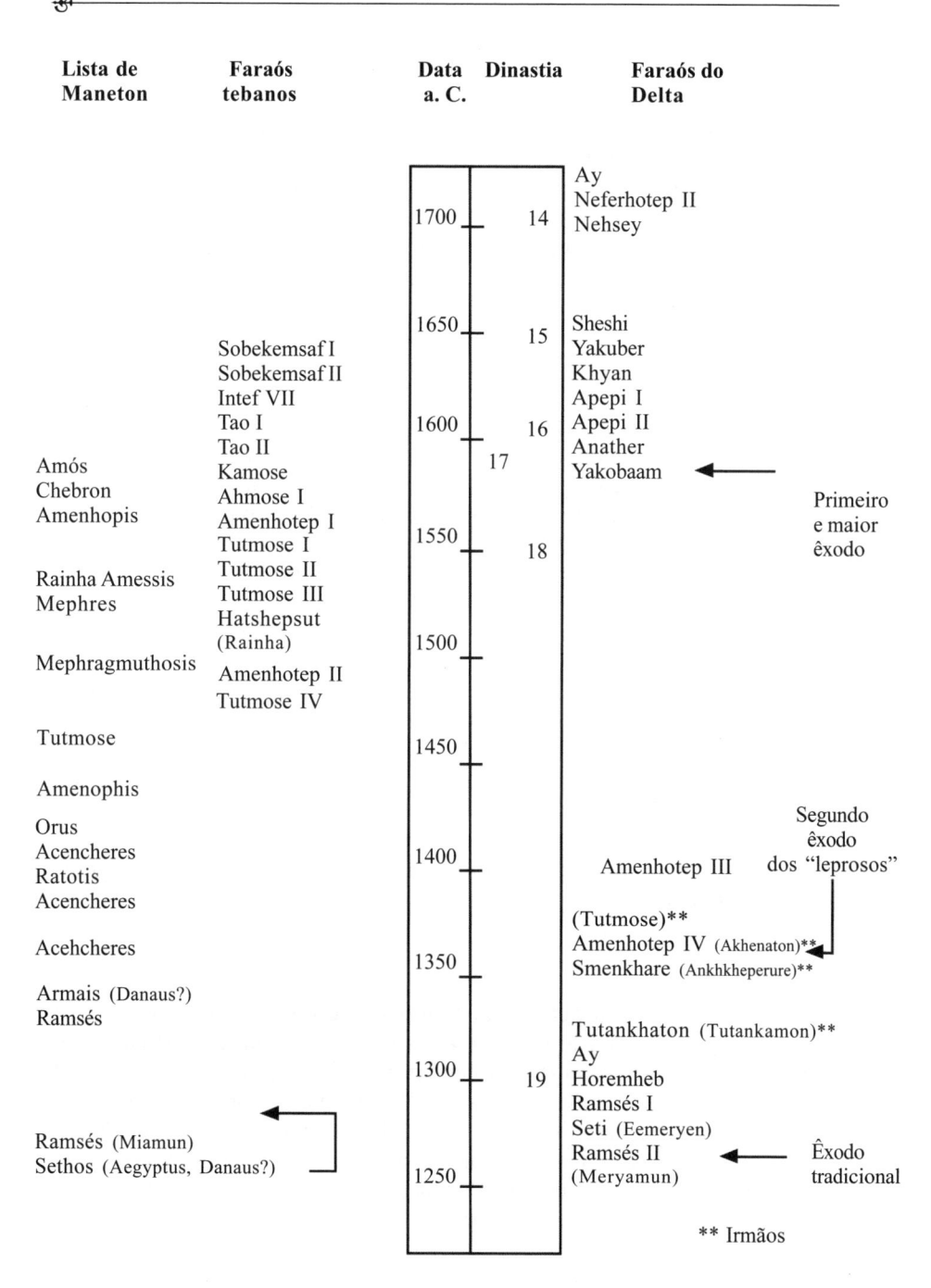

Lista de Maneton	Faraós tebanos	Data a.C.	Dinastia	Faraós do Delta	
		1700	14	Ay Neferhotep II Nehsey	
	Sobekemsaf I Sobekemsaf II Intef VII Tao I Tao II	1650 1600	15 16	Sheshi Yakuber Khyan Apepi I Apepi II Anather	
Amós Chebron Amenhopis	Kamose Ahmose I Amenhotep I Tutmose I	1550	17 18	Yakobaam ←	Primeiro e maior êxodo
Rainha Amessis Mephres	Tutmose II Tutmose III Hatshepsut (Rainha)	1500			
Mephragmuthosis	Amenhotep II Tutmose IV				
Tutmose		1450			
Amenophis					
Orus Acencheres Ratotis Acencheres		1400		Amenhotep III	Segundo êxodo dos "leprosos"
Acehcheres		1350		(Tutmose)** Amenhotep IV (Akhenaton)** Smenkhare (Ankhkheperure)**	
Armais (Danaus?) Ramsés		1300	19	Tutankhaton (Tutankamon)** Ay Horemheb Ramsés I	
Ramsés (Miamun) Sethos (Aegyptus, Danaus?)	←	1250		Seti (Eemeryen) Ramsés II ← (Meryamun)	Êxodo tradicional

** Irmãos

Figura 10. Cronologia dos faraós

O relato de Maneton que identifica o segundo êxodo como composto de "leprosos e inválidos" destinava-se, provavelmente, a causar ofensa: ele estava, de fato, chamando Moisés de inválido. É claro que Josephus ficara transtornado com isso (Maneton estava certo, mas não da forma como Josephus interpretou esses termos – veja o capítulo V). Para superar essa inconveniente história dos levitas, Josephus inseriu tanto o êxodo dos sacerdotes levitas quanto o grande êxodo do povo na época do êxodo dos hicsos. A fim de distanciar ainda mais a sua ancestralidade do Egito, ele também alegou que os hicsos – os ancestrais dos israelitas, conforme alega Josephus – eram invasores do Egito e não propriamente egípcios. Essa ideia de os hicsos serem invasores do Leste é a linha também assumida pela Egiptologia clássica.

Essa cronologia mais antiga para o êxodo é o motivo pelo qual Josephus afirma que os judeus estiveram no Egito por apenas 215 anos e que durante os outros 215 anos eles permaneceram em Canaã (Palestina). A Bíblia obviamente discorda de Josephus a este respeito. Aqui, o êxodo é apresentado em uma data bem posterior e, por conseguinte, a Bíblia diz que os judeus passaram todo o período de 430 anos no Egito.[J118]

Ainda há duas opiniões divergentes. O relato bíblico sobre o período de 430 anos durante o qual os israelitas estiveram no Egito concorda bem com um êxodo na época de Amenophis IV (Akhenaton), mas não tão bem com a expulsão dos hicsos. A teoria de Josephus, segundo a qual os judeus permaneceram 215 anos no Egito, concorda bem com a expulsão dos hicsos, mas não com o êxodo bíblico de Moisés. Onde está a verdade entre esses dois pontos de vista da mesma história? Eu acredito que os relatos de Josephus e os da Bíblia estejam corretos sob alguns aspectos e, se amalgamarmos as duas histórias, acabaremos encontrando algo parecido com o relato de Maneton. Realmente ocorreram dois diferentes êxodos: um grande e um pequeno.

Gilgamesh *

Historicamente, o período dos hicsos teve início por volta de 1670 a.C., mas para equipará-lo com os 430 anos bíblicos em que os israelitas ficaram no Egito deveríamos começar o período hicso muito antes, em 1780 a.C. Isso ocorre no reinado do faraó Wegaf, que se tornará importante posteriormente. Eu acredito que os sacerdotes durante o seu reinado teriam sido hicsos, mesmo que o faraó e o seu povo não fossem. A teoria que aqui se desenrola é que a disputa dos hicsos começou com a alteração das constelações, uma mudança nas estrelas de Touro para Áries – de touros

---

J118. Josephus, ANT 2:318.
* N.E.: Sugerimos a leitura de *A Versão Babilônica sobre o Dilúvio e a Epopeia de Gilgamesh*, de E. A. Wallis Budge, Madras Editora.

para ovelhas. No Egito, tanto os nortistas quanto os sulistas faziam parte de um mesmo povo. Foi a mudança de religião que fez com que eles se dividissem e não a invasão do país por uma nação do leste. Os hicsos eram egípcios nativos, separados por uma divisão religiosa que ocorreu em razão de uma divergência de opiniões a respeito de uma religião comum.

Há indícios sugerindo que essa religião é muito antiga, até mesmo para os egípcios. Trata-se de uma antiga tradição que foi transmitida durante milênios até a era do Médio Império Egípcio. Eu fui alertado quanto a essa possibilidade por Grahame Smith, que estava revisando a segunda edição de *Jesus,* para a revista da internet *Portal.* Ele simplesmente observou que:

> (Parafraseado). Um pensamento... estava relacionado com a história de Noé e do dilúvio. Se você aplicar o mesmo cenário de movimentos religiosos (interpretado) como animais, por exemplo, gado para Touro e ovelhas para Áries, então (de que religião) eram os animais que entraram na arca em pares? O signo do Zodíaco que logicamente precedeu Touro e Áries é Gêmeos, (o que é) graficamente representado pelos gêmeos. Seria esse (o mito "dois-a-dois" da Arca) talvez uma referência a um culto bíblico/egípcio ainda mais antigo?[119]

Essas simples observações são derradeiramente satisfatórias, pois esse número de coincidências somente decorre de uma teoria se ela for baseada em fundamentos sólidos, ou seja, fundamentalmente correta. Essa observação pode indicar que os sacerdotes egípcios estiveram observando as estrelas durante um período muito longo e, ao mesmo tempo, ela indica enfaticamente que a Bíblia, apesar de suas falhas, contém fragmentos valiosos dessa antiga história.

Essa teoria pode ser levada a um passo além, pois se tudo isso estiver correto, então a era em que Gêmeos mudou para Touro e este para Áries está preservada no céu. Assim, a dinastia egípcia durante a qual os hicsos se tornaram hicsos – quando os pastores se tornaram pastores – pode ser precisamente datada. A mudança das constelações é eminentemente previsível e um programa de computador do planisfério pode verificar os movimentos das constelações com grande precisão.[120] A mudança de Touro para Áries ocorreu por volta de 1800 a.C. É claro que essa data depende um pouco de onde se situa a linha divisória entre os dois pictogramas das constelações, mas, por volta dos anos de 1780 a.C. e no reinado do faraó Wegaf, a figura é definitivamente inclinada a favor de Áries. É nessa época que os sacerdotes de Heliópolis devem ter declarado uma mudança na religião.

---

119. Grahame Smith, *Portal Magazine.* <*http://*www.theportal.co.uk.>
120. *Redshift II,* Planisfério em CD-Rom. Veja os problemas referidos no capítulo II.

A teoria é ainda mais enfatizada pela história da Suméria. O registro histórico da Suméria é substancialmente paralelo ao do Egito, datando de cerca de 3000 a.C., com listas de reis bem parecidas com aquelas encontradas no Egito. É possível que, em algum ponto da história dessa região, elementos da cultura suméria tenham passado para o Egito e que os primeiros reis dinásticos do Egito tivessem muitas coisas em comum com os povos da Suméria.

David Rohl chega até a indicar que a história dessas duas terras e de seus povos pode ser entendida de acordo com a história contada na Bíblia: os filhos de Noé oriundos da Suméria viaja e povoaram o mundo; exceto o filho Shem, que permaneceu na Suméria. Isso se tornará um argumento razoável mais adiante, no livro, mas, por enquanto, o mais interessante foi descobrir que dois dos reis sumérios ficaram conhecidos como reis pastores na histórica lista de reis. Essa é a mesma designação encontrada com os reis hicsos do Egito e, por causa da estreita relação entre essas duas culturas, ela merece um estudo mais aprofundado.

Os dois reis em questão eram chamados Lugulbanda e Dumuzi, da dinastia de Uruk, que reinaram a partir de aproximadamente 2400 a.C.[121] Mais interessante ainda é o fato de que quem deveria supostamente sucedê-los na lista de reis é o muito famoso Gilgamesh, a respeito do qual se contam muitas lendas do dilúvio sumério e de sua busca épica nas místicas florestas de cedro. Dizem que a épica história de Gilgamesh seria o conto mais antigo que já foi escrito, mas é possível que tenham se enganado em cerca de 600 anos nesse cálculo, pois sua cronologia baseia-se em uma interpretação grosseira quanto ao que a história realmente se refere. Os historiadores traduziram o conto como se fosse um épico heroico a respeito de um rei sumério que deixa a sua marca no mundo. Conforme o próprio Gilgamesh afirma:

> Eu não estabeleci o meu nome, estampado em tijolos, conforme o meu destino decretou; portanto... estabelecerei o meu nome no lugar em que os nomes de homens famosos estão escritos.[122]

Portanto, considerando o conto de maneira simplista, ele pode ser visto como uma versão de feitos heroicos de um príncipe real, mas não se trata disso absolutamente. Heróis antigos são invariavelmente lendas que se referem a deuses, e não a homens, e a lenda épica de Gilgamesh não é diferente. É a primeira e principal história de estrelas e de constelações, e as alusões são tão fortes que é de se surpreender que isso não tenha sido comentado anteriormente. A primeira pista é que o companheiro de Gilgamesh, Enkidu, é descrito como um meteoro:

---

121. *The Sumarian King Lists,* T. Jacobsen. Chicago: University of Chicago Press, 1939. *Ancient Iraq,* G. Roux. London: Penguin, 1993.
122. *Gilgamesh.* London: Penguin, 1997, p. 70.

Essa estrela que desceu como um meteoro do céu; que você tentou levantar, mas era pesada demais... Esse é o forte companheiro, aquele que leva ajuda ao amigo em necessidade.[123]

Os textos seguem descrevendo Enkidu em grandes detalhes. A alusão é bem óbvia: Enkidu é um objeto estelar, possivelmente até seja uma referência a Sirius, a estrela companheira da constelação de Órion. Por sua vez, Gilgamesh é descrito armando-se para a sua iminente busca e luta da seguinte maneira:

> Gilgamesh pegou o *machado,* colocou sua aljava nos ombros e o *arco* de Anshan e prendeu sua *espada* na *cintura*; assim, eles estavam armados e prontos para a jornada.[124] (Itálicos do Autor)

Em termos estelares, a alusão é bem clara: o machado em sua mão direita, o arco na mão esquerda, a espada pendurada em sua ampla cintura – Gilgamesh é simplesmente o termo sumério para a constelação de Órion. Esse é um épico dos céus, uma iminente batalha das constelações, e a maior das constelações, Órion, está se armando para lutar contra o Cosmos. Mas Gilgamesh [Órion] não conhece o caminho e, portanto, ele precisa de Enkidu [o meteoro] para orientá-lo:

> Deixe que Enkidu nos oriente, ele conhece o caminho para a floresta [de estrelas]... a montanha de cedros, a morada dos deuses.[125]

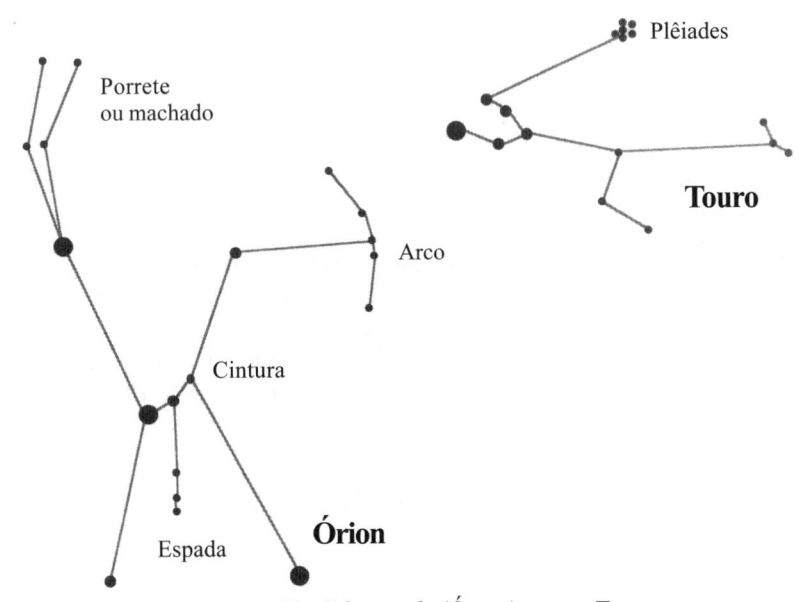

Figura 11. Gilgamesh (Órion) ataca Touro

---

123. *Gilgamesh.* London: Penguin, 1997, p. 66.
124. *Ibid.*, p. 75.
125. *Ibid.*, p. 75 e 77.

É nesse ponto que as correlações com a história egípcia, já delineada, tornam-se óbvias, pois o propósito da missão de Gilgamesh [de Órion] é a de matar a constelação de Touro e olhar para a era da nova constelação de Áries, o Carneiro. Em termos estelares, é a constelação de Órion que está armada com o machado, o arco e tem uma espada em sua cintura. É Órion que armou o seu arco e dirigiu-o contra a constelação adjacente de Touro. Essa mesma mudança nos céus está para acontecer uma vez mais; porém, na Suméria, é o herói Gilgamesh, representado por Órion, que mata o Touro do Céu, a constelação de Touro. Mas primeiro Gilgamesh precisa procurar o guardião da floresta [as estrelas], um animal terrível chamado Humbaba:

> O guardião... vestiu o primeiro de seus *sete esplendores,* mas não os outros seis, vamos atacá-lo antes que ele se arme... No primeiro golpe, Humbaba afastou-se rapidamente, mas eles continuaram avançando... e *sete vezes* Humbaba desfechou a sua glória sobre eles... No terceiro golpe, Humbaba caiu... Agora, as montanhas e todas as colinas estavam emocionadas, pois o guardião da floresta estava morto... os *sete esplendores* de Humbaba haviam sido extintos.[126] (Itálicos do Autor)

Para uma história de 4 mil anos, o significado é tão claro hoje para quem conhece e conhecia o assunto quanto na época em que foi escrita. Há somente um guardião de Touro, e esse é Plêiades, a constelação conhecida como as *sete irmãs* – um pequeno grupo de sete estrelas que são visíveis a olho nu e se situam às costas de Touro. Dessa posição elevada, Humbaba [Plêiades] podia tomar conta da constelação de Touro e protegê-la. Assim, se Touro fosse atacado, seria preciso primeiro lidar com Humbaba. "Extinto" Humbaba, a retaguarda de Touro estava exposta e vulnerável. Esse era o ponto fraco que o herói procurava e, agora, Gilgamesh podia preparar-se para o ataque final:

> "Agora, com a sua espada, dê uma estocada entre a nuca e os chifres."
> Assim, Gilgamesh perseguiu o Touro, segurou-o pela cauda e, com a espada, deu uma estocada entre a nuca e os chifres do Touro, matando-o. Depois de matarem o *Touro do Céu,* eles extraíram o seu coração e o entregaram a Shamash (o Sol). E os irmãos descansaram.[127] (Itálicos do Autor)

Gilgamesh havia colocado um fim ao reinado da constelação de Touro, assim como Abraão conseguiu o seu êxito no Egito. Mas alguns deuses ficaram irados com o fato:

> Ishtar... pronunciou uma maldição: "Que Gilgamesh seja desgraçado, pois ele me desprezou ao matar o Touro do Céu". Quando Enkidu

---

126. *Gilgamesh.* London: Penguin, 1997, p. 81-83.
127. *Ibid.*, 1997, p. 88, ambas as referências.

ouviu essas palavras, ele cortou a pata direita do touro e jogou-a em seu rosto dizendo: "Se eu pudesse pôr minhas mãos em você, é isso o que eu lhe faria...".[128]

E é assim que o Zodíaco do céu egípcio mostra a pata direita de um touro representando o que hoje chamamos de Ursa Maior (o Arado) ou, talvez, a vizinha constelação do Lince. (Veja Fig 12.)

As semelhanças com o Egito não terminam aqui, pois o nome do herói não era simplesmente Gilgamesh. É claro que o épico Gilgamesh deve referir-se a um deus, mas tal como os faraós egípcios, os deuses da Suméria também eram associados a homens mortais – os reis da terra. Assim, Gilgamesh era, de alguma forma, relacionado com o rei Lugulbanda. Os faraós do Egito não eram simplesmente homens, mas também manifestações dos deuses, encarnações físicas do deus Hórus que, depois da morte, se tornavam Osíris. Portanto, é provável que o rei Lugulbanda não somente fosse relacionado com Gilgamesh, mas fosse o mesmo indivíduo. (Ao fazer essa conexão, é preciso lembrar que Osíris também era associado à constelação de Órion.) A título de confirmação, Enkidu [o meteoro] diz a Gilgamesh [Órion]:

Figura 12. Zodíaco de Dendera, do Antigo Egito

---

128. *Gilgamesh*. London: Penguin, 1997, p. 88, ambas as referências.

Aquele que deu água de sua odre [Aquário?], esse é o teu próprio Deus que cuida de teu bom nome, o teu Lugulbanda.[129]

Está claro que Gilgamesh era o nome divino com o qual esse rei era associado. Entretanto, o seu nome real era Lugulbanda. Para levar as semelhanças com o Egito a um passo adiante, Abraão foi o primeiro rei pastor registrado e, por outro lado, a lista dos reis menciona que Lugulbanda foi o primeiro rei pastor da Suméria. Foi o rei Lugulbanda quem, em seu duplo papel como o deus Gilgamesh [Órion], lutou na batalha teológica da Suméria contra os seguidores de Touro e tornou-se o rei pastor, o primeiro seguidor sumério da nova era de Áries. É por isso que o épico de Gilgamesh foi escrito: não se tratava do conto épico de um rei, mas de uma antiga celebração bimilenar do movimento das estrelas. Os povos do Egito e da Suméria eram inextricavelmente ligados por sua religião, mas talvez o período de transição entre as constelações tenha se dado mais suavemente na Suméria do que no Egito.

Esse é o cenário que me pareceu ser mais consistente e lógico, e essa foi a maneira pela qual o relatei na primeira edição deste livro. Mas havia, inicialmente, muita crítica sobre a existência do Zodíaco durante o segundo milênio antes de Cristo. Muitas pessoas eram céticas a esse respeito, pois estavam convictas de que o Zodíaco popular era de origem grega. É verdade que ele somente foi descoberto em sua forma final no Egito durante o período Ptolemaico, mas como já vimos, existem indícios consistentes de sua existência em um período bem anterior. É bastante possível que essa sensível informação a respeito dos movimentos estelares e, por conseguinte, a respeito de toda a base da religião egípcia, tenha sido sempre mantida como segredo de Estado.

Foi interessante descobrir que alguns distintos autores antes de mim já haviam percebido ligações entre o Zodíaco, o Egito e a Suméria. Josephus, por exemplo, menciona que os trajes decorados do alto sacerdote Aarão, irmão de Moisés, tinham 12 pedras semipreciosas que representavam o Zodíaco. Como a Bíblia converte essas mesmas pedras em representação dos 12 filhos de Jacó, poderíamos especular que os próprios filhos de Jacó e os 12 apóstolos de Jesus também poderiam ser representativos e baseados nos 12 símbolos do próprio Zodíaco. Além disso, o poeta de grande influência política e teológica Robert Graves assim se expressa sobre Gilgamesh:

129.*Gilgamesh*. London: Penguin, 1997, p. 78.

Não se sabe onde e quando o Zodíaco se originou, mas acredita-se que ele evoluiu gradativamente na Babilônia a partir dos 12 incidentes da vida histórica de Gilgamesh... (o Touro, Virgem, homens-escorpiões e histórias do dilúvio, etc.)... Dizem que Gilgamesh pode ter sido um invasor hicso (Cassita) da Babilônia no século XVIII a.C. para quem a história de um herói anterior foi transferida, um Tamuz da espécie familiar já relacionada ao Zodíaco.[130]

Graves relaciona o Zodíaco ao Egito e à Suméria e Gilgamesh aos hicsos e ao século XVIII a.C. Isso confirma todos os elos e datas que acabei de propor, mas totalmente derivados de diferentes preceitos – o indício de Graves baseia-se unicamente em poesia e mito. Em seu inimitável estilo, Graves prossegue tão rapidamente a ponto de não explicar plenamente o elo entre Gilgamesh e os hicsos. Mas quanto ao Zodíaco, ele diz que o Zodíaco do poeta grego Arato estava fora de época – falando precessionalmente – e mostra que deve ter sido baseado em um panorama estelar datado do terceiro milênio a.C.

Portanto, se o épico Gilgamesh era, na realidade, um conto referente ao Zodíaco e ao seu movimento de precessão, então essa simples observação proporcionaria outra ferramenta valiosa – uma pista sobre a qual a história suméria poderia ser fundamentada. A história suméria é notoriamente imprecisa. Reporta-se que seus reis governaram individualmente durante períodos de 6 até 43 mil anos. Isso ocorreu pelo fato de que os vários estudiosos do registro histórico da Suméria reportaram cronologias e datas bastante imprecisas. Agora existe, pelo menos, um período concreto que pode ser datado e sobre o qual os historiadores podem trabalhar. E isso está bem no meio do registro sumério. Gilgamesh-Lugulbanda e Dumuzi reinaram na mudança da constelação de Touro para Áries entre 1850 e 1750 a.C.

Antes de Abraão

De volta ao registro egípcio, essa data exata significa que, de acordo com o registro astronômico, a maioria das dinastias do Egito também deve ter sido hicsa. Caso não o fosse abertamente, então podemos especular que deve ter havido resistência na administração ou entre a população para essa mudança, uma disputa debatida não somente nas estrelas, como também nos corações e nas mentes das pessoas comuns.

De fato, existe indício no "Velho Testamento" de Josephus que parece sinalizar que essa mudança de crença foi, na realidade, imposta ao povo em

---

130. *The White Goddess*, R. Graves. New York: Farrar, Straus and Giroux, 1966, p. 333

um momento posterior. Esse evento consta da seção em que o faraó Abraão [Sheshi] enfrenta o seu pai, Nehesy Aasahra – cada qual preparado para a luta. O resultado dessa disputa é tão-somente sugerido. Entretanto, Abraão deve ter saído vitorioso, pois ele seguiu adiante no registro do Egito para se tornar o primeiro dos faraós hicsos, o primeiro dos reis pastores. Da mesma forma, no registro bíblico, Abraão prosseguiu para se tornar o "grande patriarca" do povo judeu. Ele foi o primeiro de uma era de reis, qualquer que seja o registro antigo considerado.

Alguma coisa deve ter acontecido nesse ponto para obrigar essa mudança na administração e criar uma nova dinastia. Eu defendo que uma nova dinastia de Abraão foi fundada com base nessa evolução das constelações estelares e na sua mudança equivalente na Teologia do Egito. Foi outro épico de Gilgamesh, e essas duas histórias sobreviveram até a Era Moderna. Abraão não foi o primeiro dos reis pastores, mas somente o primeiro a assim se declarar abertamente.

Os egiptólogos são bastante imprecisos a respeito dessas duas cronologias e das políticas desse período no Egito, pois o registro histórico não está bem documentado nessa época, e:

> O conhecimento a respeito desses primeiros monarcas (da 13ª dinastia) é bem escasso.[131]

Por outro lado, se a 13ª dinastia fosse potencialmente hicso, seria possível encontrar alguns faraós bíblicos no registro bíblico. Os novos faraós bíblicos que essa liberalidade revela estão grifados abaixo.

Tabela dos faraós de:

MANETON	BÍBLIA	HISTÓRIA EGÍPCIA
	Noé	
Salitis	Sem	Senusret III (Sesostris III)
Apachnat	Arfaxad	Amenemhat VI
[Khian] Jannus	Cainan (Caim)	[Khiiaan] Khyan (Seuserenre)
	Salah	
Bnon	Heber (Elber)	[Eecbher] Yakubher (Meruserre)
	Peleg (Faleg)	Wegaf [Faweg]
Apophis	Ragau	[Raqu] (Aqenenre) Apepi
	Seruch	[Serrau] (Auserre) Apepi
Neco (J)	Nachor (Nahor)	Nehesy (Aaserra)
Assis	Tera (Terah, Azar)	(Aasahra) Nehesy [Assii]
	Abraão	Sheshi (Mayebra) [Ayebramam]
	Isaque	Anather
	Jacó	[Jacoba] Jacobaam

---

131. *Chronicle of the Pharaohs*, P. Clayton. London: Thames & Hudson, 1994.

Os registros nos colchetes [ ] são os nomes por mim alterados. Os nomes nos parênteses ( ) são nomes reais ou, para os nomes bíblicos, representam uma ortografia alternativa de outros textos. (J) = Josephus.

Essas são apenas tentativas de identificação que, no entanto, valem a pena ser analisadas. Os novos registros na lista de Maneton são especialmente interessantes, pois dizem que os personagens de Arfaxad e Faleg "reinaram" durante a dispersão dos patriarcas bíblicos. Arfaxad e Faleg devem ser diretamente identificados como os patriarcas bíblicos Arfaxad e Peleg, e Maneton afirma que essas duas personalidades "governavam". Pastores humildes não "governam" a menos que sejam reis pastores – os faraós hicsos. Realmente, o faraó seguinte na lista de Maneton é chamado de Apachnat, que pode ser diretamente identificado com o bíblico Arfaxad. E, uma vez mais, a exata cronologia da lista de Maneton aqui deve ser tratada com certo cuidado, pois essa lista, em particular do livro de Sothis, menciona os faraós hicsos prosseguindo a partir dos faraós do lado de Ramsés, o que é, sem dúvida, um equívoco.[132]

Para os personagens históricos correspondentes a Faleg e Arfaxad, considerando a possibilidade de os faraós da 13ª dinastia estarem agora disponíveis para essa associação de nomes, esbocei os nomes de Amenemhat VI e de Wegaf. Em primeiro lugar, o nome Amenemhat parece ter alguma semelhança com Arfaxad. Em segundo lugar, no caso de Wegaf, acontece que, se realizarmos a mesma troca do hieróglifo, como foi feito no nome de Abraão, o resultado será Faweg. Faweg tem grande semelhança com o bíblico Faleg: Seria um mesmo escriba que trabalhava nessas traduções? Essa estranha pequena associação produz outra coincidência, pois Wegaf é o primeiro faraó da 13ª dinastia, a era exata em que as constelações devem ter mudado para Áries. Esse dramático evento cósmico pode ter sido reportado no registro bíblico e, nesse caso, isso daria um suporte vital a essa associação de nomes.

A história do Velho Testamento de Josephus proporciona uma pista. Ele diz que a Faleg foi dado esse nome porque significa "dispersão", na época, muitos dos filhos do bíblico Faleg estavam dispersos entre as civilizações vizinhas. Mas Josephus deveria estar um pouco enganado a esse respeito, porque a grande "dispersão" foi considerada como a dispersão dos filhos de Noé, ou seja, Sem, Cam e Jafé. São os descendentes desses patriarcas que supostamente se deslocaram e povoaram os quatro cantos do mundo conhecido, e não os filhos de Faleg.

Entretanto, os textos de Maneton parecem concordar com Josephus, em alguns aspectos, embora Maneton aumente o período de tempo para a "dispersão" dizendo que foi no 34º ano do reinado de Arfaxad e o quinto ano de Faleg. Esse espaço de tempo é estranho pelo fato de haver dois reis

---

132. Maneton, p. 239.

inseridos no meio dos dois mencionados – de qualquer forma, a "dispersão" deve ter sido um evento que se prolongou durante muitos anos. Mas é possível que não estejamos falando da "dispersão" de uma família como tal, pois a dispersão já ocorrera quase quatro gerações antes. Talvez essa seja a pobre tradução de outra espécie de "emigração", a que levou muito tempo para ser completada – o movimento das estrelas de uma "casa" astrológica para outra. Essa mudança das constelações é um desses eventos que poderiam facilmente estender-se por três ou quatro gerações, de Arfaxad até Faleg. Seria essa a tal mencionada "dispersão" ou mudança? A Bíblia parece apoiar esta última interpretação, pois declara que esse evento tinha menos a ver com divisões de povos e mais a ver com o amplo cosmos:

> Heber teve dois filhos: um se chamava Faleg, porque no seu tempo a *Terra* foi dividida.[B133] (Itálico do Autor)

Os textos não são claros quanto ao que isso significa e de que forma a "Terra foi dividida". É possível que estivesse dizendo que a terra do Egito foi dividida, tal como ocorreu várias vezes durante os milhares de anos de sua história, o norte em guerra com o sul. Alternativamente, talvez esteja indicando que a própria Terra fosse "dividida" e que, agora, a sua posição cósmica encontrava-se precisamente na cúspide entre duas constelações: as de Touro e as de Áries. Se essa última interpretação for correta, então é possível que os sacerdotes tenham compreendido as mudanças que estavam ocorrendo no cosmos, mesmo que tenha levado quatro gerações até o faraó Abraão/Sheshi implementar essa mudança na religião do Egito.

E, uma vez mais, os registros históricos parecem confirmar que essa suposição é totalmente plausível. O nome real do faraó Wegaf é Khutawyre e o cartucho do nome real é ilustrado na Figura 13. Esse nome real foi interpretado com o sentido de "Ra protege as duas terras". O deus Ra é representado pelo disco solar ⊙; as duas terras, pelas duas formas oblongas ⟹; e o braço ⟁ foi interpretado como ideograma, que significa "para proteger". Essa interpretação se deve supostamente ao fato de que o hieróglifo de um braço segurando um objeto é considerado "geralmente uma expressão de agressão no código hieroglífico" e, além disso, o nome ou o título que resulta disso tem um sentido histórico: o poderoso faraó é apresentado protegendo as suas duas terras.[134]

Entretanto, todas as boas regras linguísticas têm exceções, e essa não é diferente. O hieróglifo ⟁, por exemplo, significa "dar", um conceito bem diferente de qualquer agressão. Olhe bem de perto o hieróglifo do braço no cartucho: os egiptólogos chamam esse instrumento de "chicote", mas é bem claro que esse braço está segurando um mangual – o emblema

---

B133. Bíblia, Gênesis 10:25.
134. *Hieroglyphs,* M. Betro. New York: Abbeville Press, 1996.

sagrado dos faraós, segurado tradicionalmente no peito juntamente com o cetro listrado de azul e dourado. Tanto o chicote quanto o mangual podem ser considerados armas ofensivas, mas a principal função desse objeto não é a de uma arma de defesa. O mangual não foi originalmente desenhado para proteger, mas foi engendrado para o processo de debulhar – para separar ou dividir o trigo das cascas. O mangual também era usado no Egito para incitar o gado e, no livro *Tempest & Exodus* (Tempestade e Êxodo), esse uso também será analisado como simbólico no ato de "controlar" a constelação de Touro. Assim, o mangual tem uma associação direta com as constelações do Zodíaco.

Baseando-se na análise dos textos antigos, hoje temos novas interpretações para o título desse faraó que pouco sentido fariam para os egiptólogos – "Ra divide as duas terras" ou até mesmo "Ra guia Touro sobre as Duas Terras". É possível, assim, entender por que tais versões do nome desse faraó nunca foram contempladas, mas no mundo astrológico elas têm certo sentido – pois nessa era, o cosmos estava dividido entre duas constelações: Touro e Áries. O título de Khutawyre foi dado a esse faraó porque nessa época "Ra dividiu as duas terras". Na Bíblia, esse mesmo faraó é conhecido como Faleg e ali se diz que: "no seu tempo, a Terra foi dividida".

Maneton indicou que a "dispersão" ou divisão das terras ocorreu entre os reinados de Arfaxad e Faleg. Identifiquei Arfaxad com Amenemhat VI, principalmente por causa da semelhança dos nomes. Nos registros históricos, a divisão das estrelas começou durante Wegaf e terminou apenas duas gerações mais tarde com o Sobekhotep II, o único faraó a receber a designação de Khutawyre – "divisor das terras". Posteriormente, foi bom descobrir que os faraós Sobekhotep II e Amenemhat VI eram uma única e mesma pessoa. Assim, tanto Wegar quanto Amenemhat VI são conhecidos como Khutawyre – divisores da terra.

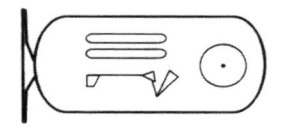

Figura 13. Cartucho de Khutawyre

O símbolo do mangual, juntamente com o cajado de pastor, também é usado como um dos principais símbolos egípcios de realeza e especialmente verdadeiro para os faraós do Novo Reino. O simbolismo desses dois objetos cruzados sobre o peito também é muito interessante e indica um cenário astrológico semelhante. Mas essa explicação deverá aguardar a sequência deste livro: *Tempest & Exodus*.

Tendo feito essas associações históricas/bíblicas, eu subsequentemente descobri que David Rohl – em seu livro controverso *Legend* (Lenda) –

fizera exatamente a mesma observação para os mais antigos patriarcas. Ele encontrou indício de que os patriarcas de Adão a Noé podem ser encontrados nas listas dos reis sumérios por meio do mesmo e exato método que eu apliquei aos patriarcas posteriores: a técnica da mudança de sílaba. Existe a possibilidade de que os mais antigos patriarcas fossem de uma linhagem real suméria e de que seus descendentes tenham emigrado para o Egito, exatamente como o registro histórico parece indicar. Nesse cenário, os patriarcas bíblicos posteriores, a partir de Noé, tornaram-se então faraós do Egito.

De posse dessas novas e ousadas comparações com relação ao registro faraônico, agora temos condições de compor uma árvore genealógica alternativa para as dinastias faraônicas que considere os dados bíblicos disponíveis (veja Figura 14). Isso proporciona novos detalhes sobre os nomes das esposas e dos filhos dos faraós, assim como de suas ligações familiares. Essa espécie de informação doméstica não está disponível nos registros históricos para essas dinastias hicsas e seria mais do que interessante se alguma informação fosse desenterrada no futuro.

Êxodo Hicso

A expulsão dos hicsos é tradicionalmente colocada nos anos de 1570 a.C., o período imediatamente posterior ao do faraó Jacoba, e é por isso que eu coloquei o primeiro êxodo nessa época. Também existe indício de um êxodo nesse momento do registro: a disputa, geralmente negligenciada, entre Jacó e Esaú, bem como a subsequente fuga de Jacó para Jerusalém. Esse êxodo não foi somente um vaguear de pastores pelo Sinai e pela Palestina, mas também um importante evento bíblico, porque, ao chegar à Palestina, Jacó saqueou Jerusalém. Até mesmo nessa época, Jerusalém era uma cidade fortificada, e o seu saque somente pode ter ocorrido por uma grande força militar. Se uma prova for necessária para o *status* de Jacó, aqui está ela: ele era comandante de uma poderosa força militar, um faraó hicso em retirada.[B135]

Resumindo, aconteceram dois êxodos do Egito, tanto no registro histórico quanto no bíblico. O histórico (por meio de Maneton) afirma que o primeiro êxodo foi o maior dos dois, enquanto a Bíblia afirma que foi o segundo. Os dois não podem estar certos, de maneira que uma escolha deve ser feita. Devo presumir que o primeiro êxodo tenha sido o maior, porque alguns dos textos na Bíblia a respeito desse incidente foram confundidos entre o Livro do Gênesis e o Livro do Êxodo. Os compiladores originais, ou talvez os tradutores, podem ter confundido os dois êxodos ou tinham outros motivos para se concentrarem no segundo.

B135. Bíblia, Gênesis 33:18, 34:25-30.

Comparações entre os registros bíblico e histórico parecem confirmar essa teoria. Ahmed Osman, em seu livro *Out of Egypt* (Fora do Egito), destaca o fato curioso de que o êxodo bíblico não pode ser verificado historicamente. O Livro de Juízes menciona muitas cidades destruídas pelos israelitas em retirada e, no entanto, nos registros históricos, essas mesmas cidades parecem ter sido destruídas antes ou depois da data correntemente presumida para o êxodo bíblico. Por exemplo, a cidade de Jericó parece ter sido destruída no século XV a.C. e não existe indício de que jamais tenha sido ocupada novamente. Realmente, os indícios confirmam que a destruição tenha sido, muito provavelmente, pelas mãos do exército hicso em retirada.

Esse indício é tratado como um problema para a história bíblica, mas não é – trata-se de uma resposta. O fato continua sendo que parte da história de um êxodo anterior, da época de Jacó, ainda aparece na Bíblia e, se considerarmos o êxodo em período de 200 ou 300 anos antes no tempo, os eventos começam a se adequar. Esse evento anterior foi o verdadeiro êxodo, o dos hicsos. Aparentemente, para confirmar isso, a Bíblia registra que um feitiço havia sido pronunciado nas ruínas de Jericó e essa cidade nunca mais foi reconstruída, exatamente como se demonstra pelo registro histórico. Até Josephus, apesar de seu repúdio à ideia dos dois êxodos de Maneton, conserva um registro do êxodo anterior de Jacó para Jerusalém em sua versão da Torá.[J136]

Ao apoiar esse conceito de duplo êxodo – com a expulsão de 240 mil famílias Hicsas no primeiro êxodo mais importante –, eu antecipo a história do êxodo posterior em cerca de 230 anos, do tempo de Moisés e de Akhenaton para o tempo de Jacó. Esse ajuste não é feito sem motivos e traz à tona outro difícil problema: as pragas do Egito.

Em seu livro *best-seller Act of God (Ato de Deus),* Graham Phillips apresenta uma boa causa para as pragas do Egito terem ocorrido em função da erupção vulcânica da Ilha de Thera (Santorini). De fato, as pragas relacionadas na Bíblia são exatamente o tipo de resultado causado em consequência de uma grande erupção vulcânica. O Rio Nilo tornou-se vermelho e amargo, os peixes morreram, os sapos saíram do rio e morreram, cinzas quentes causaram bolhas na pele e as colheitas foram destruídas. Fortes tempestades despejaram granizo sobre a terra, os peixes e os sapos mortos provocaram uma praga de moscas e, finalmente, a falta de predadores no rio provocou uma praga de insetos ou mosquitos.

Esse é exatamente o tipo de calamidade que pode ter sido inserida na psique cultural dos egípcios, um terrível e horrendo acontecimento a ser testemunhado e sofrido. Entretanto, o registro histórico egípcio parece não mencionar esse importante acontecimento, o que levou alguns historiadores a questionar se o Egito foi, de alguma maneira, afetado pela erupção de Thera. É possível que o registro bíblico tenha sido inventado, como é fre-

---

J136. Josephus, ANT 1:340.

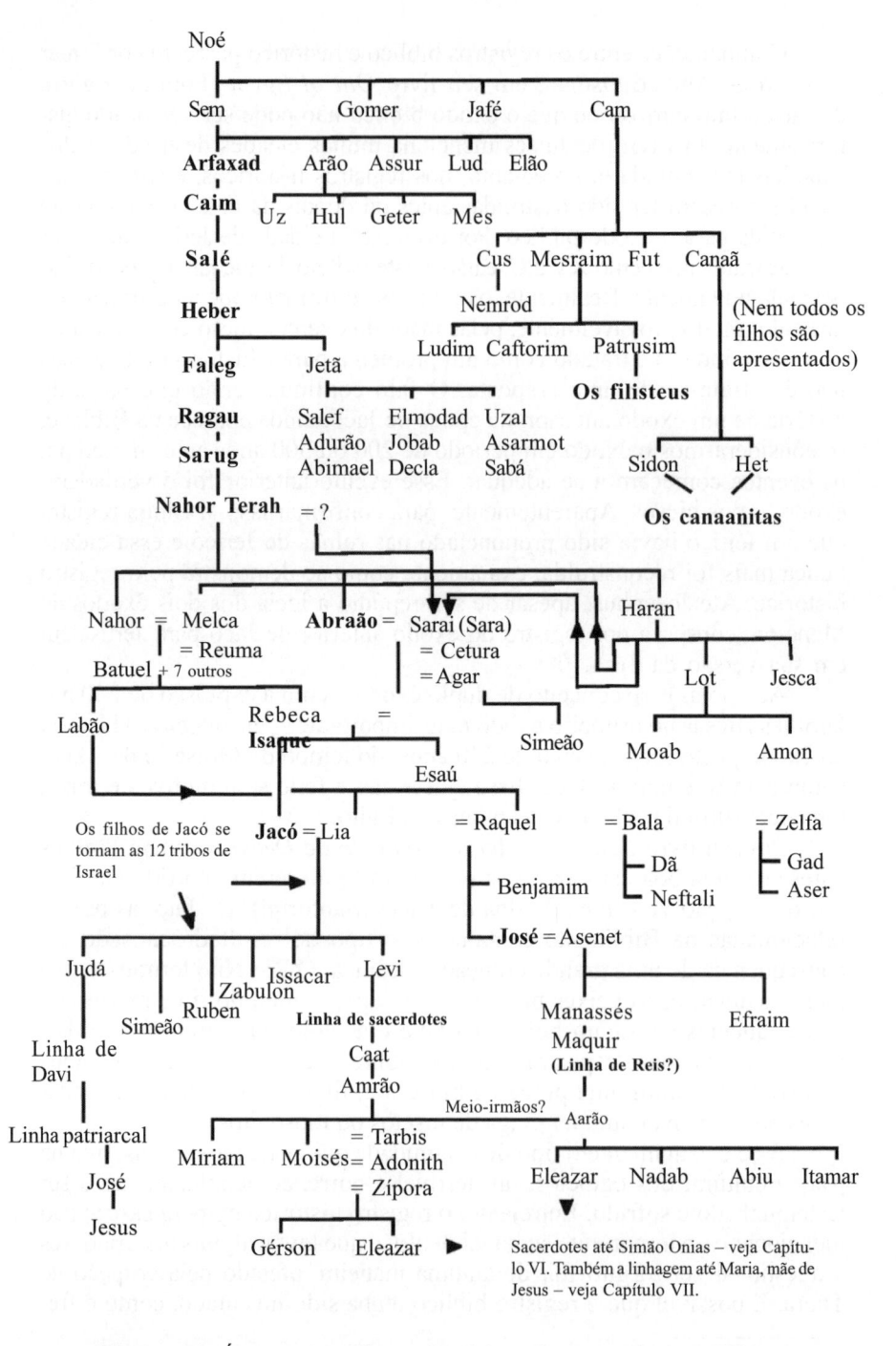

Figura 14. Árvore genealógica faraônica do ponto de vista bíblico

quentemente alegado? Apesar da escassez de dados históricos para confirmá-la, essa erupção realmente aconteceu: é de conhecimento que Thera sofreu uma explosão devastadora em determinada época e que milhões de toneladas de bombas de lava foram dali despejadas, assim como uma grande onda de cinzas quentes que chegou a alcançar o Egito. Esse grande cataclismo deveria ter sido registrado em algum lugar nos anais antigos.

Podemos especular que durante essa catástrofe qualquer nação teológica teria motivo para pensar que se tratasse de um castigo imposto pelos deuses. Se esse acontecimento terrível por acaso coincidir com a mudança cultural e teológica para um novo sistema de crença, a população não poderia pensar que esse "novo caminho" fosse a causa da ira dos deuses? Isso parece enquadrar-se bem com o que a Bíblia descreve, pois até os pilares de fogo e as grandes nuvens pelos quais o povo do êxodo navegou são possivelmente explicados pelos efeitos de uma erupção. Entretanto, se a data da erupção não corresponder à data do êxodo bíblico, então qualquer tipo de comparação será inútil. Até recentemente, a exata data da erupção de Thera não havia sido estabelecida, deixando o caminho aberto para uma contínua especulação. Mas, em 1990...

> ... uma equipe dinamarquesa do Museu Nacional da Dinamarca, em Copenhagen, tentou estabelecer uma data para a erupção de Thera, datando por meio do radiocarbono restos orgânicos do interior da antiga cratera. Dentro da rocha fundida, eles encontraram depósitos de carvão que presumiram ser de árvores que pereceram durante o cataclismo ao redor de 1650 a.C. Se a equipe dinamarquesa estiver correta, então os arqueólogos estavam totalmente errados.[137]

Isso representava um problema, pois, se a equipe dinamarquesa estivesse correta, então a erupção de Thera não poderia ter sido responsável pelas pragas bíblicas, em razão de essa data ser muito prematura. Consequentemente, muitas pessoas descartaram os relatos bíblicos por considerá-los pura tolice, sem conexão com a erupção de Thera. Entretanto, há uma simples solução para esse problema que recoloca os textos bíblicos em sua justa posição de testemunha ocular da história antiga. Se o grande êxodo for considerado como algo que ocorreu no reinado de Jacó, na época da expulsão dos hicsos, então não existe desacordo com a datação do radio carbono e as datas enquadram-se perfeitamente.

Portanto, se as datas concordarem, poderemos olhar para o relato bíblico com novos olhos e uma renovada vontade de acreditar em sua veracidade histórica. Olhando novamente para os precisos detalhes do registro bíblico, é possível ver claramente que as descrições somente podem referir-se aos dramáticos efeitos de uma erupção:

---

137. *Act of God,* G. Phillips. London: Pan Books, 1998.

... e o Senhor enviou trovões e chuva de pedras, e o fogo do céu caiu sobre a terra. O Senhor fez chover granizo sobre o Egito (e caiu com tanta violência como nunca houve semelhante em todo o Egito desde que veio a ser uma nação)... Em todo o Egito, a chuva de pedras feriu tudo o que estava nos campos, homens e animais, e feriu toda a erva dos campos e quebrou todas as árvores dos campos.[B138]

Significativamente, as bolhas na pele de Moisés foram causadas pelas "cinzas" que ele teria pego de um "forno" e atirado ao ar. A sugestão de como as bolhas foram provocadas é óbvia, tratava-se de cinza quente despejada pela erupção vulcânica.[139] A Bíblia não poderia ser mais específica ou precisa como testemunha ocular. Ela está claramente dizendo que uma erupção vulcânica causou o grande êxodo.

Os textos bíblicos afirmam claramente que o grande êxodo foi causado pela precipitação de uma nuvem de cinzas vulcânicas na época do êxodo hicso e a única possível causa deve ter sido a erupção de Thera.

Interessante é o fato de que, a esse respeito, uma pequena parte do registro histórico parece realmente concordar com os relatos bíblicos, e o indício pode ser encontrado no *Tempest Stele* (Estela da Tempestade).[140] A tradução que R. K. Ritner coloca nessa estela indica que o Egito sofreu um cataclismo durante a 18ª dinastia. Houve "chuva incessante e uma escuridão nas Duas Terras". Essa descrição não somente concorda com os relatos bíblicos, como também agora que as datas foram antecipadas no tempo, concorda precisamente com a época. Ritner data a inscrição da estela no reinado de Ahmose I, o faraó do êxodo hicso. Para uma tradução completa dessa estela e de seu impacto na interpretação do evento das pragas, leia o livro *Tempest & Exodus*.

Minos

Existe ainda outro problema quanto a essa data para a erupção de Thera, e isso diz respeito ao fim do império minoico. Embora a economia e a civilização minoicas pareçam ter oscilado durante os séculos, o eventual colapso do império minoico parece ter ocorrido bem mais tarde do que a época da erupção de Thera, historicamente confirmada na 17ª ou 18ª dinastia. Entretanto, a localização da Ilha de Creta, tão próxima a Thera, indicaria que os minoicos deveriam ter sido afetados muito mais que os egípcios. Mas é possível que os minoicos possam ter sobrevivido à erupção em condições melhores que a dos egípcios por uma série de motivos:

B138. Bíblia, Êxodo 9:23-25.
139. As bolhas podem ter sido causadas por cinzas quentes, mas é muito provável que sejam queimaduras de ácido ou irritações causadas por fragmentos de sílica.
140. Foster & Ritner. "Texts, Storms and the Thera Eruption". *Journal of Near Eastern Studies,* nº 1, 1996.

a. O formato da Ilha de Thera pode muito bem ter dado cobertura à Ilha de Creta contra os principais efeitos das ondas *tsunami*. O principal impulso da onda pode ter sido em direção oeste.
b. A água profunda além da costa cretense também pode ter ajudado, pois os *tsunamis* atingem sua maior potência ao se depararem com um leito marinho em declive, enquanto um penhasco de água profunda tenderia a refletir a energia do *tsunami* de volta para o mar. É possível que esse moderado *tsunami* tenha causado danos relativamente pequenos à ilha. Além disso, é evidente que o Egito não foi devastado por um *tsunami*. Ele pode ter forçado as águas dos rios do Delta do Nilo a retroceder, provocando inundações, de acordo com a história bíblica do êxodo, mas foi a nuvem de cinzas que causou as pragas bíblicas e a maior parte da devastação.
c. O Egito dependia da agricultura e do Nilo. Se a nuvem de cinzas tivesse devastado as colheitas e poluído o rio, o Egito teria de viver durante um período de, no mínimo, um ano sem alimento, o que devastaria a sua economia. Por outro lado, a civilização minoica dependia muito mais do mar e os barcos teriam sobrevivido facilmente ao *tsunami*. Depois da chuva de cinzas, os minoicos poderiam estender suas buscas no mar Mediterrâneo à procura de peixe fresco para a população, que seria alimentada facilmente.

A queda das cinzas poderia ter contaminado o mar em volta de Creta. A consequente massa morta de vida marinha nas águas costeiras pode ter proporcionado aos ilhéus um abastecimento inesperado se os peixes ainda fossem comestíveis e pudessem ser salgados ou secados rapidamente. Essa destruição da vida marinha e essa inesperada abundância de alimento certamente teriam sido registrados na história minoica como um presente dos deuses. Seria essa a influência por detrás da cerâmica minoica tipo 1b que apresenta uma pletora de vida marinha e que é própria dessa época?

A Fuga de Jacó

Voltemos agora a Jacó iniciando o seu êxodo do Egito. Para completar essa história, é preciso considerar alguns aspectos desabonados do êxodo. Como sugerido, o êxodo não foi somente a história da fuga de alguns escravos. Até mesmo antes de os israelitas saírem do Egito, parece que um certo contingente de pessoas realmente circulou pela cidade e em quase todo o Baixo Egito massacrando "crianças" e especificamente "todos os primogênitos dos animais".[B141] O texto é bem específico, pois se refere unicamente ao gado, e não a outros animais.

Ora, o motivo de o texto ter sido escrito dessa forma é bastante claro. Conforme previamente sugerido, esse episódio foi a memória de uma guer-

---
B141. Bíblia, Êxodo 12:29.

ra civil religiosa de discórdia disputada entre Jacó [o faraó Jacoba] do Baixo Egito, que venerava a ascensão de Áries, e Esaú e seus aliados do Alto Egito, que veneravam a ascensão de Touro. O país estava dividido. Jacó estava diante da opção de enfrentar uma grande batalha militar ou o exílio. Ele estava prestes a escolher este último. Entretanto, não queria desistir de tudo sem lutar, de maneira que contingentes de seus homens circularam pelo Baixo Egito massacrando todas as crianças dos seguidores de Touro [os primogênitos dos animais] e assim:

> ... fez-se um grande clamor no Egito, porque não havia casa em que não houvesse um morto.[B142]

Então as cortes de Jacó foram em todas as casas dos seguidores de Touro e os despojaram de todas as peças de ouro e de prata. Houve uma pilhagem total e o país estava em tumulto generalizado.[B143] Além de tudo o que ocorria no Egito, as forças em retirada de Jacó entraram na Palestina e provocaram uma devastação ainda maior, e cidades inteiras foram arrasadas pelo fogo. É óbvio que tudo isso não foi obra de um pequeno bando de escravos que fugira do Egito, mas o resultado de um exército em retirada – o exército hicso, o mais exército do mundo, na época. Esse exército estava de posse do melhor e mais técnico equipamento militar disponível e era invencível. Nesse caso, surge a pergunta: por que então ele estava se retirando?

Guerra Civil

Nem sempre as guerras são vencidas por soldados ou armas, mas o são frequentemente pelos corações, pelas mentes das pessoas e pela disciplina do exército. O relato de Julio César sobre a guerra com a Gália mostra precisamente o que pode ser feito nas mais difíceis circunstâncias, quando os comandantes detêm a confiança de seus homens e inspiram respeito suficiente para manter a disciplina. Mesmo considerando o inevitável exagero do relato de César, é evidente que, em muitas ocasiões, as legiões romanas enfrentaram adversidades, com grandes hordas de nativos sanguinários empunhando grandes e enormes machados e gritando injúrias da pior espécie.

Entretanto, a disciplina do exército romano era absoluta, e os homens estavam convencidos de sua superioridade estratégica, habilidade e equipamento militar. Os oficiais mantinham sua frieza e astúcia, enquanto as forças oponentes perdiam as próprias. Os romanos mantinham o terreno, enquanto a terrível horda atacava com uma superioridade de cinco ou seis para um. Qualquer outro exército fugiria aterrorizado, mas os romanos não. A adrenalina fluía, mas as fileiras se mantinham firmes. Finalmente, no

---
B142. Bíblia, Êxodo 12:30.
B143. *Ibid.*,12:36.

calor da batalha, a turba era derrotada pela superioridade de táticas, comunicação, disciplina e armamento. Não havia como vencê-los.

Mas os problemas de Jacó eram diferentes: algumas das forças que enfrentava se encontravam em suas próprias fileiras. A disputa vinha deteriorando-se durante gerações, mas ela se inflamou uma vez mais devido às pragas que haviam assolado o país. A calamidade causou uma disputa entre dois príncipes irmãos, cada qual culpando o outro pela deserção dos próprios deuses. Certamente, ambos tiveram o apoio dos próprios seguidores e grupos de sacerdotes, serviçais civis e oficiais comandantes e, uma vez aberta a disputa, cada sacerdote superior e oficial comandante já deveria ter feito o seu próprio julgamento. Seguiriam eles o irmão mais velho, o legítimo faraó da terra e o seu continuado apoio à estabelecida e antiga veneração a Touro? Ou seguiriam eles o mais jovem, que havia "roubado" do irmão sua legitimidade e que agora seguia essa nova e estranha veneração a Áries? Para grande parte da população não havia controvérsia. Esaú chegara para a coroação com um grande exército; é possível que mais da metade do efetivo militar o apoiara.

Jacó não tinha alternativa: ele estava apoiado sobre o "pé errado"[144] e tinha de fugir. Jacó estava em retirada, e Esaú sabia que Jacó não somente era o seu irmão gêmeo, mas também tinha o seu próprio e grande exército. Seria loucura atacá-lo se houvesse outra forma de solucionar o problema. Portanto, Esaú ofereceu segurança a Jacó caso ele saísse do país. A Bíblia e a história de Maneton concordam plenamente a esse respeito. Maneton diz que foi permitido aos hicsos se retirarem pacificamente, e a Bíblia – tanto no relato do êxodo dirigido por Moisés quanto ao êxodo liderado por Jacó – indica que, inicialmente, foi permitido aos israelitas saírem pacificamente sob uma espécie de tratado. O problema começou somente mais tarde...

Esse foi o esquema do primeiro êxodo: uma fuga enorme e organizada do exército hicso que escoltava a nação pastora constituída principalmente de egípcios nativos convertidos a Áries e expulsos de sua terra natal para o exílio na Palestina, da maneira como Maneton indicou. A recolocação do primeiro êxodo na época de Jacó fez com que, na parte 2 deste capítulo, algumas referências a Moisés fossem mudadas para Jacó. Entretanto, isso não significa que Moisés não era um personagem real ou que ele era menos importante no prosseguimento da história, pois o seu tempo viria no que Maneton descreveu como o "êxodo dos leprosos e dos inválidos". Moisés foi o personagem principal no segundo dos dois grandes êxodos.

---

144. "Pé errado" é uma descrição hábil, pois trata-se de uma expressão particularmente egípcia. Todas as estátuas dos faraós do Egito são apresentadas com o pé esquerdo à frente para representar força e vitória. Assim, todos os exércitos do mundo moderno começam a marchar com o pé esquerdo pelo mesmo motivo.

Parte 2

Nuvens pretas e ameaçadoras apareceram do norte e os claros céus azuis do Egito foram escurecidos pela primeira vez em toda a história do país. O céu espumou e ferveu; a chuva e o granizo caíram em grandes quantidades, derrubando as colheitas. Sete pragas terríveis acometeram as terras do Egito, e as pessoas estavam aterrorizadas, pois nunca na história de sua terra isso havia ocorrido.[B145] Os deuses estavam irados e devia haver motivos para isso.

O povo do Alto Egito acusava Jacoba e a sua linhagem real por terem mudado os antigos costumes. Certamente, se havia necessidade de uma prova de que o touro era sagrado e o carneiro uma heresia, essa seria a confirmação – o juízo dos deuses. Até os fiéis do Baixo Egito estavam cautelosos. Realmente, parecia que os deuses estavam enfurecidos com eles. Entretanto, Jacó apelou para o seu bom senso – "os deuses não estavam dizendo que o touro ainda era sagrado, do contrário por que todo o gado do Alto Egito morreu, quando nenhum dos nossos rebanhos foi atingido?".[B146]

Mas o povo ainda duvidava, e muitas pessoas se voltaram para Esaú. O seu exército cresceu em número até que Jacó foi forçado a se retirar. Mas Jacó estava determinado a bater em retirada em boa ordem e a infligir o máximo de danos ao inimigo. Por conseguinte, ele enviou uma mensagem aos seus fiéis seguidores para que marcassem as suas portas com o sangue de um cordeiro [sinal do cordeiro] e assim se identificassem como seguidores de Áries para que os seus soldados não os perturbassem.[B147]

> Pois no décimo quarto dia desse mês, Eu (deus) mandarei [ordenarei minhas tropas?] matar todos os primogênitos dos [Alto] egípcios e os primogênitos dos animais [crianças daqueles que acreditavam em Touro].[B148] E então vocês se emprestarão (saquearão) toda a sua propriedade, tomando todo o seu ouro, prata e joias preciosas e despojarão (saquearão tudo que lhes pertence) os egípcios [aqueles que veneravam Touro].[B149]

No dia fatídico, quando tudo se cumprira, não havia uma casa dos seguidores de Touro que não chorasse um morto, e um grande grito irrompeu do Egito. Os taurinos contra-atacaram e tentaram expulsar os arianos do Egito. Os arianos foram forçados a se retirar rumo ao nordeste do Delta do Nilo para uma área conhecida como Avaris, onde Maneton explica o que ocorreu:

B145. Bíblia, Êxodo 8:1 e 10:26.
B146. *Ibid.*, 9:6.
B147. *Ibid.*, 12:3-7 e 12:13.
B148. *Ibid.*, 12:18 e 29.
B149. *Ibid.*, 3:22 e 12:35-36.

Os pastores... foram derrotados e expulsos do resto do Egito, confinados em uma região que media, dentro de sua circunferência, 10 mil *arurae*, conhecida como Avaris.[J150] Os pastores cercaram toda essa área com uma forte parede para salvaguardar todas as suas posses e pilhagem [tomadas dos taurinos]. O faraó [Esaú] sitiou a fortaleza com um exército de 480 mil homens em uma tentativa de forçá-los a se renderem.

Finalmente, desistindo do sítio em desespero, concluiu um tratado pelo qual eles deviam sair do Egito, sem serem molestados, para onde bem quisessem. Nesses termos, os pastores com suas posses e famílias completas, não menos do que 240 mil pessoas (Maneton também diz "famílias", o que concorda razoavelmente bem com o número bíblico de 600 mil homens) deixaram o Egito e viajaram pelos desertos até a Síria.[J151]

Os hicsos levaram toda a riqueza do Baixo Egito. Essa foi uma vitória para Esaú, mas em alguns aspectos vazia, pois a região toda havia sido despojada e saqueada de toda a sua riqueza. Esaú visitou a cidade de Avaris e, presenciando a devastação e a avidez excessiva por riquezas, declarou que esse ato terrível deveria ser chamado de "Avareza"!

Depois de ver a destruição de Avaris e de toda essa região, Esaú mudou de ideia e, em vez de deixar os hicsos partirem sem serem molestados, conforme prometido, decidiu persegui-los para lhes ensinar uma lição. O faraó [Ahmose I juntamente com Esaú?] colocou-se a caminho com o seu grande exército equipado com cerca de 600 carros e perseguiu os hicsos que se dirigiam para Canaã. Mas Jacó enviou alguns de seus homens de maior confiança ao campo de Esaú e, durante a noite, retiraram os eixos das rodas dos carros inimigos. Durante o dia, Jacó ficou observando os carros que atravessavam um trecho do Rio Nilo e, conforme o planejado, todas as rodas caíram, como se o rio as houvesse engolido.[152-B153] Assim está descrito na sétima seção da primeira preleção da Franco-Maçonaria:

> O Todo-poderoso enviou um outro impedimento para o inimigo na forma de um anjo que fez cair as rodas dos carros atrasando a marcha pesada, de maneira que o exército egípcio (não alcançou) os israelitas.[B154]

J150. Aqui Josephus não explica que uma *arurae* é uma medida de área, e não de comprimento.
J151. Josephus, CA 1:83-92.
152. A Bíblia católica RSV diz que as rodas foram "embaraçadas". Entretanto, a palavra hebraica *cuwr* (סור) significa "remover" ou "cair", assim como é referido na Bíblia do Rei Jaime.
B153. Bíblia, Êxodo 14:25-27.
B154. *The Lectures of the Three Degrees in Craft Masonry*, Ian Allen Publishing.

Ao ver o ocorrido, as tropas de Esaú se retiraram, com medo de não estarem lutando unicamente contra Jacó, mas também contra os próprios deuses.[B155-J155]

Assim, o exército se retirou para Memphis para ali restaurar a veneração ao touro Apis, e ídolos foram levados do sul.[J156] Isso aconteceu para grande desgosto dos remanescentes sacerdotes de Memphis e de Heliópolis que foram ordenados a não venerar Áries e forçados a transformar seus santuários em cozinhas para assar os cordeiros sagrados.[J157]

A Terra Prometida

Jacó e o seu exército entraram em Canaã, mas ainda não haveria paz para ele e seu povo, pois se depariam com resistência armada o tempo todo em sua longa jornada. Ao chegar na terra de Cademot, ele enviou mensageiros para Seon, rei de Hesebon, com palavras de paz. Jacó apelou para o rei Seon:

> Deixa-me atravessar a tua terra; seguirei pela estrada comum, e não me desviarei nem para a direita nem para a esquerda. Vender-me-ás por dinheiro o necessário para alimentar-me, e pagar-te-ei mesmo a água que eu beber.[B158]

Entretanto, o rei não quis deixá-los passar e, pelo contrário, os atacou. Jacó matou todos eles e, após a rápida vitória, entrou em suas cidades sem resistência, matou todas as mulheres e crianças e pilhou o que pôde ser encontrado.[B159] Mais adiante em sua jornada, o rei Og e seu povo atacaram-no, e Jacó destruiu e arrasou as suas cidades. Nada menos do que 60 cidades foram tomadas e destruídas, e essas terras foram doadas a certos seguidores de Jacó.[B160]

Logo chegaram a Jericó, mas as portas da cidade estavam fechadas para não deixá-los entrar. Então, Jacó sitiou a cidade. Espiões foram enviados à cidade para tentar descobrir como ela poderia ser vencida. Os espiões hospedaram-se no bordel de propriedade da prostituta Raab e ficaram esperando.

Durante seis dias, trompetes e paradas foram usados para criar uma distração fora dos muros da cidade, a fim de que os espiões pudessem

---

B155. Bíblia, Êxodo 14:25.
J155. Josephus, CA 1:244.
J156. *Ibid.*, 1:244.
J157. *Ibid.*, 1:249.
B158. Bíblia, Deuteronômio 2:28.
B159. *Ibid.*, 2:34.
B160. *Ibid.*, 3:1-3.

completar o seu trabalho. No sétimo dia, chamou-se a atenção dos guardas com gritos que vinham do exército hicso. A prostituta Raab e os espiões aproveitaram essa oportunidade: de repente as portas da cidade estavam abertas; o cerco havia terminado e o exército invadiu a cidade. A primeira coisa que fizeram foi levar Raab e a família dela em segurança como recompensa por sua ajuda em abrir as portas, e a sua família "ainda hoje" vive em Israel.[B161] Então eles mataram pelo fio da espada todo homem, mulher, criança e animal que puderam encontrar e destruíram tudo.[B162] Finalmente, apossaram-se de todo o ouro e prata que encontraram e incendiaram a cidade. Jacó declarou que quem se atrevesse a reconstruir Jericó seria amaldiçoado e, assim, a cidade permanece deserta até hoje.[B163]

Finalmente, chegaram a Jerusalém.[B164] Dina, a filha de Jacó, foi violentada por Siquém, um dos príncipes da cidade, e Jacó sitiou Jerusalém também.[B165] Jacó estava profundamente agoniado, pois Jerusalém era uma fortaleza formidável e, então, ele propôs um acordo com o rei de Jerusalém. Se os homens de Jerusalém fossem circuncidados (a circuncisão sendo uma tradição egípcia) e assumissem a sua religião, então Dina poderia se casar com Siquém, e tudo seria esquecido. O rei Hemor concordou e abriu as portas da cidade para que seus filhos pudessem sair para ser circuncidados. Entretanto, quando os filhos de Hemor estavam se recuperando da circuncisão e impossibilitados de se defender, o exército de Jacó invadiu a cidade e matou todos os homens. Jacó, então, aprisionou todas as mulheres e animais.[B166]

Jacó não queria promover a guerra nessa terra, pois outras nações começavam a se opor a ele. Ele temia principalmente que "os perizitas pudessem juntar forças para nos destruir". Então ele viajou para a região ao redor de Belém para se estabelecer e assegurar a sua fronteira norte com a Assíria.[B167] A esse respeito, diz Maneton:

> Ali (em Canaã), temendo o poder dos assírios que, naquela época, eram os senhores da Ásia, eles construíram na terra, agora chamada de Judeia, uma cidade grande o suficiente para abrigar aqueles milhares de pessoas e deram-lhe o nome de Jerusalém.[J168]

Jacó considerou cuidadosamente a posição de seu povo. Finalmente, decidiu que eles precisavam de uma identidade separada do povo que per-

---

B161. Bíblia, Josué 6:25.
B162. *Ibid.*, 6:21.
B163. *Ibid.*, 6:26.
B164 Bíblia, Gênesis 33:18.
B165 *Ibid.*, 34:2.
B166 *Ibid.*, 34:25-29.
B167. *Ibid.*, 34:30 – 35:1.
J168 Josephus, CA 1:88-92.

manecera no Egito. Esaú e o povo do Alto Egito foram tolos em não perceber o significado da mudança das constelações e eles foram maldosos ao expulsar os hicsos do Egito. Será que eles somente entendiam as obras do mundo, e não as mais profundas obras do cosmos?

Ele decidiu que o povo e os sacerdotes haviam sido enganados pela pletora de deuses que foram a base da percepção pública da religião no Egito, uma confusão que fora causada pelos inúmeros contos de Hórus, Set, Ísis e Osíris. Sua visão havia sido anuviada, e os conceitos subjacentes da religião haviam sido usurpados. A solução era simples: Jacó ordenou que o povo desistisse de seus velhos deuses – a partir daquele momento, haveria somente um deus. Ele seria uma entidade intangível, inominada, incognoscível e sem aparência visível que pudesse ser copiada ou venerada. Essencialmente, esse deus seria o poder por detrás do Sol, o poder das próprias obras do cosmos.

Ao mesmo tempo, Jacó também estava mais uma vez planejando o futuro. O destino de seu filho José ainda estava no Egito, mas a Judeia era uma terra nova cheia de oportunidades para os seus outros filhos. Ali, nessas novas terras, eles poderiam estabelecer novos reinos para si mesmos, novas dinastias e linhagens reais. Como símbolo desse novo pacto – essa quebra com as tradições do Egito – Jacó fez com que seus filhos retirassem os brincos que ele enterrou na terra.[B169] Esses filhos não seriam mais reconhecidos como egípcios. Eles seriam as 12 tribos de Israel e seus povos tomariam os nomes de seus filhos. Eles se tornariam os levitas de Levi, os Danitas de Dã e os judeus de Judá.

B169. Bíblia, Gênesis 35:4.

Capítulo IV

José

Parte 1

Agora, Jacó e a sua família estavam assentados com segurança em Jerusalém. O êxodo havia terminado, e o povo hicso saíra do Egito. Isso cria um problema com a clássica cronologia porque ele ocorreu bem antes do êxodo bíblico. Então como é possível conciliar os dois? O fato de os textos indicarem que houve dois êxodos já foi mencionado. Entretanto, se o segundo êxodo envolveu os mesmos povos, como ele ocorreu? Para que um segundo êxodo ocorresse, seria preciso um cenário no qual parte do povo hicso permanecera ou voltara para o Egito. Para tanto, é necessário que nos voltemos à Bíblia.

José, o personagem bíblico da "túnica multicolorida", [B170] era um dos filhos de Jacó. A Bíblia conta a história de José sendo vendido por seus irmãos a alguns mercadores que acabaram por negociá-lo a um egípcio de nobre posição social. No Egito, José provou o seu valor como adivinho e, a partir desse início "humilde", chegou a ser o homem mais poderoso do país depois do faraó. Foi de seus descendentes e dos descendentes de seus irmãos, que mais tarde voltaram para o Egito, que deram origem aos "escravos judeus" do êxodo. O próprio Moisés, o grande herói que orquestrou o segundo êxodo dos "inválidos", conforme descrição de Maneton, também descendeu de Jacó.

Esse relato é um tanto fantástico para ser uma história real daquela época. Possivelmente, foi uma tentativa do contador de histórias em obscure-

---

B170. Pela descrição da Bíblia e observações modernas, essa parece ter sido a túnica ou estola de um sacerdote.

cer os fatos verdadeiros. Por incrível que pareça, a chave para a história verdadeira pode ser encontrada no próprio Novo Testamento.

Depois do nascimento de Jesus, dizem que Herodes decidiu matar todos os meninos com menos de 2 anos para evitar que Jesus crescesse e se declarasse o legítimo herdeiro ao trono. Essa é uma boa indicação do *status* social de Jesus. Para prevenir a sua morte, Maria foi instruída a levar o filho ao Egito para a sua segurança. Mas por que justamente esse país, que os judeus supostamente tanto desprezavam, foi o escolhido para o seu exílio? Embora seja possível que Herodes quisesse matar Jesus, também pode ser que exista um elo histórico a ser feito entre o fato de José ter sido levado para o Egito e o exílio de Jesus nesse país séculos mais tarde. As duas crianças eram os filhos favoritos de uma linhagem real de reis-sacerdotes e as duas teriam o direito a herdar o título real ao atingirem a maioridade. E, no entanto, os dois meninos foram levados para o Egito em sua juventude.

Tecnicamente, José não era o primogênito de Jacó, mas era o de sua esposa favorita, e principal, Raquel. Na tradição egípcia, o faraó tinha várias esposas, como era o caso de Jacó, e, para manter uma pura linhagem matriarcal, a linhagem real provinha apenas da esposa principal. A Bíblia enfatiza claramente que José e Benjamin, os filhos de Raquel, eram os filhos favoritos de Jacó: os príncipes reais. José era o filho favorito e os irmãos ficavam constantemente enciumados de sua posição na família. Da mesma forma, Benjamin era a principal preocupação de seu pai, Jacó, durante as viagens ao Egito para "comprar trigo". A Bíblia não explica o motivo dessa preocupação de Jacó por Benjamin, mas ela é totalmente compreensível nesse novo contexto. Dentre todos os seus filhos, Jacó tinha somente dois que pertenciam à linhagem real: José e Benjamin. José estaria supostamente morto no Egito e nenhum rei poderia contemplar a perda de seu único e verdadeiro herdeiro.

Aqui existe outra questão. Se a preservação da linhagem era tão importante, por que Jacó sancionou o envio de seu filho herdeiro nessa perigosa viagem para um país inimigo? O que havia ali de tão importante? Tanto José quanto Jesus teriam o direito de herdar os títulos reais de seus pais, mas por que os dois tiveram de empreender essa viagem perigosa? O que o Egito tinha para oferecer a esses indivíduos? Novamente, Josephus proporciona um possível motivo:

> Onias, filho de Simão, fugiu de... Antióquio, o rei da Síria, quando este declarou guerra aos judeus, e foi para Alexandria. Ptolomeu recebeu-o favoravelmente devido ao seu ódio por Antióquio... ele lhe garantiu que daria aos judeus toda a assistência de que precisassem. (Onias) decidiu construir um templo em algum lugar do Egito onde venerar Deus de acordo com os costumes de seu próprio país... Então Ptolomeu... concedeu-lhe um local a 16 quilômetros de Memphis. Esse distrito foi

chamado de Distrito de Heliópolis, onde Onias construiu uma fortaleza e um templo... que parecia uma torre.[J171]

Onias era um sacerdote judeu que fugira de Israel em consequência da "opressão dos macedônios e de seus reis". Parece que Heliópolis estava abandonada nessa época, e ele queria ali restaurar o templo nos moldes do templo de Jerusalém. Onias, o sacerdote, era conhecido como o "filho de Onias" e, assim, parece que esse é outro título hereditário, principalmente porque o novo templo foi construído em Heliópolis, uma cidade que a Bíblia chama de On. Por conseguinte, os judeus e seus sacerdotes tiveram uma associação distinta e verificável com Heliópolis, no Egito, e o motivo disso é incontestável.

Durante milhares de anos, o centro do entendimento celestial havia sido tradicionalmente Heliópolis, no Egito. Heliópolis foi o primeiro dos templos do Sol, datando de pelo menos desde a 3ª dinastia do Velho Reino, e o fato de que o templo deveria ser reconstruído em On por um sacerdote chamado Onias mostra a profunda associação entre Heliópolis e a história bíblica. A cidade era o centro de aprendizado para o sacerdócio e para muitos dos faraós, e é muito provável que tenham sido esses mesmos sacerdotes que promoveram toda essa disputa, aderindo às mais antigas leis celestiais e declarando que a era de Touro havia terminado, dando lugar à era de Áries.

Podemos supor que durante o exílio de Jacó(ba), em Jerusalém, alguns dos sacerdotes heliopolitanos tenham permanecido em Heliópolis por não considerarem suas vidas tão importantes quanto suas obras com respeito aos movimentos do cosmos. Eles foram maltratados pelo vitorioso Esaú e faraó do Alto Egito e, embora seja possível mudar o que uma pessoa diz e faz, não é necessariamente modificar o que ela pensa. Portanto, as tradições antigas permaneceram no grande templo e foram transmitidas à geração seguinte.

Agora chegamos ao motivo que levou esses dois jovens príncipes nessa jornada para o Egito, de acordo com essa longa e antiga tradição. Tanto José quanto Jesus eram herdeiros dos faraós pastores por descenderem de Abraão e de Jacó(ba), e os dois eram os filhos primogênitos da esposa principal. Eles eram os herdeiros da antiga tradição heliopolitana da observação das estrelas e da crença na revolução das estrelas para a nova constelação de Áries. Esse era o seu legado real: eles tinham de viajar para o Egito para serem educados nos antigos costumes de Heliópolis, a bíblica cidade de On. Sabe-se que isso é verdade porque José se casou com a filha de um sacerdote de On, Asenet, ou seja, a filha de um dos altos sacerdotes do antigo templo de Heliópolis.[B172-J172] Além disso, foi concedida a ele e à sua família

---

J171. Joseplus GJ, 7:423-430.
B172. Bíblia, Gênesis 41:45.
J172. Josephus, ANT 2:91.

terra para eles viverem em Heliópolis.^J173 A mensagem é irrefutável: José era descendente de uma linhagem real e o seu destino estava no Egito, em Heliópolis. Isso explica o grande interesse dos faraós hicsos, do norte do Egito, nesse templo: ali estavam os segredos do país, o lugar onde os filhos reais eram educados.

O fato de José ser realmente um príncipe hicso está implicitamente descrito nos trajes especiais que seu pai mandou preparar para ele. Assim se refere a Bíblia:

> (Jacó) amava José mais do que todos os outros filhos porque ele era o filho de sua velhice; e mandara-lhe fazer uma túnica de várias cores.[B174]

E, de uma forma parecida, o famoso egiptólogo Cyril Aldred assim se refere aos hicsos:

> Uma pintura na tumba de Khnumhotep em Beni Hasan, datando de 1890 a.C., mostra uma comitiva de mercadores (hicsos), com suas calças de couro e túnicas multicoloridas, sendo recebidos por Khnumhotep em sua função de governador.[175]

Os paralelos entre os registros e a história bíblica são inúmeros e precisos demais para qualquer outra conclusão – José deve ter sido um príncipe hicso. Mas a missão de José não era comercial, e sim a diplomacia político-religiosa.

Os Pastores

A volta de José para o Egito, entretanto, ocorreu logo após o exílio de Jacoba, e ele não poderia ir diretamente para Heliópolis para declarar a sua condição real, pois correria o risco de ser assassinado. A estratégia tinha de ser mais sutil.

Apesar de o exílio dos arianos em Jerusalém, José não estaria sem partidários no Egito. Em toda a História, depuseram-se reis e alguns foram mesmo exilados com milhares de partidários. Por exemplo, o tsar Nicolau II da Rússia foi deposto por uma aliança entre Representantes dos Trabalhadores de Petrogrado Soviético e o novo Parlamento russo, o Duma, em 1917. Esse governo rapidamente congregado foi tão ineficiente quanto o tsar havia sido, e a consequente guerra civil entre 1918 e 1921 resultou na vitória do Exército Vermelho, na morte do tsar e na emigração de milhões de russos de sua terra natal. Apesar de tudo, além do poder e da brutalidade de sete décadas de governo soviético, ainda existem na Rússia muitos partidários da família Romanoff. Um legítimo herdeiro ao trono ainda encontraria quem o recebesse caso voltasse à Rússia.

J173. Josephus, ANT 2:188.
B174. Bíblia, Gênesis 37:3.
175. *Akhenaton,* Cyril Aldred. London: Thames & Hudson, 1991, p. 117.

Da mesma maneira, José deve ter recebido o apoio dos sacerdotes de Heliópolis, bem como a lealdade de um partidário monarquista, Potifar, capitão da guarda real. Potifar tinha uma alta função e assegurou uma posição-chave para José na corte real. Novamente insisto que há um paralelo direto com a história mais recente. A linhagem real escocesa dos Stewart, milhares de anos mais tarde, deparou-se com a mesma situação. Os ancestrais da linhagem Stewart perderam o direito ao trono com a morte de *lady* Macbeth de notoriedade shakespeariana. Passaram-se outras três gerações até que a família pudesse voltar à corte real como *stewards* (administradores) do rei. (A semelhança do nome Stewart com a profissão de administrador não é coincidência, pois o sobrenome deriva de um título anterior.) Isso pode parecer uma divagação, mas os reis da linhagem Stewart estão mais envolvidos nessa história do que se poderia imaginar.

De volta ao Egito, José teve mais sorte que os Stewart nesse respeito: seus partidários haviam conseguido colocar a geração seguinte de volta na corte real do Egito, onde José poderia esperar o seu momento como vizir real (administrador) do faraó. Mais adiante, poderemos provar que o nome de José também deriva de sua posição na corte real. Dessa importante posição, José controlava o povo e a nação do Egito. Ele era o faraó na prática, mas não de fato.

Para manter o seu *status* de vizir, José tinha de convencer o povo de que era um seguidor de Touro [Apis], para não revelar a sua verdadeira posição. Por conseguinte, alguns anos mais tarde, quando a sua família também foi para o Egito, ele avisou seus irmãos que não mencionassem o fato de serem pastores e, sim, criadores de gado, porque, por um motivo não especificado, os pastores humildes eram uma abominação para os egípcios [do Baixo Egito].

Porém, se formos considerar esse enunciado literalmente, da maneira como a Bíblia o apresenta, o que José queria dizer? Nada impedia os egípcios de comer carne de carneiro, então, por que o faraó estava tão interessado na profissão dos irmãos? E por que a profissão de pastor era tão menosprezada, ao passo que a de criadores de gado era mais respeitada? O texto não faz absolutamente nenhum sentido da forma como é apresentado, o que é certamente sinal de outra dissimulação.

A solução desse enigma e a verdade quanto ao que José dizia é perfeitamente simples. Algumas palavras foram alteradas pelos escribas para dar à conversa uma nuance agrícola quando, na realidade, eles estavam discutindo o assunto mais importante do Egito: religião. Ao substituir essas poucas palavras por seus equivalentes originais, o significado completo da conversa torna-se dramaticamente claro.

As alterações que os escribas parecem ter inserido na expressão são bem simples. A palavra "religião" foi modificada para "profissão" e as outras alterações já foram mencionadas nesses textos: alterou-se "seguidor de Áries" para "pastor" e "seguidor de Touro" para "criadores de gado".

O restante permanece inalterado. Essa nova interpretação é bastante convincente, pois o enunciado não fazia nenhum sentido em termos de agricultura, mas significava muito em Teologia (veja a Parte 2).

José estava dizendo aos irmãos que não mencionassem ao faraó que eles eram seguidores de Áries, mas sim de Touro, o Touro-Apis. Assim, embora possa parecer incrível, é possível que, na realidade, essa conversa de José com seus irmãos seja um registro literal dessa reunião, apesar dos milênios que se passaram desde aquela época.

De repente, torna-se óbvio o motivo de os egípcios considerarem os "pastores" uma "abominação". O Egito acabara de passar por uma sangrenta guerra civil com os hicsos, uma disputa que resultou no êxodo do povo hicso e na destruição de grande parte das terras do Delta, ao norte do Egito. É natural que os egípcios considerassem os "pastores" uma abominação – eles eram os pastores hicsos! Essa única afirmação é prova convincente de que a disputa entre o povo egípcio hicso [os israelitas] e a população remanescente egípcia [do Alto Egito] dizia respeito a uma questão religiosa – uma disputa entre Áries e Touro.

A Verificação

Chegamos à parte da história bíblica em que os 12 irmãos viviam no Egito, precisamente em Heliópolis. Será que eles eram simplesmente os parentes pobres de José? Ou seriam, como o próprio José, pessoas extremamente poderosas e profundamente envolvidas no poder e na política da época? Apesar da falta de detalhes, existe indício na Bíblia de que esta última hipótese seja a correta, pois há uma interessante semelhança entre a história bíblica e outra relatada por Heródoto.[176] Em seu livro *Euterpe,* Heródoto descreve uma época em que o Egito era governado por 12 irmãos, precisamente como a Bíblia parece indicar. Nos dias festivos, os irmãos geralmente bebiam de taças de ouro, mas um oráculo profetizara que o irmão que bebesse de uma taça de bronze se tornaria governante do Egito.

Como era de se esperar, em um certo dia festivo, havia somente onze taças de ouro, de maneira que o irmão chamado Psamético bebeu de seu elmo, que era feito de bronze. E assim a profecia se realizou. Embora Psamético agisse sem pensar, os outros irmãos ficaram com ciúmes e o baniram do Egito. Mais tarde, Psamético fez uma aliança com os mercenários do Povo do Mar (discutidos no capítulo X) e tornou-se o único faraó do Egito.

Seria essa uma memória histórica perdida de uma época em que o Egito era governado por José e seus 11 irmãos? De fato, as circunstâncias se encaixam muito bem. Como é de conhecimento geral, a Bíblia menciona 12 irmãos, um dos quais veio a ser governante do Egito.

---

176. Heródoto, *Histórias, Euterpe* 147-151.

Há também um evento de aspecto familiar envolvendo uma taça de prata que identificou Benjamin, com um dos irmãos de José. Dizem até que um irmão em particular, José, se considerava superior aos outros e, por isso, foi banido para outra terra. A Bíblia e Heródoto concordam em muitos aspectos dessa história. De fato, até o pai desse faraó tem certa semelhança com a história que estivemos seguindo. O pai desse faraó foi chamado de Necos por Heródoto, enquanto o pai de Abraão/Mamaybre foi Nachor/Nehosy/Neco. Certamente, Heródoto tinha em mente o faraó Neco da 26ª dinastia ao relatar a sua história. Como ele coloca a construção das pirâmides de Gizé logo após o faraó Ramsés II, a exatidão de sua cronologia é um tanto suspeita e uma confusão com a anterior 14ª dinastia do faraó Nehosy Aasahra é plausível.

O registro histórico de Psamético (Psamtik II) é bem limitado, mas pelos detalhes disponíveis não há nenhuma indicação de uma divisão do país entre irmãos nessa época. É bastante provável que a história posterior, narrada por Heródoto, seja uma adaptação de velhas lendas a situações contemporâneas – algo muito comum no Egito Antigo. As duas histórias são tão parecidas que é até possível que haja uma origem comum, e que os irmãos de José fossem, realmente, pessoas muito poderosas – no mínimo governadores regionais.

Apesar de José ter conseguido acumular no Egito uma fortuna além da imaginação, ele não teve sorte suficiente de ver seus descendentes se tornarem faraós. As maquinações políticas levariam muito mais tempo do que uma única geração para que isso fosse alcançado. Esse mesmo processo também ocorreu na Escócia medieval, onde, com uma pequena ajuda de alguns partidários, foi por fim possível aos fiéis *stewards* (administradores) dos reis escoceses se tornarem os reis Stewart e recuperar o direito ao trono. Esse não foi o trabalho de um homem ambicioso, mas as pacientes maquinações de uma dinastia real que manteve suas alianças e metas em segredo de geração em geração. O jogo da manutenção da linhagem real transcende tais trivialidades seculares, como vida e ambições comuns.

A linhagem dos Stewart levou sete gerações, 230 anos a partir de Walter Fitz Alan, o primeiro *High Steward* (Alto Administrador), para que Robert Stewart fosse coroado Robert II em 1371.[177] No Egito, a linhagem real de José fez uso da mesma estratégia, servindo de vizires para o faraó e manipulando as alianças reais e aquelas que serviam aos seus próprios interesses. Por fim, eles conseguiram atingir seu objetivo, o trono faraônico, e, de modo semelhante, passaram-se quase 200 anos até que o momento certo se apresentasse aos descendentes de José. A história constantemente se repete.

---

177. *Bloodline of the Holy Grail,* Gardner, Barnes & Noble: 1997, p. 283-286.

Parte 2

Como filho primogênito da esposa principal de Jacó(ba), José sempre soube de seu destino. A disputa com o Egito prosseguia e o momento não era propício para ele voltar para lá. Seu pai pediu para que lhe fosse dado um sinal de quando fosse o momento certo. Por fim, após alguns anos, José mergulhou sua túnica no sangue de um cordeiro e apresentou-a para seu pai – um sinal do êxodo. O momento havia chegado para voltar ao Egito para aprender novamente os velhos costumes.[B178]

José passou em segurança pelas perigosas regiões fronteiriças do Egito ajudado por mercadores nômades que, no intuito de passar com a preciosa carga, contaram aos guardas da fronteira a longa história de um filho que estava sendo vendido como escravo por pastores pobres. O estratagema funcionou conforme programado e os guardas permitiram que eles passassem. Todos riram muito do sucesso dessa simples estratégia, e o fato passou a fazer parte do folclore – o príncipe real, José, sendo vendido a mercadores.

Uma vez no Egito, o jovem foi entregue em segurança a Potifar, um velho aliado da família e "capitão da guarda", que acomodou José com algum luxo em sua própria casa. Entretanto, de acordo com Josephus, Potifar era o cozinheiro-chefe do faraó, mas como a posição de alto sacerdote envolvia o cozimento ritualístico de animais sacrificados e como muitos comandantes do exército egípcio também assumiam o título de alto sacerdote, é seguro presumir que, na realidade, Potifar fizesse parte dos altos escalões dos sacerdotes, e não do pessoal da alimentação.

José foi educado pelos sacerdotes de Heliópolis. Foi um aprendizado longo e exigente e, ao se diplomar, ele se casou com a filha do sacerdote-chefe, que era de linhagem real. Para atingir seus objetivos, os sacerdotes de Heliópolis fizeram uso de sua influência junto ao faraó, recomendando José como um grande profeta que podia prever o futuro do Egito. Após fazer algumas astutas observações para o faraó a respeito da nação, José foi promovido ao posto exaltado de vizir-chefe. Em reconhecimento a sua valiosa assistência à casa real, o faraó disse a José:

> "Tu mesmo serás posto à frente de toda a minha casa, e todo o meu povo obedecerá à tua palavra: só o trono me fará maior do que tu. Vês", disse-lhe ainda, "eis que te ponho à testa de todo o Egito." E, fazendo-o montar no segundo dos seus carros, mandou que se clamasse diante dele: "Ajoelhai-vos!". É assim que ele foi posto à frente de todo o Egito. e o faraó disse-lhe: "Sou eu o faraó: sem tua permissão não se moverá a mão nem o pé em toda a terra do Egito".[B179]

B178 Bíblia, Gênesis 37:31.
B179. *Ibid.*, 41:40-43.7.

O plano de Jacoba, há muito tempo engendrado, estava dando resultado: seu filho, o verdadeiro príncipe real, era agora o homem mais poderoso do Egito e o faraó [um faraó tebano, sem dúvida] nem sequer desconfiava que havia um estranho em seu ninho. José e os sacerdotes precisavam ter paciência e aguardar o momento certo para pedir o direito ao trono.

Além de sua elevada posição, José também foi nomeado guardião dos depósitos de trigo.[J180] Essa era uma nomeação afortunada, pois agora José planejava usá-la para beneficiar a sua família. Havia falta de comida em Canaã – um problema periódico nessa região árida – e os irmãos de José, vestidos de mercadores, foram para o Egito comprar trigo. Para ajudar a sua família, José ordenou que o trigo fosse entregue e o dinheiro, colocado de volta dentro dos sacos.[B181]

Apesar de seu gesto generoso, infelizmente, quando encontrou o dinheiro nos sacos, Jacó ficou apavorado. Ele não sabia que isso era obra do filho e imaginou que os egípcios pudessem acusá-lo de roubo e não permitir mais futuras negociações. Jacó sabia que ele viria a precisar de mais trigo no futuro e procurou resolver a situação rapidamente.[B182] Então ele decidiu que, na compra seguinte, pagaria o dobro do preço. Então os irmãos voltaram ao Egito para comprar trigo novamente, e José agiu da mesma forma, colocando todo o dinheiro de volta nos sacos de trigo. Ele havia sido informado da preocupação do pai com respeito ao dinheiro e, para que Jacó soubesse da verdade, colocou a sua taça de prata no saco de trigo de Benjamin.

A estratégia funcionou: Jacó compreendeu que era o seu filho favorito que estava enviando esses presentes e foi somente então que os irmãos souberam da verdade a seu respeito. Eles estavam maravilhados com o seu sucesso nas velhas terras de seus ancestrais, e a família toda decidiu reunir-se a ele no Egito. Jacó e um contingente de cerca de 70 seguidores empreenderam a longa viagem para o Egito e foram diretamente encontrar-se com José em Heliópolis, a cidade sagrada da linhagem real.[J183] José não somente havia sido instruído nos antigos costumes dos sacerdotes heliopolitanos, mas também vivia ali com a sua esposa egípcia. Quando a sua família chegou, ele fez uso de seus novos poderes para conceder-lhes áreas de terra onde pudessem se estabelecer.[J184]

Apesar dessa sua grande influência, José estava muito preocupado com a chegada desses novos familiares, pois, às vezes, eles se esqueciam da diplomacia. Eles eram seguidores de Áries, enquanto os egípcios haviam voltado a venerar Touro [o Touro Apis]. O êxodo havia ocorrido menos de

---

J180. Josephus, ANT 2:89.
B181. Bíblia, Gênesis 42:25.
B182. *Ibid.*, 43:18-23.
J183. Josephus, ANT 2:184.
J184. *Ibid.*, 2:188.

uma geração atrás e, na realidade, eles estavam vivendo em território inimigo. José conversou com a sua grande família e a instruiu a respeito dos costumes do Egito e de como lidar com o faraó para poder encobrir a verdadeira identidade.

> (Parafraseado com a nova interpretação entre colchetes).
> Como sabem, vocês são pastores [hicsos/arianos] e o vosso dever é alimentar [pregar ou converter] o gado [seguidores de Touro]... E virá o momento em que o faraó os chamará e dirá "qual a vossa profissão [religião]". Deverão dizer que vocês lidam com gado [religião de Touro] desde jovens até agora, assim como os nossos pais. Do contrário, não lhes será permitido permanecer na terra do Egito, pois nós, pastores [hicsos/arianos], somos uma abominação para os egípcios.[B185]

Porém os irmãos de José eram ousados e tolos. Quando foram apresentados ao faraó, ele perguntou:

> (Parafraseado) "Qual é a vossa profissão [religião]"... E eles responderam: "Vossos servidores são pastores [hicsos/arianos], assim como os nossos pais". E ainda disseram: "Estamos procurando mais terra para as nossas ovelhas [seguidores arianos], e pedimos que deixe esses vossos servidores se estabelecerem na terra de Heliópolis".[B186]

Houve uma pausa de surpresa, pois José não esperava que seus irmãos fossem tão imprudentes. O faraó olhou para José e relembrou toda a sabedoria que ele lhe havia transmitido e, naquele momento, o faraó não estava totalmente seguro quanto a quem estava certo nesse debate teológico. Depois de pensar demoradamente sobre a situação, ele por fim disse a José:

> A terra do Egito está à tua disposição: instala-os na melhor parte do país... e, se conheces entre eles alguns homens de atividade[187] [evangelistas?], pô-los-ás à frente dos rebanhos que me pertencem [seguidores de Touro].[B188]

Agora a família tinha a bênção real não somente para permanecer no Egito, mas também para praticar os costumes de Áries. Os sacerdotes heliopolitanos devem ter exercido sua influência para que o faraó tebano concedesse essa liberdade. Eles haviam conseguido muito mais que planejaram e José estava bem próximo de se tornar faraó.

B185 Bíblia, Gênesis 46:31-34.
B186 *Ibid.*, 47:3-4.
187 De fato o termo hebraico para "homens de atividade" (*chayil* – חיל) é mais bem interpretado como soldados, mas no contexto retratado pelos tradutores, essa particular versão deve ser rejeitada, pois como é possível a soldados ter jurisdição sobre rebanhos?
B188. Bíblia, Gênesis 47:6.

Agora havia outras preocupações, pois o Nilo não tinha inundado suficientemente para irrigar as terras, e a fome estava espalhando-se pelo Egito.

Felizmente, José havia avisado o faraó dessa calamidade e ele estivera estocando víveres para muitos anos. À medida que a escassez aumentava, ele começou a vender esses víveres a benefício do faraó. Depois de algum tempo, as pessoas não tinham mais dinheiro, de maneira que começaram a vender o gado sagrado que eles se negavam a comer. José comprou-o todo e alimentou bem o seu povo. Depois, o povo egípcio vendeu suas terras a José em troca de alimento até que toda a terra do Egito passou a pertencer ao faraó e a José. Quando a inundação do Nilo voltou ao normal, José disse ao povo:

> "... Aqui tendes sementes: semeai vossos campos. No tempo da colheita, dareis a quinta parte ao faraó: as outras quatro partes vos servirão para semente do campo e para vosso alimento com vossos filhos e os que moram convosco." Eles responderam: "Tu nos salvaste a vida. Tenhamos graça aos olhos de meu senhor e seremos de bom grado escravos do faraó".[B189]

E José sorriu saber que ele havia sido o salvador do Egito e que, além disso, receberia 20 por cento de retorno sobre todos os seus investimentos, o que o tornaria o homem mais rico do mundo.

Com o passar do tempo, Jacó, pai de José, ficou doente e morreu. José fez com que seu pai fosse "embalsamado do modo egípcio". Os egípcios arianos ficaram de luto durante 40 dias, como era o seu novo costume, e os egípcios taurinos, 70 dias, como de hábito. José teve licença do faraó para enterrar Jacó em Canaã e o cortejo saiu do Egito em grande estilo com todos os anciãos acompanhando o féretro. Assim Jacó foi sepultado em Canaã conforme o seu desejo. O próprio José viveu por muitos anos e a sua família prosperou, mas os anos passaram e ele veio a falecer. Graças às suas ligações reais e à sua alta função, ele foi "embalsamado do modo egípcio", colocado em um sarcófago e enterrado em uma tumba, no Egito.[B190]

B189. Bíblia, Gênesis 47:13-25.
B190. *Ibid.*, 50:2-3 – 50:26.

Capítulo V

Moisés

Parte 1

Agora o povo hicso tinha dois baluartes, pois Jerusalém e Egito estavam sob controle. Deve ter sido uma época de muita alegria, embora seja preciso dizer que seria de curta duração, pois um século e meio depois, o faraó Tutmose III levaria seus exércitos para a Palestina e para a Mesopotâmia em busca de conquistas e territórios. Seguramente os hicsos arianos de Jerusalém seriam derrotados durante a campanha de Tutmose. Mas, nesse momento, José controlava o Egito e era o homem mais importante do mundo, enquanto seus irmãos dominavam Jerusalém e a Palestina. Entretanto, dentre todas as tribos de Israel, não foram os filhos de José a se tornarem os mais numerosos, mas os filhos de Judá, os judeus. Qual seria o motivo disso?

Provavelmente isso ocorreu em função da ordem de nascimento dos 12 filhos de Jacó. Raquel era a esposa principal de Jacó, a que detinha a linhagem real. Entretanto, ela não foi a sua primeira esposa, pois Jacó casara-se primeiro com Lia, embora essa união tivesse acontecido por meio de um ardil. O motivo dessa intriga não é explicado, mas é provável que Lia, a irmã mais velha de Raquel, fosse sua meia-irmã e que, portanto, os seus seis filhos tivessem um direito inferior ao trono. Certamente, as outras esposas, Bala e Zelfa – respectivamente as escravas de Raquel e de Lia –, não eram de linhagem real e, no entanto, elas deram a Jacó outros quatro filhos. Nenhuma dessas crianças, porém, estava destinada a tornar-se favorita de Jacó; somente os dois filhos de Raquel portariam o manto: José e Benjamin.

Jacó ficara preocupado com a falta de um legítimo herdeiro de sua esposa favorita, pois, como frequentemente ocorre na Bíblia, Raquel era estéril. Essa tradição bíblica de esposas "estéreis" que por fim dão à luz muitos filhos resulta de outra convenção faraônica: a jovem idade da noiva. Essas esposas não tinham idade para ter filhos de imediato e, com o tempo, Raquel daria a Jacó pelo menos dois filhos.

Nesse caso, os primeiros filhos de Jacó a formar famílias em Jerusalém foram os que Lia e as escravas lhe deram, e não os de Raquel. Por ordem de nascimento, os três primeiros foram: Ruben, Levi e Judá. Como não eram da linhagem direta, eles estabeleceram para si outras funções na nova sociedade em exílio: os filhos de Levi tornaram-se a linhagem dos sacerdotes e os filhos de Judá se transformaram na mais numerosa das tribos e deram o seu nome à nação: os judeus. O que é importante ter em mente é que essas famílias se estabeleceram em Jerusalém e, sem dúvida, muitos deles ali permaneceram em vez de emigrar de volta para o Egito com Jacó e José.

Os filhos de Raquel – José e Benjamin, os filhos favoritos que eram destinados a governar – nasceram muito mais tarde e ainda eram jovens quando viajaram de volta para o Egito. Suas famílias e descendentes estabeleceram-se no Egito, e não em Jerusalém, e esses formavam envolvidos em outra guerra civil. Por conseguinte, é lógico que os descendentes de Judá formavam a parte mais numerosa dos israelitas na Palestina, a tribo que fundaria a nação e escreveria a história de seu povo. Por outro lado, o território controlado pela tribo de Benjamim, em Israel, era pequeno e os levitas, como sacerdotes que eram, não possuíam nenhum território. É por isso que acredito ser pouco provável que o rei Davi e, por fim, Jesus fossem realmente da linhagem de Judá, como o Evangelho de Mateus os descreve. Isso deve ter sido opinião de um escriba judeu. Os filhos favoritos do faraó Jacoba foram José e Benjamin e é muito provável que a linhagem real matriarcal tenha provindo deles.

Déjà Vu?

Os descendentes de José haviam controlado o Egito como administradores do faraó durante dois séculos, mas quando estivessem para alcançar a tão desejada meta, uma calamidade novamente os atingiria. Esse complicado plano de longo prazo estava prestes a fracassar, e as tribos israelitas-egípcias estariam logo enfrentando um segundo êxodo – a alegria tornar-se-ia desespero em menos de três curtos séculos.

O fato de que houve um segundo êxodo é indiscutível. O historiador Maneton escreveu um relato desse segundo êxodo dos "leprosos e inválidos", assim como a Bíblia também confirma essa tradição de dois êxodos. Seus compiladores escreveram a respeito do êxodo de Jacó e o mais "popular" êxodo de Moisés.

O problema é simplesmente distinguir o primeiro do segundo. Josephus também sabia dessa tradição e ficou furioso com o "absurdo" dessa hipótese. É evidente que uma tradição de dois êxodos existia séculos antes de Jesus, mas isso não era necessariamente algo que os historiadores judeus, como Josephus, queriam divulgar. Havia alguma coisa aí que desejavam ocultar:

> As calúnias contra nós originaram-se dos egípcios. Para satisfazê-los, alguns autores preferiram distorcer os fatos... Esses frívolos e tolos espécimes de humanidade, habituados desde o início com ideias errôneas a respeito dos deuses, não tiveram a capacidade de imitar a solenidade de nossa Teologia... (Maneton) tomou a liberdade de introduzir histórias inacreditáveis, querendo nos representar misturados a um contingente de egípcios leprosos e outros que, sofrendo de várias doenças, foram condenados... à banição do país.[J191]

É evidente que o segundo êxodo foi uma história que Josephus quis omitir, mas, ao tentar fazê-lo, inadvertidamente o preservou para a posteridade. Esse segundo êxodo, mencionado por Maneton, foi menos importante que o êxodo anteriormente descrito. Dizem que ele consistia de um grupo de cerca de 80 mil "pessoas inválidas" e de "sacerdotes cultos que haviam sido afetados pela lepra". Antes desse êxodo, essas pessoas haviam sido inicialmente banidas para as pedreiras ao longo do Nilo.[J192] É preciso manter esses termos na memória, pois eles serão importantes mais adiante. Apesar de esse cenário ser muito semelhante à imagem tradicional da nação hebraica sendo forçada a fazer tijolos para o faraó, Josephus ignora essa óbvia conexão e ataca com unhas e dentes as calúnias pronunciadas por Maneton contra o seu povo. Entretanto, em seu momento de raiva, Josephus interpreta essa passagem muito literalmente.

Pelo parágrafo citado acima, é evidente que Josephus sabia do problema básico, pois ele define a disputa como essencialmente religiosa: os egípcios – ou seja, os do Alto Egito – tinham ideias errôneas a respeito dos deuses. Josephus estava tão transtornado que ele não fez a extrapolação lógica quanto à forma pela qual os escribas tebanos – em posição contrária à sua – teriam descrito essa disputa teológica. Em vez disso, ele escreveu ingenuamente sobre leis hebraicas a respeito do tratamento de leprosos, da impossibilidade de se tornarem sacerdotes e de quão difícil seria reunir 80 mil leprosos em um só dia. Ele não entendeu nem um pouco a ideia, pois essas pessoas não eram realmente leprosas no sentido físico, mas "leprosos sociais" ou "párias teológicos".

Resumo

Essa foi simplesmente uma disputa religiosa que já foi definida como uma batalha dos taurinos contra o novo culto dos arianos. A mudança originou-se dos sacerdotes de Heliópolis, que observaram o movimento das es-

---

J191. Josephus, CA 1:223-230.
J192. *Ibid.*, 1:233.

trelas e descobriram que Áries tornara-se a constelação em ascensão. Em determinado momento, os arianos haviam conseguido o controle do Baixo Egito sob o governo dos reis pastores. Por fim, os taurinos sob o governo dos faraós tebanos venceram a disputa e expulsaram os reis pastores do território durante o primeiro e maior êxodo. Assim, nessa época, a maioria dos arianos encontrava-se em Jerusalém cheia de rancor e planejando vingar-se.

Entretanto, seria leviano presumir que todo o povo ariano havia sido expulso do país. Não é isso o que acontece nas guerras. As pessoas que eram contra o regime taurino devem ter tido duas opções: enfrentar os perigos de uma migração em massa e a perspectiva de levar suas famílias e todos os pertences para uma nova terra ou então abaixar suas cabeças e fingir nunca ter apoiado os arianos, aguardando o momento em que as condições do país mudassem novamente.

No capítulo anterior, fiz alusão à família real russa, mas esses casos aconteceram repetidamente em toda a História. Existem muitos exemplos: na Ásia Menor, no século IV a.C., sob o curto reinado de Alexandre Magno; na Rússia, no século XIII, sob o governo de Gengis Khan; na Índia, sob a administração inglesa estabelecida no século XVIII; e no bloco da Europa Oriental que existiu durante cinquenta anos, sob o governo soviético no século XX.

Em todos esses casos, as pessoas sobreviveram de alguma forma; os costumes, a religião e as tradições da nação podem ser suspensos temporariamente, mas raramente perecem. É difícil eliminar de um território determinada nação, mas o é ainda mais extinguir uma pequena seita – principalmente quando não há um atributo físico para distinguir seus membros dentre toda uma população. O registro histórico enfatiza que essa é a maneira pela qual as guerras e as campanhas são conduzidas e seria ingênuo pensar que fosse diferente no mundo antigo.

Depois da fuga do faraó Jacoba e de seus seguidores do Egito, seguramente um certo número de seguidores havia permanecido nesse país, aguardando e rezando pela restauração de seu rei pastor, assim como muitas outras nações esperaram e oraram pela volta de seus líderes exilados. Nesse caso em particular, o período de espera não foi muito extenso, pois o filho de seu amado líder, José, voltou depois de uma geração. José ainda não era faraó, mas a sua presença no país deve ter proporcionado uma grande esperança aos poucos privilegiados que conheciam a verdade. Ele e seus descendentes tinham de esperar o momento certo como vizires do faraó, aguardando pacientemente uma oportunidade para recuperar o trono.

No início, tudo andava bem e os descendentes de José estavam intimamente alinhados com o faraó, mas, depois da morte do faraó Amenhotep I, houve uma quebra na sucessão. Estabeleceu-se então uma nova linha faraônica: um líder militar apossou-se do trono, possivelmente depois de um golpe militar: Tutmose I. Foi a linhagem dos faraós Tutmose que estendeu as fronteiras do império egípcio até a Síria e a Pérsia, ao norte e ao leste, e até a Núbia, ao sul; o exército egípcio conquistou todos esses territórios.

Interessante é o fato de que essas campanhas militares pelos territórios palestinos de controle dos hicsos [israelitas] aconteceram durante um período em que os faraós em poder definitivamente não eram da linhagem de descendência. Josephus também faz alusão a essa mudança na linhagem faraônica, em sua versão do Velho Testamento, com a seguinte referência:

> (Os egípcios), esquecidos dos benefícios proporcionados por José, principalmente pelo fato de a coroa pertencer agora a outra família, tornaram-se muito abusivos com os israelitas [arianos]...[J193]

Essa "outra família" era o lado dos reis Tutmose, e eles talvez fossem realmente abusivos para com os arianos [israelitas], mas a situação mudaria rapidamente depois de uma aliança por meio de um casamento de conveniência. Parece que, finalmente, essa nova oportunidade para assegurar poder e influência à linha de descendência de José apresentou-se durante o reinado de Tutmose III ou de Tutmose IV. No último caso, o vizir Yuya (que logo será identificado como descendente do vizir José) havia aliado-se tão intimamente com o monarca, que o filho do faraó, o futuro Amenhotep III, veio a casar-se com a filha de Yuya, Tiye.

É possível que não seja coincidência o fato de as campanhas militares egípcias pela Palestina terem sido interrompidas quando Amenhotep III, o filho de Tutmose IV, assumiu o poder. Os reis pastores tinham finalmente conseguido pôr a sua linha de descendência de volta na linha dos monarcas governantes; finalmente sua influência havia conseguido parar os ataques devastadores a seus parentes em Jerusalém e na Palestina. Os historiadores registram que, sob a regência de Amenhotep III, o Egito entrou em um período estável de poder e de prosperidade. Essa foi também uma época de manobras reais e políticas por meio de um número inusitado de casamentos diplomáticos com as tribos da Palestina.

Estou sugerindo que os reis hicsos, os reis pastores, estiveram novamente no controle do Egito. Mas os historiadores diriam que os últimos reis hicsos foram expulsos do Egito na época do êxodo hicso, sob o governo do faraó Jacoba, e nunca mais foram vistos novamente. Essa não é a história completa. Sabemos que os reis hicsos recuperaram o trono do Egito, conforme a Bíblia indica e de acordo com o que as listas reais do Egito nos relatam. Esses novos faraós, que mantinham um bom relacionamento com seus irmãos na Palestina, eram, na realidade, reis pastores. Tanto Amenhotep II quanto Amenhotep III eram chamados de "hic" em seus nomes reais – o que significava "rei pastor". Mais interessante ainda é o fato de que suas

---

J193. Josephus, ANT 2:202.

origens também são registradas na lista, e o título completo de Amenhotep II era "rei hicso de Heliópolis", o que faz sentido, pois ali estavam localizados o templo sagrado e a universidade dos príncipes hicsos. É estranho que os egiptólogos nada digam a esse respeito.

A era dos hicsos no Egito foi uma das grandes intrigas na história dessa nação e, no entanto, entre os círculos dos egiptólogos, o fato de um faraó hicso voltar ao trono do Egito teve pouca repercussão. Por que e como eles conseguiram voltar ao trono? Por que o povo do Egito os aceitou novamente? Existe uma série de perguntas que permanece sem respostas. E, infelizmente, para a ortodoxia, as respostas a essas perguntas são encontradas somente na Bíblia, na história do retorno de José ao Egito; no estabelecimento de sua família em Heliópolis; no seu casamento com a filha de um sacerdote de Heliópolis e na longa linha de vizires hicsos dos faraós.

A Bíblia nada diz a respeito de quando a linhagem de José finalmente recuperou o trono, mas o registro histórico proporciona pistas suficientes. Amenhotep II foi o faraó chamado de "rei pastor de Heliópolis". Foi nesse período que, obviamente, os reis pastores voltaram ao controle do país, mas a história familiar desse faraó é bastante duvidosa. Já a história de Amenhotep III está bem documentada e, portanto, devemos voltar-nos à sua família para conseguir mais indícios. Como poderemos ver mais adiante, o casamento de Amenhotep III com um membro da família de seu vizir Yuya confirma que a linha de descendência havia voltado ao trono.

O cenário nos registros históricos é de um período de inigualável sucesso para a linhagem real. Os faraós Amenhotep eram reis pastores; a filha de Yuya também era da linha de descendência, tornando-se esposa de Amenhotep III, e o filho seria o governante de todo o Egito. Isso deveria consolidar a sua posição, rechaçando as reivindicações do clã dos Tutmose e, assim, os arianos controlariam completamente a nação uma vez mais – inclusive o turbulento sul. Realmente, Amenhotep III chamou-se de "rei pastor de Tebas", um título provocativo como nunca houve antes.

Virando a Página

Na narrativa bíblica paralela, a história chega no momento do nascimento de Moisés, mas a Bíblia retrata Moisés como uma pobre criança israelita abandonada em uma cesta às margens do Rio Nilo. Ironicamente, Moisés estava destinado a ser descoberto pela filha do faraó – de maneira que ele, que descendia de Jacó, veio a ser educado na corte real do faraó. Nas duas histórias um herói ariano acabou sendo introduzido na corte real, mas qual das versões é a mais provável: a do pobre pastor ou o do príncipe real?

É a narrativa bíblica que, novamente, não faz sentido, e uma pesquisa mais profunda dos textos proporciona outro indício de censura e de alterações por parte dos escribas bíblicos. O capítulo IV terminou com José e a sua família das 12 tribos de Israel (incluindo o clã levita do qual Moisés descendia) tornando-se o povo mais poderoso do mundo, algo admitido pelos próprios textos da Bíblia. José era o vizir do faraó, o homem mais poderoso do mundo na época e, sem dúvida, um certo nepotismo deve ter sido empregado para elevar a sua família às funções mais altas dos territórios do Egito e da Palestina. Os textos admitem que José controlava 20 por cento do produto bruto nacional de todo o Egito. É impossível que, nessa época, parte dessa fortuna não fosse transferida para os cofres das 12 tribos. De acordo com Josephus, eles haviam sido educados como reis e eram pessoas verdadeiramente influentes nas terras do Egito – a nova aristocracia.

Na Bíblia, viramos a última página do Livro de Gênesis e chegamos ao Livro do Êxodo. Dentro desse curto espaço de tempo e em poucos parágrafos, essas mesmas ricas e influentes tribos de Israel foram reduzidas a pobres "nativos estrangeiros" em poder dos cruéis egípcios. Nenhuma explicação é dada sobre como esses membros da aristocracia egípcia caíram em desgraça tão rapidamente. Agora, os israelitas são apresentados como escravos dos egípcios, e Moisés é abandonado à mercê do Rio Nilo para ser salvo da sangrenta perseguição às crianças israelitas. Como e por que isso aconteceu? Os textos se calam sobre o assunto. Trata-se simplesmente de outro mistério bíblico.

No entanto, há uma resposta racional para esse problema, pois a verdadeira situação dos israelitas depende de um certo ponto de vista. O povo ariano tinha muitos inimigos poderosos que optaram por não retratá-los de forma favorável. Retratar as 12 tribos como escravas da nobreza tebana seria muito mais gratificante para esses oponentes. Parece que os escribas bíblicos posteriores se satisfizeram em continuar algumas dessas descrições desfavoráveis, pois retrataram os judeus como vítimas dessa guerra social e, da mesma forma, sugeriram que os egípcios fossem um povo cruel. Entretanto, para elevar Moisés à corte real, qual seria o melhor método senão o de usar o velho mito de Osíris ou o mito acadiano do abandono no Rio Nilo? A história egípcia acabou sendo derrotada pela sua própria propaganda, e seriam os israelitas que contariam essa história para o mundo todo. A História é feita pelos professores.

Esse era um momento histórico tanto para a Teologia quanto para a História. Na Bíblia, Moisés estava prestes a embarcar com o povo israelita e o seu único e onipotente deus sem forma física em sua viagem para a "terra prometida" de Israel. No Egito histórico, o faraó Akhenaton, filho de Amenhotep III, estava prestes a conduzir o seu povo a um mundo novo governado por um novo e único deus e uma nova religião sem imagens esculpidas ou gravadas. Esses acontecimentos parecem ser inquestionavelmente semelhantes e intrinsecamente ligados. Mas o que há de verdade por detrás deles? De que forma os dois se relacionam?

O renomado autor teológico, Ahmed Osman, passou uma vida pesquisando a Era de Amarna, como ficou sendo conhecida, e suas ligações com o êxodo bíblico. No primeiro livro de sua trilogia sobre Amarna, ele apresenta um caso bem argumentado na identificação do vizir Yuya com o bíblico José. Yuya tinha a mesma função que José na corte real, ou seja, foi designado "Pai do Faraó", e, algo incomum no Egito, ele não usava brincos, pois a sua múmia mostra claramente que suas orelhas não eram furadas. O fato de José não usar brincos é muito interessante, pois seu próprio pai, Jacó, assim lhe havia ordenado.[194] A tese bem pesquisada e erudita de Ahmed Osman poderia ser entendida como argumento contrário às teorias aqui apresentadas pelo fato de eu ter colocado José quase três séculos antes dos faraós de Amarna. As informações até aqui apresentam José sucedendo ao faraó Jacoba durante o reinado dos hicsos.

Entretanto, essa pode não ser a história completa e a aparente contradição pode ser resolvida se novamente nos referirmos ao paralelo escocês dos Stewart. Os *stewards* (administradores) dos reis escoceses eventualmente se tornaram os reis Stewart – o título profissional transformou-se no sobrenome de reis. A mesma coisa pode ter igualmente acontecido no antigo Egito. José pode não ter sido um nome, mas sim um título que, possivelmente, significava administrador. Ahmed Osman argumenta que a sílaba *Jo* de José deriva de *Yahweh* (Jeová), o nome da divindade hebraica; nesse caso, "José" poderia facilmente ter sido um título, tal como "cristiano", que significa cristão. Por outro lado, de acordo com o egiptólogo Budge, *sef* (de Josef = José) poderia significar "sacrifício", o que resultaria no título "Sacrifícios a Yahweh", ou talvez até "filho", resultando no nome "Filho de Yahweh".[195]

Ao citar Maneton, Josephus disse que Moisés era também chamado de Osarsef,[M196] que Ahmed Osman admite ser possivelmente uma deturpação do nome Josef; o nome da divindade venerada teria mudado do semita *Jo* para o egípcio *Osar*. Maneton alega que o nome Osarsef derivou do deus Osíris (Osíris-sef). Osíris era uma das principais divindades do templo de Heliópolis e Maneton claramente afirma que Moisés foi um sacerdote-chefe desse templo. Considerando a sílaba *sef*, que acabamos de mencionar, é possível que esse nome também fosse um título egípcio que provavelmente significava "aquele que sacrifica a Osiris". Essa explicação é sutilmente alterada no livro *Tempest* (Tempestade) e dois títulos diferentes são dela derivados: Osarsef significaria "aquele que sacrifica a Osíris" e Josef, "aquele que sacrifica a Thoth" (ou talvez Filho de Osíris e Filho de Thoth).

---

194. *Stranger in the Valley of the Kings*, A. Osman. Pennsylvania: HarperCollins, 1998.
195. *An Egyptian Hieroglyphic Dictionary*, Budge, p. 666 a. Dover, 1978.
M196. Maneton, LCL *Aegyptiaca*, p. 125 e 131.

Também é possível que as íntimas ligações dos patriarcas bíblicos com o templo de Heliópolis, como sacerdotes que ali realizavam sacrifícios, tenham sido mantidas da época de José até Moisés. Essa família não era somente real, mas também sacerdotal – a restauração de uma linhagem de antigos reis-sacerdotes. Não é incomum, até mesmo em épocas mais recentes, irmãos da realeza entrarem no sacerdócio e, dessa forma, assegurarem que membros da família tenham controle e influência sobre as duas bases do poder. Seria essa a estratégia dos patriarcas? Certamente a liderança da nação na era hebraica posterior girava em torno de uma linhagem de reis-sacerdotes.

Na página seguinte de seu livro, Josephus – dessa vez citando o historiador conhecido como Queremon – oferece mais indícios para essa sucessão sacerdotal. O texto descreve Moisés identificado com o nome de Tisithen, e seu escriba era chamado de Josef, também conhecido como Petersef. Parece que houve uma sucessão de personalidades com o mesmo nome, e a óbvia explicação para isso é que Josef (Osarsef, Petersef) nada mais é que um título. Mas como a tradução da coleção Loeb confiantemente sugere que "Osar" fosse uma derivação do deus Osíris, parece estranho que não se tenha feito a seguinte dedução lógica: o nome "Peter" era uma derivação do deus Ptah. Assim os dois sacerdotes, Osarsef (Moisés) e Petersef (José), tinham o nome de suas divindades (Osíris e Ptah) em seus títulos, um fato comum nos costumes egípcios. Por conseguinte, não seria surpresa descobrir que o título de Tutmose, o irmão de Akhenaton, incluía a designação de "alto sacerdote de Ptah". Tal concordância entre essas radicalmente diferentes fontes históricas sugere, uma vez mais, que o prefixo "Peter" era um equivalente semita de Ptah e "Jo", talvez, até uma referência ao próprio Thoth.

Jo-Sef – o sacrificador ou o filho de Yahweh – era o título de um vizir que acabou ficando conhecido como "Pai do Faraó". Esse título foi legado ao longo das gerações e, finalmente, dado a Moisés, alto sacerdote de Heliópolis. Se esse for o caso, então não há qualquer disputa entre a tese aqui apresentada e a de Ahmed Osman. O nome ou o título de "Josef" pode ter sido passado à linhagem da família de Tsafenat-paneac (ou Sothom Phanech, o primeiro Josef, filho de Jacó) até Osíris-sef (Moisés), o último dos Josef no Egito.

Fusão Sanguínea

Então, depois de quase dois séculos de espera, os arianos tinham finalmente a oportunidade de recuperar o trono. Não temos a história da família de Amenhotep II para poder definir exatamente o seu papel nesse cenário, mas podemos acompanhar as relações familiares de Amenhotep III (seu filho?). Tiye, a filha do vizir Yuya – presumidamente uma descendente da linhagem do vizir José –, tornou-se a esposa principal de Amenhotep III.

A linha de descendência de Abraão, de Jacó e de José unia-se uma vez mais à linhagem faraônica.

Esse casamento pode parecer um detalhe insignificante, mas, na realidade, ele é bem importante e precisa de mais explicações. Assim como no moderno Judaísmo, a descendência linear do Egito faraônico dava-se por meio da linha matriarcal da esposa e não da linha patriarcal do faraó, nesse caso específico, Amenhotep III. Por meio desse estranho casamento, era a linha familiar de Tiye que seria mantida e não a do faraó. Entretanto, parece que a família de Yuya não possuía títulos reais, mas apenas o de "comandante de carruagens"[197] e, posteriormente, o título maior de "Pai do Faraó".[198] Com esses pobres antecedentes, como pôde o vizir Yuya persuadir o faraó a tomar sua filha por esposa e, mais importante ainda, fazer com que ela fosse sua esposa principal?

Esse casamento foi, portanto, bem estranho. A aliança matrimonial faraônica normal ocorria por meio de um casamento imediato com uma irmã ou meia-irmã para que os descendentes do faraó pudessem perpetuar a linha matriarcal. Qualquer casamento com uma esposa principal que não fosse da família anularia a linhagem faraônica e conferiria realeza à família da esposa. Seria inconcebível para um faraó fazer isso, a menos, é claro, que a esposa "externa" fosse comprovadamente da descendência linear de um faraó anterior. Certamente deve ter havido algo muito especial nessa linhagem de vizires reais, pois Akhenaton, o filho de Amenhotep III, agiu da mesma maneira que seu pai: ele se casou com Nefertiti, filha de Aye (o filho de Yuya e o vizir seguinte na linha da família). Essa família especial de vizires acabou provendo rainhas a quatro ou mais faraós sucessivos. Mas o que a fazia ser tão especial?

Há uma hipótese bem razoável a respeito desse episódio. Talvez Tutmose IV fosse favorável ao pleito do vizir Yuya (a história de Tutmose IV é duvidosa, mas dizem que ele não estava relacionado aos faraós Amenhotep). Já se disse existir indício bíblico de que José pôde declarar que sua família era composta de adeptos arianos e é possível que, na época de Yuya, o ambiente fosse suficientemente propício para que ele provasse a sua ascendência sem receio de ser perseguido. Esse pode ter sido o motivo pelo qual Yuya foi elevado à posição de "Pai do Faraó". Aparentemente, essa foi a única vez que esse título foi usado no Egito. Esse também pode ser o motivo pelo qual Yuya e sua esposa possuem a tumba mais grandiosa encontrada no Egito, sem contar a de Tutankamon. Também é possível que ele tenha ascendido a essa posição por ele ser de fato o "Pai do Faraó": ele descendia diretamente do faraó Jacoba e tanto o seu genro quanto o seu neto foram faraós. Realmente, Yuya pertencia à linha de ascendência.

---

197. *Akhenaton,* Cyril Aldred. London: Thames & Hudson, 1991, p. 96 e 146.
198. *Moses, Pharaoh of Egypt,* A. Osman. Pennsylvania: HarperCollins, 1998, p. 2.

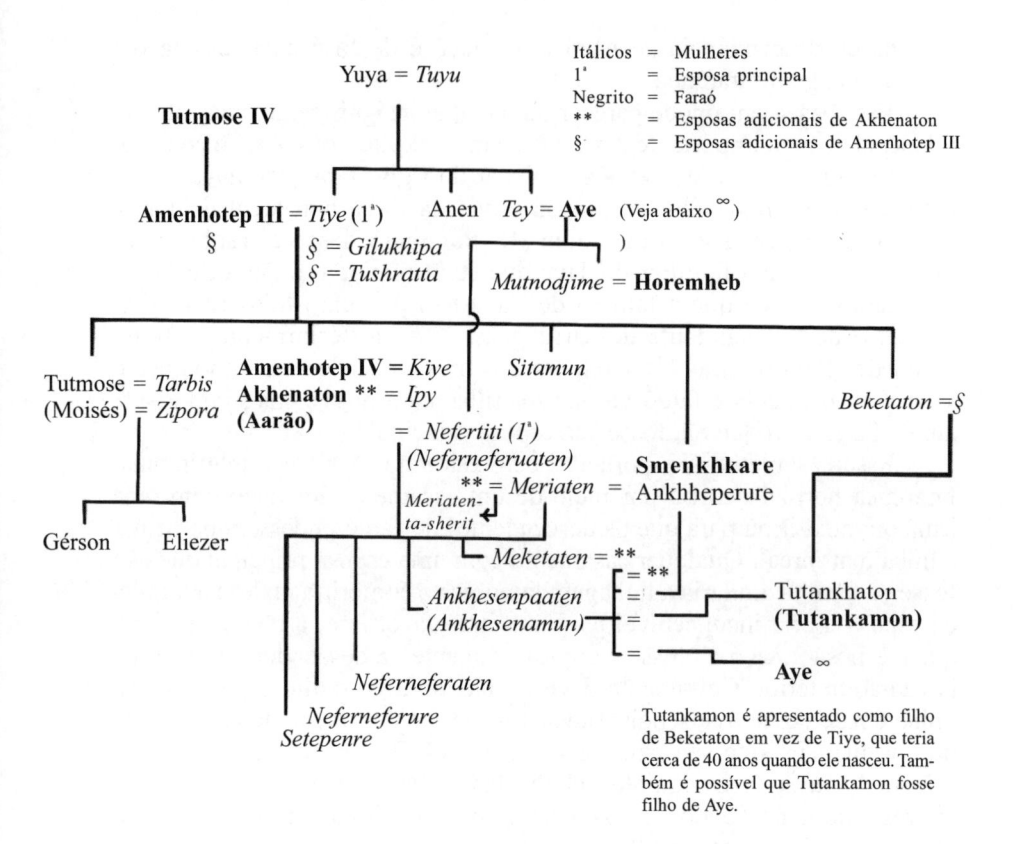

```
                                        Itálicos = Mulheres
                    Yuya = Tuyu         1ª       = Esposa principal
                         │              Negrito  = Faraó
   Tutmose IV            │              **       = Esposas adicionais de Akhenaton
        │                │              §        = Esposas adicionais de Amenhotep III
        │                │
   Amenhotep III = Tiye (1ª)   Anen   Tey = Aye   (Veja abaixo ∞)
        §         │ § = Gilukhipa            │         )
                  │ § = Tushratta            │
                  │               Mutnodjime = Horemheb
```

Figura 15. *Árvore genealógica dos faraós de Amarna*

Tutmose = *Tarbis* **Amenhotep IV** = *Kiye*   *Sitamun*   *Beketaton* = §
(Moisés) = *Zípora* **Akhenaton** ** = *Ipy*
                    (Aarão)
                          = *Nefertiti (1ª)*
                          (Neferneferuaten)
                          ** = *Meriaten* = **Smenkhkare**
                          Meriaten-ta-sherit   Ankhheperure
 ┌──────┴──────┐
Gérson   Eliezer
                          Meketaten = **
                                        = **   Tutankhaton
                          Ankhesenpaaten =   **(Tutankamon)**
                          (Ankhesenamun) =
                                            Aye ∞
                    Neferneferaten
                    Neferneferure   Tutankamon é apresentado como filho
                    Setepenre   de Beketaton em vez de Tiye, que teria
                                           cerca de 40 anos quando ele nasceu. Tam-
                                           bém é possível que Tutankamon fosse
                                           filho de Aye.

Em alguns aspectos, isso é especulativo, mas seguramente existem muitas semelhanças entre a história bíblica e o registro egípcio. Esse episódio se tornaria um divisor de águas na longa história do Egito; algo monumental estava para acontecer nessa antiga terra. Durante esse período, tanto na história bíblica quanto na egípcia, é evidente que uma nova cultura estava surgindo. Uma nova linha de pensamento – com ideias radicalmente diferentes sobre arte, cultura e Teologia – estava se estabelecendo. Em cada uma dessas histórias distintas, é possível observar que essa nova linha floresceu por pouco tempo e acabou abruptamente, seja em derrota ou em exílio. Na Bíblia, a história se concentra na figura religiosa de Moisés, o grande líder dos israelitas, enquanto o registro egípcio se concentra na figura de Akhenaton, o mais radical de todos os faraós.

Akhenaton

Akhenaton era o segundo filho de Amenhotep III (veja a Figura 15). O primeiro filho de Amenhotep chamava-se Tutmose, mas ele desaparece do registro ainda jovem e, normalmente, presume-se que tenha morrido. Entretanto, nenhuma tumba ou inscrição foi encontrada que possa confirmar a hipótese de morte prematura, e a descoberta de seu chicote de marfim na tumba de Tutankamon, símbolo de comandante das carruagens do rei, indicaria que Tutmose não morreu jovem. O segundo filho de Amenhotep, Amenhotep IV, foi quem causou toda a confusão e mudou a religião de uma nação inteira.

Amenhotep IV, que posteriormente mudou seu nome para Akhenaton em respeito à "nova" divindade que ele passara a venerar, era um monarca revolucionário sob todos os aspectos. Durante milhares de anos, o Egito havia sido uma sociedade relativamente estável, tanto antes quanto depois desse faraó rebelde. As principais cidades, templos, deuses, artes e graças sociais do império tinham sofrido poucas mudanças. Entretanto, Akhenaton mudaria tudo. Toda a sua carreira foi bem incomum. Esse é o tipo de personalidade a respeito da qual milhões de livros são escritos.

Essa "nova" divindade de Akhenaton, o Aton ou Aten, parece ter sido inicialmente uma inovação própria, mas um exame mais profundo mostra que Aton foi mencionado durante o reinado de seu pai, que possuía um barco real com o nome de "Brilhos de Aton". Em um período ainda anterior, na 12ª dinastia, há uma referência que descreve Amenemés I "morrendo e voando para o céu a fim de reunir-se com o Aton".[199]

Nessa defesa por uma história mais extensa de Aton, é preciso lembrar que Akhenaton havia sido educado em Heliópolis (da mesma forma que Moisés), onde tradicionalmente se venerava Atum, o deus-solar. Não somente o nome desse deus era semelhante à própria divindade de Akhenaton, o Aton, como também era a sua veneração. Os fundamentos do culto solar a Atum exigiam que os templos fossem abertos ao céu para que a luz solar inundasse os obeliscos sagrados dentro de seus pátios – as pedras do tipo Benben. Os templos do Sol de Akhenaton eram todos abertos para o céu da mesma maneira. Essa relação com a pedra Benben também será fundamental nessa investigação, pois a veneração desta pedra era a mais antiga crença no Egito e originou o culto ao obelisco. Esse culto é fundamental na verificação da expansão subsequente dessa religião na Europa após o grande êxodo seguinte.

---

199. *Moses, Pharaoh of Egypt,* A. Osman. Pennsylvania: HarperCollins, 1998, p. 107. *Akhenaton,* Cyril Aldred. London: Thames & Hudson, 1991, p. 239.

Havia centenas de obeliscos, grandes e pequenos, encomendados pelos faraós do Egito, e Akhenaton não foi nenhuma exceção:

> Sua majestade deu ordem ao Mestre de Obras... para reunir uma grande força de trabalho a fim de que cortem arenito para a produção da grande Benben de Re-Herakhte em seu aspecto de Luz que está no Aton, em Karnak.[200]

Classicamente, o Aton é descrito como a primeira religião monoteísta que tentava suprimir a pletora de deuses que, na época, era venerada no Egito. Tal como Amen, ela era essencialmente uma veneração solar, porém modificada de maneira que não fosse o próprio Sol a ser venerado, mas "o poder por detrás do Sol", como passou a ser chamada. Seria possível pensar nela como a veneração das obras do próprio cosmos – o estudo tradicional dos sacerdotes heliopolitanos.

De acordo com essa história bíblica revisada e com as listas reais do Egito, Akhenaton foi um descendente direto dos faraós hicsos, que foram muito influenciados pelos sacerdotes de Heliópolis. O deus Aton deve ter sido o resultado direto de sua influência: trata-se simplesmente do sistema de crença hicso com outro nome. O pai de Akhenaton, Amenhotep III, também deve ter sido a favor dessa crença em Aton, mas ele nunca ousou promover abertamente esse "novo" culto. É possível que não fosse tão comprometido com a causa, ou ele pode ter simplesmente imaginado a confusão que criaria se a promovesse. Entretanto, ele se contentou em ser retratado na nova cidade de Amarna (originalmente de nome Akhetaton) como sendo abençoado por esse novo deus Aton.

A impressão é de que o próprio Akhenaton era feito de um material mais inflexível. Sua descendência matriarcal de Yuya e a sua educação em Heliópolis seguramente o convenceram de que havia nascido para promover essa antiga religião. Embora Akhenaton estivesse promovendo uma crença muito antiga – os ensinamentos de Heliópolis e a veneração da sagrada pedra Benben –, foi o seu grau de devoção que o levou a causar todo esse problema: com a colocação de uma pedra Benben em Karnak, onde provavelmente os sacerdotes consideravam o símbolo herege, bem como a eliminação do nome Amen, o título do deus do Alto Egito. O fato é que a "Mansão do Benben", construída em Karnak e dedicada e dirigida pela rainha Nefertiti, deve ter causado outras divisões entre os sacerdotes daquele lugar.

De qualquer forma, é certo que Akhenaton não agiu diplomaticamente e suas ações estavam destinadas a causar problemas. Existem indícios documentados de que Akhenaton não somente mudou o ambiente teológico do Egito, mas também enfrentou muita oposição às suas

---

200. *Akhenaton,* Cyril Aldred. London: Thames & Hudson, 1991, p. 88.

reformas, que acabaram por resultar em outra guerra civil. A História estava para se repetir e, tal como Jacoba antes dele, Akhenaton veria todo o seu trabalho fracassar; foi a ruína de mais de dois séculos de planejamento e o fim de todo o regime de Amarna.

Moisés

Aqui é preciso retomar o conflito que o historiador Josephus teve com os textos antigos de Maneton. Este disse ter havido dois êxodos do Egito, dos quais o segundo era composto de "pessoas inválidas e de sacerdotes leprosos". A qual Maneton estava fazendo alusão? Algumas coisas parecem bem claras e certas.

A natureza dessa disputa, tanto no registro egípcio quanto no bíblico, já foi estabelecida. Tratava-se de uma disputa teológica entre os taurinos e os arianos, mas estes haviam se redefinido nesse período como seguidores de Aton. É bem provável que (no fim) os vitoriosos escribas taurinos quisessem retratar a oposição – os arianos, – como sendo de alguma forma, afetada por uma doença. Consequentemente, eles descreveram os seguidores do culto ariano [Aton] como física ou socialmente contaminados por essa "nova" religião; eles eram "pessoas aleijadas", e seus sacerdotes "sofriam de lepra". Moisés era um alto sacerdote de Heliópolis e por suas ações subsequentes era evidente que ele tinha um ponto de vista religioso muito diferente daquele da veneração ao Touro Apis dos egípcios tebanos: ele deve ter sido definitivamente tachado de "sacerdote aleijado" do ponto de vista dessa população. Maneton estava, portanto, certo em suas afirmações da história egípcia. Os textos são fidedignos, mas Maneton apenas prega de uma perspectiva altamente tendenciosa.

O historiador Josephus havia interpretado mal o propósito desses textos antigos. Ele não conseguiu perceber que diziam respeito ao assunto mais importante do Egito: a religião. Irado, não pôde reconhecer que Maneton não estava interessado em algumas pessoas sofrendo de males físicos, mas preocupava-se muito com o "câncer" teológico que estivera afligindo milhares de egípcios e alterando o ambiente teológico dessa nação. É por esse motivo que podemos acreditar que esse segundo êxodo foi um acontecimento real: lendo nas entrelinhas, há indício de que uma grande crise estava por ocorrer novamente no Egito.

Então, quem era o bíblico Moisés – o salvador da nação judaica – e quem eram os seus seguidores? No segundo livro de sua trilogia, Ahmed Osman apresenta Moisés como ninguém menos que esse faraó herege, Akhenaton. Do pouco que vimos até aqui, essa certamente é uma possibilidade, e Ahmed Osman apresenta bons argumentos para essa relação, mesmo sem os dados que contextualizam os faraós patriarcais previamente discutidos. Com esse conhecimento adicional, o cenário torna-se bastante convincente. Realmente, existem tantas semelhanças entre o ambiente e a religião do regime de Amarna de Akhenaton e a subsequente religião dos israelitas que vale a pena elencar algumas delas. Os itens marcados com um asterisco (*) são derivados das obras de Ahmed Osman:

   a. O deus de Akhenaton era chamado de Aton. O dos israelitas era Adonai. Como o "t" e o "d" são intercambiáveis em linguagem egípcia, o deus israelita poderia ser chamado de Atonai.(*)

   b. No Talmude, a esposa de Moisés é chamada de Adonith, que pode ser traduzido em linguagem egípcia por Aton-it.(*) A esposa de José tinha um nome parecido, Asenet, uma deusa fenícia.

   c. Akhenaton promoveu um único deus sem uma imagem, assim como fizeram os israelitas.(*)

   d. A Arca da Aliança tem uma impressionante semelhança com a Arca de Tutankamon, o último dos faraós de Amarna.

   e. Os israelitas foram ordenados a construir um altar que fosse talhado sem o uso de qualquer ferramenta e sem degraus que levassem até ele. (Por causa da ausência de roupas íntimas, essa regra evitava que as nádegas dos sacerdotes fossem expostas.) O grande altar de Karnak não somente foi construído com quase as mesmas dimensões dos altares israelitas, mas também a sua superfície superior também foi feita de cristal de rocha bruto; nem este nem os altares dos outros templos tinham degraus à sua frente.[B201]

   f. O uso de brincos era comum no Egito, bem como na família real. Da mesma forma, muitos israelitas usavam brincos, mas haviam sido ordenados a descartá-los ao chegarem a Jerusalém.

   É importante observar que essa prática ressurgiu com os piratas do século XVII, um grupo, sem dúvida, associado aos Templários (o papel dos Templários é discutido mais adiante).

   g. Os sacerdotes egípcios tinham proibições alimentares e abluções ritualísticas semelhantes aos do Judaísmo.

   h. Os sacerdotes egípcios raspavam o cabelo. Os sacerdotes cristãos alteraram isso para a tonsura sacerdotal, que é semelhante ao *kipá* judaico. Muitas vezes os rabinos raspam suas frontes.[202]

B201. Bíblia, Êxodo 20:25-26.
202. Heródoto, *Euterpe* 36.

i. Muitas vezes os judeus ortodoxos portam seus cabelos compridos e cacheados. De acordo com o professor M. Lichtheim, no Egito Antigo, essa mesma moda destacava o alto sacerdote de Heliópolis, o Portador do Cacho Lateral de Cabelos de On.[203]

j. O símbolo da cruz (dos cristãos) é egípcio. A cruz egípcia, o Ankh, foi promovida por Akhenaton como parte importante de sua Teologia, simbolizando vida ou ressurreição.

k. As igrejas cristãs são voltadas para o leste, da mesma forma que o templo móvel israelita, o Tabernáculo. E, da mesma maneira, todos os templos de Amarna eram voltados para o Sol nascente.

l. A circuncisão havia sido um antigo hábito egípcio, e a cerimônia é descrita em vários textos egípcios.[J204]

m. A procissão de altares religiosos em volta da cidade era um acontecimento festivo comum no Egito. Por exemplo, na época de Tutankamon, após a restauração dos antigos deuses, o altar de Amen em Karnak foi levado em um barco para visitar o templo de Luxor, no Alto Egito.

Essa procissão anual pode ser vista nos relevos gravados na colunata processional do templo de Luxor; a jornada de partida está na parede oeste e o retorno, na parede leste. Esse mesmo ritual é ainda praticado por muitos países católicos com relicários levados em procissões em volta de vilarejos ou de um centro urbano.

n. Os símbolos dos primeiros reis israelitas, o escaravelho e o disco solar alado, são diretamente derivados da simbologia egípcia. Desde o Selo de Salomão até o de Jezebel e de Obadias, o único tema comum na corte real israelita – do registro arqueológico – é o disco solar alado. O disco solar é ocasionalmente referido como o "rolo que voa", para proporcionar uma imagem de maior cunho judaico ao leitor moderno, mas a verdadeira origem desse símbolo é bem clara: o Egito.[205]

o. Em Jerusalém, existem pirâmides tumulares que se parecem muito com os túmulos dos trabalhadores de Deir el Medineh, perto do Vale dos Reis, no Egito. Um dos túmulos de Jerusalém tem a reputação

---

203. M. Lichtheim, *Ancient Egyptian Literature.* Berkeley: University of California Press, 1975. Tradução de *A Destruição da Humanidade.*
J204. Josephus, CA 1:169.
205. B. Isserlin, *Israelites.* London: Thames & Hudson, 1998, p. 227. Ian Wilson, *The Bible is History.* Washington: Regnery, 1999.

de ser o Túmulo da Filha do Faraó, possivelmente referência a uma das esposas do rei Salomão, a filha do faraó Siamun (c. 980 a.C.).[206]

p. A janela das apresentações da qual o rei e a rainha apareciam ao povo. Akhenaton e Nefertiti são frequentemente mostrados nessa janela, e essa tradição perdurou em Israel, onde, entre outros, a rainha Jezebel é retratada na mesma postura em um relevo de marfim e na Bíblia. Dizem que sua postura e peruca são do tipo canaanita, mas uma comparação mais próxima pode ser feita com bustos da rainha Tiye e das princesas de Amarna.[207] A Igreja Católica continua a tradição com a apresentação dos Papas na sacada do Vaticano.

q. De Tutmose, passando por Yuya, até os faraós Ramsés da 19ª dinastia, os faraós apresentam tipicamente o fenótipo de um longo nariz aquilino – uma característica típica da raça judaica.

r. Maneton acusou o povo hicso de profanar os templos egípcios (tebanos?) assando neles animais sagrados, o que sugere que o costume da queima de oferendas era totalmente alheio às práticas religiosas dos egípcios. Mas o costume da queima de oferendas sobre o altar está confirmado na Bíblia como parte importante da Teologia israelita inicial. Portanto, os hábitos hicsos parecem ser muito próximos aos seus *alter egos:* os israelitas.

Essas semelhanças demonstram que as religiões egípcias e, especificamente, a de Akhenaton não morreram, mas ao contrário seguiram adiante durante o segundo êxodo e evoluíram nas formas familiares que as conhecemos atualmente. É possível que muitas de nossas antigas tradições tenham raízes na Teologia do Egito Antigo. Outras semelhanças serão discutidas mais adiante.

Mas será que tudo isso comprova que Akhenaton era o Moisés bíblico? Não é possível dizer que seja uma prova definitiva, mas é evidente que os acontecimentos do regime Amarna, no Egito, muito influenciaram os eventos que levaram ao segundo êxodo bíblico e que muitas das tradições estabelecidas em Amarna foram transferidas para Jerusalém. Com base na teoria apresentada nos capítulos anteriores, isso é compreensível. Os descendentes de Jacoba ainda estavam em Jerusalém e, se o regime de Amarna também provinha de Jacoba, as semelhanças deveriam ser óbvias, pois é possível constatar que Akhenaton e Moisés foram educados no templo de Heliópolis, e que Moisés tornou-se ali um alto sacerdote. Isso não é coincidência, mas justamente a educação e a profissão a serem esperadas de um príncipe ariano.[208]

---

206. *Ibid.*, p. 81, 147.
207. B. Watterson, *Amarna*. Stround: Tempus: 1999, p. 82 e 88. Ian Wilson, *The Bible is History.* Washington: Regnery, 1999, p. 148. Bíblia, II Reis 9:30.
208. *Akhenaton,* Cyril Aldred. London: Thames & Hudson, 1991, p. 259.

Dizem que o sacerdote que estruturou a sua constituição e as suas leis era um nativo de Heliópolis chamado Osarseph, em honra do deus Osíris, venerado em Heliópolis. Mas, ao se juntar com o seu povo, ele mudou o seu nome e foi chamado de Moisés.[M209]

Além disso, a data em que realmente ocorreu o segundo êxodo bíblico pode ser determinada com precisão por meio da história de Maneton. Ele afirma categoricamente que se deu início ao êxodo com o conselho de Amenófis, o vizir-chefe de Amenhotep III.

O rei (Amenófis) comunicou o seu desejo ao seu homônimo Amenófis, filho de Paapis... esse homônimo respondeu que seria capaz de ver os deuses caso o país fosse expurgado dos leprosos e de outras pessoas contaminadas.[J210]

As notas dessa seção na edição da coleção Loeb indicam que esse vizir seria Hapi, o de Amenhotep III, e que o faraó envolvido foi identificado com Amenhotep III ou Amenhotep IV (Akhenaton). Assim, os textos históricos indicam que o período mais próximo aos acontecimentos que levaram ao segundo êxodo bíblico foi a época do faraó radical Akhenaton.

Se Akhenaton fosse o Moisés bíblico, com o seu regime em frangalhos e os seguidores em risco de exílio, muito provavelmente ele optaria por fugir para Jerusalém, a cidade de seus ancestrais. Tanto a Bíblia quanto Maneton, em suas histórias separadas (por enquanto), indicam que foi exatamente isso que ocorreu. Entretanto, as ligações entre Moisés e Akhenaton ainda são muito frágeis e são necessárias mais provas de sua história em comum.

Há outra possibilidade para a identificação do Moisés bíblico que, conceitualmente, é muito semelhante, mas permite uma flexibilidade maior às interpretações. Essa possibilidade foi explorada no livro de Graham Phillips, *Act of God* (Ato de Deus), e diz respeito ao irmão mais velho de Akhenaton, Tutmose, que aparentemente desapareceu do registro histórico em tenra idade. Será que Tutmose morreu prematuramente? O chicote portando o seu nome foi encontrado na tumba de Tutankamon, e isso parece indicar que ele ao menos chegou à idade adulta. Se esse for o caso, então por que Tutmose renunciou ao seu direito de tornar-se faraó, como ocorreu com o Esaú bíblico, e por que ele desapareceu do registro histórico?

Eu acredito que as semelhanças entre o regime de Amarna e a família de Moisés sejam fortes o suficiente para justificar uma relação, mas o problema é identificar quem é quem. A resposta conduz à óbvia semelhança dos nomes e, assim, é totalmente possível que Moisés fosse Tut<u>mose</u> em

---

M209. Maneton, p. 131 e 125.
J210. Josephus, CA 1:233.

vez de Akhenaton. Alguns estudiosos acreditam que o nome derivou de Tutmose, mas esses mesmos estudiosos não conseguiram chegar à próxima dedução lógica: Moisés *era* Tutmose. Moisés e Tutmose não somente compartilharam o mesmo nome, mas a Torá e a Bíblia também explicam exatamente por que esse personagem foi obrigado a desistir do direito de nascimento a favor de seu irmão, Akhenaton.

A primeira coisa a observar é o padrão regular pelo qual os patriarcas bíblicos transferem o seu legado aos filhos mais jovens na linhagem de descendência. Isaque, Jacó e Davi escolheram os irmãos mais jovens e, agora, o mesmo ocorre com o príncipe egípcio, Tutmose, que transfere o seu direito de nascimento. É possível observar um tópico em comum nessas histórias semelhantes? Com respeito a Moisés [Tutmose], o caso é mais claro e um indício da desventura pode ser percebido em sua descrição física. Do ponto de vista bíblico, parece que o faraó tinha de ser fisicamente perfeito para aceitar o seu ofício:

> ... quanto à sua beleza (de Moisés), ninguém chegava a ser tão indelicado (em dizer) que estivesse muito surpreso com a beleza de seu porte, pois isso acontecia frequentemente com as pessoas que com ele se deparassem... sentiam-se forçadas a olhar novamente para a criança, a ponto de deixarem seus afazeres e apreciá-la mais demoradamente...[J211]

Essa necessidade de perfeição física para os que tinham um alto ofício é confirmada pelo infortúnio do bem posterior sumo sacerdote de Jerusalém, Hircano II, que teve as orelhas arrancadas para que fosse considerado "imperfeito" e, por conseguinte, não pudesse continuar em seu ofício. De uma forma semelhante e de acordo com o Talmude, Moisés perdeu sua perfeição física nas mãos do faraó reinante (conforme é explicado na Parte 2) e, talvez, esse seja o motivo pelo qual o seu direito de nascimento foi transferido para o irmão Aarão. Se esse for o caso, é razoável presumir que Aarão fosse o faraó Amenhotep IV, posteriormente chamado Akhenaton. Novamente, este é um título muito semelhante.

Herói ou Déspota?

Existem alguns problemas básicos com essa identificação que precisam ser superados. Por exemplo, nos textos religiosos relativos a essa época, todos os desastres sofridos pelos israelitas foram imputados ao "faraó" e, além disso, tanto Moisés quanto Aarão conversavam com o "faraó". Portanto, os textos parecem estar em contradição com o conceito de Aarão ser o próprio faraó. Mas existe uma explicação para esse relato bíblico de

---

J211 Josephus, ANT 2:231.

um terceiro faraó, que pode ser encontrada nos registros históricos. Parece que durante certo período de seu reinado, Akhenaton [Aarão] compartilhou uma co-regência com o seu pai, Amenhotep III. Qualquer que tenha sido o motivo dessa co-regência, parece ter havido dois faraós no Egito nessa época. Ahmed Osman, por exemplo, apresenta mais de 13 motivos para acreditar que acontecera um período de, no mínimo, 12 anos de co-regência, explicações que também indicam que Amenhotep III era favorável ao culto a Aton.

Mas nenhum desses motivos realmente explica o porquê dessa co-regência. Por que Amenhotep teria coroado o seu filho rei, mas ainda manteve o trono para si mesmo durante certo tempo? Com essa nova teoria do patriarca Aarão ser o próprio faraó Akhenaton, um possível motivo torna-se aparente. A Bíblia relata que Moisés (como provavelmente Aarão também) foi exilado do Egito, um certo tempo, pelo assassinato de um taurino [um egípcio].[B212] Moisés, Aarão e talvez alguns de seus seguidores, que identifiquei com adeptos de Áries, foram condenados a um período de exílio antes do êxodo principal. Esses príncipes bíblicos partiram para outra localidade, onde Aarão teria assumido a coroa de seu pequeno império, uma co-regência temporária. O povo israelita também foi sujeito a um período de exclusão e condenado a trabalhar para o faraó no famoso período da fabricação de tijolos, uma forma de exílio interno em cativeiro. Essas são as histórias bíblicas, mas poderiam ser elas verificadas do ponto de vista histórico? Por exemplo, o que Maneton diz dos arianos dessa época?

Essa é uma base fértil, porque Maneton também relatou uma história segundo a qual os israelitas [arianos] foram exilados antes do êxodo principal. Inicialmente, eles saíram do país com todos os "leprosos" para as "pedreiras" da margem leste do Nilo e foram condenados aos trabalhos forçados. Finalmente, a história clássica egípcia também oferece outro caso possível – em que um faraó e um povo são exilados –, o estranho relato da fundação da remota cidade de Amarna (Akhetaton) por Akhenaton.

Será que Akhenaton foi para Amarna para ali fundar a sua nova cidade ou ele foi obrigado a fazê-lo? De qualquer maneira, parece que o seu pai, Amenhotep III, ainda estava no poder, em outro local, e governou o resto do país até 12 anos depois da fundação de Amarna por Akhenaton. Há concordância unânime nesses diferentes textos. Aarão e Moisés; Akhenaton e Tutmose; o povo israelita e os sacerdotes "leprosos"; todos sofreram um período de exílio em algum lugar do Egito ou nos distritos vizinhos.

Voltando agora para a história bíblica de Moisés, é possível notar que ela não está necessariamente em contradição com a teoria de Aarão ter

---

B212. Bíblia, Êxodo 2:12.

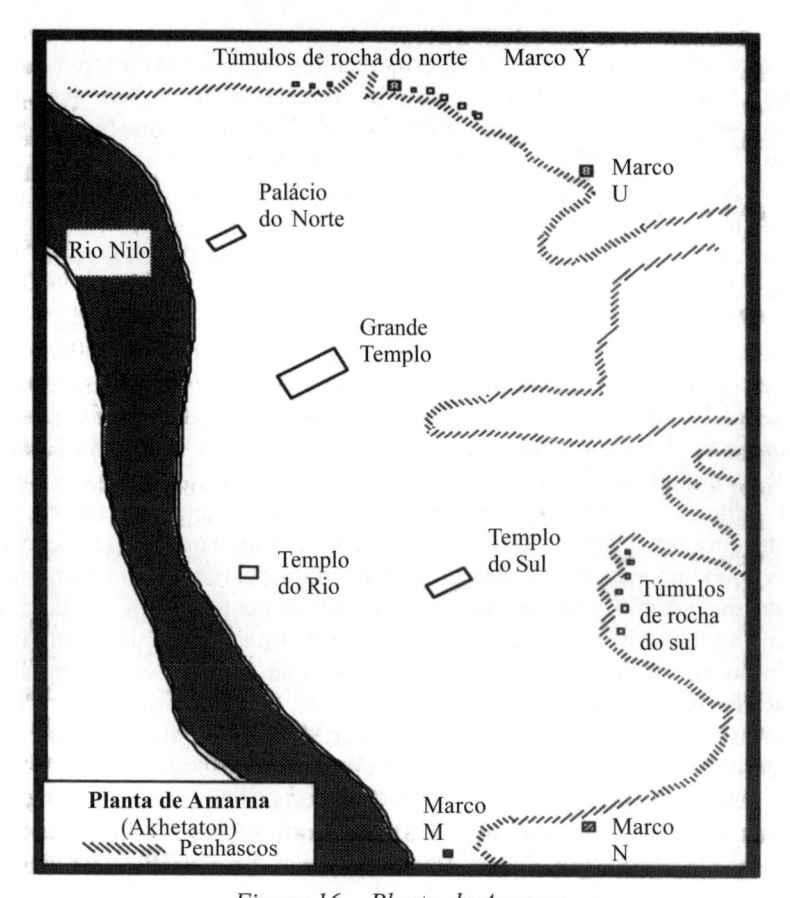

Figura 16 – Planta de Amarna

sido um faraó. Aarão e Moisés poderiam ter conversado com o faraó, pois este era o seu próprio pai. Os registros históricos indicam que Amenhotep III visitou Amarna em algum momento, de maneira que o faraó Akhenaton pode ter facilmente falado com o "faraó", seu pai. Nesse caso, a única mudança nos textos feita pelos escribas foi a de imputar ao faraó, em termos genéricos, algumas das calamidades. De fato, eles podem não ter se enganado ao fazê-la, pois algumas calamidades foram possivelmente causadas pelo próprio Akhenaton [Aarão].

Assim, os escribas salvaram a reputação de seu herói Moisés e de sua família sem mudar os textos. Quando Aarão [Akhenaton] (ou, algumas vezes, o seu pai) cometia algum erro, o nome Aarão era eliminado e substituído por "faraó". Ao mesmo tempo, não há menção ao fato de que o "mau" faraó em questão fosse o irmão ou o pai de Moisés. Não há nenhum logro nisso, mas uma simples ocultação. Por exemplo, quando o faraó repreendeu os israelitas por não produzirem tijolos por falta de palha, era simplesmente o seu próprio faraó que os instigava a realizar feitos maiores.

El Minia

Amarna, a cidade do faraó Akhenaton, é uma cápsula do tempo do Novo Reino, uma imagem inanimada da Era de Amarna. Ela foi fundada por Akhenaton para ser a nova capital do Egito, mas abandonada apenas 20 anos mais tarde. Suas fundações foram deixadas para formar um antigo mapa de como a nova cidade ideal dessa época fora projetada. Mas em seu ódio pela cidade e pelo que ela representava, os faraós seguintes devem ter rogado uma praga nessa região, pois ela nunca mais foi habitada.

Para visitar suas ruínas, tomei o trem para El Minia e, de lá, um táxi. Como a cidade encontra-se em uma zona de segurança, a nossa comitiva teve de esperar uma escolta do exército para que nos levasse até o sítio. Depois de cerca de uma hora, chegou um pelotão acompanhado de uma pesada metralhadora e seguimos para o sul, ao longo da margem oeste do Nilo. Do lado oposto de Amarna, há uma velha e surrada balsa. Deixamos o pelotão para trás e prosseguimos com apenas alguns guardas armados para a outra margem. Foi quando aconteceu uma pequena confusão, como sempre ocorre na área, e se iniciou uma animada discussão. No fim, dois turistas alemães apareceram e o problema era simplesmente decidir se esperaríamos por eles ou não.

Eu, os dois turistas e cerca de 20 guardas armados embarcamos em um velho ônibus e rumamos em direção à planície. Amarna está localizada em um crescente de penhascos, que beiram a margem leste do Nilo. O altiplano situa-se acima da planície, que é normalmente inundada pelo rio, de modo que ela já devia ter a mesma aparência que apresenta atualmente: uma paisagem infértil, cercada atrás por penhascos vermelhos e, abaixo, pelo leito estreito, verde e tortuoso do Rio Nilo.

Em um breve relance da área, é fácil perceber que os palácios e os templos de Amarna foram construídos apressadamente por uma pequena força tarefa. Akhenaton estava desesperado para estabelecer uma nova e imponente capital que fosse admirada por todo o Egito, mas ele dispunha de poucos recursos e de mão-de-obra insuficiente. Os egiptólogos dizem que cerca de 50 mil pessoas viviam em Amarna, e Maneton disse que cerca de 80 mil trabalharam nas "pedreiras" [Amarna] – um número de pessoas insuficiente para fundar uma nova capital. Por conseguinte, as obras foram apressadas, e grande parte dos edifícios foi feita com tijolos de barro e as paredes recobertas de gesso. Esse era o material de construção para as casas e até para alguns palácios comum no Egito, mas os grandes templos do Alto Egito são todos formados de grandes blocos de pedra monolítica. O máximo que Akhenaton conseguiu para o seu novo império foi alguns pilares grandes de pedra para o templo principal.

Mas enquanto Akhenaton construía os templos, o que ele usava como local de veneração? É óbvio que a importante liturgia diária e os festivais religiosos tinham de ser observados, de maneira que um templo temporário pré-fabricado deve ter sido erigido. De fato, pode muito bem haver uma exata descrição desse mesmo templo, pois o seu tamanho, forma e projeto se adequam perfeitamente aos templos de pedra que Akhenaton construiu em Amarna.

> Farás o tabernáculo com dez cortinas de linho fino retorcido de púrpura violeta, púrpura escarlate e de carmesim... Cada cortina terá vinte e oito côvados de comprimento (14,6 metros)... Cinco dessas cortinas serão unidas uma à outra... Farás também tábuas de madeira de acácia, que serão colocadas verticalmente... O comprimento de uma tábua será de dez côvados (5,2 metros)... vinte tábuas para o lado meridional, ao sul... Porás sob essas vinte tábuas quarenta suportes de prata... Recobrirás de ouro essas tábuas... Farás para a entrada da tenda um véu de púrpura violeta, de púrpura escarlate, de carmesim... Farás o altar de madeira de acácia. Seu comprimento será de cinco côvados, sua largura de cinco côvados...[B213]

A descrição prossegue, mas o resultado diz respeito a um amplo pátio externo com uma moldura de madeira alta e ricamente enfeitada e envolta em tecido. Dentro do pátio – que media cerca de 52 metros de comprimento –, havia vários pilares, um altar e uma tenda central conhecida como o Santo dos Santos, na qual a Arca da Aliança estava. É claro que a descrição se refere ao Tabernáculo, o ricamente adornado e embelezado templo feito de latão, ouro, prata e ricas tapeçarias que era voltado para o leste, tal como são todas as igrejas cristãs. A descrição reflete exatamente os templos posteriores de Akhenaton, de pedra e de tijolos de barro, com pátios, altares, pilares e seu principal Santo dos Santos.

A Bíblia não menciona de onde surgiu de repente esse Tabernáculo dispendioso e difícil de montar, mas certamente ele não foi fabricado, como é sugerido, no deserto do Sinai. Sem dúvida, Akhenaton teria necessitado de um templo temporário enquanto seus grandes projetos estivessem sendo edificados apressadamente e, aqui, temos uma descrição muito detalhada de um templo pré-fabricado que se enquadra perfeitamente nesse requisito. Muito provavelmente essa foi a função e a história do Tabernáculo bíblico, apesar de o livro *Tempest & Exodus* (Tempestade e Êxodo) apresentar argumentos a respeito de um semelhante templo móvel sendo construído ao final do período hicso.

As tumbas escavadas nas rochas de Amarna também têm sinais de trabalho apressado. Parte da obra inicial nos *halls* de entrada é bem requintada, mas dentro da tumba os trabalhadores deixaram paredes e câmaras inacabadas e concentraram seus esforços nos poços de sepultamento. Se as tumbas foram usadas ou não, o fato é que elas permaneceram inacabadas. Em virtude de suas controversas reformas, Akhenaton incorreu na ira dos sacerdotes tebanos, depois de sua morte, tanto que grande parte do trabalho artístico das tumbas foi mutilada e desfigurada. Entre-

---

B213. Bíblia, Êxodo 26:1 - 27:21.

tanto, os frisos que sobreviveram em Amarna e no Museu de Luxor apresentam uma impressionante transformação no estilo formal de todos os períodos anteriores da história egípcia. Neles são pintadas formas naturais, apresentando também a vida familiar do faraó retratado, entregando até um selo de ofício a um oficial, algo incomum para outras eras. Isso e as estranhas formas arredondadas do rei e da rainha demonstram claramente a natureza radical do regime de Amarna. Akhenaton era um homem com uma missão política e religiosa.

Embora Akhenaton falhara a curto prazo, por causa da escala sísmica de suas reformas, é certo que seu regime teve influência profunda da história. O livro *Eden in Egypt* (Éden no Egito) explora com maior acuidade como a Teologia de Akhenaton foi perpetuada e moldada no Judaísmo atual e como o mundo natural e familiar de Amarna tornou-se o conto popular de um jardim chamado Éden.

Depois da morte de Amenhotep III, Akhenaton [Aarão] iniciou a tarefa de consolidar o seu poder no território e de fechar os templos dos deuses tradicionais. Na Inglaterra, Henrique VIII conseguiu fechar todos os monastérios ao trabalhar de uma base de poder muito segura e com um grande apoio em todo o território. Akhenaton conseguiu nominalmente reformar as crenças religiosas de uma nação inteira com muito pouco apoio por parte da população do reino. O fato de ter conseguido o seu intuito, embora a curto prazo, significa que ele havia assegurado o apoio da maioria do exército, pois essa confiança seria necessária em todas as cidades e templos para que o ato sacrílego de desfigurar as imagens dos deuses fosse realizado. Tê-lo conseguido significa que tanto Moisés quanto Aarão eram hábeis nas intrínsecas manobras de obter poder. A mudança de crenças de uma nação não é algo a ser considerado levianamente.

Entretanto, no fim, o povo cansou. E foi essa sobrepujante rebelião dos sacerdotes do Alto Egito e do próprio povo que provocou o segundo êxodo. A História estava se repetindo, como frequentemente acontece, e os arianos foram novamente expulsos do Egito.

Parte 2
O Nascimento de Moisés

Muitas gerações depois da morte de José, subiu ao trono do Egito um faraó que não o havia conhecido.[B214] Os descendentes de José [os arianos], por meio de suas missões evangélicas, haviam crescido muito em número, e o faraó, temendo novamente a sua posição, declarou:

> Vede: os israelitas [os arianos] tornaram-se numerosos e fortes demais para nós. Vamos! É preciso tomar precaução contra eles e impe-

---
B214. Bíblia, Êxodo 1:8.

dir que se multipliquem para não acontecer que, sobrevindo uma guerra, se unam aos nossos inimigos.[B215]

Acontece que Tiye, a esposa de Amenhotep III, estava grávida, mas os sacerdotes estavam temerosos com a chegada dessa criança, pois sabiam que a mãe era uma devota de Áries. Tiye estava bem a par das ameaças que pairavam sobre essa criança que estava para nascer e tomou as devidas precauções para que a sua cunhada, irmã do faraó, tomasse conta dela no início. Amenhotep estava preocupado com tudo isso. Ele sabia que haveria oposição ao seu casamento com uma ariana, mas não tinha certeza de até que ponto o seu trono seria ameaçado. Entretanto, durante um sonho, ele viu um ancião que segurava uma balança; de um lado, estavam todos os príncipes e anciãos do Egito e, do outro lado, havia um único cordeiro [a representação de seu caro ariano, o próximo príncipe]. E o cordeiro mostrou-se o mais pesado. Ele pediu ao sábio da corte, Bi'lam, que interpretasse esse sonho, e este respondeu que um filho [ariano] nasceria e destruiria o Egito.[T216] Amenhotep ficou muito perturbado [pois ele desejava muito ter um príncipe ariano], mas seria o futuro do Egito um preço alto demais a ser pago por isso?

Alguns anos mais tarde, Tiye levou Moisés [Tutmose, irmão de Akhenaton] para conhecer o seu pai, Amenhotep III, o faraó. Ela disse a Amenhotep que havia criado um filho de forma divina e que acreditava ser apropriado que ele fosse "o herdeiro do reino".[J217] Não havia nenhuma certeza de que Moisés fosse escolhido para ser o herdeiro, pois havia muitos filhos dentre os quais escolher. Tiye somente poderia atingir o objetivo se pudesse consolidar a sua posição como esposa principal. Embora a sua ancestralidade faraônica fosse certa, a sua crença ariana era um distinto empecilho aos olhos dos sacerdotes, e ela podia ver que o seu marido, o faraó, estava perturbado com as implicações dessa escolha de um herdeiro. O faraó abraçou Moisés [Tutmose] e o apresentou com a coroa real, um sinal de legítima herança ao trono. Tiye estava prestes a dar um suspiro de alívio, quando o adolescente (Tutmose) Moisés pegou a coroa e a jogou ao chão, pisoteando-a. Quando os sacerdotes ali reunidos viram a cena, fizeram uma violenta tentativa de matar Moisés e, irados, gritaram muito.

Ó Majestade! Esta criança é aquela sobre quem Deus profetizou; que se a matássemos estaríamos livres do perigo... portanto, tire-a do caminho e livre os egípcios do medo que têm dele e prive os [arianos] da esperança que têm de ser encorajados por ele.[J218]

B215 *Ibid.*, 1:9-10.
T216. Talmude. Também citado em Polano, *Selections from the Talmud,* Polano. London: Frederick Warne, 1877, p. 26.
J217. Josephus, ANT 2:232.
J218. Josephus, ANT 2:235.

(A título de comparação, o *Talmude* menciona apenas que Moisés colocou a coroa em sua própria cabeça, o que significava que ele era o verdadeiro rei, e isso provocou a mesma reação nos sacerdotes ali reunidos.) Mas Tiye os impediu e levou a criança embora. O rei não estava com pressa de matá-lo e pediu aos sábios conselheiros uma avaliação da situação. Bi'lam confirmou os piores temores de Amenhotep dizendo:

> Não pense que, em razão de sua pouca idade, a criança fez o que fez impensadamente. Lembre-se de seu sonho da balança (e do cordeiro). Se for do consentimento do rei, faça com que uma balança seja colocada à frente da criança e que um dos pratos contenha ouro e o outro fogo. Se a criança estender a mão para pegar o ouro, saberemos que se trata de um ser consciente e consideraremos que ela agiu conscientemente. Mas se ela tentar alcançar o fogo, então poupe a sua vida [mas que a sua língua seja queimada].[T219]

O jovem Moisés sabia exatamente em que situação se encontrava e, para salvar a sua vida, ele sabiamente escolheu o fogo. Ele havia sido salvo por sua mãe e acabou sendo enviado para Heliópolis para se tornar um sacerdote,[M220] pois deveria ser cuidadosamente educado.[J221] Mas graças às feridas infligidas à sua boca, Moisés teria para sempre "a boca e a língua pesadas",[B222] e havia perdido a perfeição física exigida para se tornar um faraó reinante.

Os egípcios desconfiavam dessa educação especial que estava sendo ministrada a Moisés [pois conheciam a Teologia de Heliópolis] e, no entanto, se o tivessem matado "não haveria ninguém com um parentesco ou um oráculo favorável que tivesse maior direito ao trono". Portanto, eles se abstiveram de matá-lo, pois matar alguém de linhagem real seria, seguramente, incorrer na ira dos deuses. Assim, embora lhe fosse negado o trono em razão de sua deficiência e estivesse para sempre dependente de seu irmão Aarão [Akhenaton] para falar por ele, [B223] Moisés, assim mesmo, tornar-se-ia sumo sacerdote de Heliópolis e um grande comandante militar.

Moisés, o Homem

Ao atingir a maioridade, Moisés tornou-se o sacerdote superior de Heliópolis na tradição de sua ilustre família. Mais tarde, houve uma guerra com os etíopes. Tiye convenceu Amenhotep III de que Moisés deveria

---

T219. *Talmude*. Também citado em Polano, *Selections from the Talmud,* Polano. London: Frederick Warne, 1877, p. 26.
M220. Maneton, 131, 125.
J221. Josephus, ANT 2:237.
B222. Bíblia, Êxodo 4:10.
B223. Bíblia, Êxodo 4:14.

levar o exército para o sul ao encontro dos etíopes, e o faraó concordou. Moisés liderou uma grande campanha contra os etíopes e voltou vitorioso, trazendo a esposa do rei etíope como a sua nova noiva.[J224] Sua primeira esposa chamava-se Tarbis e a segunda, Zípora, e ele teve pelo menos dois filhos: Gérson e Eliezer. Eliezer é um nome bíblico tradicional que também pode ter derivado de Eli-sar, o rei-Sol.

Os egípcios desconfiavam de que Moisés usaria o seu sucesso e sua popularidade para "provocar uma revolta contra eles" e "causar reformas no Egito",[J225] reformas à religião tradicional a qual lutaram tanto para manter havia apenas dois séculos. A gota d'água para eles, entretanto, foi o assassinato de um egípcio [taurino] por parte de Moisés [sem dúvida, um taurino importante]. O povo estava descontente com esse filho favorito do faraó, que podia safar-se com tanto abuso de poder. Até membros de suas próprias fileiras fizeram objeção, dizendo:

> "Por que feres o teu companheiro?" Mas o homem respondeu-lhe: "Quem te constituiu chefe e juiz sobre nós? Queres, por ventura, matar-me como mataste o egípcio [taurino]?"[B226]

Então, eles disseram ao faraó, em termos não pouco claros, que Moisés deveria morrer. O faraó favorecia a causa ariana de Moisés, mas ele percebia que os conflitos eram iminentes. Fortes objeções estavam sendo apresentadas contra seus dois filhos, Moisés e Aarão, por causa de seu franco apoio à crença de Aton – a crença ariana sob um nome diferente. O faraó também sabia que Moisés tinha um profundo ressentimento pelas feridas que lhe haviam sido infligidas quando criança e que tentaria qualquer coisa para conseguir poder e influência entre os seus seguidores. O faraó tinha de agir prontamente ou teria de defrontar-se com uma revolta aberta dos sacerdotes e do povo.

Os sacerdotes arianos já estavam sendo conhecidos como "leprosos" pelo seu mais próximo conselheiro, também chamado de Amenhotep, filho de Hapu. Em razão desse iminente conflito, Amenhotep III quis novamente prever o futuro. Ele queria saber quem era o verdadeiro deus: um ponto que, séculos mais tarde, Josephus ridicularizaria:

> O rei Amenhotep, ele diz, queria ver os deuses... Que deuses? Se forem aqueles estabelecidos por suas leis a quem se refere – o touro, o carneiro... ele já os viu.[J227]

J224. Josephus, ANT 2:250 - 253.
J225. *Ibid.*, 2:254.
B226. Bíblia, Êxodo 2:13-14.
J227. Josephus, CA 1:28.

Mas o desejo de Amenhotep era genuíno porque ele não queria ver suas formas físicas, já que eram de seu conhecimento, mas saber qual dos dois triunfaria nesse conflito de vontades:

> ... e ele comunicou o seu desejo ao oráculo Amenhotep (filho de Hapu) que, em virtude de sua sabedoria e conhecimento do futuro, tinha a reputação de ser um participante da natureza divina. Esse homônimo, então, respondeu que o faraó teria condição de ver os deuses verdadeiros [Touro] se ele expurgasse todo o território desses leprosos e das outras pessoas infectadas [os arianos].[M228]

Amenhotep III ficou preocupado, pois os oráculos possuíam uma poderosa influência não só sobre o povo, como também sobre os cortesãos e o rei. Por exemplo, os sacerdotes em Meroe falavam como se a divindade falasse através deles. E eles faziam isso...

> ... de tal maneira que conseguiam escravizar a consciência desses príncipes por meio de medos supersticiosos, fazendo com que fossem obedecidos sem oposição. Finalmente, um rei contemporâneo de Ptolomeu Filadelfo ousou desobedecer às suas ordens e, entrando na "Capela Dourada" (o Santo dos Santos) com os seus soldados, matou todos (os sacerdotes) e aboliu o costume.[229]

Mas essa rebelião contra o abuso de poder pelos oráculos não aconteceria novamente por outros mil anos. Nesse meio tempo, tais profecias divinas eram presságios poderosos do futuro que não deviam ser ignorados. Mesmo que o faraó não temesse os oráculos, Amenhotep III ainda sabia os efeitos que o país e a nação sofreriam se os seguidores de Áries e seus líderes – seus filhos que haviam sido "contaminados por essa lepra religiosa", como os sacerdotes tebanos a denominaram – tivessem permissão de continuar com sua missão radical.

Estava escrito nas crônicas de sua grande nação: o resultado do último levante do sentimento popular contra os arianos foi uma guerra civil e a destruição da maior parte do Delta Oriental. Esse foi um duro golpe para a população e para o reino. Como líder responsável, ele não podia permitir que isso acontecesse novamente, quaisquer que fossem suas simpatias para com os arianos. Além disso, a posição de todo líder depende do apoio de seus nobres e, infelizmente, para Amenhotep III...

> (parafraseado) ... toda a antiga riqueza e influência do Egito provinham do gado [taurinos].[J230]

M228. Maneton, p. 124-125.
229. *Estrabão*.
J230. Josephus, ANT 2:263.

Assim, apesar do fato de seus filhos favoritos serem os organizadores dessa revolta e de sua própria tendência em favorecer sua causa, ele não tinha escolha. Tutmose [Moisés] e Akhenaton [Aarão] tinham de ser exilados, do contrário haveria no país uma nova guerra civil e, caso os sacerdotes saíssem vitoriosos, seus filhos seriam mortos. Relutantemente, o rei ordenou o banimento de Moisés e de Akhenaton do território egípcio. (Maneton pareceu entusiasmado com esse fato, mas é de se supor que essa exclamação de alegria fosse unilateral):

> O rei estava satisfeito e reuniu todas as pessoas infectadas pela doença [pela heresia], um total de 80 mil pessoas, e condenou-as a trabalhar nas *pedreiras, na margem Oriental do Nilo,* segregadas dos outros egípcios. Entre elas, havia sacerdotes cultos *que haviam sido infectados pela lepra.*[M231] (Itálicos do Autor)

Então, Moisés e Aarão escolheram a única opção que lhes restava – não era um exílio completo, mas o afastamento das áreas urbanas do Delta do Nilo. Para eles, o norte do Egito era uma zona proibida e, da mesma forma, os sacerdotes de Tebas os matariam caso se aventurassem muito para o sul. A escolha já havia sido feita, e eles se dirigiram para as margens orientais menos férteis do Nilo, no Egito central.

A Era de Amarna

Era um lugar desolado, longe das áreas habitadas do país, mas para fazer desse humilhante local uma capital política, Aarão e Moisés escolheram uma posição simbólica bem no centro do Egito, precisamente entre as capitais políticas do Baixo e do Alto Egito: entre Heliópolis, ao norte, e Tebas, ao sul. Ali, eles estabeleceram uma "capital" rebelde em um local infértil do território. Aarão proclamou-se faraó de todo o Egito e mudou o seu nome de Amenhotep IV para Akhenaton [Aarão] para representar sua irrevogável cisão com o velho regime.

Uma nova era pronunciava-se no Egito, a era de Amarna, que deveria ser diferente, em todos os aspectos, do velho regime. Essa revolução foi o resultado do compromisso de Aarão para com o estudo sagrado das funções do cosmos – o poder por detrás do Sol. Ele queria continuar no espírito da Era de Áries, uma era que se pronunciara muitos séculos antes, quando as constelações se retiraram de Touro e entraram em Áries. Além disso, ele pôde perceber precisamente o motivo de toda a disputa divisória entre os sacerdotes hicsos e os tebanos – o povo do Egito não havia compreendido totalmente por que Touro havia sido venerado por tanto tempo. Eles se distraíram com a imagem física do próprio touro e pela pletora de deuses e semideuses que

---

M231. Maneton, p. 124-125.

proliferaram na nação. O povo precisava compreender que o importante não era a forma física dos deuses, mas que o próprio cosmos e as funções matemáticas que ordenavam seus movimentos deveriam ser venerados.

Esses "deuses" do Egito eram mensageiros de outros mundos e não os próprios deuses. O Sol e o cosmos eram o verdadeiro poder por detrás de toda a vida no Universo, e essa "energia" era amplamente invisível. Se ao povo fossem negadas essas imagens gravadas que confundiram toda a questão, essa disputa não aconteceria novamente na próxima mudança das constelações. Se existia uma certeza na vida, era a de que as estrelas se movimentam no céu. Em algum momento no futuro, outro faraó teria os mesmos problemas, se as constelações saíssem de Áries para entrar em Peixes. Esse era o momento de cortar o problema pela raiz e de acabar com essas distrações.

Aarão deu a ordem: não deveria haver "imagens gravadas" para desviar a atenção do povo da verdadeira veneração divina, a de Aton, as obras do cosmos. Todos os velhos deuses do Egito foram banidos e o povo deveria reconhecer em Aarão a sua sabedoria e a sua compreensão do cosmos, apreciando o movimento divino do Sol em sua órbita, pois ele era a representação física das funções cósmicas. Caso se entendesse o movimento do Sol, como ele entendia, compreender-se-ia a grandeza do Universo. Assim, os templos eram alinhados de acordo com o nascer e o pôr-do-Sol, com o teto aberto para que o "deus-Sol" pudesse ser venerado ao atingir o seu ápice no céu todos os dias. É por esse motivo que a divindade não tinha forma física em Amarna, pois as obras do cosmos não têm forma. Por isso a Teologia de Moisés e de Aarão se tornou monoteísta, pois existe somente um cosmos e um único conjunto de leis ao qual ele obedece. Essas leis são as forças estranhas, silenciosas e invisíveis, mais poderosas que se podem imaginar.

O local escolhido por Aarão para a sua nova cidade capital era desolado, na melhor das hipóteses. A cadeia de colinas que formam a margem oriental do Nilo recuava nesse ponto para formar um semicírculo, uma planície árida e pedregosa situada entre os despenhadeiros e o Nilo. Era uma planície infértil e afastada de todos os grandes centros do território. Ali, as margens estreitas do Nilo não eram tão produtivas quanto os outros trechos do rio, e Akhenaton não controlava os dízimos necessários para dar suporte ao seu pequeno império. Eles estariam para sempre dependentes do auxílio voluntário do mundo externo.

Havia, entretanto, certo método na loucura de Aarão, pois esse local representava simbolicamente uma província totalmente separada do resto do Egito. A nova cidade capital estava situada proposital e simbolicamente no exato centro de todo o reino. Qualquer comerciante, nobre ou faraó que tivesse de atravessar o território entre Karnak e Heliópolis teria de passar por ali, pelo Nilo, e apreciar e maravilhar-se com os esplendores desse novo reino – a "nova ordem mundial".

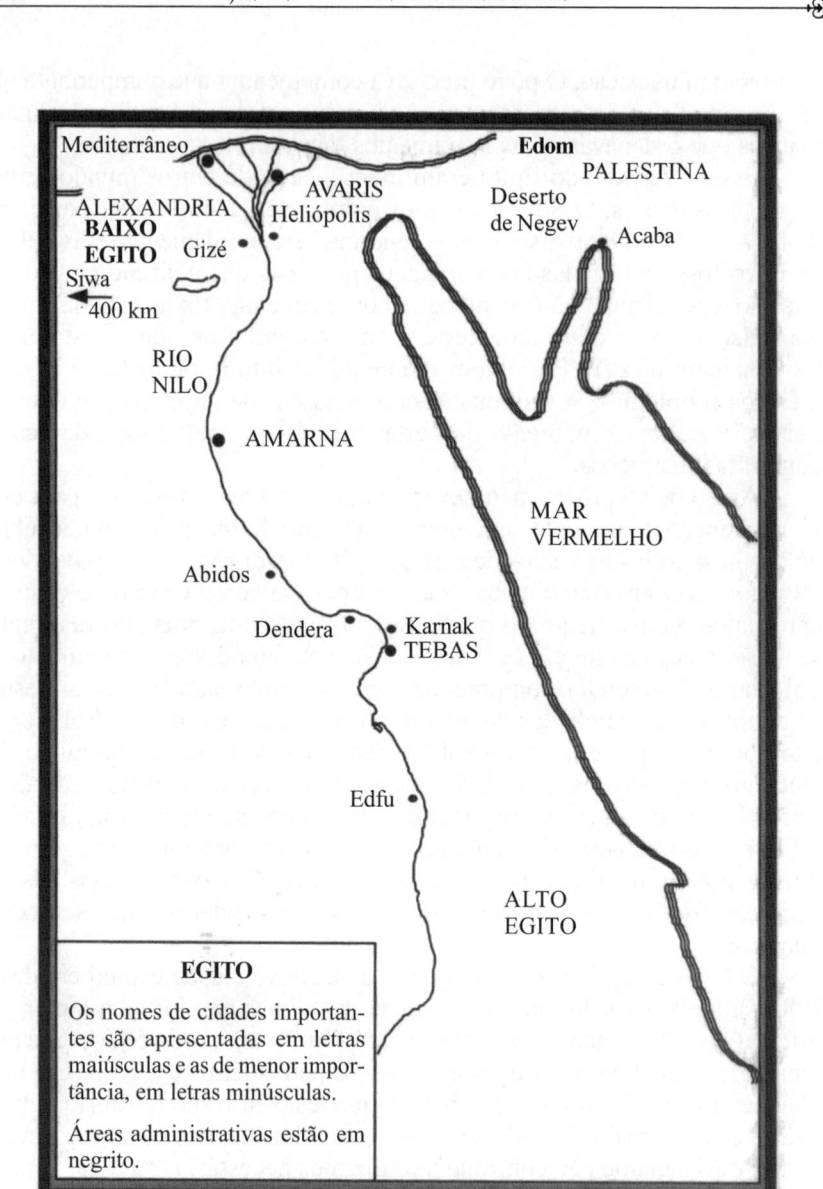

Figura 17. Mapa do Egito Antigo

Entretanto, nas fileiras de seus seguidores havia uma grande incredulidade quanto à escolha da localização da nova cidade, mas Aarão estava irredutível. Na plataforma do altar principal, ele inscreveu que...

... ele construiria a sua cidade nesse local e em nenhum outro lugar. Se alguém tentasse dissuadi-lo, ele não lhe daria ouvido, mesmo que fosse a própria rainha.[232]

Aarão estava determinado a mostrar ao resto do mundo que ele era o maior de todos os líderes, que o seu sistema era superior a qualquer outro e que a sua capital era a melhor do mundo. Assim, foi nessa paisagem lunar que os arianos foram jogados e, agora, a construção de uma nova cidade, uma nova capital para esse pequeno império, dependia de seu próprio trabalho. De repente, toda a área ressoava com os sons de afazeres frenéticos para construir uma nova "capital" para esses "leprosos" exilados. Os sons ecoavam intensa e incessantemente pelos despenhadeiros, a ponto de os marinheiros egípcios que por ali passavam apelidarem o lugar de "pedreira da margem oriental".

Esse foi um termo que os sacerdotes tebanos adotaram com júbilo, pois esse era um lugar apropriado para os leprosos exilados. Mas Aarão denominou o seu império Akhetaton ou, como veio a ser conhecido pelo mundo, Amarna.

> (Observe, aqui, como o registro de Maneton a respeito dos "leprosos na pedreira da margem Oriental do Nilo", a narrativa da Bíblia sobre os israelitas "fazendo tijolos de barro para o faraó", e a história da Bíblia a respeito do primeiro exílio (interno) de Moisés, todos coincidem com um acontecimento histórico comprovado: a fundação da nova cidade de Akhenaton em Amarna, que ficou conhecida como Akhetaton.)

Fundações

Aarão estava furioso com a situação em que se encontrava. O mundo estava contra ele, mas ele mostraria quem era o verdadeiro líder desses territórios. Imediatamente, procurou consolidar seu pequeno império como um Estado independente dentro do território egípcio. Ele estabeleceu marcos fronteiriços que precisamente definiam a sua extensão. O império apresentava-se como o moderno Vaticano – um mini-Estado dentro do Estado maior da Itália, totalmente separado, mas inteiramente dependente. Os marcos fronteiriços que Aarão fixou em todas as entradas do novo Estado tinham inscrições injuriosas para todos aqueles que viessem a visitar o seu império e assim proclamar ao mundo a injustiça que ele e o seu povo haviam sofrido:

> Pois assim como o Pai Hor-Aton vive... mais perversos são os sacerdotes (?) que as coisas que ouvi até o ano 4. Mais perversos são eles que as coisas que ouvi no ano (?) mais perversos são eles que as coisas

---

232. *Akhenaton,* Cyril Aldred. London: Thames & Hudson, 1991, p. 270.

que o rei Amenhotep III ouviu. Mais perversos são eles que as coisas que Tutmose IV ouviu.[233]

Tratava-se de um pedido lastimoso de apoio por parte dos seguidores de seu pai. Era uma indicação de que, apesar de a maior parte da crítica ter sido endereçada a ele, tanto o seu pai quanto o seu (avô?) haviam sofrido as mesmas críticas. Isso só pode ter acontecido porque eles também haviam apoiado a causa do culto a Aton, mas talvez em caráter um pouco mais privado. É possível que tivessem maior compreensão das forças que seriam jogadas contra si, caso declarassem abertamente suas ideias, e conheciam bem as privações que sofreriam como consequência.

Mas Aarão agira imprudentemente e, como resultado, ele e seu irmão enfrentavam, agora, uma existência precária. Eles poderiam ser extintos facilmente, e a qualquer momento pelos militares, e dependeriam sempre das entregas esporádicas de alimento e de materiais que seus partidários do norte enviassem. Sua única defesa era o terreno à sua volta e o apoio mais amplo que existia na metade norte do reino. Um assalto militar de Tebas, pelo sul, poderia ser suficiente para provocar nos arianos do norte uma revolta e começar outra guerra civil. Nesse ambiente de impasse desesperador, Aarão podia fingir que estava fundando um novo reino para os arianos. Por outro lado, os taurinos de Tebas podiam menosprezar a situação em que se encontravam os "leprosos da pedreira", mas ninguém ousava atacar o outro nesse momento. Tratava-se de uma trégua que somente proporcionava uma pausa às tensões subjacentes que existiam no território, uma situação instável que duraria apenas duas décadas.

A Pedreira

Durante cerca de uma década, os devotados seguidores de Áries [os israelitas] trabalharam nas pedreiras de Amarna empregando seus esforços por amor a Aarão e sua família, construindo a grande cidade de Amarna. Enquanto o trabalho progredia, o próprio rei teve de contentar-se com uma casa feita de juncos, que ficou conhecida como "o Aton está contente"[234] ou [Aarão está satisfeito]. Na realidade, o nome referia-se à sua divindade, mas é bem óbvio que, por outro lado, possa tratar-se da sua posição em Amarna. O nome era uma pequena mensagem de desafio aos sacerdotes taurinos em face das dificuldades que nenhum faraó do Egito jamais teve de sofrer.

No início, a energia do povo era ilimitada, e trabalhava-se do nascer ao pôr-do-sol nas pedreiras de Amarna, construindo-se os grandes templos a Aton e os requintados palácios do faraó. O grande templo tinha magnífi-

---

233. *Rock Tombs of Amarna*, Davies. The University Press, 1973.
234. *Akhenaton,* Cyril Aldred. London: Thames & Hudson, 1991, p. 271.

cos pilares de pedra, e algumas das paredes eram ornamentadas com interiores primorosamente decorados em gesso, enquanto os próprios cidadãos de Amarna moravam em choupanas de barro. Mas com o passar do tempo e com a contínua exigência de Aarão por edifícios novos e mais fabulosos para mostrar ao mundo a grandeza de seu império, as queixas começaram a surgir. Aarão e Moisés não cediam e simplesmente exigiam mais e maiores esforços:

> Que sejam sobrecarregados de trabalhos, ocupem-se eles de suas tarefas e não deem ouvidos às mentiras que se lhes contam![B235]

O trabalho com o corte das pedras para os templos era lento e monótono, e a cidade estava atrasada com relação ao programa otimista de Aarão e de Moisés, de maneira que ordenaram que o palácio do rei e o resto do grande templo fossem feitos de tijolos de barro para apressar a construção. Até as maciças colunas dos portais de entrada da Mansão de Aton deveriam ser de simples tijolos de barro.[236] Contudo, a tarefa estava atrasada por falta de matéria-prima. O barro era facilmente encontrado no Rio Nilo, mas a palha tinha de ser trazida do norte ao longo do Delta do rio. Embora ainda houvesse um considerável apoio para a posição de Aarão no Baixo Egito, os fornecimentos para Amarna eram frequentemente irregulares e, algumas vezes, os trabalhadores passavam semanas sem nenhuma palha. Aos olhos de Aarão, isso não era desculpa. As pessoas não compreendiam a necessidade política de uma cidade exibicionista; elas estavam apenas ficando preguiçosas:

> "O faraó manda-vos dizer que já não vos fornecerá palha; e que vós mesmos devereis procurá-la onde houver, mas nada se diminuirá de vosso trabalho." Espalhou-se, pois, o povo por todo o Egito para ajuntar restolhos em lugar de palha. Os inspetores instavam-nos, dizendo: "Aprontai vossa tarefa diária, como quando se vos fornecia palha". Açoitavam até os vigias israelitas [de Áries] que os inspetores do faraó [Aarão] tinham estabelecido sobre eles. Diziam-lhes: "Por que não terminastes, ontem e hoje, como antes, o que se vos havia fixado de tijolos a fazer?".[B237]

Os arianos reunidos queixaram-se a Aarão de que não havia palha para fazer tijolos e que a coleta de grama nos altiplanos ocupava grande parte de seu tempo, mas Aarão e Moisés queriam a mais requintada capital de todo o Egito e exigiram deles:

B235. Bíblia, Êxodo 5:9.
236. *Akhenaton,* Cyril Aldred. London: Thames & Hudson, 1991, p. 67.
B237. Bíblia, Êxodo 5:10-14.

"Vós sois uns preguiçosos, sim, uns preguiçosos!... E agora, ao trabalho! Não se vos fornecerá a palha, mas deveis entregar a mesma quantidade de tijolos".[B238]

Assim, da posição de grande líder carismático, Akhenaton [Aarão] tornara-se um ditador despótico, tal como acontece com muitos líderes, tanto antes quanto depois. Isso mais tarde viria a causar um grande conflito entre o seu povo, mas, por enquanto, ele vivia o ideal de um sonho por ele mesmo construído. Isolado da população e cercado da família e de seus cortesãos, Aarão estava sendo levado pela fantasia de um mundo perfeito no qual viveria e um reino perfeito que ele viria a governar.

A sua mente desviou-se para as artes e ele determinou que deveria haver uma nova liberdade de expressão por parte de seus artesãos. Eles deveriam pintar o mundo da maneira que o enxergavam, e não como os tradicionais faraós determinavam. Eles deveriam apresentar o faraó [Aarão] e a sua família em detalhes íntimos – beijando-se, abraçando-se, brincando com as crianças. Foi uma revolução tanto pela arte quanto pela intimidade, na qual a família real podia ser apresentada. Ele se interessou pela poesia e tentou descrever o idílio que comporia na forma de seu novo sistema devoluto:

> Esplêndido, tu te levantas no horizonte do céu, Ó Aton vivo, Doador de Vida. Ao surgir no leste, enches toda a terra com a tua beleza... As terras estão em festa. Elas despertam e erguem-se sobre seus pés, pois tu as levantaste. Elas lavam-se, vestem-se e erguem os braços em adoração, na tua presença... Todos os rebanhos estão em paz em seus pastos. As árvores e as pastagens tornam-se verdes. Os pássaros voam de seus ninhos com suas asas abertas em adoração de teu espírito. Todos os animais saltam sobre suas patas; toda a criação alada vive quando amanheces para eles... És tu quem faz com que as mulheres concebam e quem cria semente nos homens. És tu quem dá vida à criança no útero de sua mãe, quem a conforta para que ela ali não chore, protetor que és, mesmo no útero, és quem dá o sopro que torna vivo tudo o que ele criou...

> Quando o pintinho pia dentro da casca do ovo, tu lhe dás o alento que o sustenta. Tu crias a permanência dentro do ovo para que ele possa quebrá-lo e dele sair para testemunhar a sua compleição ao andar sobre os seus próprios pés. Quão variada é a tua obra, embora ela seja escondida da visão do homem, Ó Único Deus, sem o qual nada existe! Formaste a Terra segundo o teu desejo, quando estavas só... todos os homens, todos os animais, grandes e pequenos, todas as coisas que existem sobre a Terra e que andam sobre os pés, tudo o que voa com asas... Tu estás em meu coração, mas não há ninguém que te conheça

---

B238. *Ibid.*, 5:17-18.

senão o teu filho Akhenaton, a quem mostraste os teus planos e o teu poder.[239]

Aarão também se interessou pelas coisas divinas. Ele sabia, pelos antigos textos de Heliópolis, onde ele e Moisés foram educados,[240] que os mensageiros divinos, que no passado foram enviados pelos deuses, eram seres de carne e osso. Ele também sabia que os textos antigos diziam que o homem fora criado à imagem desses mensageiros, ou seja, o corpo físico desses mensageiros era semelhante aos nossos próprios corpos. Mas ele também sabia que nenhum homem antes dele havia ousado discutir ou apresentar publicamente a forma física exata dos corpos desses mensageiros do cosmos. Esse era um segredo que havia sido guardado no Santo dos Santos em Heliópolis desde a época dos deuses, quando eles visitaram a Terra em suas formas físicas.

Somente Akhenaton, na extrema convicção de sua elevada posição, com relação aos deuses, ousou exibir a forma divina. Pouco a pouco, ele ordenou aos artistas do palácio que o retratassem na forma divina, com quadris, seios e barriga arredondados, rosto alongado, grandes olhos amendoados e sem genitália. E aí estava Akhenaton [Aarão] na forma de um ser divino, mensageiro do cosmos que visitara a Terra há milhares de anos. Tratava-se de uma forma tão sagrada a ponto de ela não ser exibida novamente à humanidade por 3,5 mil anos e ser elevada a *status* popular na literatura de ficção científica dos *greys* (alienígenas extraterrestres).[241]

Nuvens de Tempestade

Aarão estava satisfeito em sua gaiola dourada, mas preocupado com a falta de herdeiro. O que ele não previra foi a intensidade do ódio que a sua posição em Amarna havia gerado no meio sacerdotal de Tebas. Os sacerdotes fariam qualquer coisa para impedir a continuidade do seu regime, e prepararam-se para planejar um engodo e um suborno que, de modo seguro, viessem a eliminar definitivamente a heresia de Aarão. De maneira que eles...

> ... falaram com as parteiras [arianas]... Séfora e Fua, e disseram: "Quando assistirdes as mulheres dos hebreus, e as virdes sobre o leito, se for um filho, matá-lo-eis; mas se for uma filha, deixá-la-eis viver".[B242]

---

239. *Akhenaton,* Cyril Aldred. London: Thames & Hudson, 1991. *Great Hymn of Akhenaton,* p. 242.
240. *Ibid.,* p. 259.
241. O alienígena mais popular da ficção científica é o "grey" que se parece exatamente com Akhenaton. Veja no livro *Thoth – O Arquiteto do Universo* porque isso é pertinente ao Egito e a Akhenaton.
B242. Bíblia, Êxodo 1:16.

Assim, as parteiras de Nefertiti executaram a sua sombria tarefa com astúcia e estratégia, de maneira que Aarão foi abençoado com seis ou oito filhas, mas nenhum filho homem.[243-244] (Os quatro filhos de Aarão nasceram posteriormente na narrativa, durante o êxodo, e não constariam do registro egípcio.) Sem um herdeiro no Egito, a família de Aarão estava condenada, e a própria existência da nova capital em Amarna estaria ameaçada. Desesperado, Aarão treinou seus irmãos, Smenkhkare e Tutankhaton, para o trono real, o que até fez parecer aos historiadores que as parteiras haviam fracassado em sua tarefa e que Tutankhaton era filho de Aarão. Mesmo que isso fosse verdade, todos os seus esforços ainda seriam em vão.

Os esforçados arianos das pedreiras de Amarna não teriam paz, pois o impasse temporário estabelecido com a fundação da cidade estava para ser desequilibrado novamente. Amenhotep III, o pai de Aarão, morreu. Imediatamente após o tradicional período de luto de 70 dias, Aarão assumiu o título de faraó de todo o Egito. Com o apoio de seus seguidores do Norte, ele rapidamente consolidou o seu poder no império e começou a fechar os templos dos deuses tradicionais em todo o território. Equipes foram enviadas em todo o reino com a tarefa de eliminar todas as referências aos deuses tradicionais do Egito. Os templos foram esvaziados, os sacerdotes expulsos e os sagrados salões de hipostilo totalmente abandonados à vegetação. Para uma parte da população, deve ter parecido que o céu estava caindo sobre suas cabeças. A Estela da Restauração de Tutankhaton (Tutankamon) no Templo de Amen em Karnak – que marcou o fim da era de Amarna e o início da restauração dos costumes tradicionais – menciona o seguinte:

---

243. *Akhenaton,* Cyril Aldred. London: Thames & Hudson, 1991, p. 293.
244. Na realidade, a continuação desse versículo da Bíblia indica que as parteiras desobedeceram a essa ordem e isso pode explicar outro curioso elemento da era de Amarna: o muito controverso parentesco de Tutankamon. Apesar de o ano de nascimento de Tutankamon indicar que ele provavelmente fosse filho de Akhenaton em vez de Amenhotep III, ele está notavelmente ausente em todos os murais da família de Akhenaton. Entretanto, o relato bíblico indica que nem todos os príncipes foram mortos, o que permite a possibilidade de um príncipe secreto não constar dos registros oficiais: Tutankamon. Essa fábula do menino príncipe, que foi doado para que sua morte fosse impedida, também é uma característica repetitiva da mitologia grega, na qual Páris estava destinado a morrer, mas acabou sendo criado por um pastor [ariano]. O fato de que Páris também era chamado de Alexandre, por ter disposto de um bando de "ladrões de gado" [taurinos], e que Alexandre Magno portava os chifres de um carneiro [Áries] em sua cabeça somente aumentam as indubitáveis simetrias entre esses dois mitos.

... Ora, quando sua majestade (Tutankamon) se fez rei, os templos dos deuses e deusas, desde Elefantina até os charcos do Delta, tinham sido negligenciados. Seus santuários haviam caído em desolação e se transformado em terrenos cobertos de (ervas daninhas). Era como se seus santuários nunca houvessem existido e seus saguões pareciam trilhas. O território estava em tumulto e os deuses deram-lhe às costas...[245]

O povo estava agitado. A perseguição aos sacerdotes e aos seguidores taurinos fora longe demais. Grande era a pressão exercida sobre Smenkhkare, o irmão mais jovem de Aarão, para que assumisse uma co-regência a fim de moderar as exigências do irmão. Ele aceitou e casou-se com uma das filhas de Aarão, mas este simplesmente reagiu aumentando a pressão sobre os costumes tradicionais. Entretanto, os militares, com os quais contava para fazer vigorar os seus decretos, estavam começando a se dividir sob a pressão. Alguém tinha de ceder e, quando aconteceu, o fim foi rápido. De repente, no ano 17 do reinado de Akhenaton [Aarão], ele desaparece do registro histórico. Nenhum túmulo ou registro jamais foi encontrado – o rei "herege" simplesmente sumiu.

Será que ele realmente desapareceu? Será que ele morreu ou foi dilacerado por uma turba ensandecida? Ou, ainda, será que fez uso de sua autoridade e dos sagrados poderes de faraó – um "filho de deus" – para dissimular a sua fuga do país e seu exílio? Aqui, Maneton e a Bíblia retomam a história.

Guerra

Os leprosos das pedreiras haviam percebido a tempestade que se aproximava e queriam assegurar sua posição nas terras mais importantes do Delta do Nilo. Uma grande parte dos habitantes de Amarna mudou-se para Avaris, a terra natal dos reis pastores que havia sido abandonada por dois séculos. Para se proteger contra a infiltração de taurinos, Moisés testou a fé de cada seguidor que chegava a Avaris fazendo com que comesse a carne sagrada de vaca:

> Ele então decretou essa lei pela qual eles não deveriam venerar os deuses egípcios e nem tampouco se abster de comer a carne desses animais sagrados, que eles tinham em alta estima, mas matá-los e destruí-los a todos: para que não se juntassem a ninguém senão a essa confederação.[J246]

Então os "leprosos" enviaram imediatamente uma embaixada pedindo assistência aos reis pastores exilados em Jerusalém. Eles ficaram entu-

---

245. *Ancient Near Eastern Texts*, J. Pritchard. Princeton University Press, 1969, p. 251.
J246. Josephus, CA 1:239.

siasmados com a ideia e apressaram-se em ir para o Egito com um contingente de 200 mil homens para auxiliar suas famílias. Eles logo chegaram em Avaris.[J247] Josephus questionou a verdade desse relato, pois não podia entender por que o povo de Jerusalém quis socorrer os "leprosos". Mas a verdade é bastante evidente: tanto os "leprosos" de Avaris quanto o povo de Jerusalém compartilhavam da mesma ancestralidade dos reis pastores hicsos.

A escolha do faraó seguinte, que deveria assumir a coroa do Egito como chefe dessa nação dividida, foi um grande problema para os sacerdotes e para a nobreza de Tebas. Muitos queriam uma ruptura completa com o regime de Amarna, mas outros clamavam pelo filho mais jovem de Amenhotep III, Tutankhaton, para que ele assumisse o trono. Aarão havia declarado que Tutankhaton era "seu filho natural", mas seus conselheiros conheciam a verdade. Como filho de Amenhotep III, ele era o descendente mais próximo da verdadeira linhagem familiar. De certa forma, ele era a melhor escolha, pois Tutankhaton não fazia propriamente parte do regime de Amarna e, ao mesmo tempo, era jovem o suficiente para ser moldado no faraó que os sacerdotes tebanos queriam.

Tutankhaton foi convocado e seus conselheiros disseram-lhe, em termos não pouco claros, que deveria assinar um decreto renunciando a todas as mudanças implementadas por Aarão. Com a idade de apenas 8 anos, o menino-rei não podia recusar, mesmo que compreendesse a situação. Os templos foram reabertos; a Estela da Restauração foi erigida em Karnak; os sacerdotes tebanos reiniciaram seus rituais cotidianos e os donativos e as contribuições voltaram a fluir para os cofres dos sacerdotes amenitas. Tutankhaton foi então obrigado a assumir o nome de Tutankamon, em reconhecimento aos deuses tradicionais, e casou-se com uma das filhas de Aarão, Ankhesenpaaten, que foi obrigada a mudar seu nome para Ankhesenamon pelo mesmo motivo. Em nome de Tutankamon, recrutou-se um exército de 300 mil homens, e os sacerdotes ordenaram que o menino-rei marchasse contra o seu próprio irmão. Ele foi conduzido à frente desse grande exército, mas o primeiro ataque foi suspenso. Maneton disse que o impasse durou 13 anos, e esse é o motivo.

Magia

O novo faraó e seus conselheiros aproximaram-se dos muros de Avaris e exigiram uma reunião com Aarão e Moisés. Nessa reunião, os sumos sacerdotes taurinos quiseram saber quais termos de rendição Aarão aceitaria. Mas Aarão aproximou-se deles com a sua vara de ofício, a vara do "filho de deus" encimada por uma serpente.[B248] Ele então fez o sinal

---

J247. *Ibid.*, CA 1:245.
B248. Bíblia, Êxodo 7:10.

maçônico sagrado de sua suprema autoridade em assuntos relacionados à divindade, pois tal como o seu pai – que tinha o título de "Maior dos Arquitetos[249] –, ele havia sido bem educado no ofício na Loja em Heliópolis. Moisés retirou a mão de debaixo de sua túnica na forma do tradicional aperto de mão sagrado, e ela estava branca. Os chefes do faraó ficaram surpresos e...

> Os anciãos [do povo tebano] disseram: "Esse homem é um hábil feiticeiro que procura expulsá-los de vossas terras. O que vocês querem que façamos?". Outros disseram: "Protelem o assunto durante um tempo enquanto enviamos arautos nas cidades para convocar os mais hábeis feiticeiros à sua presença".
>
> Os feiticeiros vieram [na presença do faraó Tutankamon] e de seus conselheiros e disseram: "Seremos recompensados se ganharmos?". "Sim", ele respondeu... E voltando-se para Moisés, perguntaram: "Você quer jogar primeiro ou quer que nós joguemos?". "Joguem vocês", ele respondeu. Então, eles enfeitiçaram os olhos do povo, aterrorizando-o com cenas de grande feitiçaria. Em seguida, disseram para Moisés: "Agora jogue você a sua vara". E imediatamente o feitiço foi desfeito.[C250] (A Bíblia diz que foi Aarão e não Moisés quem realizou essa feitiçaria.)
>
> Foi assim que a verdade prevaleceu e todos os seus feitos provaram ser em vão. O faraó e os seus homens foram derrotados e humilhados, e os feiticeiros prostraram-se dizendo: "Acreditamos no Senhor do Universo, no Senhor de Moisés e de Aarão"... (Mas) os anciãos da nação do faraó [taurinos] disseram: "Vocês vão permitir que Moisés e o seu povo perpetuem a corrupção no país e que renunciem a vocês e aos deuses?".[C251]

Não se sabe por quê, mas houve um impasse em Avaris. É possível que os conselheiros taurinos tenham ficado com medo de atacar alguém que acabara de provar ser o legítimo faraó: o "filho de deus". Qual seria a reação dos deuses se eles o matassem e aos seus seguidores? Provavelmente, eles se lembraram das pragas que afligiram o Egito durante a última disputa com os reis pastores. Será que isso aconteceria novamente com eles? Os sacerdotes estavam preocupados. O novo menino-rei, Tutankamon, estava sendo diplomático e sugeria a cautela. Além disso, os etíopes causam problemas na fronteira sul e havia necessidade de tratar desse assunto em primeiro lugar. Aarão, Moisés e seu povo foram deixados, por enquanto, nos limites de Avaris. Como Maneton observa:

---

249. *Akhenaton,* Cyril Aldred. London: Thames & Hudson, 1991, p. 67.
C250. Corão, 7:113-125.
C251. *Ibid.,* 7:125-129.

Ele (o faraó) então cruzou o Nilo com um contingente de 300 mil dos mais corajosos guerreiros do Egito. Mas em vez de engajar-se em uma batalha, ele decidiu que não deveria lutar contra os deuses e, rapidamente, retirou-se para Mêmfis. Ali, ele tratou de seus touros sagrados... e logo partiu para a Etiópia.[M252]

O destino de Tutankamon ficou oscilando durante todo um período de nove anos. A pergunta na boca de todos era: será que ele seguiria os costumes de seu antecessor, Aarão, ou os hábitos taurinos?

Nesse meio tempo, uma operação limpeza foi iniciada para excluir da história a memória de Aarão e de seus seguidores. Todas as inscrições que continham o seu nome foram apagadas e cada tumba ou monumento foi derrubado ou enterrado. Esse não era um ato de vingança, mas o assassinato espiritual do faraó herege. O espírito de um faraó era enclausurado em seu nome e, enquanto esse nome estivesse presente na Terra e fosse lido pelos homens, a imortalidade do espírito estaria assegurada. Ao excluir o seu nome de todos os locais do Egito, eles não procuravam somente remover Aarão dos livros de História, mas também matar o seu espírito.

Por conseguinte, uma operação de desmantelamento foi iniciada na cidade de Amarna que voltou a ser uma simples pedreira. Entretanto, a pedreira agora consistia das pedras que faziam parte dos próprios templos e palácios que foram derrubados e desmontados pedra por pedra e tijolo por tijolo. Esse material foi transportado pelo Nilo para ser reaproveitado na construção de outros projetos. Nada deveria restar da grande cidade de Amarna senão as fundações e alguns tijolos de barro.[253] Akhenaton [Aarão] tornar-se-ia um nome proibido para os taurinos. Se tivesse de ser mencionado, ele seria chamado de "o deposto de Amarna" ou de "o faraó herege". Acima de tudo, o seu nome não deveria absolutamente ser mencionado.

A resposta para a pergunta que tanto preocupava os sacerdotes ficou óbvia quando Tutankamon atingiu a idade de 17 anos, ou seja, no 9º ano de seu reinado. O faraó havia encomendado um novo trono para o palácio e, em um certo dia, um sacerdote superior desconfiado entrou no quarto particular do rei e defrontou-se com a imagem do odiado Aton. Tutankamon morreu com a idade de 18 anos, muito provavelmente nas mãos de um sacerdote taurino.

Com a morte de Tutankamon, os acontecimentos estavam fadados a evoluir rapidamente e, agora, algo muito curioso iria ocorrer. Ankhesenamon, viúva de Tutankamon, enviara uma mensagem urgente a Suppiluliumas, o rei hitita, solicitando um de seus filhos como marido. Isso era algo sem precedente na história do Egito – por que uma rainha egípcia pediria

---

M252. Maneton, p.129
253. *Akhenaton,* Cyril Aldred. London: Thames & Hudson, 1991, p. 67.

um marido estrangeiro que acabaria governando o povo egípcio? Os egiptólogos ficam confusos com esse fato, mas a resposta é óbvia. O império hitita englobava toda a Síria e, sem dúvida, Ankhesenamon estava escrevendo para os arianos na Palestina, solicitando um filho de linhagem ariana para casar-se com ela. Infelizmente, Sennansa, o príncipe enviado, foi assassinado no caminho e, por falta de um herdeiro, Ankhesenamon teve de casar-se com o seu avô Aye. Em razão desse assassinato, os hititas enviaram um exército para o Egito, que saqueou a cidade fronteiriça de Amka. Esse fato histórico concorda bem com o relato de Maneton a respeito de um exército de Jerusalém dando apoio aos "leprosos" de Avaris.[254]

Evidentemente, esse apoio da Palestina não foi suficiente para salvar a família governante do Egito, pois Aye e Ankhesenamon foram finalmente suplantados pelo faraó Horemheb, aparentemente por meio de um golpe militar. O interessante é que a consolidação da posição de Horemheb na dinastia real não se deu por meio do casamento com um membro da família de Tutmose IV, mas sim com um membro da linhagem de Yuya, a dos vizires. Há indício de que Horemheb casou-se com a irmã de Nefertiti e, além disso, um faraó subsequente, Seti I, casou-se com uma dama chamada Tuya, que era "filha de um tenente de carruagens". Esse era um dos títulos de Yuya e indica que outra dessas filhas influentes foi escolhida pela dinastia real seguinte. Aparentemente, essa família de vizires reais manteve a sua influência, apesar das amargas intrigas reais e da intranquilidade civil.

É bem possível que tenha havido um adiamento da sentença para os pastores de Amarna, que agora estavam refugiados na cidade de Avaris, e Maneton indica que essa permanência durou 13 anos. Ocorre que, combinados, os reinados de Tutankamon e de Aye também duraram 13 anos e, assim, muito provavelmente coube ao faraó seguinte – o ex-comandante militar Horemheb – extinguir finalmente os últimos vestígios da "heresia" de Amarna. É bem provável que tenha sido durante o reinado de Horemheb que os seguidores de Akhenaton foram expulsos do Egito e voltaram para a "Síria", que já foi identificada nos textos com Jerusalém.[M-J255]

Êxodo

Os arianos tiveram muito tempo para planejar o êxodo. Pelo relato da Bíblia, é óbvio que a fuga de Aarão e de Moisés do Egito foi muito bem organizada. Eles levaram toneladas de equipamento, grande parte do qual dizia respeito ao templo móvel: o Tabernáculo. É muito provável que esse artefato enorme e ornamentado tenha sido feito em Amarna para ser usado antes mesmo da construção dos templos de pedra e tijolo. Certamente, tratava-se de um equipamento importante, muito pesado e caro para ser

---

254. *Akhenaton*, p. 297.

levado em uma viagem pelo deserto. Isso demonstra que houve muito planejamento para o êxodo, pois esse não era o tipo de artefato que pudesse ser construído no deserto sem os recursos apropriados.

Os refugiados de Avaris descansaram por algum tempo no sopé do Monte Sinai, e o Tabernáculo foi erigido. Tal como todos os templos de Aarão, o Tabernáculo era voltado para o leste, para o nascer do Sol. Nele, estavam o Santo dos Santos e dois pilares postados na parte externa.[J256] Assim como os próprios trajes dos sacerdotes egípcios, também eram refinados e caros os trajes de Aarão, de Moisés e dos sacerdotes exilados.[J257] Os desenhos eram feitos para representar os princípios da crença de Aarão: as túnicas dos sacerdotes eram bordadas com emblemas da Terra, dos oceanos, do Sol, da Lua e um círculo de 12 pedras representando os signos do Zodíaco.[J258]

Moisés subiu na montanha para meditar, mas, ao voltar, deparou-se com um bezerro dourado que, dependendo do texto, Aarão ou os seus filhos haviam construído para ser venerado à maneira taurina.[J-B259] Ao ver essa cena, "deus" [Aarão?] explodiu de raiva, querendo matar a todos. Depois de tantas dificuldades e tribulações, como podia esse povo voltar a venerar o touro? Moisés procurou acalmar a situação:

> Moisés tentou aplacar o Senhor seu Deus, dizendo-lhe: "Por que, Senhor, inflama a vossa ira contra o vosso povo que tirastes do Egito com o vosso poder e à força de vossa mão?... Aplaque-se vosso furor, e abandonai vossa decisão de fazer mal ao vosso povo".[B260]

(Supostamente, esse seria Moisés repreendendo Deus, mas faria mais sentido se Moisés estivesse repreendendo Aarão, o faraó e "filho de deus". Os textos indicam que Moisés arrastou Aarão pelos cabelos até que ele pediu para não ser humilhado dessa forma na frente de seu povo.) Aarão acalmou-se, mas, então, Moisés ficou furioso e gritou para a multidão reunida: "Quem está comigo?", e ordenou que buscassem suas espadas. Ele então os conduziu pelo campo e matou todos aqueles que haviam venerado o touro. Cerca de 3 mil homens morreram nesse dia.[B261]

O esforço de conduzir os seguidores pelo deserto em direção a Jerusalém era grande e árduo, e muitos foram os obstáculos que testaram sua

---

M255 Maneton, p. 133.
J255 Josephus, AC 1:89, 1:250.
J256 Josephus, ANT 3:111, 3:115.
J257. *Ibid.*, 3:151.
J258. *Ibid.*, 3:185.
J259. *Ibid.*, 3:209.
B259. Bíblia, Êxodo 32:3-4.
B260. *Ibid.*, 32:11-13.
B261 Bíblia, Êxodo 32:26-28.

determinação em se manter fiéis a Áries. Muitas vezes, Moisés e Aarão tiveram de enfrentar a ira do povo e foram quase apedrejados em mais de uma ocasião. Moisés, pela voz de Aarão, teve de apelar frequentemente para o bom senso, relembrando seus triunfos contra a maior nação da Terra, e como eles suportaram sofrimentos, mas ao final sempre conseguiram vencer. Com uma política de recompensa e punição, eles pressionaram e adularam o povo ariano pelos desertos chegando, finalmente, em Canaã.

Quando estavam para entrar em sua nova "terra prometida", Moisés veio a falecer. Choraram sua morte durante 30 dias e enterraram-no em um sepulcro secreto na terra de Moab, para que ninguém o perturbasse [conforme os taurinos haviam jurado fazer]. Entretanto, antes da morte de Moisés, ele e Aarão construíram uma nova história de seu povo. Ao serem informados do que havia sido feito em Amarna e da supressão do nome de Akhenaton da história do Egito, eles decidiram retribuir.

A história dos levitas, dos juditas e das outras dez tribos de Israel começaria essencialmente a partir desse segundo êxodo de sua nação. Agora, o Egito era um Estado proscrito e nenhuma menção seria feita ao nome de qualquer faraó nesse grande legado dos judeus. O Egito não somente seria uma nação perversa, como também, sempre que possível, seria uma "não-entidade". No registro judaico, a maior nação da Terra reduzida à posição de um pequeno reino tribal. (Talvez o nome do rei Sesac tenha escapado a uma censura posterior da Torá. Trata-se do faraó Sheshonq I (Shishaq I), do registro histórico, que assediou Jerusalém e levou grande parte de seus tesouros a título de resgate. Alternativamente, David Rohl afirma que esse faraó era Ramses II, cujo apelido era, possivelmente, Shisha.)[B262]

É possível que Aarão jamais tenha sonhado em ser tão bem-sucedido em seu empreendimento. Afinal, eles eram um pequeno bando de cerca de 70 mil refugiados em uma jornada incerta por uma terra infértil. Mas a história provaria ser fortuita para Aarão. Embora a sua nação viesse a ser devastada em outras duas ou três ocasiões, os egípcios também seriam empobrecidos. Enquanto os israelitas lutavam contra as suas adversidades, os egípcios sucumbiriam por vários séculos, servindo de despensa aos impérios grego e romano, e sua Teologia viria a se tornar presa fácil para as novas seitas cristã e islâmica que haviam evoluído da original Teologia israelita. A História é feita por aqueles que a mantêm e a disseminam, e foi a versão ariana [israelita] da história que sobreviveu para chegar à Era Moderna.

B262. Bíblia, I Reis 14:26.

Capítulo VI

Cordeiro de Deus

Parte 1

O povo ariano atravessou o Sinai, tal como fizeram seus ancestrais, viajando para o norte e para o leste na terra da Palestina. Ele estabeleceu-se na cidade de Jerusalém e nos distritos circunvizinhos entre seus companheiros arianos que, como descobriram, haviam se desviado um pouco da verdadeira crença de Aton. Os dois povos pertenciam à mesma etnia e à mesma religião, mas certas diferenças fundamentais estavam se insinuando, as quais no futuro seriam motivo de outros conflitos. Seguiu-se então um período de relativa estabilidade, perturbada unicamente por disputas tribais. Houve algum sucesso militar sob o comando do rei Davi e, em seguida, veio a prosperidade com o lendário rei Salomão, no ano aproximado de 1.000 a.C. Foi Salomão, o Sábio, quem tornou possível a construção do Grande Templo de Jerusalém. Seu pai, o rei Davi, havia forjado elos com o rei Hiram de Tiro, e Salomão consolidou esses elos a ponto de o rei Hiram enviar ouro e madeira para a construção do templo. De que forma se conseguiu isso? Por que outro rei enviaria grandes recursos para a construção de um templo em Jerusalém? Josephus oferece um possível motivo:

> O principal vínculo de amizade entre eles foi a paixão pelo aprendizado. Eles costumavam enviar um para o outro problemas para resolver e, nisso, Salomão mostrou ser o mais inteligente dos dois. Muitas das cartas que eles trocavam são preservadas em Tiro até hoje.[J263]

O fato de ser vencido em quebra-cabeças não induz normalmente as pessoas a doar fortunas a seus oponentes. Mas existem dois fatores

---

J263. Josephus, CA 1:110.

que podem fazer sentido nessa situação. Em primeiro lugar, o rei Hiram era fenício, e é de se presumir que, nessa época, existissem ligações sanguíneas distantes e recentes entre o povo ariano e os fenícios, conforme discutirei no capítulo X. Em segundo lugar, os problemas que os dois reis trocavam entre si não eram simples charadas, mas envolviam o conhecimento secreto referido anteriormente – tratava-se de enigmas secretos e é por isso, sem dúvida, que Salomão era famoso por sua sabedoria. Os sacerdotes egípcios haviam guardado os segredos do cosmos durante milhares de anos, e eles, de alguma forma, chegaram a Israel junto com o povo ariano. Esse conhecimento havia chegado a Jerusalém com o primeiro ou o segundo êxodo, não importa com qual dos dois. É preciso dizer, entretanto, com alguma certeza, que rituais egípcios estavam agora sendo realizados em Israel.

O amplo conhecimento dos egípcios a respeito do cosmos representava poder para o monarca e o seu povo. Seu conhecimento parece ter englobado a forma da Terra e do sistema solar, bem como algumas noções básicas de Física, Química, Metalurgia e Medicina. A fenícia era a nação mais importante no âmbito do comércio marítimo nessa época e, portanto, ter acesso à informação sobre a forma da Terra e os continentes era de grande importância para eles. O compartilhamento desse conhecimento era, certamente, um enigma que valeria o equivalente ao resgate de um rei.

Os recursos foram dados a Jerusalém e o rei Salomão foi finalmente capaz de construir o Grande Templo – em estilo muito próximo ao egípcio. Trabalhando de fora para dentro, a primeira área delimitada do templo foi o grande e pavimentado pátio externo. Esse era um lugar para as massas que incluíam os profanos. O pátio interno era alinhado na posição leste-oeste para ficar de frente para o Sol nascente, tal como os templos de Amarna e o Tabernáculo móvel dos judeus. Ele era dividido em duas seções: o pátio das mulheres e o pátio interno. O primeiro era aberto a todas que não estivessem menstruadas, incluindo as estrangeiras, mas elas não podiam cruzar a parede divisória que levava ao pátio interno, aberto somente para os homens purificados. Até mesmo os sacerdotes não tinham permissão de entrar nesse pátio se estivessem impuros; por exemplo, caso tivessem mantido recentemente relações sexuais com suas esposas.

De acordo com a Bíblia, toda a construção era extremamente luxuosa, pois ouro e metais preciosos haviam sido usados em profusão. Alguns dos portais do templo eram cobertos de prata e de ouro. Outro conjunto foi forjado em puro bronze muito valioso naquela época, e havia duas grandes colunas de bronze chamadas Jachin e Boaz. A seguinte citação de Josephus diz respeito à descrição do segundo templo construído por Herodes, o Grande, em uma data posterior, que parece seguir a descrição bíblica do primeiro templo de maneira surpreendentemente semelhante. Se o relato de Josephus merece algum crédito, as duas construções devem ter sido realmente um espetáculo:

Dos portais, nove eram completamente recobertos de ouro e prata, bem como os postes e as vergas, mas aquele fora do Santuário era de bronze de Corinto e muito mais valioso que os revestidos de prata ou até mesmo de ouro. Todos os portões tinham portas duplas, cada metade medindo 14 metros de altura e 7 metros de largura... O portal do Santuário era muito maior, pois sua altura era de 24 metros e a das portas, 16 metros; a decoração era magnífica, o revestimento de ouro e prata era extremamente espesso. Esse revestimento foi presente de Alexandre, pai de Tibério. O próprio Santuário... (tinha um) primeiro portão que media 33 metros de altura e 12 metros de largura; ele não tinha portas, mas revelava, em vez de excluir, a vasta expansão do céu. A face era totalmente coberta de ouro... (ela) assombrava os olhos de quem a contemplasse.[J264]

O Santuário, o Templo propriamente dito, estava situado no pátio interno e continha o altar feito de pedra bruta, não trabalhada com instrumentos de ferro, conforme foi explicado no capítulo I. O Santuário era aberto somente para os sacerdotes que herdaram essa posição, ou seja, os descendentes da tribo de Levi. Os trajes desses sacerdotes seguiam a mesma tradição dos usados por José e por aqueles descritos na história bíblica do êxodo – túnicas com muitos ornamentos. Entretanto, modificações na crença estavam se insinuando: as 12 pedras preciosas na túnica simbolizavam agora as 12 tribos de Israel em vez dos 12 signos do Zodíaco.

As origens cosmológicas da religião, entretanto, não haviam sido totalmente esquecidas: o candelabro de sete velas representava os sete planetas conhecidos e os 12 pães na mesa representavam agora os signos do Zodíaco. Os dois grandes pilares de bronze na entrada do templo não somente representavam a constante matemática Pi, mas também eram encabeçados com representações da esfera celestial das constelações e do globo da Terra.[J265] (Tanto o candelabro sagrado quanto os dois pilares são discutidos com mais detalhes no livro *Thoth – Arquiteto do Universo*.) Todo esse conhecimento cosmológico estava em Jerusalém cerca de 2 mil anos antes da época de Copérnico.

Outra obra-prima em bronze era o "mar de bronze", um imenso caldeirão de água para o ritual da purificação de metros de diâmetro. Ele era colocado sobre 12 bois de bronze, o que, possivelmente, enfatizava as dificuldades que as autoridades tiveram para manter a verdadeira fé.[B266] Os 12 bois representavam, sem dúvida, a constelação dominante anterior, e a imagem do boi é a memória das dificuldades que Aarão e Moisés, um tiveram muitas gerações antes, com os seguidores de Touro e seu bezerro de ouro. A crença estava novamente sendo desviada da versão heliopolitana.

J264. Josephus, GJ 5:212.
J265. *Ibid.*, 5:217.
B266. Bíblia, II Crônicas 4:2-4.

Finalmente, depois de passar pelo Santuário, chegamos à sua extremidade oeste, uma área reservada unicamente para os sumos sacerdotes e para o rei, que era banhada pelos primeiros raios do Sol no equinócio. Tratava-se de uma área...

... inacessível, inviolável e invisível a todos, denominada Santo dos Santos.[J267]

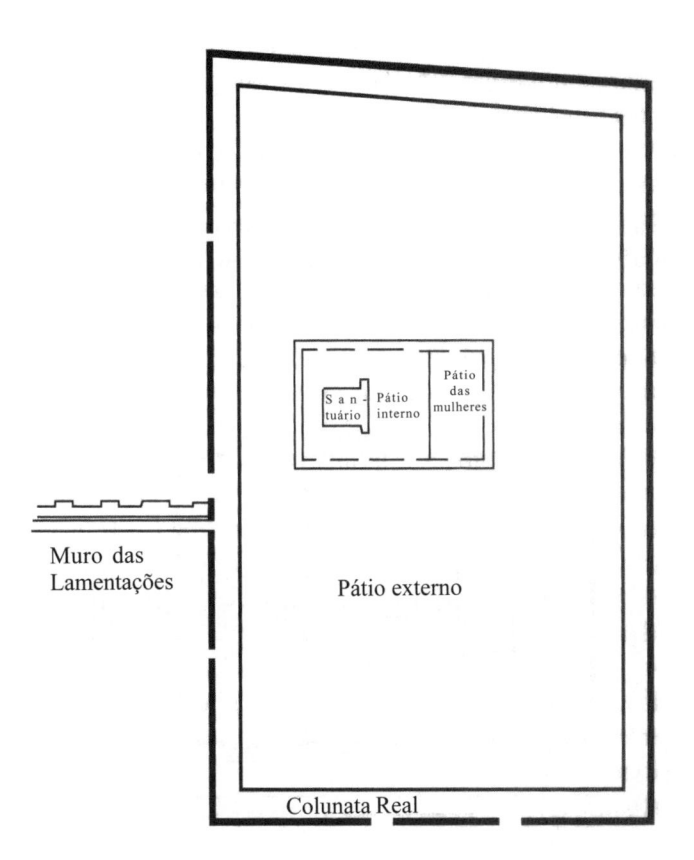

Figura 18. Recinto do templo de Herodes (o segundo templo)

J267. Josephus, GJ 5:219.

Para saber como era esse Santo dos Santos talvez valesse a pena visitar um dos grandes templos egípcios ao longo do Nilo. Ali, encontra-se, em maneira semelhante, uma série de pátios e de salões de hipostilo (teto sustentado por colunas) que levavam eventualmente para uma pequena sala retangular – o Santo dos Santos. Josephus disse que a sala no Templo de Jerusalém era vazia, mas é muito improvável que ele tenha tido acesso ao santuário interno do templo de Herodes, e o Santo dos Santos tinha portas na entrada. Muito provavelmente esse comentário foi baseado em boatos ou em uma visita ao templo depois da queda de Jerusalém, ou seja, após o costumeiro saque de todas as coisas de valor. Entretanto, Josephus conseguiu salvar manuscritos originais do templo que eram mais antigos do que a atual Torá, e que deram origem ao seu livro *Antiguidades*. Se esse for o caso, então isso significa que *Antiguidades* de Josephus seja provavelmente mais autêntico e, por conseguinte, mais fidedigno que a Torá ou o Velho Testamento.

Por outro lado, assim Apião se refere ao templo judeu:

> (Os templos) todos eram voltados para o leste, sendo essa a orientação de Heliópolis. Em vez de obeliscos [como em Heliópolis], ele colocou pilares, embaixo dos quais estava o modelo de um barco; e a sombra refletida pela estátua nessa bacia descrevia um círculo que correspondia ao curso do Sol no céu.[J268]

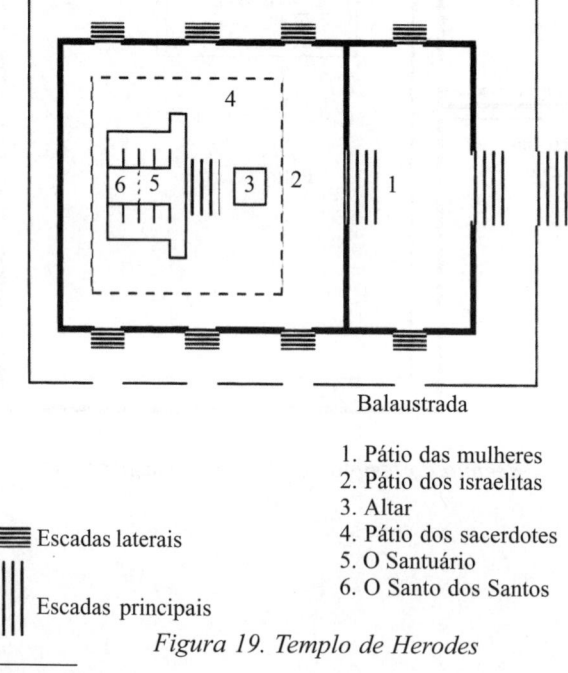

Balaustrada

≡ Escadas laterais

||| Escadas principais

1. Pátio das mulheres
2. Pátio dos israelitas
3. Altar
4. Pátio dos sacerdotes
5. O Santuário
6. O Santo dos Santos

Figura 19. Templo de Herodes

J268. Josephus, CA 1:10.

A última parte da descrição concorda com a anterior sobre a função do obelisco sagrado de Heliópolis: a pedra Benben. Aparentemente, a sombra do obelisco segue a curvatura dos lados do barco que era colocado no chão ao lado norte do obelisco.

Essa descrição de Apião era, supostamente, do templo de Moisés no Egito, mas se isso se originou do Templo de Jerusalém ou foi apenas assumido a partir da descrição do Santo dos Santos heliopolitano é difícil de dizer. Já as versões egípcias do santuário interno do templo, às vezes, continham um modelo de barco de estilo egípcio. A grande diferença entre esses dois templos é o fato de que as partes internas dos templos do Alto Egito eram cobertas de maneira que não havia possibilidade de qualquer sombra ser projetada pelos pilares. Por outro lado, os templos de Amarna, de Heliópolis e de Jerusalém eram todos dedicados ao Sol e, assim, seus pátios eram abertos para o céu.

Israel

O alto imposto sobre a população local, exigido para a construção do templo e do palácio de Jerusalém, provocou certo atrito entre a cidade e o norte da Judeia. Mas, fora isso, o sistema político permaneceu razoavelmente estável, apesar da costumeira disputa tribal interna até a chegada do rei da Babilônia, Nabucodonosor II, em cerca de 600 a.C. Os babilônios por fim saquearam Jerusalém, destruindo o templo de Salomão. Como parte dos espólios de guerra, eles levaram os luxuosos ornamentos, a maioria dos quais era em ouro maciço e, a título de precaução, também levaram a maior parte dos altos oficiais e uma parte da população como escravos para trabalhar na Babilônia. Embora escravos, parece que essas pessoas não foram necessariamente encarceradas e acorrentadas. Elas tiveram quotas de trabalho a cumprir para os babilônios, e não tinham liberdade para sair da cidade, mas é provável que algumas tiveram condição de adquirir posses e, quando finalmente foram libertadas, muitas dessas pessoas preferiram permanecer na Babilônia.

Foi na Babilônia que o Judaísmo moderno evoluiu da miscigenação das pessoas arianas levadas de Jerusalém. Ali, os judeus iniciaram o processo da coleta de seus registros para compor o documento que se tornaria conhecido como a Torá, os primeiros cinco livros do Velho Testamento. Esse também foi o tempo em que os sacerdotes começaram a dissociar-se de tudo o que era egípcio, de maneira que o Egito se tornava um Estado proscrito, o bode expiatório de todas as calamidades que lhes aconteceram:

> Eis que o Senhor, montado em uma nuvem rápida, vem ao Egito. Os ídolos do Egito tremem diante dele e o Egito sente desfalecer sua coragem. Incitarei os egípcios, uns contra os outros, e eles se baterão

irmão contra irmão, amigo contra amigo, cidade contra cidade, reino contra reino. O Egito perderá a cabeça, e eu abolirei sua prudência...[B269]

As juras bíblicas contra o Egito continuam, de página em página. É claro que, se nos textos judaicos houvesse qualquer menção favorável ao Egito que estivesse sendo absorvida no novo documento, ela deve ter sido retirada nesse momento. A Torá começou a tomar forma durante a escravidão na Babilônia. Foi uma época de muita tristeza. Mas, muitas vezes, as privações produzem grandes obras e feitos, e esse período de sofrimento não seria uma exceção. É nesse ponto da Bíblia que encontramos uma das canções mais antigas do mundo, posteriormente tornada famosa pelo grupo Boney M, em 1978, mas em forma de lamentação:

> Às margens dos rios de Babilônia,
> assentávamo-nos chorando,
> lembrando-nos de Sião.
>
> Aqueles que nos tinham deportado
> pediam-nos um cântico.
> Como nós poderíamos cantar um cântico do Senhor
> em terra estranha?...[B270]

Passaram-se duas gerações inteiras até que Ciro, o Grande, da Pérsia empreendesse uma campanha contra a Babilônia. No processo, um tanto acidentalmente, os prisioneiros judeus foram libertados. Nesse momento, foi-lhes até permitido levar alguns artefatos do templo original, que incluíram centenas, senão milhares, de itens. Finalmente, os "escravos" iniciaram sua longa marcha de volta para casa – cerca de 40 mil pessoas. Entretanto, isso criaria um conflito ainda maior.

Uma vez mais, o longo período de separação fez com que os dois povos se desviassem e se separassem de seu governo e crenças originais, pois as tribos que voltavam não eram mais constituídas pelas mesmas pessoas que haviam sido levadas para o exílio. Estavam agora de posse do novo documento, com novas leis e regulamentos. Elas voltaram para a sua pátria para descobrir que os cidadãos que haviam permanecido em Jerusalém se apossaram da propriedade dos exilados. Por que os novos detentores deveriam devolver a essas pessoas estranhas do Norte propriedades e negócios que eles haviam adquirido? Esse é um problema semelhante ao cenário moderno na definição de donos de propriedades na Alemanha Oriental duas gerações depois do final da Segunda Guerra Mundial.

Como é possível uma família reivindicar o seu negócio original quando outras pessoas cuidaram dele durante duas gerações? O certo e o errado nesses casos nem sempre são bem definidos.

B269. Bíblia, Isaías 19:1-3.
B270. Bíblia, Salmos 137:1-4.

Além disso, os "jerusalemitas" haviam iniciado acordos de paz com os egípcios enquanto os que foram exilados para a Babilônia odiavam os egípcios. Os jerusalemitas também tinham seus próprios sacerdotes que controlavam as ruínas do templo. E, novamente, a pergunta teria de ser feita: por que motivo eles deveriam ceder o controle para essas pessoas estranhas e desconhecidas que vinham do norte? Esses nortistas diziam deter a verdadeira linhagem de sacerdotes e isso dava-lhes o direito, concedido por Deus, de controlar os sacerdotes. Por outro lado, os jerusalemitas diziam que muitos dos sacerdotes babilônios tinham esposas estrangeiras. Isso não somente era contra a lei, mas também anulava a reivindicação da linhagem. Então, foi acordado que somente aqueles que pudessem produzir e comprovar a genealogia de suas famílias manteriam as suas funções de sacerdotes e, sem dúvida, essa confusão levou muito tempo para ser esclarecida.

E aqui vamos nos adiantar alguns séculos, ou seja, vamos para o ano 70 a.C. Como era muitas vezes o caso, nessa época, havia constantes combates entre cidades e clãs rivais em toda a Palestina. Até mesmo no seio da família governante, irmão disputava o poder com outro irmão e, frequentemente, um irmão matava o outro no processo. Não havia disciplina nos sistemas político, religioso e militar. Era uma província onde reinava a política do mais forte e que espalhava tumulto além de suas próprias fronteiras. Nesse período, Roma se tornara o maior poder militar da região; seus exércitos estavam em uma campanha na Síria e, como havia importantes interesses no Egito, a Palestina estava sendo um grande obstáculo para esse objetivo.

Embora não fosse uma província rica, a Palestina era um problema estratégico e, por isso, duas campanhas separadas lideradas por Pompeu, o Grande, e Marco Antônio, respectivamente, foram enviadas para essa área. Pompeu usou uma nova técnica para saquear Jerusalém: a simples tática de construir rampas contra os muros da cidade durante o Sabá. Como os judeus não tinham permissão de lutar no Sabá, os muros foram conquistados sem oposição por parte dos defensores. Durante um certo tempo, essas campanhas conseguiram reprimir os distúrbios, mas eles logo recomeçaram quando os romanos se retiraram.

A causa por trás dessa instabilidade no país era a presença das três principais seitas religiosas: os saduceus, os fariseus e os essênios. Numericamente falando, a menor dessas seitas era a dos essênios, e sua imagem popular era a de monges usando severas e monásticas túnicas brancas em fechadas comunidades exclusivamente masculinas, vivendo isolados do mundo cosmopolita de Jerusalém. Talvez os fatos fossem ligeiramente diferentes. Josephus indica que os essênios consideravam o casamento como um dever sagrado e a relação sexual de acordo com o ponto de vista católico, no sentido de que deveria ser realizada unicamente para efeito de procriação e se abstinham do sexo a partir do momento em que a esposa concebesse. Eles também evitavam a relação sexual enquanto a esposa não começasse a menstruar durante três meses seguidos, o que indica que eles se casavam com meninas muito jovens, como era o costume da época.

A menção específica dessa "peculiaridade" dos essênios indica que, em Israel, as outras seitas não somente casavam com meninas muito jovens, mas também tinham relações sexuais com elas antes da puberdade.[J271] Isso confirma a explicação apresentada anteriormente sobre um certo número de mulheres "inférteis", no Velho Testamento, que eventualmente chegavam a ter filhos.

Havia uma longa iniciação na seita essênia, com regras e regulamentos muito rígidos, e, portanto, não se tratava simplesmente de uma remota seita do deserto. Ela parece ter sido uma seita bem influente na política judaica e a impressão que se tem dela é que suas ideias sobre a maneira pela qual os assuntos seculares deveriam proceder eram radicais. É possível que os essênios tenham sido sacerdotes saduceus, ou seja, descendentes do próprio Aarão por meio de Simão Onias. Seu quartel-general no Deserto de Qumran deve ter sido estabelecido em resposta ao controle do templo de Jerusalém pelos sacerdotes fariseus. Qumran, a principal comunidade essênia, está localizada a um dia de jornada a pé de Jerusalém e, certamente, havia frequentes contatos entre os sacerdotes de Jerusalém e os essênios. De fato, parece que muitos dos mais influentes sacerdotes da cidade tiveram uma educação essênia.

Das duas mais populosas seitas, provavelmente a dos saduceus, era inferior em termos de influência. Seu mais sagrado princípio era a estrita observância da lei escrita religiosa e, a esse respeito, era possivelmente a seita mais rígida das duas e a mais afim aos judeus ortodoxos atuais. Eles também negavam a existência do inferno e as recompensas do paraíso. Por outro lado, os fariseus talvez fossem mais condescendentes e interpretavam com satisfação o que os textos religiosos tentavam dizer. Eles acreditavam que os homens eram responsáveis por suas próprias ações, que a alma podia reencarnar e que as almas dos maldosos eram condenadas ao inferno. Essas diferenças podem parecer insignificantes aos olhos modernos, mas é importante lembrar que a religião e a política eram inseparáveis nessa cidade e nessa época.

Além dessas três principais divisões religiosas, havia um grande número de seitas menores, muitas das quais eram opostas à interferência romana no território. Também havia uma população misturada de gentios (não-judeus) vivendo na Palestina ou em suas fronteiras.[J272] Esse território parecia um barril de pólvora e Josephus pintou uma imagem de constantes

---

J271. Josephus, GJ 2:161.
J272. Josephus, GJ 2:125-165.

conflitos em toda a região. Se metade do que ele disse for verdade, então a Palestina era bastante caótica.

Depois das duas curtas campanhas militares romanas pela região, houve um breve interlúdio sem a intervenção romana, enquanto a grande cidade imperial de Roma tinha seus próprios problemas internos: uma divisiva disputa de poder entre candidatos rivais pela posição de cônsul. Por fim, Júlio Gaio César enfrentou e derrotou Pompeu em Farsala. Então, ele marchou para o Egito e para a Palestina a fim de restaurar a ordem nessa região. Para poder controlar essa área, ele precisava de um governo testa-de-ferro, e, como administradores locais, escolheu Antípater, o pai de Herodes, o Grande, como procurador, e Hircano II, que ele reconfirmou em sua posição de sumo sacerdote. Embora a função de sumo sacerdote fosse, tecnicamente, a função superior em Jerusalém, principalmente porque Hircano era descendente direto de antigos reis da Judeia, havendo ele mesmo ocupado o trono por um curto período de tempo, seria Antípater, com a sua personalidade mais forte, quem efetivamente governaria Israel.

Apesar de sua falta de herança real ou sacerdotal, Antípater logo nomeou seu filho, Herodes, governador da Galileia, onde ele provou a sua capacidade ao executar alguns bandidos conhecidos. Hircano era ciumento da posição assumida pelo jovem Herodes na província e tentou acabar com a sua carreira, mas Roma interveio e promoveu Herodes a uma posição mais superior. Com os seus novos poderes, Herodes levantou um exército para avançar sobre Jerusalém, a fim de destituir Hircano, mas foi aconselhado a se retirar. As disputas continuaram em toda a região até que uma aliança de famílias foi feita para acabar com as hostilidades. Embora Herodes já fosse casado com Dóris, uma pessoa do povo, uma trégua foi devidamente acordada e Herodes casou-se com Mariana (Mariamne), neta de Hircano. Essa foi uma aliança estratégica. Herodes era um homem do povo, mas Mariana I pertencia a uma linhagem antiga, e a fusão conferiria aos descendentes de Herodes uma posição real e sacerdotal. Entretanto, apesar dessa estratégia, as hostilidades prosseguiram.

Muitas cidades ainda questionavam a liderança de Herodes e, assim, uma delegação foi enviada a Marco Antônio – um dos cônsules do triunvirato que estava no poder de Roma – e a Cleópatra, no Egito, para que julgassem o problema. Herodes foi confirmado como governador, mas a decisão não foi popular e provocou hostilidades ainda piores em Jerusalém. Uma delegação maior foi enviada a Marco Antônio, que resultou em grande alvoroço, obrigando-o a matar muitos participantes da delegação. Então, uma nova guerra civil irrompeu na Palestina. Foi nesse estado de contínua desordem que, em 39 a.C., o Senado romano declarou Herodes rei da Judeia, embora fosse servil a Roma.

Herodes, o Grande

Ele pode ter se tornado rei, mas Herodes precisou de quatro anos de duras lutas, assistido ocasionalmente por Marco Antônio, para ter a Palestina e grande parte da Síria de volta e, finalmente, conseguir o controle de Jerusalém. Depois disso, Herodes estava prestes a se deparar com outro infortúnio. Marco Antônio estava enfeitiçado pela rainha egípcia, Cleópatra, que exigia dele Estados, províncias e reinos inteiros. Ele conseguiu amenizar essas exigências, mas acabou cedendo a Cleópatra algumas terras valiosas de Herodes, que ele teve de arrendar a taxas exorbitantes.

Mais calamidades estavam por vir. Sem consultar o seu colega cônsul (o triunvirato havia sido reduzido a dois membros), Marco Antônio, unilateralmente, declarou Cesarião, filho de Cleópatra e Júlio César, o herdeiro de César. Otaviano César, o cônsul colega de Marco Antônio e sobrinho e herdeiro oficial de César, respondeu enviando uma frota de guerra. Marco Antônio foi derrotado por Otaviano César, em Ácio, no ano 31 a.C., e suicidou-se no ano seguinte. Herodes foi obrigado a dirigir-se para Rodes e assegurar a sua aliança com Otaviano, uma tarefa diplomática perigosa, pois Herodes estivera apoiando o inimigo de Otaviano, Marco Antônio. Otaviano, que mais tarde foi nominado César Augusto pelo Senado Romano, confirmou a posição de Herodes como rei e foi-lhe permitiu voltar para a Palestina com suas terras e autoridade intactas. Foi somente então, durante a relativa calma da parte final de seu reinado, que a tarefa de reconstruir o Templo de Jerusalém foi finalmente iniciada, por volta do ano 20 a.C., mais de 550 anos após a destruição do Templo de Salomão.

Esse foi o templo descrito por Josephus, citado anteriormente neste capítulo. O luxuoso projeto foi subvencionado principalmente pela Diáspora, os judeus exilados que permaneceram na Pérsia e na Ásia Menor após o exílio na Babilônia. Grandes contribuições também foram feitas pelos judeus exilados que haviam fugido para Alexandria, Roma, Éfeso e outras cidades importantes da Europa desde a sua dispersão, na época do êxodo jacobita do Egito. A Diáspora reconheceu o valor espiritual do Templo de Jerusalém e, tanto naquela época quanto agora, grandes somas de dinheiro fluíram para Jerusalém de todo o mundo conhecido por manter a pátria espiritual.

Apesar da nova prosperidade, ainda havia conflitos amargos no seio da família de Herodes e na corte real. A extensa família de Herodes era permeada por casamentos entre familiares muito próximos, o que, consequentemente, criava intrigas e disputas. É possível que por causa de episódios dessa natureza (como será logo discutido) foram reforçadas as nossas modernas proibições de casamentos entre familiares próximos.

Na Figura 20, a árvore genealógica de Herodes foi bem simplificada para mostrar os principais personagens nessa importante saga. Para a versão completa, veja o Apêndice 2. As ramificações dessa complexa família para o Cristianismo são essenciais, e os acontecimentos que estavam por

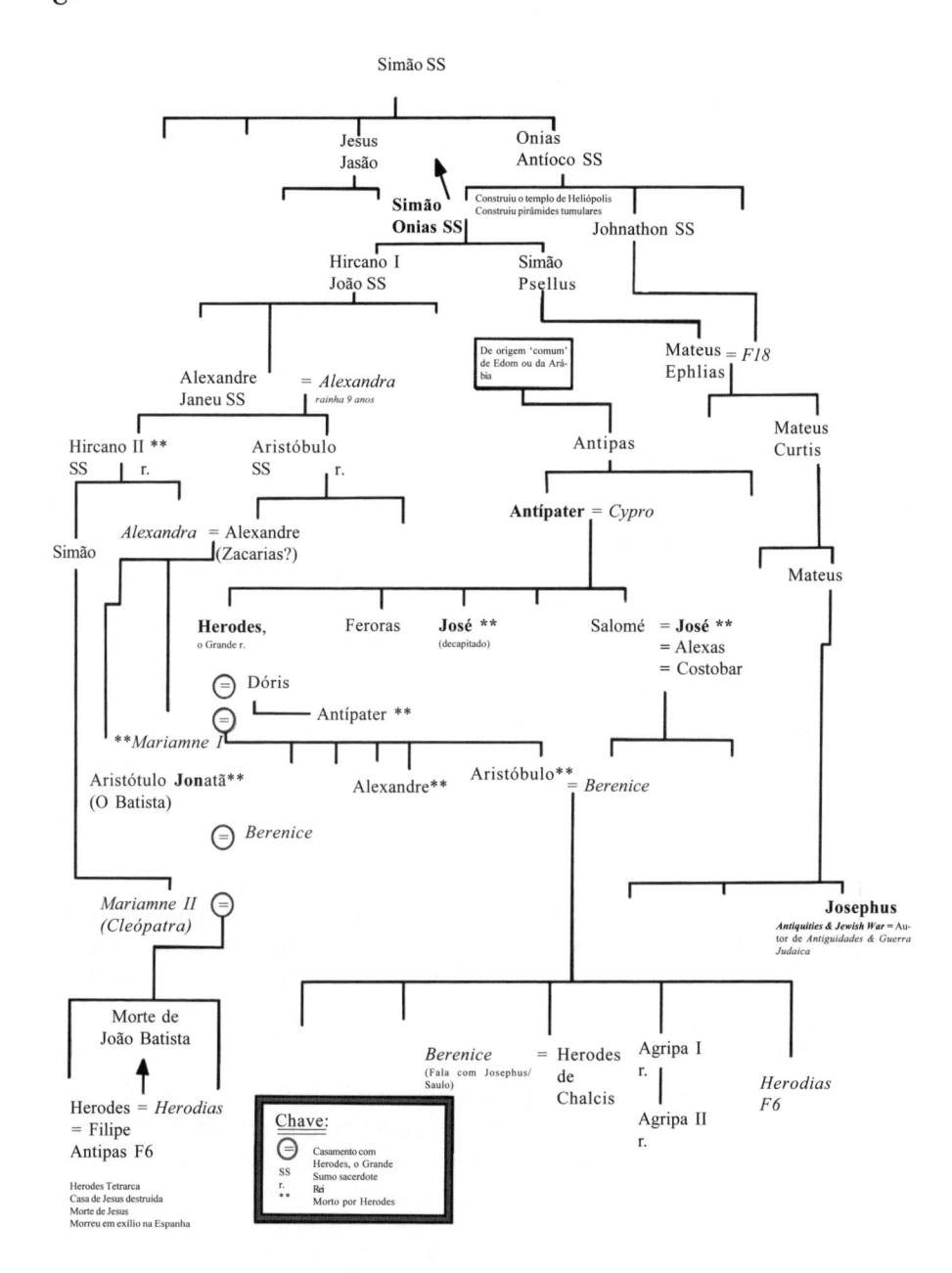

*Figura 20. Árvore genealógica de Herodes
(Para mais informações veja Apêndice 2)*

ocorrer nos levarão, provavelmente, a outro importante segredo bíblico, que permaneceu latente durante quase dois milênios. No diagrama da família de Herodes, observe que os papéis de rei e de sumo sacerdote foram muitas vezes intercambiáveis nessa época. É óbvio que, apesar de os escribas insistirem que somente os levitas podiam controlar os sacerdotes, os josefitas (ou juditas), que mantinham a linhagem real, estavam tão misturados com os levitas nessa época a ponto de serem indistinguíveis e intercambiáveis.

A origem da linhagem nessa árvore proveio de Moisés ou de Aarão, pois ambos tinham filhos de nome Eleazar. Ela passou daí para Fineias e, depois de mais gerações, para Zadok, o primeiro sumo sacerdote do rei Davi. Por fim, depois de uma grande lista de sumos sacerdotes, ela chegou a Simão, o sumo sacerdote no alto dessa árvore. Observe que o neto de Simão, Simão Onias, foi o sacerdote judeu que reconstruiu o Templo de Heliópolis, conforme foi discutido no capítulo IV. É preciso lembrar que o termo Onias é mais um título que um nome, pois deriva de *On* ou *Onion*, os nomes da Bíblia e de Josephus para Heliópolis. Posteriormente, nos textos, esse título evolui para Anias (Heliópolis é, às vezes, referida como *An*) e depois para Ananias.

A mudança de *On* para *An* foi provavelmente influenciada por dois fatores. O Manuscrito de Westcar menciona Heliópolis como a cidade de *Ani*. Além disso, o templo de On (Heliópolis) era dedicado à veneração de Ra (Re), o Sol, mas também era conhecido como o Templo da Fênix, um símbolo de vida, morte e ressurreição. O conceito egípcio da vida e da ressurreição era o *ankh*, termo que também é representado pela Cruz Ansada. A palavra árabe para a fênix (vida, morte e ressurreição) era *anqa*. Assim, na tradição oriental e, posteriormente, na tradição egípcia, o Templo de Heliópolis (On) teria sido o de *Anqa* da cidade de *Ani*.

A observação de que Onias ou Anias seja, na realidade, um título sacerdotal em vez de um nome explica uma confusão posterior que, nos textos, dá a impressão de que todos eram chamados de Ananias.

Batista

A irmã de Herodes, Salomé, e a sua filha Berenice sempre odiaram a esposa de Herodes, Mariamne, possivelmente porque ela era de linhagem real enquanto eles descendiam de plebeus idumeus. Nessa atmosfera de desconfiança mútua, Mariamne I, a esposa de Herodes, ficou alarmada com as intenções do marido, a partir de informação que lhe fora dada por José, o irmão de Herodes. Herodes ficou desorientado pela forma com que ela conseguiu essa informação e, assim, tal como Otelo e em todas as novelas modernas, ele suspeitou de uma relação entre Mariamne e José. Seu medo de mulheres em geral foi ainda mais exacerbado pelas ações da rainha Cleópatra e pelas histórias de como ela manipulou Marco Antônio. Irado, ele mandou matá-los.

Esse acontecimento merece ser mais bem investigado porque uma coisa curiosa ocorre agora nas obras de Josephus. José, irmão de Herodes, foi morto; mas, quase ao mesmo tempo, o *tio* de Herodes, José, também foi morto. Os textos não explicam como esse "tio" apareceu, embora também digam que ele era o marido de Salomé, a irmã de Herodes. Uma leitura mais aprofundada dos textos nos mostra o engano do escriba, pois o "tio" e o irmão de Herodes parecem ser uma única e a mesma pessoa.

A base dessa história é a viagem de Herodes para se encontrar com Marco Antônio no Egito. Essa era uma missão perigosa, de maneira que ele ordenou ao seu "tio" José que, no caso de ele (Herodes) ser morto por Marco Antônio, mandasse matar Mariamne, aparentemente por "não suportar estar separado dela". Infelizmente para os escribas, uma das quatro passagens que tratam dessa situação indica que essa ordem fora dada ao irmão José e não ao tio.

> Ora, José foi morto na Judeia da seguinte maneira: ele havia esquecido a ordem que seu *irmão* lhe havia dado quando partiu para encontrar-se com Antônio.[J273] (Itálico do Autor)

Essa não pode ser uma referência ao cunhado José (o "tio" também era potencialmente um cunhado), pois em algumas páginas adiante o texto menciona que essa mesma ordem fora dada a José, o tio.

> Marco Antônio ficou persuadido por esses argumentos... ele enviou e mandou que Herodes viesse... assim (Herodes) deixou seu *tio* José como procurador de seu governo e dos assuntos públicos e a quem deu a ordem de que, caso Antônio viesse a matá-lo, ele também deveria matar Mariamne...[J274] (Itálico do Autor.)

Os textos estão tentando dizer que duas pessoas morreram no mesmo incidente e que, além disso, as duas chamavam-se José. Esses dois personagens só podem ser uma única pessoa – o *irmão* de Herodes. Esse pequeno deslize foi feito por um bom motivo, pois havia um incidente de maior importância a ser encoberto. Ao decifrar essa confusão, o método da morte de José tornou-se significativo – ele foi decapitado. Além disso, essa cabeça ou a de seu carrasco, Pappo, foi entregue por Herodes a seu irmão Feroras, em quem se colocou a culpa por todo esse incidente. Uma cabeça decapitada foi entregue em um prato à corte de Herodes, principalmente por causa das maquinações de Salomé, sua irmã, e de sua filha Berenice. Isso não é parecido com um incidente bem conhecido?

> João tinha dito a Herodes: Não te é permitido ter a mulher de teu irmão.
> Por isso Herodias (a esposa de Herodes) o odiava e queria matá-lo, não

---

J273. Josephus, ANT 14:448.
J274. *Ibid.*, 15:65.

o conseguindo, porém... Disse o rei à moça (Salomé, filha de Herodias): Pede-me o que quiseres, e eu to darei... (e ela) exprimiu-lhe o seu desejo: Quero que sem demora me dês a cabeça de João Batista... (E o carrasco) trouxe sua cabeça em um prato e a deu à moça, e esta a entregou à sua mãe (Herodias).[B275]

Nos dois casos, as mulheres da corte estavam conspirando contra alguém; em ambos, a cabeça de suas vítimas foi decapitada e uma cabeça ainda sangrando foi levada à corte para Herodes. Esses são exatamente os tipos de acontecimentos que devem estar alojados firmemente na mente dos historiadores; eles podem ser manipulados, mas não esquecidos. Entretanto, há um importante problema nesse cenário, pois os dois Herodes não eram o mesmo. A Bíblia estava falando de Herodes, o Tetrarca, filho de Herodes, o Grande, enquanto a história de Josephus refere-se ao próprio Herodes, o Grande, de maneira que vários anos de diferença separavam esses dois episódios. Herodes, o Grande, morreu no ano 4 a.C. e, no entanto, dizem que João Batista batizou Jesus, que somente viria a nascer quatro anos mais tarde. As datas parecem ser incompatíveis. É possível que essas duas histórias sejam totalmente separadas? Absolutamente não!

O registro cristão gosta de retratar Jesus e João como sendo da mesma idade. Entretanto, como Lynn Picknett e Clive Prince detalham em seu livro *The Templar Revelation* (A Revelação dos Templários), os textos bíblicos não apoiam nem rejeitam essa noção. E, na realidade, o Corão sugere, em uma passagem, que João havia morrido antes do nascimento de Jesus. Portanto, é bem possível que João Batista tenha batizado Jesus ou que esse ritual fosse simplesmente metafórico, uma confirmação de que Jesus estava seguindo os passos de João Batista. Por conseguinte, essa história poderia envolver qualquer um dos dois Herodes e é significativo o fato de que a Bíblia chama esse Herodes de rei – Herodes, o Tetrarca, nunca foi coroado rei.

Parece ter acontecido que, em determinado momento, uma grande intriga entre as mulheres da corte provocou uma luta sangrenta por poder que resultou na decapitação de um sacerdote conhecido como João. Esse foi um acontecimento tão importante que os escribas não poderiam ocultá-lo totalmente – ele fora muito divulgado para isso –, mas eles conseguiriam ofuscar a verdade. De maneira que existem duas tradições que detalham o mesmo acontecimento. Josephus informa que isso ocorreu na época de Herodes, o Grande, enquanto a Bíblia, convenientemente, colocou o ocorrido durante o reinado de Herodes, o Tetrarca, e, por conseguinte, ocultou a verdadeira identidade de João Batista e o real motivo de sua execução.

Infelizmente, outra falha no argumento surge nesse ponto. Embora as duas tramas tenham um sentido semelhante, João Batista era um sacerdote

---

B275. Bíblia, Marcos 6:14-28.

muito respeitado e, se o argumento principal deste livro for algo a ser levado em consideração, ele também deve ter sido um príncipe da linhagem e, talvez, um descendente de Simão Onias. José, irmão de Herodes, não era sacerdote nem tampouco tinha sangue real; ele era um plebeu e, como tal, a sua morte nunca teria gerado o bramido de protestos que ecoou nos milênios subsequentes da maneira como ocorreu com a execução de João. Esse problema pode ser explicado ao voltar-se para a história de Josephus: o que levou Herodes a encontrar-se com Marco Antônio e qual era a verdadeira causa dessa disputa real?

Pouco antes desse episódio, o sacerdócio havia sido negado a Hircano II pelo modo incomum de arrancar orelhas com os dentes. Por não ser considerado "perfeito", ele não podia mais ser sumo sacerdote. Convenientemente, Herodes, o Grande, procurou tornar-se um bom amigo do sumo sacerdote de Jerusalém e, dessa forma, ganhar influência sobre os sacerdotes para somar aos seus enormes poderes como rei. Isso faria com que a sua posição no território fosse inatacável e a sua família, inexpugnável. Entretanto, a tradição exigia que o sacerdócio judaico fosse conferido unicamente à tribo de Levi, os descendentes de Moisés ou de Aarão. Mas esse pretendente ao título era da Babilônia e de origens incertas. Assim, a nomeação de Herodes causou protestos, principalmente entre os descendentes de Hircano. Desesperada, Alexandra, a mãe de Mariamne, apelou a Cleópatra, rainha do Egito, que fez com que essa nomeação fosse rejeitada, e Aristóbulo, irmão de Mariamne, foi designado sumo sacerdote. Herodes deve ter ficado exasperado com essa interferência em seus planos.

Aristóbulo era um bom jovem, neto de um sumo sacerdote tanto do lado materno quanto do lado paterno. Não havia ninguém mais adequado para a função, e ele foi devidamente nomeado. Esse pretendente real em posição de comando de sumo sacerdote, nominalmente superior à do rei, tornou-se inaceitável para Herodes. A situação piorou quando Aristóbulo logo começou a reclamar do casamento de Herodes com a esposa de seu irmão. (Herodes já se casara com duas sobrinhas e, possivelmente, seu irmão José se casara com sua irmã Salomé, de maneira que o casamento com a esposa do irmão não teria causado muitos problemas a Herodes.) Qualquer que seja o caso, está claro que Herodes se ofendeu com esse desafio à sua autoridade e alguma coisa deveria ser feita. Então, o jovem Aristóbulo foi levado para um banho pelo próprio Herodes, provavelmente uma grande fonte batismal para efeito de purificação, na qual Herodes ordenou que ele fosse afogado.

Alexandra, a mãe, ficou indignada, pois Aristóbulo não somente era o seu filho, mas um dos poucos remanescentes de pura descendência de Moisés ou de Aarão. Aristóbulo havia sido sumo sacerdote de toda Israel, e Herodes fez com que fosse morto como um traidor do reino. Novamente, ela se queixou amargamente com a rainha Cleópatra do Egito que, por sua vez, pressionou Marco Antônio. Por esse crime, Herodes foi intimado a se encontrar com Marco Antônio no Egito, pois a situação era grave e sua própria vida estava em jogo. Foi por isso que Salomé pressionou Herodes a planejar a morte de Mariamne, caso ele não voltasse dessa viagem. Mariamne era irmã de Aristóbulo, o sumo sacerdote assassinado, e de sangue real. Salomé queria Mariamne fora do caminho para que pudesse manipular o reino para o seu próprio filho e não o de Mariamne.

Como confirmação de que os eventos de José, "o irmão", e de José, "o tio", foram os mesmos, o incidente no banho ocorre nas duas seções do texto. Nessa nova versão, "inimigos" de Herodes entraram nos banhos enquanto ele estava totalmente despido e com um "companheiro"; eles desembainharam as espadas e, depois, inexplicavelmente saíram novamente.[J276]

Nesse caso, o evento da decapitação na corte de Herodes, o Grande, iniciou-se com a morte do sumo sacerdote Aristóbulo. Portanto, há uma grande semelhança entre esse episódio e a história bíblica de João Batista. Nesse ponto, surge um ofuscamento maior e posterior na história, porque William Whiston, o tradutor de Josephus do século XVIII, no qual me baseei, insistia em se referir a esse sumo sacerdote que havia sido afogado com Aristóbulo. Foi somente com uma tradução mais moderna que o problema foi completamente resolvido e que a identidade desse sumo sacerdote foi esclarecida. Realmente, havia bons motivos para encobrir a história. A nova tradução identificava Aristóbulo, o jovem sumo sacerdote, com "Jonatã, também chamado Aristóbulo".[J277]

Aí estava o indício que eu buscava. Certamente *houve* uma luta importante na corte real e não se tratava da corte menor de Herodes, o Tetrarca, mas de algumas das maquinações desesperadas que ocorreram dentro da corte do próprio Herodes, o Grande, uma geração antes. João (Jonatã) descendia diretamente da linhagem real; ele havia sido nomeado sumo sacerdote de todo Israel e era a única pessoa em condição de desafiar diretamente a autoridade e o reino cruel de Herodes, o Grande.

A primeira reclamação de Jonatã foi dirigida diretamente ao âmago da questão: a família de Herodes havia transgredido a lei em algumas de suas intricadas alianças de casamento. Salomé, a irmã de Herodes, e sua filha Berenice estavam indignadas: seguramente, o ataque era, de alguma forma, dirigido diretamente a elas (o casamento com uma irmã ou com a esposa de um irmão que tivera filhos era proibido). Para Herodes, esse ataque aos seus familiares e os desafios à sua autoridade eram inaceitáveis, e ele acabou mandando matar João. De maneira significativa, João foi afogado em um banho, e os textos parecem indicar que Herodes possa ter participado de algum tipo de ritual de purificação. Daí o epitáfio de Jonatã,

---

J276. Josephus, ANT 14:448-463, 15:67, 15:87, 15:213, 15:231, 15:254. Josephus, GJ 1:325, 1:342, 1:437, 1:441, 1:443.

J277. Versão da coleção *Penguin Classics*.

o infeliz sumo sacerdote: "João que morreu durante o batismo" ou João Batista. De fato, existe ainda a possibilidade de que esse apelido tenha sido inicialmente inventado como piada cruel: João havia sido "batizado" (afogado) por Herodes.

Familicida

É claro que a disputa não acabou aí. Herodes tornou-se paranoico e suspeitou que outras pessoas conspirassem contra ele. Ele desconfiou que seu irmão José estivesse de conluio com Mariamne e Alexandra. Ele também suspeitou que os filhos de Mariamne (seus próprios filhos) estivessem envolvidos e ficou transtornado com o fato de Salomé, sua irmã, estar incitando a intriga. Foi quando Herodes entrou em sua fase instável e, enquanto ele se encontrava no Egito, sendo repreendido por Marco Antônio, mandou que seu irmão fosse decapitado. A sua cabeça ou a de seu carrasco foi então enviada à corte real como advertência.

Agora, toda a história bíblica sobre a morte de João Batista está explicada. João Batista não era um sacerdote qualquer praticando a sua profissão no deserto da Judeia, mas o sumo sacerdote de toda Israel com a tenra idade de 18 anos. Assim, João era muito importante nessa história, pois na versão bíblica a respeito desses eventos foi ele quem conferiu a bênção de sumo sacerdote a Jesus em vez do impostor que Herodes havia nomeado em seu lugar. Certamente, Jesus era um participante importante desses eventos e a tarefa seguinte é a de verificar de que árvore genealógica ele surgiu.

O assassinato do sumo sacerdote João (Jonatã Aristóbulo) criou uma profunda fenda entre Herodes e os dois filhos que Mariamne lhe dera – Aristóbulo Jr. e Alexandre [portanto, João Batista era seu tio]. Essa óbvia hostilidade fez com que Herodes se inclinasse a favorecer Antípater, o filho que teve com a sua primeira esposa, Doris. Entretanto, ela não pertencia à linhagem real e isso serviu para enraivecer ainda mais Aristóbulo e Alexandre.[J278] Por fim, essa amarga rixa familiar acabou em uma farsa de procedimentos judiciais, com Herodes acusando seus filhos de traição. Os filhos nem sequer foram apresentados ao tribunal e Herodes fez com que fossem declarados culpados de conspirar contra ele. Aristóbulo e Alexandre foram levados para a cidade conhecida como Sebaste, perto de Cesareia, onde os dois foram estrangulados.[J279]

Isso deixou Antípater na linha para o trono, mas o povo já não gostava mais dele, pois ele havia sido o principal protagonista em incitar acusações contra seus meio-irmãos. Toda essa saga amarga progrediu ao ponto em

---

J278. Josephus, GJ 1:440.
J279. *Ibid.*, 1:551.

que Antípater foi acusado, junto com sua mãe, de tentar envenenar Feroras, outro irmão do rei. Para descobrir a verdade, Herodes torturou as serviçais de Doris, uma por uma, e todas declararam que era verdade. Antípater foi levado ao tribunal para enfrentar essas acusações e condenado, mas Herodes absteve-se de executar o filho até que a sua própria doença fosse curada. Infelizmente, para Antípater, ficou evidente que a saúde de Herodes piorava cada vez mais. O povo estava ciente de sua morte iminente e ficou mais atrevido e agitado.[J280]

Embora Herodes, o Grande, tivesse triunfado sobre as cidades rebeldes de Israel e as tivesse mantido sob relativo controle durante o seu reinado – criando um período de relativa prosperidade –, ele era apenas um vassalo romano. Seus sucessos haviam sido endossados por Roma em todos os momentos e Roma ditava as ações políticas na Palestina, usando Herodes como seu chefe de polícia. O povo começou a entrever uma chance de liberdade. Um dia, um grupo de jovens reuniu-se na praça do templo, em Jerusalém, e derrubou a águia dourada, o desprezado símbolo de Roma. Como consequência, alguns foram brutalmente queimados vivos. Agora, Herodes sentia que sua vida estava se esvaindo e, temendo que Antípater pudesse assumir o trono após a sua morte, ordenou que fosse executado. Cinco dias mais tarde era a sua vez de morrer.[J281]

Natividade

O cenário para o Novo Testamento estava montado. Foi nesse turbilhão político que o personagem histórico de Emanuel, ou Yeshua, nasceu. Yeshua, o Jesus bíblico, é por nós conhecido na tradução grega de seu nome, mas o Corão o chama de Issa que, muito provavelmente, é um título. Os eventos políticos que cercam o seu nascimento são extremamente turbulentos. João Batista foi o primeiro a morrer. Alexandre e Aristóbulo, os filhos de Herodes com Mariamne, foram mortos por volta do ano 5 a.C. Antípater, seu outro filho com Doris, foi morto cerca de 4 a.C. O próprio Herodes morreu nesse ano. A data exata do nascimento de Jesus é desconhecida, mas os historiadores presumem que tenha sido entre 7 a.C. e 4 d.C. Nessas circunstâncias, não é surpresa o fato de que surgisse um rumor sugerindo que Herodes queria matar todos os meninos do território. Esse único comentário, especificamente a menção dos meninos com menos de 2 anos de idade, indicaria uma data para o nascimento de Jesus por volta do ano 7 ou 6 a.C., assim como coloca Jesus na ampla árvore genealógica de Herodes ou de Hircano.

Jesus supostamente nasceu quando sua mãe ainda era virgem, mas isso não faz sentido. A linha patriarcal que vai até Jesus está registrada na

---

J280. Josephus, GJ 1:582-646.
J281. *Ibid.*, 1:664-665.

Bíblia e isso leva sua ascendência até o rei Davi. Se Maria fosse virgem, então a linhagem patriarcal, tão meticulosamente registrada na Bíblia, seria totalmente irrelevante. Muitas teorias foram propostas quanto à maneira pela qual os escribas decidiram por um nascimento virginal, mas elas são igualmente irrelevantes. O fato é que Jesus pertencia à linhagem de um faraó egípcio em exílio. Como tal, esperava-se que ele fosse rebento dos deuses, mas, em termos egípcios, isso não negava o papel de um pai biológico. Embora os deuses estivessem intimamente envolvidos na concepção do menino faraó, eles não assumiam as necessidades biológicas. Assim, o faraó foi o produto de um pai humano e era também o Filho de Deus, e os egípcios não viam conflito nesses conceitos aparentemente opostos.

A Bíblia continua com a sua narrativa duvidosa e descreve Jesus como alguém de posição social humilde. Ela registra que Jesus nasceu em uma estrebaria e que recebeu a visita de simples pastores, mas o motivo dessa história é tão óbvio que não tentarei aborrecer o leitor com outras conotações de hicsos e de constelações. Jesus não era o filho de um pobre carpinteiro – mais indícios serão apresentados a seguir; ele era um descendente de Jacó e de Abraão, antigos faraós do Egito. Ele era um filho aristocrático, um príncipe do reino, que provavelmente estava em condição de tirar o trono de Herodes e de seus filhos. Grande era o motivo para que a mãe de Jesus tivesse medo de que Herodes lhe tirasse a vida. Se Herodes havia sido capaz de matar os seus três filhos e o sumo sacerdote Jonatã, um menino pretendente ao trono não representaria nenhum problema. Assim, a mãe de Jesus seguiu os conselhos de seus seguidores, que disseram a José:

> Levanta-te, toma o menino e sua mãe e foge para o Egito; fica lá até que eu te avise, porque Herodes vai procurar o menino para matá-lo.[B282]

Não era o caso de Herodes querer indiscriminadamente matar todos os meninos da Judeia, conforme é retratado pelo clero cristão. Essa era uma disputa familiar a respeito da herança real, o próximo rei ou sumo sacerdote de Israel. Os próprios textos admitem que Jesus era um rei do povo judeu.[B283] Ele era da linhagem real e podia provar a sua ancestralidade através de 77 gerações até Abraão e além.[B284] Ele era um homem assistido pela esposa do administrador de Herodes (o Tetrarca),[B285] cujos seguidores tinham acesso livre ao palácio real[B286] e falavam diretamente com o procurador de toda a Palestina.[B287] (Observe novamente o relacionamento do administrador do rei. Será que essa função era concedida tradicional-

---

B282. Bíblia, Mateus 2:13.
B283. *Ibid.*, 27:37.
B284. Bíblia, Lucas 3:23-38.
B285. *Ibid.*, 8:3.
B286. Bíblia, João 18:15.
B287. *Ibid.*, 19:38.

mente a membros da família?) É evidente que Jesus não era um pobre carpinteiro, mas estava diretamente envolvido nas maquinações políticas da família real. Herodes queria controlar o destino da linhagem e passar o trono para um filho que acreditava poder representar a linhagem tradicional da família. É por isso que ele matou seus próprios filhos que teve com Mariamne.

O fato de se ter considerado que Jesus estava em risco, em razão dos infames crimes cometidos pelo rei contra seus próprios filhos, é um forte indício de que ele próprio pertencia a essa mesma linha real. Isso é totalmente possível, pois os mesmos nomes familiares aparecem nas duas árvores genealógicas. Certamente um ramo da linhagem sanguínea ariana corria nas veias dos filhos de Herodes, o Grande, graças ao seu casamento com a neta de Hircano, Mariamne (Maria). Mas é de se esperar que muitos descendentes de Hircano pensassem que a família de Herodes fosse simplesmente composta de parasitas da verdadeira linhagem real. Talvez Jesus pertencesse a essa linhagem de Herodes ou descendesse de uma linhagem paralela, uma ramificação da grande árvore genealógica de Hircano. Jesus era certamente um príncipe conhecido por Herodes, mas talvez não diretamente em posição para o trono naquela época. Não obstante, especialmente em períodos de guerra civil, príncipes remotos poderiam angariar apoio popular; Jesus também talvez seria uma ameaça ao futuro dos parentes imediatos do rei, especialmente se ele tivesse sangue real mais puro que o dos filhos do rei. Consequentemente, o pai de Jesus pensou que seria prudente ir para o exílio, no Egito.

Por que o Egito? Por que ir para um país que era desprezado pelos judeus? A verdade novamente foi encoberta. Os judeus tinham um templo no Egito, na sagrada e teológica cidade de Heliópolis. Foi a partir de Heliópolis que a religião do êxodo surgiu e foi para lá que Jesus foi levado para aprender os costumes de seus antepassados. Ele era um descendente direto de Abraão, Isaque e Jacó, seja pelas linhas de Judá, seja pelas linhas de Moisés e Aarão. Todas essas pessoas haviam sido príncipes ou faraós do Egito. Jesus também era um príncipe, e qual a melhor maneira de ser educado senão na cidade de Heliópolis? Seus antepassados – José e Moisés (e Akhenaton) – haviam sido educados nesse templo sagrado. Se algum lugar no mundo podia assumir o título de "Universidade dos Faraós", esse lugar era Heliópolis, e muito provavelmente foi para lá que Jesus foi levado.

Ali, ele seria aclamado como o novo Filho de Deus, o novo faraó. O mais importante é que esse título indicaria que Jesus nasceu de Aton, da mesma forma que Akhenaton. Ele não somente teria sido o filho, mas também o Sol, um filho da divindade solar. A Bíblia parece confirmar isso tacitamente, pois os textos estão repletos de alusões à luz e à escuridão. De acordo com o Evangelho de João:

Este (João Batista) veio como testemunha, para dar testemunho da Luz, a fim de que todos cressem por meio dele. Não era ele a Luz, mas veio para dar testemunho da Luz. Essa era a verdadeira Luz que ilumina todo homem que vem ao mundo.[B288]

A forma grega aqui usada para a palavra luz é *phos* (Φως), termo que descreve uma massa de fogo que irradia e arremete raios quentes. Observe também as letras maiúsculas, a única vez em que elas são usadas para essa palavra – a palavra "Luz" está sendo usada como nome próprio e, portanto, ela claramente se refere ao Sol.

Como mencionei anteriormente, a Bíblia gosta de apresentar Jesus como um judeu da tribo de Judá, mas a tribo de sacerdotes bíblicos (um papel que Jesus procurou assumir) descendia exclusivamente da tribo dos levitas, de Moisés. Por outro lado, a linhagem dos reis bíblicos deveria descender de José, o fundador da linhagem de vizires que acabou se juntando à linhagem faraônica. Entretanto, no início do primeiro milênio, essa função frequentemente se associou à função de reis-sacerdotes.

Os autores dos evangelhos tinham conhecimento do fato de Jesus não pertencer à linhagem dos levitas: de que forma ele poderia tornar-se sacerdote ou rei se era da tribo de Judá? A Bíblia tenta nos convencer de que, apesar de incomum, havia uma justificativa para isso, embora um tanto fraca. Ela centra-se no fato de que a hereditariedade sacerdotal dos levitas era "dada por meio de mandamentos carnais"; os sacerdotes eram concebidos e formados por meio de relações sexuais. (Essa é uma das muitas indicações da aversão de Saulo pelo ato sexual.) Saulo, o fundador do Cristianismo, estava indicando que os sacerdotes herdeiros adquiriam suas funções pela hereditariedade, enquanto Jesus teve de prestar um juramento e, por meio desse processo, "assegurou uma aliança muito superior".[B289]

Assim, essa linhagem judita para Jesus foi, provavelmente, conveniência para a tribo de Judá quando, na realidade, Jesus era um levita ou josefita. Moisés era um levita matriarcal, nascido do faraó Amenhotep III. Isso não impede que Aarão (Akhenaton) fosse da tribo jacobita, um meio-irmão de Moisés de linha matriarcal diferente. De fato, o registro histórico indica fortemente que Akhenaton pertencia à linhagem de José, por meio do vizir Yuya e do casamento de Amenhotep com a sua filha, Tiye. Essa situação poderia também explicar por que o filho mais velho, Tut[mose], não herdara o trono do Egito que, na realidade, foi conferido ao irmão mais jovem, Aarão [Akhenaton] – pois Aarão pertencia a uma linhagem faraônica mais forte (real em vez de sacerdotal) que a de Moisés.

Qualquer que seja o caso, parece que Jesus pertencia a um ramo dessa linhagem real. Em minha opinião, muito provavelmente Jesus deve

---
B288. Bíblia, João 1:7-9.
B289. Bíblia, Hebreus 7:16-22.

ter sido descendente matriarcal dos patriarcas José e Moisés pela família de Simão Onias. Isso se sustenta pelo Corão, que diz que o pai de Maria, a mãe de Jesus, era chamado de Amram ou Imran, que também é o nome do pai de Moisés. O fato de um nome ser mencionado imediatamente após o outro em dois capítulos separados do Corão parece sugerir um parentesco ou uma linhagem familiar, ou seja, que Maria era da linhagem de Moisés.[C290]

O Sacerdote-Arquiteto

Jesus foi educado em Heliópolis, onde aprendeu os costumes sábios da mais antiga de todas as religiões: os movimentos das estrelas e o funcionamento do cosmos. Ele tornou-se hábil em escrita na terra, uma das antigas habilidades de magia.[B291] Ele tornou-se a "pedra fundamental", o "carpinteiro". Ora, esse foi um termo muito desnorteador ao longo dos séculos: por que um príncipe do reino teria sido designado como simples carpinteiro? É possível que ocorrera um engano dos escribas na tradução, em razão do empenho em afastar Jesus de suas verdadeiras origens, mas a sua posição e *status* ainda são claros ao analisarmos os textos mais profundamente. A primeira pista está na tradução copta da palavra "carpinteiro", na qual Jesus é chamado de *Naggar,* que tanto pode significar um artesão (carpinteiro) como um homem culto.

No Evangelho de Mateus, a profissão de Jesus é dada em grego como *tekton*, uma palavra que pode ser traduzida como "construtor". Entretanto, há uma versão melhor para este termo. Jesus é chamado, ao mesmo tempo, de artesão, de construtor e de homem culto. Existe uma profissão que engloba todos esses elementos: a de arquiteto. De fato, ainda é possível enxergar traços da palavra *tekton* na palavra latina *architectus,* que significa mestre construtor ou mestre pedreiro. Essa é uma profissão e um título muito mais lógicos para Jesus que a de simples carpinteiro.

Esse processo pode ser levado a um passo adiante, pois Aarão [Akhenaton], ancestral direto de Jesus, também era conhecido como "o maior dos arquitetos". Embora ele próprio não fosse um seguidor de Thoth, esse título, juntamente com a própria palavra arquiteto, pode ter derivado de um dos nomes atribuídos ao deus egípcio. Thoth era conhecido como Djeheyti, nome que se originou de seu retrato na imagem de *djehu*, o íbis sagrado. Mas, além disso, Thoth também era conhecido como *Tekh*, que novamente é uma espécie de íbis. Dizem que esse título derivava originalmente de uma palavra egípcia semelhante e antiga usada para o ponteiro da balança, pois Thoth era o sagrado escriba que registrava o peso do coração do homem (a

---

C290. Corão, 3:34.
B291. Bíblia, João 8:6.

consciência) após a morte. Contudo, em razão de sua constância nos rituais e mitos que cercam Jesus, é possível que esse título tenha sido um trocadilho com uma palavra egípcia parecida, *tekh,* que significa "pão e vinho misturados".²⁹²

Aqui está um indício direto de que a liturgia da Igreja Cristã está baseada, de fato, em princípios muito antigos. *Tekh* significa pão e vinho em antigo egípcio e também um festival de vinho e uma taça de vinho. Comos demonstrado no livro *Tempest & Exodus,* é bem provável que Thoth estivesse intimamente ligado ao ritual do oferecimento de pão e vinho, de maneira que essa ligação entre Jesus e Thoth é uma distinta possibilidade. Mas Thoth era também conhecido na história como o grande deus da Matemática, da Geometria, da escrita e, possivelmente, o projetista da própria Grande Pirâmide, às vezes conhecida também como o "Santuário de Thoth". Como Thoth (*Tekh*) era uma das mais antigas divindades egípcias, é possível entrever aqui as próprias origens antigas da palavra *tekton,* ou arquiteto, bem como seguir a linhagem direta dessa antiga tradição a partir de um dos títulos do Jesus bíblico até nossa Era Moderna.

É possível que a verdadeira posição de Jesus esteja ficando mais clara: ele era um seguidor de misteriosas e antigas tradições, um arquiteto, um construtor e um príncipe; em todo o caso, não é a profissão literal de arquiteto que está sendo aqui referida, mas a posição simbólica de alguém que descendia do projetista do cosmos. A maior de todas as divindades é conhecida nos círculos maçônicos como o "Arquiteto do Universo" e existe um indício a ser encontrado de que Jesus era, na realidade, um arquiteto: um pedreiro teológico que se baseava nas tradições de Thoth em vez de um pedreiro comum munido de martelo e talhadeira. Maior indício para esse argumento está centrado na história bíblica da ressurreição de Lázaro em Betânia.

Lázaro, que de fato estava relacionado com Jesus, ficou "doente" e foi colocado na tumba. Jesus demorou para ir socorrê-lo, esperando dois dias antes de viajar para Betânia e, assim, Lázaro aparentemente acabou "morrendo".ᴮ²⁹³ Jesus deliberadamente permitiu que Lázaro "morresse" e disse:

Alegro-me por vossa causa, por não ter estado lá, para que creiais.ᴮ²⁹⁴

A história fica ainda mais estranha porque, agora, os outros discípulos também queriam "morrer" como Lázaro. Isso está começando a parecer um dos cultos do "fim do mundo" de nossa Era Moderna. Quando Jesus

---

292. *Jesus Papyrus,* C. Thiede, M. D'Ancona. New York: Doubleday, 2000, p. 117. *The Gods of the Egyptians,* W. Budge. Dover: 1969.
B293. Bíblia, João 11:6.
B294. *Ibid.,* 11:15.

finalmente chegou a Betânia, ele chorou por Lázaro que tanto amava (isso será importante mais adiante) e, finalmente, Lázaro foi "ressuscitado" dos mortos.[B295] É uma história bem peculiar e pode não fazer sentido até que se compreenda o seu verdadeiro valor simbólico. Existem milhares de pessoas no mundo atual que passaram pelo mesmo processo de Lázaro. Eles morreram e renasceram – trata-se de uma cerimônia maçônica de terceiro grau.

Parece que a versão essênia da cerimônia era mais severa e exigente que o ritual de iniciação rápido e trivializado praticado em cada Loja Maçônica ocidental hoje. Lázaro teve de permanecer fisicamente em vez de simbolicamente, na tumba durante três dias inteiros, possivelmente jejuando e meditando todo o tempo. (A Bíblia diz que foram quatro dias, mas três dias seriam mais simbólicos em termos da ressurreição de Jesus e mais de acordo com a numerologia maçônica.) Se esse for o caso, essa experiência deve ter sido para Lázaro um enorme teste de coragem e uma verdadeira cerimônia de iniciação na seita. Completada a sua experiência, Lázaro saiu da tumba vivo e ainda vendado com a toalha em volta de seu rosto, como atualmente fazem todos os iniciados.

Isso demonstra claramente o ambiente político e religioso no qual Jesus atuava. Ele era um príncipe faraônico – provavelmente em esconderijo, mas mesmo assim um príncipe. Como tal, possuía os segredos da antiga religião egípcia que não deveriam ser revelados a pessoas comuns. E assim, houve, desde os primórdios da História, iniciações que levaram o candidato cada vez mais profundamente nos mistérios do passado e à compreensão das funções do cosmos. A informação era transmitida unicamente a iniciados selecionados, de forma gradativa e de acordo com a progressão do conhecimento adquirido. É assim que o Nazareno, a Igreja de Jesus, trabalhava, e isso explica grande parte dos eventos curiosos ocorridos no Novo Testamento. Os maçons modernos seguem exatamente os mesmos procedimentos, baseando-se nos mesmos eventos antigos que tiveram origem no Egito. Mas não pense que essas organizações ainda mantêm os grandes segredos do Universo, pois eles foram dissolvidos há muito tempo – alguns milhares de anos de boatos constantes se encarregaram disso.

Depois da morte de Herodes, o Grande, o reino foi dividido entre seus outros filhos: Filipe, Herodes, Antipas e Arquelau. Entretanto, César Augusto não concedeu a nenhum deles o título de rei. Logo depois, a Judeia foi anexada como uma província imperial, e um procurador romano foi instituído para a região, o primeiro sendo Coponius. A situação política havia mudado e o ramo da árvore genealógica à qual Jesus pertencia agora era importante. O último herdeiro com direito ao trono estava morto e, se fosse

---

B295. *Ibid.*, 11:43-44.

Foto 1 – A Adoração do Bezerro de Ouro, *de Nicolas Poussin. Moisés pode ser visto voltando do Monte Sinai, na extrema esquerda do quadro, enquanto o povo adora o Touro Apis. Em sua ira, Moisés mata 3 mil de seus seguidores.*

Foto 2 – Akhenaton. Observe a cabeça distorcida, seus quadris arredondados e seu pequeno busto.

Figura 3 – Akhenaton. Aarão, o faraó herege e irmão de Moisés. Akhenaton está se retratando na forma física dos deuses, com têmporas largas, queixo estreito e olhos amendoados.

Foto 4 – A planície de Akhetaton ou Amarna. Foi nesse planalto árido, na margem leste do Nilo, que Akhenaton construiu a sua nova cidade. Para os sacerdotes tebanos, o local ficou conhecido como **"A Pedreira na margem leste do Nilo"**.

Foto 5 – Uma das estelas representando um marco de fronteira, gravada na face leste da rocha, em Amarna. Ela proclama os vários males que atingiram Akhenaton e sua família.

III

Foto 6 – A Pietà, *de Michelangelo, na Catedral de São Pedro, Cidade do Vaticano. Um retrato de Jesus e de sua esposa Maria Madalena.*

Foto 7 – O Muro das Lamentações *e o* Domo da Rocha, Jerusalém. *A cidade sagrada e a rocha sagrada do Judaísmo, do Cristianismo e do Islã.*

Foto 8 – Lamentação sobre o Cristo Morto, *de Annibale Carracci, também intitulado* As Três (4) Marias. *Esta é uma boa ilustração do deliberado obscurecimento gerado pelos autores do Novo Testamento. Todas as quatro mulheres presentes têm o nome de Maria: Maria, mãe de Jesus; Maria Madalena; Maria Salomé; e Maria, mãe de Tiago.*

Foto 9 – Símbolos do Sol e da Pirâmide para os santos cristãos: tumba de Caroli VI, São Nicolau, Praga.

Foto 10 – Símbolo do Sol para os santos. Catedral de Palma, Maiorca.

Foto 11 – Trança de cabelo lateral egípcia. Dizem que ela pode representar um jovem ou, talvez, o sumo sacerdote de Heliópolis.

Foto 12 – A Taula de Torralba d'en Salord, *Menorca.*

Foto 13 – A Taula em Talati de Dalt, *Menorca. O lintel reto lembra muito mais o hieróglifo egípcio para um carneiro do que os chifres de um touro.*

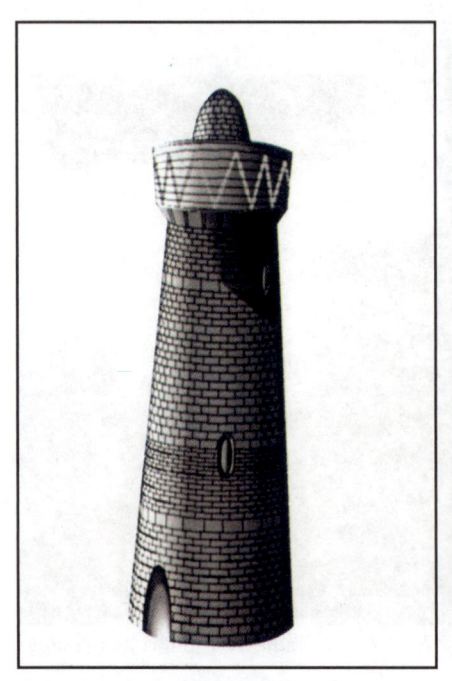

Foto 14 – *Impressão artística de uma torre* nuraghi *baseada em antigos modelos de bronze.*

Foto 15 – Minarete de Kalyan, *na cidade de Bucara, Uzbequistão. Observe a porta de entrada e a ponte acima do nível do chão.*

Foto 16 – Minarete de Khiva, *Uzbequistão. Uma cópia moderna da* Torre de Kalyan, *em Bucara.*

Foto 17 – Erismanzanu Nuraghi, *Esporlatu, Goceano, Sardenha.*

Foto 18 – A torre de Domhnach *do século XII, em* Boyne at Slane, *Irlanda. Observe o ápice cônico.*

Foto 19 – Entrada da torre redonda em Monasterboice. *O monastério foi fundado no século V e a torre, destruída em 1097.*

Foto 20 – Obelisco egípcio; Fontana dei Quattro Fiumi *(Fonte dos Quatro Rios), Roma.*

Foto 21 – O Tesouro de Atreu, *em Micenas, Grécia. Observe o desenho do teto acima da entrada.*

Foto 22 – No solstício de inverno, o Sol brilha através do espaço acima do teto, em Newgrange. Somente a luz solar que vem por esse espaço penetra nas profundezas do sítio e ilumina a câmara central sagrada.

Foto 23 – A Grande Loja Maçônica de Holborn, *Londres. Os dois pilares são representações dos pilares de Jachin e Boaz, que integram o Templo de Salomão em Jerusalém. Acima desses pilares estão as esferas celestial e terrestre, tal como eram representadas no Templo de Salomão. Isso indica que a forma esférica da Terra era conhecida pelos israelitas em uma época muito antiga e, muito provavelmente, eles adquiriram esse conhecimento dos antigos egípcios.*

possível lidar com o elemento romano, o lugar estava disponível para quem quisesse assumi-lo. Por conseguinte, houve muita argumentação entre os pretendentes rivais, cada um procurando desesperadamente deixar a sua marca e aguardando o momento em que o trono estaria disponível. Havia chegado o momento para Jesus assumir o papel que lhe era destinado. Ele precisava assumir o título real para tornar-se "Jesus, o Essênio", do qual o nome árabe de Jesus, "Issa", se origina e pelo qual ele é conhecido no Corão.[296]

A seita essênia (os essênios ou seguidores de Jesus) estivera à procura do Issa – o Messias – durante séculos. Messias em aramaico significava "aquele ungido com o óleo", um termo que faz alusão ao ritual da antiga tradição dos reis do Egito. Ahmed Osman traduziu a palavra messias como uma derivação de *messeh*, a antiga palavra egípcia para crocodilo, cujo óleo sagrado era usado no ritual de iniciação.[297] Mas talvez essa seja apenas a costumeira troca de letras e, muito provavelmente, a tradução fundamental da palavra seja *Mes-sah*. Em egípcio antigo, a palavra *Mes* significa "filho de" ou "nascido", enquanto o sufixo *Sah,* como já foi demonstrado, significa "rei divino". Nesse caso, o termo Messias (Mes-sah) significaria "Filho do Divino Rei" ou talvez "Nascido dos Deuses" ou até mesmo "Filho de Deus" – cada um deles pode ser considerado um termo bastante adequado para Jesus.

Assim, todos os reis do Egito e da Palestina eram, sob alguns aspectos, o *Mes-sah,* mas não há dúvida de que um messias especial estava sendo esperado; talvez um messias espiritual ou, quem sabe, um messias popular que poderia ser abertamente aclamado rei novamente dos povos arianos: o povo israelita.

Os israelitas haviam rejeitado a realeza durante muitos séculos. Ela fora despertada esporadicamente, mas o ambiente teológico no qual eles se estabeleceram era bem diferente daquele do Egito. Entretanto, pequenos grupos mantinham vivas as tradições, esperando e aguardando uma mudança de sorte e de atitudes dentro de Israel como um todo. Jesus, ao assumir esse título de Issa, o messias, indicava que, agora, ele aceitava essa missão. Ele procurava ser a figura semidivina que os essênios haviam esperado por tanto tempo. Ele declarava ser o ungido, o príncipe da linhagem faraônica, o Filho do Deus-Sol, o *Heli-sar* ou Elizar, tal como o foram todos os faraós do Egito.

A Judeia, entretanto, estava cheia de pretendentes ao trono e seria difícil convencer o público em geral que a linhagem faraônica ainda existia ou que ela ainda tivesse uma relevância contemporânea. A linhagem havia se mantido em semissigilo durante 1.500 anos, ocasionalmente assumindo o

---

296. *House of the Messiah,* A. Osman. Pennsylvania: HarperCollins,1992, p. 38.
297. *House of the Messiah,* A. Osman. Pennsylvania: HarperCollins,1992, p. 152.

trono e outras vezes o perdendo. Com efeito, não era uma tarefa fácil persuadir o povo de que seu direito fosse melhor do que, digamos, o de Herodes Antipas que, afinal, era o filho de Herodes, o Grande, e, possivelmente, possuía algum sangue real por parte de sua mãe. Na realidade, havia necessidade de uma grande demonstração ao povo de que Jesus era o único capaz de cumprir as profecias do prometido messias. Esse acontecimento seria a entrada triunfal em Jerusalém e, assim, pouco tempo antes, um pequeno grupo de adeptos coroou Jesus como rei, e coube a Maria Madalena ungir Jesus com os óleos caros e lavar os pés dele com os seus cabelos.

Peixes

Outro problema havia de surgir para o novo rei Jesus. Durante a sua educação em Heliópolis, ele fora advertido a respeito de outro grande movimento que estava acontecendo nos céus, outro embate entre as constelações estelares. As estrelas haviam mudado novamente e, se Jesus não tomasse cuidado, não somente perderia o seu direito ao trono, mas também provocaria outra guerra civil. Os sacerdotes que haviam servido em Heliópolis durante todas as tribulações dos últimos 2 mil anos – arriscando suas vidas em vez de fugir do templo – observaram a nova grande era surgindo nos céus. Tratava-se do fim da Era de Áries e o início da Era de Peixes. Jesus, cuja vida se iniciara sob a constelação de Áries, foi aclamado inicialmente como o "cordeiro de Deus", o filho de Áries. Agora, ele tinha uma dupla tarefa à sua frente: ele não somente tinha de recuperar o trono, mas também ao mesmo tempo mudar a natureza de veneração para dar seguimento à Era de Peixes. Esse ponto está bem claro no Novo Testamento da Bíblia:

> Pois (não mais) é possível que o sangue de touros e de carneiros tire pecados.[B298]

As eras de Touro e de Áries ficaram para trás e, agora, era a vez de Peixes ascender. Era a aurora de uma nova era. Foi seguramente por isso que o calendário foi ajustado em zero, e não por causa do nascimento de Jesus – os nossos calendários contam os anos até a próxima mudança nas constelações. Felizmente para Jesus, as mudanças teológicas instituídas no passado por Aarão [Akhenaton] obtiveram seu efeito desejado: o povo não mais venerava a forma da constelação como uma divindade. A forma física do deus como animal – de Aton como um carneiro – havia mudado em alguma coisa mais abstrata. Aton, a nova divindade monoteísta de Akhenaton, não tinha forma física, era uma mera associação de nomes que agora

---

B298. Bíblia, Hebreus 10:4.

deveria ser alterada, e não o sistema inteiro de crença. Foi por esse motivo que Jesus, o "cordeiro de Deus", tornou-se um "pescador", um "nazareno".

Jesus não era de forma alguma de Nazaré. Aliás, é muito improvável que uma cidade com esse nome existisse nessa época, mas a seita à qual ele pertencia, a essênia, ficou conhecida como Nazarena. Jesus não era "de Nazaré", ele era "o Nazareno". Isso é confirmado pelo nome árabe moderno para um cristão, um *Nasrani*, cujo significado era e continua sendo bem específico: pequenos peixes.[299] É por isso que Pedro foi apelidado de "Pescador de Homens" e o antigo símbolo dos cristãos era o signo do peixe. A constelação em ascensão havia mudado, e os arianos tornaram-se piscianos. A Bíblia registra Jesus pescando no Mar da Galileia como um simples pescador, mas é claro que não era isso o que acontecia; trata-se apenas de outro conto alegórico. Ele não estava enchendo as redes de peixes, mas de piscianos convertidos à sua causa. A história alegórica de Jesus "andar sobre as águas" foi, provavelmente, engendrada pelos mesmos motivos, pois a constelação astrológica seguinte era Aquário e Jesus, em Peixes, pode ser representado sobre a base de Aquário.

Muito provavelmente, a explicação astrológica seja a origem do monograma "IHS" para Jesus, encontrado em todas as igrejas cristãs e usado como senha pelas congregações primitivas durante o período de sua perseguição. Tal como muitos dos possíveis embaraços da Igreja, uma camada de obscurecimento foi aplicada a esse monograma para anuviar a sua origem e, assim, frequentemente se alega que IHS são iniciais para *Iesous Hominum Salvator* (Jesus, Salvador dos Homens). Mas, originalmente, IHS deveria derivar das três primeiras iniciais de Jesus em Grego, língua original do Novo Testamento, no qual ele foi escrito como *iesous* ιησους. Isso é o que a Igreja prega, mas em círculos mais esotéricos IHS sempre foi entendido como uma abreviação de *ichthys* ιχθυδ, a palavra grega para peixe e o símbolo do Cristianismo. Mais precisamente, o título era descrito como *Iesous Christos Theou Yios Soter* ιεσους θεου υιος σωτηρ, que significa "Jesus Cristo, Filho de Deus e Salvador", de onde deriva diretamente o elo *ichthys* ιχθυδ. Assim, a versão mais comum de IHS é, na realidade, um monograma codificado não somente para Jesus, como também para Peixes.

É por isso que a Astrologia e os horóscopos eram tão importantes e por esse motivo eles mantêm essa posição até hoje no mundo moderno. O ciclo mensal das estrelas supervisionando aniversários não era o que realmente importava aqui, mas sim o ciclo milenar das estrelas. A influência importante era a constelação sob a qual cada um dos faraós nascia. Esse é outro exemplo do duplo papel dos ensinamentos da Igreja: havia uma regra para os sacerdotes e outra para os laicos. Aos laicos, era dado o ciclo mensal a ser venerado, mas os sacerdotes mantinham o ciclo milenar para si mesmos. Agora, a importância do papel da Astrologia tornou-se aparen-

---

299. *Hiram Key*, Lomas & Knight. London: Arrow Books, 1997, p. 73.

te, pois acabamos de identificar Jesus com o primeiro dos lendários Reis Pescadores...

Figura 21. O símbolo cristão do peixe

Mas todas essas mudanças apresentavam um problema para o jovem Jesus. Ele pode ter almejado ser um príncipe ariano/pisciano, mas as pessoas queriam um líder que seguisse as leis da Torá, que agora eram distintamente judaicas. Assim, ele tinha de provar que era o Issa, o messias, o príncipe faraônico, e isso exigia que cumprisse as antigas profecias derivadas das escrituras. Elas tinham de ser cumpridas de modo a que ele elevasse a sua posição relativamente empobrecida e fizesse com que a sua linhagem familiar voltasse ao trono como reis da nação judaica. Além disso, provavelmente a exigência fosse até o cumprimento da derradeira de todas as profecias – a morte.

Parte 2

Ora, acontece que Jesus nascera de Maria e de José em uma casa (não em uma manjedoura)[B300] em Belém, e era o filho mais velho de pais que teriam pelo menos seis filhos. Um número incerto de homens sábios visitou Herodes e perguntou: "Onde está o rei dos judeus que acaba de nascer?".[B301] Herodes ficou preocupado com a possibilidade de haver outro jovem pretendente ao trono que pudesse desafiar o direito de seus filhos sobreviventes. Três dos filhos já haviam encontrado seus destinos e, assim, iniciou-se uma busca pelo novo pretendente real.

Jesus fugiu e foi educado em Heliópolis, no Egito. Ao voltar como jovem adulto, ele demonstrou a sua educação superior ao sentar-se com os homens mais sábios do Templo de Jerusalém e surpreendê-los com o seu conhecimento.[B302] (A Bíblia diz que Jesus tinha 12 anos, mas aqui pode haver uma confusão com o seu Bar Mitzvah; se fosse 12 anos após o seu Bar Mitzvah, ele teria 25 anos, e isso se encaixa mais apropriadamente com os demais textos da Bíblia.) Ele falava o seu aramaico nativo e, provavelmente, o grego. Ele havia sido educado no Egito ptolomaico (grego) e, no Evangelho de Marcos, observa-se que a mulher com quem Jesus está conversando é grega. Mais especificamente, o autor do Evangelho diz *He*

B300. Bíblia, Mateus 2:11.
B301. *Ibid.*, 2:2.
B302. Bíblia, Lucas 2:46-47.

de gyne en Hellenis, ou "a mulher é falante de grego", como se Jesus entendesse.[303] Além disso, Jesus é citado dizendo:

> Saulo, Saulo, por que me persegues? Dura coisa te é recalcitrar contra os aguilhões.[B304]

Isso parece ter sido extraído diretamente da trilogia de Orestes, de Ésquilo, *Agamenon,* verso 1624,[305] o que demonstra um bom conhecimento de literatura clássica.

Jesus casou-se em uma suntuosa cerimônia em Canaã. Sua mãe estava ocupada supervisionando a refeição, e o noivo (Jesus) foi cumprimentado pelo bom vinho, ao final da festa. Para maior confirmação sobre o estado civil de Jesus, recorrer ao Evangelho de Maria Madalena e ao Evangelho de Felipe da coleção de Nag Hammadi. (Para outras referências, leia os livros *Holy Blood & Holy Grail* [Santo Sangue e Santo Graal], *Bloodline of the Holy Grail* [Genealogia do Santo Graal], etc.)

Apesar de Jesus reconhecer a importância de seu papel e de seu destino, ele estava ligeiramente desconfortável com as ramificações. A pressão da multidão, a animosidade de seus oponentes e a ignorância das pessoas comuns estavam perturbando-o:

> Jesus disse essas coisas, retirou-se e ocultou-se longe deles.[B306]

> A essas palavras, pegaram então em pedras para lhas atirar. Jesus, porém, se ocultou e saiu do templo.[B307]

> Jesus, percebendo que queriam arrebatá-lo... tornou a retirar-se sozinho para o monte.[B308]

> Procuraram então prendê-lo, mas ele se esquivou das suas mãos.[B309]

Jesus era frequentemente perturbado pelas pessoas que o cercavam para vê-lo. Ele deveria ser um príncipe e, no entanto, tinha de aturar essas multidões ao seu redor e, às vezes, isso se tornava intolerável:

> Dirigiram-se em seguida a uma casa. Aí afluiu de novo tanta gente, que nem podiam tomar alimento. Quando os seus o souberam, saíram para o reter; pois diziam: Ele está fora de si (realmente muito irado). Também os escribas, que haviam descido de Jerusalém (zombavam dele) e di-

---

303. *Jesus Papyrus,* C. Thiede, M. D'Ancona. New York: Doubleday, 2000, p. 117.
B304. Bíblia, Atos dos Apóstolos 26:14.
305. *Jesus Papyrus,* C. Thiede, M. D'Ancona. New York: Doubleday, 2000, p. 119.
B306. Bíblia, João 12:36.
B307. *Ibid.,* 8:59.
B308. *Ibid.,* 6:15.
B309. *Ibid.,* 10:39.

ziam: Ele está possuído de Beelzebul: é pelo príncipe dos demônios que ele expele os demônios.^{B310}

Jesus perguntou: "Quem foi que me tocou?". Como todos negassem, Pedro e os que com ele estavam disseram: "Mestre, a multidão te aperta de todos os lados..." Jesus replicou (irado): "Alguém me tocou!"^{B311}

(Observe como este último parágrafo é suavizado em Marcos 5:30 e é ainda mais gentil em Mateus 9:20. Isso é semelhante ao relato da mulher grega chamada de "cão", que também foi suavizado em Mateus. É uma boa demonstração de como os textos foram sutilmente mudados em cada versão e pelos diferentes escribas.) Mas essas explosões são normais: Jesus era apenas um homem de carne e osso de nascimento nobre, e ele não precisava sujar suas mãos. Sempre que possível, seus discípulos aliviavam a carga de seus ombros:

> ... ele (Jesus) recrutava e batizava mais discípulos que João (Batista), embora não fosse Jesus quem batizava, mas os seus discípulos.^{B312}

Apesar de os discípulos o ajudarem sempre que possível, algumas vezes eles eram mais um estorvo. Era um pouco cansativo quando os seus próprios discípulos, sem contar a multidão, não conseguiam entender o motivo da campanha:

> (Jesus disse) Por que discutis por não terdes pão? Ainda não tendes refletido nem compreendido?... Tendo olhos, não vedes? E tendo ouvidos, não ouvis? Não vos lembrais mais?... Como é que ainda não entendeis?^{B313}

Alguns dos discípulos entendiam, mas conhecendo a simplicidade de alguns dos outros, eles não se atreviam a compartilhar esse conhecimento abertamente:

> Quando Tomé voltou para os seus companheiros, eles lhe perguntaram: "O que Jesus te disse?". E Tomé respondeu: "Se eu disser uma das coisas que ele me disse, vocês me apedrejariam".^{N314}

Toda essa campanha e evangelização pela região era um trabalho árduo. À noite, era agradável, quando possível, relaxar, refrescar-se e deixar as preocupações e o cansaço de lado:

B310. Bíblia, Marcos 3:20-22.
B311. Bíblia, Lucas 8:45-46.
B312. Bíblia, João 4:1-2.
B313. Bíblia, Marcos 8:17-21.
N314. Biblioteca de Nag Hammadi, Evangelho de Tomás.

O Filho do Homem vem, come e bebe, e dizem: É um comilão e beberrão, amigo dos publicanos e dos devassos.[B315]

Os fariseus e os seus escribas puseram-se a criticar e a perguntar aos discípulos: Por que comeis e bebeis com os publicanos e pessoas de má vida?[B316]

Mas, ocasionalmente, havia trabalho a fazer e oponentes a acalmar. Um grupo de sacerdotes também alegava ter nascido de uma virgem. Eles procuraram matar Jesus, mas receberam dele uma rejeição indiferente:

> Retrucaram-lhe eles: "Nós não somos filhos da fornicação; temos um só pai: Deus..." (Jesus replicou): "Vós tendes como pai o demônio e quereis fazer os desejos de vosso pai. Ele era homicida desde o princípio e não permaneceu na verdade, porque a verdade não está nele. Quando diz a mentira, fala do que lhe é próprio, porque é mentiroso e pai da mentira".[B317]

Finalmente, nos ensinamentos de Jesus há indício dos verdadeiros princípios subjacentes da religião que ele estava tentando promover. Esses princípios foram totalmente ignorados pela subsequente religião cristã, que alegou uma descendência direta dele:

> Quando orardes, não façais como os hipócritas, que gostam de orar de pé nas sinagogas e nas esquinas das ruas, para serem vistos pelos homens... Quando orardes, entra no teu quarto, fecha a porta e ora ao teu Pai em segredo; e teu Pai, que vê num lugar oculto, recompensar-te-á. Nas vossas orações, não multipliqueis as palavras, como fazem os pagãos que julgam que serão ouvidos à força de palavras. Não os imiteis, porque vosso Pai sabe o que vos é necessário, antes que vós lho peçais.[B318]

Essa é uma boa demonstração da Teologia de Jesus que nada tem a ver com o Cristianismo e com as intermináveis "Ave-Marias" das opulentas catedrais. Esse caminho para o ser divino, se for preciso dar-lhe um nome, é gnóstico: uma jornada individual para a iluminação por meio da aquisição de conhecimentos. Tais conceitos são puramente egípcios. Conforme foi mencionado anteriormente, com exceção dos principais festivais, o homem comum, no Egito, orava em um quarto pequeno de sua casa. A religião era deixada a cargo dos profissionais do templo. Eram eles que lubrificavam as engrenagens do cosmos. Por outro lado, o Cristianismo, sob

---

B315. Bíblia, Mateus 11:19.
B316. Bíblia, Lucas 5:30.
B317. Bíblia, João 8:14-44.
B318. Bíblia, Mateus 6:5-8.

Saulo, o seu fundador, decidiu envolver o proletariado na veneração, mas isso não se deu porque Saulo quisesse ajudar as pessoas em suas dificuldades nesta vida; ele o fez em proveito próprio. O fato de que a nova Igreja Cristã contradissesse os desejos de seu grande líder aparentemente não colocava restrição aos seus ensinamentos. Jesus estava destinado a tornar-se um simples títere para a religião que usava o seu nome.

Capítulo VII

O Último dos Faraós

O ministério de Jesus, conforme se demonstra no último capítulo, não era aquele familiar à nossa educação religiosa. Jesus era judeu e, mesmo sendo radical algumas vezes, procurou pregar aos laicos dentro dos limites da fé judaica. Foi um homem conhecido como Saulo que se apossou dos ensinamentos e iniciou a sua própria visão alternativa de Deus e do propósito da religião. Isso será explorado mais detalhadamente no próximo capítulo. As áreas nas quais Jesus divergiu do Judaísmo contemporâneo convencional foram aquelas mais relacionadas à sua herança egípcia.

Jesus tinha uma missão que era mais profunda e mais importante para ele que a fé judaica praticada pela maioria das seitas daquela época e, no entanto, para o público, ele tinha de manter a ilusão de que estava seguindo o credo ortodoxo. Portanto, apesar da herança egípcia, é claro que ele se automodelou de acordo com as profecias das escrituras hebraicas, deliberadamente projetando a sua vida à imagem daquela do messias prometido. O Evangelho de Mateus parece deleitar-se com esse cumprimento da profecia, tanto que ele até descreveu Jesus entrando em Jerusalém montado em dois burros como um artista circense:

> (Os discípulos) trouxeram a jumenta e o jumentinho, cobriram-nos com seus mantos e fizeram-no montar.[B319]

Isso foi feito no costumeiro estilo messiânico de Mateus, a fim de que...

> ... se cumprisse o oráculo do profeta.[B320]

B319. Bíblia, Mateus 21:7.
B320. *Ibid.*, 21:4.

Mas, no Velho Testamento, o relato real do profeta Zacarias não indicava que o messias entraria em Jerusalém montado em dois burros. A sua frase parece mais uma exclamação que uma realidade, mas foi mal traduzida por Mateus no absurdo que ele realmente escreveu. O que Zacarias dizia era:

> (Parafraseado) O messias virá humildemente e estará montado num burro. Não só isso, mas ele será tão modesto a ponto de estar montado num potro de burro.[B321]

Em termos de transporte da época, um burro muito jovem era, aparentemente, o tipo de transporte mais humilde disponível, mas Mateus interpretou isso como montar simultaneamente em dois burros.

Portanto, se o Jesus do Novo Testamento estivesse desempenhando o papel de um messias prometido em uma peça de vida real para a nação judaica – um estratagema engendrado para promover a seita Nazarena e a posição de sua família –, por que há uma falta total de dados históricos a respeito desses eventos? De fato, existem algumas referências históricas sobre Jesus, mas elas foram sutilmente modificadas e, portanto, ocultadas com êxito durante quase 2 mil anos. Isso levanta as questões de por que alterar esses relatos e de qual o propósito desse ofuscamento do Jesus histórico.

A nova interpretação deste livro sobre as origens da Igreja Nazarena faz com que as respostas sejam óbvias, pois isso já acontecera antes. Quando Akhenaton foi obrigado a se exilar do Egito, houve grande extirpação de nomes em ambos os lados da disputa. O nome de Akhenaton foi eliminado de todos os templos egípcios e, por outro lado, se retiraram todos os faraós da Bíblia, e o Egito foi declarado um Estado proscrito. Mil e quinhentos anos mais tarde, Jesus tentou restaurar a posição de faraó no novo território de Israel, enquanto um certo personagem conhecido como Saulo, que se disfarçou de discípulo, desempenhou o papel do faraó Horemheb e procurou eliminar as referências ao histórico Jesus de todos os livros e manuscritos que ele podia encontrar.

Essa foi uma tarefa mais fácil que se poderia imaginar, pois Jesus era, aparentemente, um herói relutante, e a Igreja Nazarena não era tão conhecida ou comercial quanto a posterior Igreja de Saulo. Na realidade, o ministério de Jesus era um assunto bem reservado, apesar de sua alta posição e importante *status* entre o seu próprio povo. Uma comparação moderna poderia ilustrar a sua posição mais claramente.

O Grão-Mestre da Grande Loja Unida da Inglaterra é, talvez, uma das pessoas mais influentes de seu país e, talvez, do mundo. Ele provavelmente mantém contato direto com as maiores corporações inglesas: bancos, serviço social, realeza e altas autoridades do governo. Se ele ou sua organização tiver um problema ou uma proposta a ser considerada, é bem

---

B321. Bíblia, Zacarias 9:9.

possível que ela seja analisada nos mais altos níveis de nossa sociedade. Por outro lado, se o Grão- Mestre circulasse pela cidade de Londres em uma humilde motoneta, quem, dentre a multidão, ou até mesmo dentre as pessoas de sua própria organização, o reconheceria?

Jesus encontrava-se na mesma posição, mas ele queria trocá-la por um perfil mais elevado dentro da sociedade – desejava ser sumo sacerdote e rei. Entretanto, ele tinha um longo caminho a percorrer para alcançar a sua meta. No Novo Testamento, a maioria das histórias populares sobre Jesus é mais de importância regional que nacional e envolvia apenas poucas pessoas. O casamento em Canaã, o despertar de Lázaro, o ensinamento dos discípulos por meio de parábolas, a "Última Ceia", a captura de Jesus fora de Jerusalém, a abertura da tumba e a pesca com os discípulos no lago da Galileia eram apenas acontecimentos familiares que não teriam absolutamente nenhum impacto sobre a população mais ampla de Jerusalém e da Judeia. Se não fosse pela posterior evangelização dos discípulos, nada saberíamos atualmente sobre esses acontecimentos. É importante também o fato de que os mais populosos eventos no Novo Testamento, tal como a alimentação das 5 mil pessoas, geralmente ocorriam fora das principais cidades e mais frequentemente na província da Galileia. E, uma vez mais, a população mais ampla de Jerusalém provavelmente nem ficou sabendo dos ocorridos.

Por esse motivo, Jesus tinha de realizar uma demonstração mais pública em Jerusalém durante o festival da Páscoa judaica. Essa ocasião foi muito maior que o relatado na Bíblia, e Josephus diz que até 3 milhões de pessoas participaram das festividades. Mesmo levando em consideração o seu costumeiro exagero, o festival deve ter sido um grande espetáculo, e não é surpresa o fato de alguém tão influente quanto Jesus ter dificuldade em conseguir acomodação na cidade:

> Havia aí um homem muito rico chamado Zaqueu, chefe dos recebedores de impostos. Ele procurava ver quem era Jesus, mas não o conseguia por causa da multidão. Ele correu adiante e subiu em um sicômoro para vê-lo, quando ele passasse por ali. Chegando Jesus àquele lugar e levantando os olhos, viu-o e disse-lhe: Zaqueu, desce depressa, porque é preciso que eu fique hoje em tua casa.[B322]

É claro que Zaqueu devia ser um velho amigo e aliado que manteria a confidencialidade do príncipe e lhe proporcionaria apoio financeiro. De fato, no capítulo IX, mostrarei que Zaqueu não somente era um membro muito influente entre os sacerdotes, como também, provavelmente, era um parente próximo de Jesus. É possível que Jesus planejasse aproveitar o festival da Páscoa para conseguir a simpatia do povo por meio de uma apresentação

---

B322. Bíblia, Lucas 19:2-5.

de adulação popular de seus partidários. Entretanto, caso esse fosse o plano, na realidade, ele foi um completo fracasso, conforme se menciona no evangelho de Mateus. No momento da entrada triunfal de Jesus em Jerusalém, a população estava confusa, pois não sabia quem ele era:

> Quando ele entrou em Jerusalém, alvoroçou-se toda a cidade, perguntando: Quem é este?[B323]

O plano principal havia fracassado e outro, de contingência, tinha de ser colocado em ação. Esse plano seria uma revolta armada para assumir o controle da cidade, pois Jesus havia dito aos seguidores que vendessem suas posses para comprar armas.[B324] O ponto de reunião foi o Monte das Oliveiras, onde Jesus se juntou a 600 homens, segundo Josephus (veja capítulo VIII). O seu plano era infiltrar-se no templo e assumir o poder pela força.

É possível que essa fosse uma tentativa de golpe contra as autoridades ou então tratava-se apenas de outro subterfúgio para que se cumprisse a profecia que indicava que o povo judeu (ariano) seria derrotado e disperso.[B325] Qualquer que fosse a intenção, o resultado foi que a revolta armada acabou sendo descoberta pelos sacerdotes, que chamaram a guarda romana para acabar com a confusão, e Jesus foi levado para ser julgado.

A Família

Neste livro, as prováveis origens da família de Jesus foram descritas a partir da perspectiva mais radical possível e o relato de sua mocidade difere significativamente da interpretação clássica. Ainda existe outro elemento nessa nova história que foi pouco abordado até agora – o papel mais amplo da família no ministério de Jesus. Será que Jesus estava ali sozinho com sua mãe olhando pelo vão da porta e perguntando se ele estava bem? Essa não era certamente a forma como as famílias judaicas se organizavam! Na realidade, a família estava no coração da campanha de Jesus e, como essa família pode ter sido bem conhecida graças às suas ligações reais, seguramente essa foi a parte do relato do Novo Testamento que sofreu as maiores modificações.

O indício para a natureza alterada desses relatos é a posição do próprio Cristianismo moderno. Supostamente, ela deveria ser uma religião orientada para a família, mas é estranho que a Igreja não queira tornar público o fato de que Jesus tinha irmãos: Tiago, Judas, José e Simão, além de pelo menos duas irmãs. Além disso, uma análise mais profunda dos textos, às vezes impenetráveis do Novo Testamento, revela uma confusa profusão de

---

B323. Bíblia, Mateus 21:10.
B324. Bíblia, Lucas 22:36.
B325. Bíblia, Mateus 26:31.

nomes semelhantes e deliberadamente misturados. Por exemplo: Maria, a mãe de Jesus, possuía uma irmã chamada Maria que, por sua vez, tinha um filho com o mesmo nome de um dos filhos de sua irmã. Além disso, havia outras quatro Marias no Novo Testamento.[B326]

Muitos comentaristas consideram a irmã de Maria como a sua cunhada, mas o Catolicismo aqui se defronta com um problema. Eles não gostam da ideia de Jesus ter irmãos e irmãs e, para poder transferir os filhos de Maria, as notas da versão católica da Bíblia de Douai-Rheims insistem que a irmã de Maria era, de fato, chamada Maria também. Isso pode parecer um equívoco por parte de seus pais:

> Esses foram os filhos de Maria... a irmã de Nossa Senhora.

O motivo dessas múltiplas Marias na Bíblia é, em primeiro lugar, o fato de que o nome pode ser considerado mais um título que um nome, assim como Sara (que significa princesa). Em segundo lugar, isso serve para confundir a extensão do envolvimento da família no ministério de Jesus. Por exemplo, Maria, a mãe de Jesus, agora pode ser confundida com Maria, a sua irmã, ou talvez Maria Madalena, a fim de que o papel desta última Maria pudesse ser obscurecido nas tradições posteriores. Apesar de isso ter sido particularmente conveniente para a Igreja Católica, a confusão parece ser uma faca de dois gumes.

A título de *quid pro quo,* os descendentes da família de Jesus, muitas vezes conhecidos como a família do Graal, poderiam facilmente retratar Jesus com uma jovem mulher, descrevendo-a como a mãe de Jesus e evitar as suspeitas da Inquisição. Eles poderiam até chamar a obra de "Maria e Jesus" sem qualquer censura, apesar do fato de que a cena seria um flagrante retrato de Jesus e Maria Madalena juntos. Decidir de qual Maria se tratava seria uma opção individual: para os católicos, o retrato simbolizaria Jesus com sua mãe; para a família do Graal, ele representaria Jesus com sua esposa. Cada um poderia olhar para a obra com orgulho e satisfação, mas o que perceberia seria totalmente diferente.

Um famoso exemplo disso é a *Pietà*, escultura de Michelangelo, encomendada em 1497. As pessoas podem ver o que quiserem nessa composição – Jesus crucificado no colo de sua linda mãe, Maria. Por outro lado, se olharmos mais de perto para a obra, é bem óbvio que a Maria representada aparenta ser bem mais jovem que Jesus. Parece que Michelangelo alegou tratar-se meramente de uma expressão artística, cujo objetivo era retratar a beleza de Maria. Entretanto, para muitas pessoas de mente aberta, essa é a reprodução da família do Graal, de Jesus e de sua esposa, Maria Madalena. Deve proporcionar uma grande satisfação a essas pessoas ver a

---

B326. Bíblia, Mateus 27:56, 27:61, 28:1 – Marcos 14:3, 15:40, 15:47, 16:1 – Lucas 24:10 – João 11:2, 19:25 – Atos 12:12.

escultura da família do Graal colocada na Basílica de São Pedro, no coração do Vaticano.

Na posterior *Pietà* florentina, também de Michelangelo, o escultor foi mais ousado e Maria Madalena é apresentada com algumas crianças em uma das janelas da igreja templária de Saint Croix, Bordéus, na França. Essas crianças são, certamente, parte da família do Graal. A igreja de Saint Croix possui até uma janela que parece apresentar um neto de Maria Madalena.

Confusão Deliberada

Na Bíblia, além dessas múltiplas Marias, existe ainda mais confusão para o estudioso bíblico. Existem até quatro Josés, três Judas, quatro Simãos e cinco Tiagos. Também há quatro homens com nomes diferentes – José, Cléofas, Simão e Alfeu – que parecem ter filhos com os mesmos nomes – Tiago, Judas, José e Simão.[B327] Além disso, dois deles – José e Cléofas – são casados com Marias[B328] e é possível que Simão também fosse casado com uma mulher de nome Maria. Adam Clarke, o famoso teólogo, a respeito dessa confusão de nome, comenta:

> Assim, parece que havia quatro notáveis Marias mencionadas nos Evangelhos. 1. A Virgem Maria, esposa de José. 2. Maria Salomé, sua irmã, esposa de Cléofas. 3. Maria Madalena ou Maria de Magdala; e 4. Maria, a irmã de Marta e de Lázaro. É difícil discernir e distinguir essas mulheres e onde seus nomes ocorrem nos Evangelhos em razão de tantas serem chamadas pelo nome de Maria.[329]

Não somente "é difícil distinguir essas mulheres", conforme menciona Clarke, mas o enigma todo parece ser um disfarce. Confunda os nomes e é possível disfarçar a verdadeira identidade dos personagens. Disfarce as identidades e ninguém precisa saber que a maioria dos discípulos era, na realidade, membro da própria família de Jesus.

Nada faz sentido na interpretação ortodoxa. Todas as Marias mencionadas acima estavam na crucificação e/ou na tumba e, no entanto, todas são bastante semelhantes. É óbvio que algumas delas eram a mesma pessoa. Adam Clarke concorda com isso e relaciona, no mínimo, duas delas, combinando-as também com seus maridos:

> Dizem que Maria, a esposa de Cléofas, era a mãe de Tiago Menor e de José; e dizem que esse Tiago, seu filho, teria sido o filho de Alfeu;

B327. Bíblia, Mateus 13:55, 27:56 – Marcos 3:17, 15:40 – Lucas 6:16, 24:10 – João 19:25 – Atos 1:13.
B328. Bíblia, Mateus 1:16, 27:56.
329. *Bible Commentary*, A. Clarke. Nashville: Nelson Reference, 1997.

portanto, parece que Alfeu e Cléofas eram a mesma pessoa. Além disso, Hegesipo é citado por Eusébio, que diz que Cléofas era irmão de José, o marido da virgem.³³⁰

Clarke ainda deixa de mencionar que essas mesmas referências, especialmente em Atos 1:13, indicam que Alfeu tinha outro filho chamado Judas que, nesse versículo, é mencionado como irmão de Tiago.³³¹ Para aumentar ainda mais o excesso de nomes no texto, aqui Judas era também chamado de Lebeu e de Tadeu. É também interessante notar que os nomes de Tiago e de Judas são invariavelmente próximos ou seguidos do nome de Simão Zelote e, como os nomes dos discípulos são sempre colocados dentro de grupos familiares, isso indica outra possibilidade de um íntimo parentesco.

Nesse caso, toda a tese de Clarke começa decididamente a parecer inanimada, sem vida, e pouca coisa pode ser aproveitada dela. Ele indica que Alfeu e Cléofas eram a mesma pessoa, o que é uma hipótese bastante razoável. Também parece que outros teólogos antigos pensavam que esse personagem composto e conhecido como Alfeu/Cléofas fosse o cunhado de José (o pai de Jesus). Mas agora podemos ver que esse personagem tinha uma esposa chamada Maria e filhos chamados Tiago, José, Judas e possivelmente Simão. Por outro lado, José – o pai de Jesus – também tinha uma esposa, Maria, e filhos com os nomes de Tiago, José, Judas, Simão e Jesus. Devemos realmente acreditar que tanto a esposa quanto os filhos do cunhado tinham os mesmos nomes da própria família de José?

A Igreja Católica tem uma resposta simples para isso: essas crianças eram primos de Jesus e não seus irmãos. Ela afirma simplesmente que as crianças pertenciam a Alfeu/Cléofas, o cunhado de José, e que José tinha em Jesus seu único filho. De fato, Adam Clarke parece concordar com essa ideia em muitas de suas anotações, mas quando chega aos filhos de Maria, ele dá uma total reviravolta e diz:

> É possível que irmãos e irmãs possam aqui significar um parentesco próximo, pois entre os hebreus essas palavras são usadas nessa extensão de significado; mas confesso que, para mim, isso não é provável. Por que os filhos de outra família seriam aqui mencionados para

---

330. *Bible Commentary*, A. Clarke. Nashville: Nelson Reference, 1997.
331. Ao contrário, a Bíblia RSV (Revised Standard Version) diz que esse Judas era o <u>filho</u> de Tiago. Entretanto, o termo usado aqui era *yakobos* |ακωβοδ ou *yacob* |ακωβ, que é uma referência a Jacó do Velho Testamento, conhecido como o "suplente". A clara citação aqui é a história de Jacó que suplanta seu <u>irmão</u> Esaú para assumir a herança da família [como príncipe regente e rei]. Nesse caso, a Bíblia do rei Jaime está correta, e a palavra *yacob* |ακωβ deve ser traduzida como "irmão", e não "filho". A tradução incorreta da Bíblia RSV nada mais é que uma tentativa de distanciar Judas de Jesus. Um significado mais refinado desse versículo será explorado mais adiante.

compartilhar de uma censura que, evidentemente, era destinada a José, o carpinteiro; a Maria, sua esposa; a Jesus, seu filho, e aos seus outros filhos? Preconceito à parte, não é possível supor, a partir desse relato, que esses fossem os filhos de José e Maria, e os irmãos e irmãs do nosso Senhor, em uma relação sanguínea? Parece estranho que isso seja posto em dúvida.

Assim, apesar de suas próprias dúvidas, Clarke finalmente enfrenta os fatos – afinal, parece que Jesus realmente teve irmãos e irmãs. Mas isso simplesmente nos leva de volta à mesma questão: Por que duas famílias foram compostas de pessoas com exatamente os mesmos nomes.

Lógica e bom senso exigem que devamos pelo menos considerar que José e esse personagem composto Alfeu/Cléofas eram, de fato, a mesma pessoa. Mas, apesar de esse raciocínio ser simples e lógico, ele seria totalmente inaceitável para um historiador cristão como Clarke por dois bons motivos: Primeiro, como Alfeu/Cléofas era o pai dos apóstolos Tiago e Judas, agora pareceria que os irmãos de Jesus (Tiago e Judas) também foram os seus primeiros apóstolos. O segundo motivo talvez seja mais devastador, mas isso terá de esperar pela identificação das irmãs de Jesus, que será apresentada mais adiante neste mesmo capítulo.

Embora essa amálgama de três personagens possa parecer radical e herege, no entanto, ela tem certo sentido. Certamente, ela esclarece o misterioso desaparecimento de José dos relatos, logo após o nascimento de Jesus. Nessa nova interpretação dos evangelhos, ele não desaparece, mas apenas muda de nome uma ou duas vezes. Tudo isso insinua que a família de Jesus era muito mais influente do que afirma a Igreja, pois sugere que grande parte do Novo Testamento foi orquestrada pela "família". Isso seria especialmente possível se personagens ricos e poderosos, como José de Arimateia, fossem comprovadamente parte da família. (Uma sugestão razoável é a de que José de Arimateia fosse, na realidade, José, o irmão de Jesus.) Mas a Igreja prefere retratar Jesus como o único filho de uma mãe virgem. Por conseguinte, apesar da inflamada promoção da vida familiar por parte da Igreja, essa família em particular tinha de ser desmembrada e jogada ao vento.

Com essa nova interpretação das origens dos apóstolos, o círculo íntimo de Jesus não parece mais ser um grupo de 12 apóstolos, mas ainda menor de irmãos biológicos. Talvez o núcleo consistisse dos apóstolos que o Evangelho de João omitiu de seu texto. Os discípulos não relacionados por laços familiares podem ter sido um grau ou dois acima da laicidade, mas o conhecimento interior baseava-se firmemente em torno da família real e dos irmãos de Jesus. Essa preferência por irmãos pode ter sido, em parte, pelo fato de que alguns dos discípulos não fossem tão talentosos. Por exemplo, Natanael ficou tão impressionado que acreditou em Jesus simplesmente porque ele o viu embaixo de uma figueira.

Jesus replicou-lhe: Porque eu te disse que te vi debaixo da figueira, crês! Verás coisas maiores do que esta.[B332]

Educados ou não, os discípulos habituais não eram dignos do conhecimento oculto dos fundamentos da Igreja Nazarena; até mesmo aqueles que trabalhavam junto dela muito provavelmente não eram instruídos sobre a verdade dos segredos da Igreja:

> Raça (discípulos) incrédula e perversa, até quando estarei convosco? Até quando hei de aturar-vos?
>
> Eles (os discípulos), porém, não entendiam esta palavra que lhes era obscura, de modo que não alcançaram o seu sentido.[B333]

Aqui temos um dos problemas centrais enfrentados pelos autores dos evangelhos ou por seus posteriores tradutores e copiadores. O fato de o papel de Jesus ter sido organizado pela sua própria família não podia ser revelado, de maneira que a parte principal do que seus irmãos realizaram dentro da Igreja Nazarena tinha de ser obscurecida. A intenção ortodoxa era a de afastar seus irmãos do papel de apóstolos, mas, na realidade, nada poderia estar mais longe da verdade. Os nomes dos irmãos de Jesus são quase todos os dos apóstolos – Tiago, Judas, José e Simão. Além disso, seu irmão Tiago é mencionado como discípulo em Atos dos Apóstolos, sendo reconhecido como líder da Igreja após a morte de Jesus. Tiago não poderia tornar-se líder dos Nazarenos sem estar profundamente envolvido na Igreja como discípulo.

> Dos outros apóstolos não vi mais nenhum, a não ser Tiago, irmão do Senhor.[B334]

Essa observação provoca outras perguntas, pois se Tiago era um dos apóstolos, o que dizer dos outros irmãos? E quanto a Judas Iscariotes? Esse é um problema extremamente complicado, e ele parece ter provocado um encobrimento ainda maior. Entretanto, antes de considerar novamente a verdadeira identidade de Judas, é preciso voltar a olhar para o Evangelho de João, que é importante para decifrar a verdadeira identidade desse discípulo. Acredita-se que os três evangelhos sinóticos – Mateus, Marcos e Lucas –, de maneira geral, foram escritos em papel, na forma presente, cerca de 50-100 anos depois do ministério de Jesus. Embora discordem em muitos pontos, eles têm conteúdo e formato semelhantes, e reconhece-se que tenham extraído suas informações de uma fonte comum entre eles mesmos. Por isso, eles são conhecidos como os evangelhos sinóticos.

B332. Bíblia, João 1:50.
B333. Bíblia, Mateus 16:11, 17:17 – Marcos 8:17 – Lucas 9:45.
B334. Bíblia, Gálatas 1:19.

A fonte dos evangelhos teria incluído tanto relatos verbais quanto qualquer texto escrito que tenha sobrevivido à derrota do levante judeu de 70 d.C. e ao saque de Jerusalém. Isso não elimina a inclusão de algum conhecimento de primeira mão de seções sobreviventes da comunidade essênia [Nazarena]. Embora Roma subjugasse todo o Israel, as guerras não são acontecimentos globais e, apesar de o avanço romano sobre Jerusalém ter sido devastador, algumas das cidades e comunidades da Galileia, por exemplo, podem não ter visto nem um centurião romano. Realmente, a cidade de Tiberíades, às margens do Lago da Galileia (Kinneret), abria seus portões para acolher os romanos. Ali, na província onde Jesus vivia, qualquer número de registros e de personalidades pode ter sobrevivido à devastação.

Também é preciso lembrar que esses textos, que datam da época da pós-revolta, foram escritos por judeus ou contados por gregos semitas a um ouvido romanizado/judeu. Teria sido uma loucura extrema fazer circular, nessa época, qualquer material declaradamente antirromano. Na realidade, grande parte do Novo Testamento resultou desses textos sobreviventes e dos escritos do apóstolo Saulo. É difícil saber quanta influência Saulo teve nos quatro evangelhos canônicos, mas, certamente, ele teve uma participação direta por meio das 14 cartas e nos Atos dos Apóstolos. Como muitos dos princípios da Igreja foram baseados na Igreja de Saulo, é improvável que ele tenha abraçado os quatro evangelhos principais sem havê-los verificados antes. Se Saulo envolveu-se nessas edições, não há dúvida de que os textos foram alterados para favorecer a sua própria posição.

Saulo era um homem que havia trabalhado para os romanos na captura e na morte dos nazarenos, mas ele se convertera para se tornar um apóstolo de Jesus após uma ofuscante visão intuitiva na "estrada de Damasco".[B335] Entretanto, em suas viagens pela Europa, ele apresentou sinais de haver voltado suas costas aos nazarenos e abraçado novamente a causa romana. Em sua organização da Igreja Cristã nascente, ele fez uso de influências e infraestruturas romanas, de forma que não é surpresa o fato de os romanos serem apresentados de maneira favorável nos evangelhos, culpando firmemente os judeus pela morte de Jesus.

O quarto evangelho, o de João, é muito diferente. De fato, não há motivo para acreditar que o autor se chamasse João, pois não é mencionado. O nome de João vem de uma tradição posterior. Apesar de o quarto evangelho ser muitas vezes atribuído a uma época ligeiramente posterior à dos sinóticos, o Fragmento Muratoriano contradiz isso. Esse pergaminho, que data do século II d.C., foi encontrado por Lodovico Muratori, na Biblioteca Ambrosiana de Milão, em 1740. Ele simplesmente declara que:

> O terceiro livro dos evangelhos é o de Lucas, o bem conhecido médico.
> O quarto livro dos evangelhos é o de João, *um dos discípulos*. (Itálicos do autor.)

B335. Bíblia, Atos 9:3.

O conteúdo e a natureza dos textos de João diferem consideravelmente dos evangelhos sinóticos. Ele não faz menção da vida pregressa de Jesus e, em certos trechos, o texto é quase gnóstico. Enquanto os evangelhos sinóticos parecem ser mais confiantes a respeito de sua história na província ao norte da Galileia, João se concentra, com maior conhecimento, nos acontecimentos de Jerusalém que levam à crucificação, porém com uma cronologia bem diferente. Alguns comentaristas teológicos descreveram o Evangelho de João como o mais confiável dos quatro. Certamente, ele teve fontes de informação que não estavam disponíveis aos outros autores dos evangelhos e incluíam passagens que são únicas em estilo e conteúdo. João foi o único a descrever o casamento [de Jesus] em Canaã; o despertar de Lázaro; o relacionamento especial do "discípulo amado" e a verdadeira interpretação da reconstrução do templo em três dias (uma referência à reconstrução do templo do corpo de Jesus em três dias – a ressurreição – que nada tem a ver com a reconstrução física do templo de Jerusalém).

Também é interessante notar o que João omitiu de sua narrativa: a natividade e os nomes da maioria dos discípulos. João menciona somente cinco discípulos; Tiago, filho de Alfeu (ora identificado como irmão de Jesus), está entre os nomes que faltam, assim como o de Tomé (até a metade do texto), de Simão e de Tadeu, que também era chamado Judas. Acontece que esses são os nomes da maioria dos irmãos de Jesus – e até o de Tomé se enquadrará nessa categoria. Será que não foram mencionados por que eles eram reconhecidamente os irmãos de Jesus?

Voltando à questão original quanto à identidade de Judas, o que o autor do Evangelho de João tem a dizer a seu respeito? Há uma forma de identificar a história familiar de Judas conciliando a confusão de nomes que aparecem repetidamente, principalmente nesse evangelho enigmático.

Judas, o traidor de Jesus, não poderia ser deixado fora do texto em razão do seu importante papel nos acontecimentos que se seguiram após a "Última Ceia". A profecia exigia uma traição e Judas, quer ele gostasse ou não, estava para cumpri-la. Será que foi dada a Judas a opção de escolher? Eu penso que sim, pois acredito que ele fora irmão de Jesus. As explicações a seguir tornam-se bem complicadas em certos trechos simplesmente porque a Bíblia assim as confundiu deliberadamente. Para mais esclarecimentos, veja a árvore genealógica na Figura 20.

    a. Jesus tinha um irmão chamado Tiago assim como o discípulo Judas. Portanto, existe a possibilidade de que Tiago, Jesus e Judas fossem todos irmãos. (Algumas Bíblias não traduziram corretamente isso e mencionam Judas como filho de Tiago, conforme já foi discutido.)[B336]

B336. Bíblia, Atos 1:13.

b. A referência utilizada em "a" acima, também parece indicar que os discípulos Judas e Tiago tinham um irmão chamado Simão. É preciso lembrar que os irmãos de Jesus eram Tiago, Judas, José e Simão.
c. O pai dos discípulos Judas e Tiago era chamado Alfeu. Conforme vimos anteriormente, a identidade desse obscuro personagem Alfeu não é dada especificamente, mas também se diz que Simão é o pai desse Judas.[B337]
d. Assim, os pais chamados Simão e Alfeu/Cléofas parecem ser uma única e mesma pessoa. Alfeu é um título que significa "sucessor", o que pode ser uma outra pista para a posição social do pai de Judas [Jesus], pois a tradução indica que ele herdaria um título ou posição.[B338]

Podemos ver, novamente, um argumento razoável para acreditar que Judas Iscariotes tenha sido um dos irmãos de Jesus. À medida que o processo de deslindar essa confusão de nomes no Evangelho de João continuar, um mistério mais profundo poderá ser revelado. Há outro personagem curioso nesse evangelho: um discípulo não-nomeado que Jesus "amava". Esse é um enigma que pede uma solução, pois deve ter havido um bom motivo para incluir esse discípulo sem nome, mas amado, que entra e sai da narrativa nos momentos mais importantes. Quem era esse homem e por que fazer tanto segredo em torno dele?

O Discípulo Amado

O primeiro ponto de interesse é que existem paralelos próximos entre Lázaro – o homem despertado da morte – e o "discípulo amado". (Lázaro foi descrito anteriormente como a pessoa que estava empreendendo o Ritual Maçônico de Terceiro Grau.)

a. Em muitas ocasiões se diz que Jesus amava Lázaro.[B339]
... Ora, Jesus amava Marta, Maria, sua irmã, e Lázaro.
... Observaram por isso os judeus: Vede como ele o amava (Lázaro)!
... Senhor, aquele que tu amas (Lázaro) está enfermo.

b. Jesus também amava o discípulo não-nomeado.[B340]
... um dos discípulos, a quem Jesus amava...
... e perto dela o discípulo que amava...
... então aquele discípulo, que Jesus amava, disse a Pedro...

B337. Bíblia, João 13:26.
B338. Bíblia, Marcos 14:3 – João 12:1, 12:3.
B339. Bíblia, João 11:13, 11:36.
B340. *Ibid.*, 13:23, 19:26, 20:2, 21:7, 21:20.

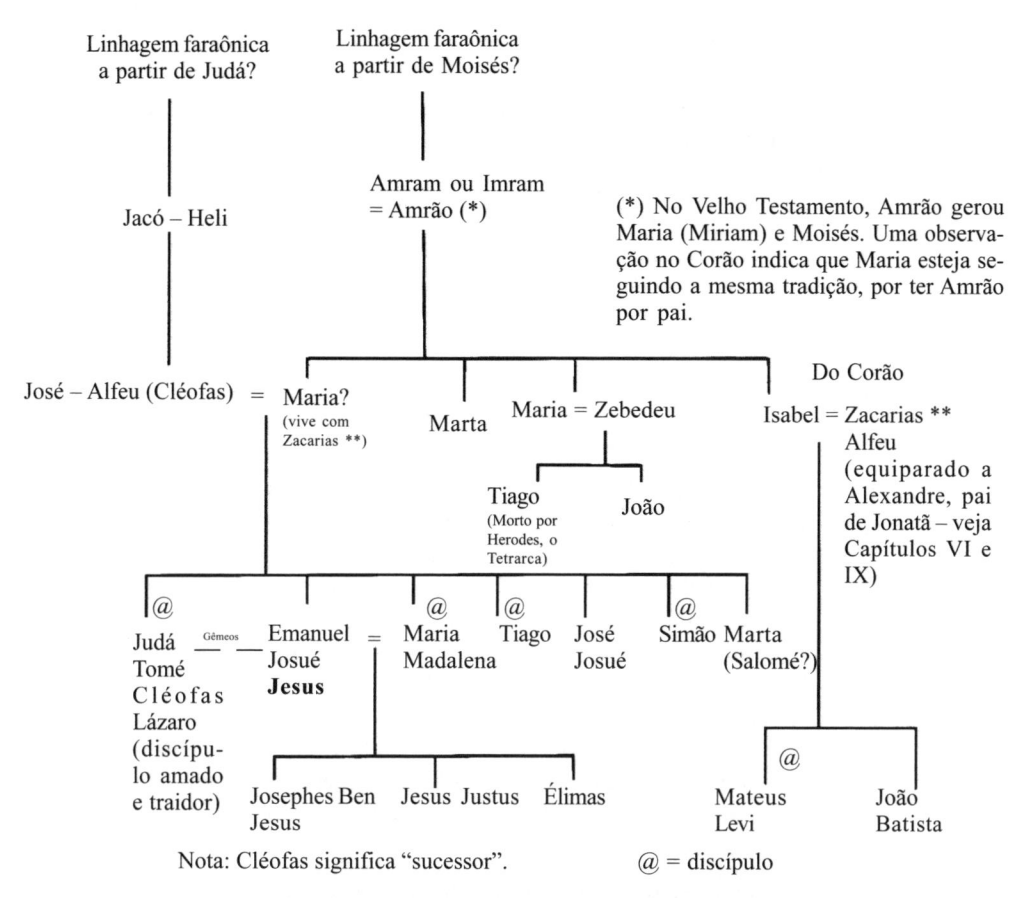

Figura 22. Árvore genealógica de Jesus

Além desses paralelos, os dois personagens que são "amados" nunca foram vistos juntos. Portanto, é possível que Lázaro e o "discípulo amado" sejam a mesma pessoa. Isso explicaria o aparente desaparecimento de tão importante personagem como Lázaro logo no início da narrativa. Nesse caso, ele não teria desaparecido, mas, como é frequente nos evangelhos, simplesmente teve o nome mudado e se tornou o "discípulo amado".

Ainda há outro passo a dar na tradução desses nomes. É preciso lembrar que o "discípulo amado" era simplesmente isso – um discípulo – o que Lázaro aparentemente não era. Então, onde Lázaro se enquadra (uma versão de *Elizar, o Rei-Sol*) entre os nomes dos 12 discípulos? As seguintes citações indicam que a surpreendente opção para esse "amado" discípulo é, na realidade, Judas.

a. O discípulo amado tinha privilégio suficiente para encostar a sua cabeça no peito de Jesus e, ao mesmo tempo, Judas estava bem próximo para receber uma porção (de pão). Esse acontecimento foi posteriormente atribuído por Pedro a Judas Iscariotes, como logo veremos.

> Um dos discípulos, a quem Jesus amava, estava à mesa reclinado ao peito de Jesus... Reclinando-se este mesmo discípulo sobre o peito de Jesus, interrogou-o: Senhor, quem é (que o trairá)? Jesus respondeu: É aquele a quem eu der o pão embebido. Em seguida, molhou o pão e deu-o a Judas, filho de Simão Iscariotes.[B341]

b. Judas traiu Jesus com um beijo.

> Aquele que eu beijar, é ele.[B342]

c. Judas era o discípulo de confiança de Jesus, pois ele tinha a função de carregar a sacola de dinheiro e de tratar das finanças do grupo.[B343] Nesse aspecto, Judas é descrito como o discípulo mais próximo de Jesus e, muito provavelmente, ele recebia confiança o suficiente para ser conhecido como o "discípulo amado".

d. Jesus declarou que o "discípulo amado" não-nomeado era o filho de sua mãe, ou seja, seu próprio irmão. Isso é às vezes interpretado como apenas um gesto de respeito por parte de Jesus pelo discípulo sem nome, mas também poderia ser um subterfúgio inteligente por parte do autor, João. Seria uma forma de indicar ao mundo que o "discípulo amado" – Lázaro/Judas – era, de fato, o verdadeiro irmão de Jesus sem precisar afirmá-lo.

> Quando Jesus viu sua mãe e perto dela o discípulo que amava, disse à sua mãe: Mulher, eis aí teu filho.[B344]

Lembrando que Jesus tinha um irmão verdadeiro chamado Judas, será que Lázaro e o "discípulo amado" eram pseudônimos para Judas Iscariotes, o irmão de Jesus? Se esse for o caso, a multiplicidade de seus nomes está se tornando cada vez mais complicada. No caso afirmativo, esse personagem entraria na história como Judas e no papel importante de Lázaro nos eventos de Betânia; ele participaria da Última Ceia e presenciaria o julgamento de Jesus como o enigmático "discípulo amado" e, possivelmente, encerraria a sua carreira ditando a sua história a João, o autor do evangelho. Seguem ainda outros indícios:

B341. Bíblia, João 13:23-26.
B342. Bíblia, Mateus 26:48 – Marcos 14:44.
B343. Bíblia, João 13:29.
B344. Bíblia, João 19:26.

a. O Evangelho de João indica claramente que Judas e o "discípulo amado" são a mesma pessoa.

> Voltando-se, Pedro viu que o seguia aquele discípulo que Jesus amava (aquele que estivera reclinado sobre o seu peito, durante a ceia, e lhe perguntara: Senhor, quem é que te há de trair?).[B345]

Em termos bem claros, João está dizendo que o "discípulo amado" é Judas. Obviamente, foi Judas quem reclinou a sua cabeça no peito de Jesus na última Ceia e, caso esse indício não seja suficiente, Pedro ainda pergunta: "Quem te traiu?". Agora sabemos que foi Judas quem traiu Jesus, mas, na época, parece que Pedro não tinha tanta certeza. Ele tinha suas suspeitas, devido ao conveniente desaparecimento de Judas durante a Última Ceia, mas ele não podia revelá-las tão abertamente. Entretanto, essa simples identificação do "discípulo amado" permite a possibilidade de reinterpretar todo o Novo Testamento.

b. Agora, o Evangelho de João afirma claramente que esse evangelho foi narrado ou escrito pelo próprio Judas. O autor descreve Judas como "esse discípulo (que) não deve morrer" e diz no verso seguinte...

> Este é o discípulo que dá testemunho de todas essas coisas, e as escreveu. E sabemos que é digno de fé o seu testemunho.[B346]

A impressão que temos é que João escreveu o quarto evangelho ditado pelo próprio Judas. Maiores indícios apoiando essa teoria serão apresentadas mais adiante.

Existem outras ramificações nessa linha de raciocínio que explicarão algumas importantes questões que, na Bíblia, permaneceram demasiado tempo sem resposta. Por exemplo, se Jesus amava tanto um discípulo em particular – um discípulo suficientemente importante para ter acesso ao Sumo Sacerdote de Jerusalém[B347] e influente o suficiente para ser chamado publicamente de irmão de Jesus[B348] – então por que esse discípulo não foi nomeado na Bíblia? Por que Jesus defendeu Judas, o "discípulo amado", depois de sua "ressurreição" – contra o conselho de seu discípulo Pedro? E por que ele permitiu que Judas permanecesse dentro da Igreja como um discípulo apesar de tê-lo traído aos romanos? Em vez disso, ele defendeu Judas e repreendeu Pedro:

B345. *Ibid.*, 21:20.
B346. Bíblia, João 21:24.
B347. *Ibid.*, 18:15.
B348. *Ibid.*, 19:26.

Respondeu-lhe Jesus (a Pedro): Que te importa se eu quero que ele fique até que eu venha? Segue-me tu.[B349]

Se os personagens de Judas Iscariotes, Lázaro e o misterioso "discípulo amado", forem amalgamados em um único indivíduo, e se o próprio Judas Iscariotes fosse irmão de Jesus, então a resposta para essas perguntas é óbvia – é claro que Jesus defenderia Judas, o seu irmão, principalmente se Judas estivesse fazendo o que fora pedido para ele fazer. Mas os autores dos evangelhos tentam continuamente diferenciar Judas, o irmão de Jesus, de Judas Iscariotes. Eles procuram nos convencer de que se tratava de duas pessoas distintas. Mas será que esses dois personagens são realmente uma única e a mesma pessoa?

Eu acredito que, em certas passagens desses textos confusos, o véu pode ser levantado, deixando-se entrever a verdade. Um desses vislumbres da real importância do Novo Testamento ocorre nas histórias dos leprosos. Já vimos anteriormente o termo leproso sendo aplicado aos israelitas nos capítulos iniciais, mas o Novo Testamento também menciona alguns leprosos. O primeiro é Lázaro, que é descrito como leproso no Evangelho de Lucas. O segundo leproso é Simão, o dono da casa na qual Lázaro empreendeu a sua iniciação e que, muito provavelmente, seria parente de Lázaro. De fato, se Judas fosse um pseudônimo de Lázaro, então Simão poderia ter sido o pai ou o irmão de Lázaro/Judas.

Se Simão e Lázaro eram personagens tão importantes nessa parte da história, então por que a Bíblia os retrataria, em textos anteriores, como pobres mendigos e leprosos? A resposta pode estar em um ofuscamento deliberado ou então nos escribas que não teriam entendido o significado do texto. O termo leproso poderia ter sido aplicado novamente como referência a um "leproso teológico" ou à nova era de Peixes. A palavra "leproso" vem do grego *lepra* ou *lepros* (λεπρα ou λεπρος), que, por sua vez, vem do grego *lepi* ou *lepios* (λεπι ou λεπιος), que significa "escamas de um peixe", uma referência à pele escamosa do indivíduo infectado. Mas em vez de ser uma observação degradante, essa associação com as escamas de um peixe poderia muito bem ser conveniente como palavra-código para o Nazareno – os seguidores de Peixes.

Se Simão e Lázaro/Judas (Iscariotes) foram conhecidos como leprosos (piscianos escamados), então o que aconteceu com o outro Judas que os escribas estavam tentando manter separado do traidor? E quanto a Judas, o irmão de Jesus? Bem, um dos nomes dados a Judas, o irmão de Jesus, era Lebeu. Ora, esse nome deveria ter sido traduzido como *Lebbaios* Λεββαιοδ ou como *Lepraios* Λεπριοδ?

B349. *Ibid.*, 21:20-22.

Os teólogos, em sua sabedoria, indicam que o nome grego de Lebbaios derivou-se do hebraico *labab* לבב, que significa "coração", ou talvez até *labiy,* לביא que significa "leão", mas essas associações são simplesmente adivinhações inspiradas. Entretanto, considerando que Simão e Lázaro/Judas são chamados de leprosos, uma derivação mais pertinente poderia ser *leban* לבנ ou *lebanah* לבנ, que significa "tornar-se branco". A lepra é conhecida pela pele branca e escamada e, portanto, uma origem lógica do nome de Lebeu para Judas seria a palavra grega para a lepra, *lepros* λεπρος, combinada com a palavra hebraica para brancura, *leban* לבנ.

Parece que o engano dos escribas foi exposto e Judas, o irmão de Jesus, é o próprio Judas Iscariotes. Essa é uma teoria interessante e bastante convincente. Entretanto, ao fazer essa ligação entre Judas e Jesus, a história do Novo Testamento seria radicalmente alterada e, por conseguinte, a Igreja faria qualquer coisa em seu poder para afastar-se dessa interpretação. A história do Novo Testamento resultaria no seguinte:

a. Judas Iscariotes, como Lázaro, recebeu uma iniciação na Igreja do Nazareno. Essa era uma típica iniciação maçônica de terceiro grau, com morte e renascimento simbólicos. O ritual foi realizado por Jesus com seu irmão na casa familiar de Betânia (i.e. a casa de Simão onde Maria e Lázaro/Judas viviam). Um milagre que você realiza em seu irmão dentro de sua própria casa não é tão marcante quanto a versão bíblica, e esse foi o motivo pelo qual as relações familiares tinham de ser obscurecidas. Esse acontecimento foi organizado em dois níveis. Os poucos iniciados sabiam que se tratava de um ritual, enquanto aqueles que não participavam do círculo íntimo pensaram ter presenciado um milagre.

b. Como irmão amado de Jesus, solicitou-se que Judas lhe fizesse o derradeiro favor. Para cumprir as profecias do messias, solicitou-se a Judas que "traísse" Jesus para que ele cumprisse o seu destino e perpetuasse a dinastia. Como irmão amado, como poderia ele recusar esse pedido? Tal segredo íntimo da família relativo a essa trama é claramente delineado no Evangelho de João. Após a Última Ceia, enquanto estavam relaxando e o discípulo amado reclinava a cabeça em seu peito, Jesus predisse que seria traído. Ele então dá o sinal a Judas para iniciar o seu papel de traidor:

Jesus disse-lhe (a Judas), então: O que queres fazer, faze-o depressa.
Ora, ninguém na mesa sabia por que Jesus assim se dirigiu a Judas.
Pois, como Judas tinha a bolsa, pensavam alguns que Jesus lhe falava: Compra aquilo de que temos necessidade para a festa. Ou: Dá alguma coisa aos pobres.[B350]

B350. Bíblia, João 13:27-30.

De acordo com o texto, nenhum dos discípulos, com exceção de Judas Iscariotes, sabia o que estava acontecendo. Um segredo maior estava sendo ocultado não somente dos seguidores da Igreja Nazarena, mas também dos próprios discípulos. O segredo era que Jesus *queria* ser traído e o plano era tão radical que ninguém sabia disso, com exceção de Jesus e de Judas. Entretanto, apesar do fato de que "ninguém à mesa sabia por que Jesus assim se dirigiu a Judas", o autor do Evangelho de João estava a par desse segredo. Como foi que ele veio a saber disso e por que os outros autores não mencionaram esse importante fato? Uma vez mais, João mostra o seu acesso direto a importantes informações internas da própria Igreja. Esses detalhes só poderiam ter sido aventados por Jesus ou por Judas.

Foi sugerido por alguns teólogos que Lázaro escreveu o quarto evangelho; outros indicam que foi o "discípulo amado", que eles identificam com alguém chamado São João. Essa nova hipótese leva sua argumentação até sua conclusão definitiva; ela indica que todos esses novos personagens são os mesmos. Assim, o autor do Evangelho de João recebeu a informação diretamente de Judas.

c. Judas, ao narrar a sua história para o autor do Evangelho, João, agora tinha um problema. Ele sabia de sua posição delicada, pois havia traído Jesus, mas ainda queria retratar aos leitores a sua posição anterior de favorito de Jesus. Ele foi incapaz de nomear a si mesmo na narrativa que incluía o "discípulo amado", uma vez que esse papel estaria em contradição com o seu outro papel de traidor e isso revelaria todo o plano. Por necessidade, Judas, o irmão amado, tornou-se o discípulo sem nome.

d. Judas estava obviamente aflito com essa situação. Ele havia pago um preço alto por sua lealdade. As referências constantes ao "discípulo amado" em termos tão suplicantes foram um esforço sutil para tentar, de alguma forma, redimir a sua representação de proscrito da Igreja. A natureza suplicante dos textos de João é tão aparente que chega a ser comovente!

O novo papel de Judas seria um fardo muito mais pesado para ele, que sabia que, na realidade, era o irmão favorito e que apenas seguira as ordens de Jesus. Por outro lado, para se redimir completamente, ele revelaria a natureza mentirosa de sua traição.

Da mesma forma, ele não poderia chamar-se de Lázaro no evangelho porque o obscuro discípulo sem nome tinha de ser alguém que explicasse as suas ações e Lázaro não era um discípulo de Jesus. De qualquer maneira, Lázaro tinha de ser mantido separado dos discípulos para poder encobrir a natureza de sua "ressurreição"; que era simbólica e não real. Daí a necessidade dos dois nomes. Judas trilhou uma linha tênue em sua narrativa e conseguiu isso de forma brilhante, mas deve tê-lo feito com grande pesar.

e. Ao decidir sobre as consequências de todas essas deliberações, o diálogo final entre Jesus e Pedro no Evangelho de João é crucial. Ele é frequentemente negligenciado, mas o que está sendo dito é bem claro. O momento é após a crucificação. Jesus falava com Pedro e Judas os acompanhava logo atrás. O texto pode ser traduzido da seguinte maneira:

> Vendo o discípulo amado (Judas), Pedro diz [com conhecimento]: "Senhor, quem de nós te traiu?... O que esse homem fará?". E Jesus responde: "Se eu quiser que Judas permaneça, não tens nada a ver com isso. Faz o que te digo e segue-me".
>
> Isso foi citado entre os discípulos e interpretado com o sentido de que esse discípulo jamais morreria. Mas Jesus não disse isso. Ele disse: "Se eu quiser que Judas permaneça entre nós, não tens nada a ver com isso".[B351]

Está claro que Pedro não sabia o que estava ocorrendo. Ele não sabia por que Jesus havia sido traído, por que fora crucificado ou por que ele estava milagrosamente entre eles novamente, como se tivesse ressuscitado dos mortos. Ele certamente não entendia por que Jesus defendia a própria pessoa que o havia traído e causado a sua crucificação. Também está claro que Judas não morrera nesse período de tempo, embora tensões começassem a se fazer sentir entre Judas e alguns dos discípulos não-iniciados. Nesse momento, ao final da narrativa de João, Jesus e seu irmão Judas foram deixados "andando ao pôr-do-sol", sem dúvida analisando nos mínimos detalhes os motivos do atual fracasso e planejando a estratégia para o futuro.

Dídimo

Então por que Judas era o irmão favorito de Jesus? Essa pode parecer uma pergunta peculiar, mas talvez havia algo em Judas que o tornava especial: o que seria? A verdade é que Judas era o irmão gêmeo de Jesus. Essa sugestão não é tão absurda quanto parece, pois alguma coisa muito parecida já é amplamente aceita nos círculos teológicos acadêmicos – que Jesus tinha um irmão gêmeo. A questão é: qual dos irmãos era o gêmeo?

Os tradutores dos pergaminhos da coleção de Nag Hammadi atribuem a posição de irmão gêmeo de Jesus ao discípulo Tomé. Na Bíblia, o discípulo Tomé era também chamado de Dídimo, mas nenhum desses é um nome verdadeiro. Os dois "nomes" significam simplesmente "gêmeo" em aramaico e em grego, respectivamente. Nesse caso, ainda não temos um nome real para esse discípulo, apenas a sua posição dentro de sua família.

B351. Bíblia, João 21:21-23.

E, uma vez mais, somente podemos suspeitar da má interpretação dos escribas em seu trabalho. A Bíblia pouco se refere ao discípulo Tomé, e a história de sua família é desconhecida. Portanto, quem era Tomé?

Há uma possível resposta nos pergaminhos de Nag Hammadi. Existem dois evangelhos escritos por Tomé nessa coleção e, em ambos, ele afirma ser o irmão gêmeo de Jesus. Ele escreve o seguinte:

> O Salvador disse: "Irmão Tomé, enquanto tu ainda tens tempo no mundo, ouve-me... Dizem que és meu irmão gêmeo e meu verdadeiro companheiro; portanto, examina-te e aprende... Então, meu irmão Tomé, percebas a verdade do que está oculto para os homens, ou seja, aquilo com o qual eles tropeçam por ignorar!".N352

Está bem claro que, dentro da Igreja Nazarena, existem segredos que são mantidos ocultos e, novamente, devemos perguntar: qual dos irmãos de Jesus era Tomé? Finalmente, o Evangelho de Tomé apresenta uma resposta: ele é chamado de Dídimo Judas Tomé (Judas, o irmão gêmeo). Seria esse o mesmo Judas mencionado nos registros que estivemos analisando, Judas, o traidor, o irmão de Jesus?

No Evangelho de João, Tomé é o discípulo que, inicialmente, não estava presente para ver Jesus "ressuscitado" e que, mais tarde, duvidaria de sua sobrevivência à crucificação – Tomé, o cético. No Evangelho de Lucas, dois discípulos também estão ausentes, pois encontravam-se em uma aldeia vizinha e encontraram o Jesus "ressuscitado" em seu caminho. Essa história sobre a saída de dois discípulos parece ser a mesma do episódio de Pedro e de Judas no Evangelho de João que acabamos de analisar, que parece ser outra versão do mesmo acontecimento. O Evangelho de Lucas identifica um dos dois discípulos ausentes como Cléofas. Será que essas duas histórias estão se referindo aos mesmos indivíduos?

Cléofas já foi mencionado anteriormente neste capítulo. Sua esposa, Maria, estava presente na crucificação junto com as outras Marias, e Cléofas foi equiparado a José/Alfeu, o pai de Jesus. Mas será que é isso? Cléofas parece ser de outra geração e, então, como ele pode ser também equiparado a Tomé? No Evangelho de João, os dois discípulos que saíram foram identificados com Judas e Pedro. Poderia essa observação fornecer uma resposta quanto à identidade desse misterioso Cléofas?

É quase certo que Cléofas e Alfeu não sejam nomes, mas títulos. A concordância bíblica indica que os dois nomes significam "o sucessor" e, portanto, cada geração teria um Cléofas ou um Alfeu.[353] Este título favoreceria uma ligação com Judas, sendo ele o irmão gêmeo de Jesus. É provável que, tal como seu pai antes dele, Judas fosse o gêmeo em linha direta para a posição de sumo sacerdote ou rei – Judas, o sucessor.

N352. *The Nag Hammadi Library in English*. Leiden: E.J. Brill, 1984, p. 201 – Livro de Tomás, NH 138:10.

353. Apêndice da Bíblia, St. James, Oxford University Press Edition, 1899.

Isso é decididamente confirmado por dois elementos. O primeiro consta dos evangelhos de Nag Hammadi, nos quais Tomé é identificado com o seu nome completo de "Dídimo Judas Tomé, o pretendente", ou "Judas, o gêmeo e pretendente". Não poderia haver outra pessoa mais adequada para a posição de Judas Cléofas, o sucessor. Assim, Judas não somente era o irmão gêmeo de Jesus, mas também o herdeiro aparente e, se alguém deveria confiar a sua vida a outra pessoa, quem seria mais apropriado senão o próprio irmão gêmeo e herdeiro?

O segundo elemento decisivo lembra o problema anterior pelo qual a Bíblia RSV indica que Judas era filho de Tiago, e não seu irmão. A nova tradução desse trecho mostra que a palavra grega *iacob* |ακωβ era uma referência a Jacó do Velho Testamento e irmão de Esaú, de maneira que a tradução da Bíblia RSV está definitivamente incorreta. Mas a verdadeira explicação aprofunda-se muito mais, pois, além disso, tanto a palavra hebraica *jacob* יעקב quanto a grega *iacob* |ακωβ também significam "sucessor". Ou seja, esse versículo de Atos dos Apóstolos foi mal traduzido nas diversas Bíblias como:

> Tiago, filho de Alfeu, Simão, o Zelador, e Judas, irmão de Tiago.[B354]

A correta tradução desse texto deveria ser:

> Tiago, filho de Alfeu, Simão Zelador, e Judas o sucessor (*iacob*) de Tiago.

Eliminando a deliberada falsificação que os tradutores bíblicos aqui inseriram, esse versículo agora afirma, em termos exatos, que Judas era o sucessor de Tiago, que, por sua vez, era irmão de Jesus. Judas não podia ter se tornado sucessor de Tiago se não fosse o seu irmão e, assim, é também óbvio que Judas deva ter sido irmão de Jesus.

Contudo, o grande plano deve ter fracassado em algum momento, pois Judas nunca chegou a herdar a liderança da Igreja Nazarena, nem após a morte de Jesus nem após a morte de seu irmão Tiago. Então, o que aconteceu a Judas, o gêmeo?

Talvez as tensões entre os membros do círculo íntimo e os outros discípulos tenham chegado ao extremo. Judas havia manchado para sempre a sua reputação por meio de sua "traição". A Bíblia afirma que ele se suicidou enquanto as lendas indicam que ele viajou para o leste, particularmente para Edessa e, possivelmente, até a Índia, onde estabeleceu congregações e igrejas nazarenas.[N355] O que é razoavelmente certo é que um lugar entre os 12 discípulos ficou vago, como veremos no capítulo VIII. Sem dúvida, essa foi a posição vaga deixada por Judas, e foi o enigmático Saulo quem procurou em vão preencher esse lugar.

B354. Bíblia, Atos 1:13.
N355. *The Nag Hammadi Library in English*. Leiden: E.J. Brill, 1984, p. 124 e 199.

Irmãs

Para voltar às irmãs de Jesus, elas foram mencionadas sem que seus nomes fossem declarados na Bíblia. Entretanto, os seus nomes são, sob alguns aspectos, importantes para essa reavaliação do Novo Testamento. Nessa vertente de personagens duplicados na Bíblia, como já foi comentado, alguma outra coisa ocorreu. Maria Madalena, em contradição às opiniões da Igreja Cristã, foi descrita como sendo a esposa de Jesus em muitas fontes, inclusive nos pergaminhos de Nag Hammadi. Além dos exemplos já mencionados, a Bíblia cita que Jesus amava Maria,[B356] e o Evangelho de Felipe diz:

> Ele a amava mais do que aos discípulos e costumava beijá-la frequentemente em seus lábios. Eles lhe disseram: "Por que a amas mais do que a todos nós?". O Salvador respondeu dizendo: "Por que não os amo como a ela?...".[N357]

A Bíblia diz que Maria ficou na casa de Betânia em vez de ir cumprimentar Jesus. Esse era o costume de uma esposa, sentar-se em Shiveh (luto), esperando a ordem do marido para encerrar o luto (em memória de Lázaro).

> Mal soube Marta da vinda de Jesus, saiu-lhe ao encontro. Maria, porém, estava sentada em casa.[B358]

O fato de Maria de Betânia e Maria Madalena estarem ligadas é confirmado pela descrição de ambas serem "mulheres caídas" ou pecadoras. O teólogo Adam Clarke não se permitiu propor a unificação dessas duas Marias, mas ele comenta a respeito desse problema:

> Contudo, Baronius afirma, e Lightfoot é da mesma opinião, que Maria Madalena e Maria, a irmã de Marta e de Lázaro, sejam uma única e mesma pessoa.[359]

Parece que as semelhanças entre essas duas mulheres já foram observadas pelos teólogos, mas, provavelmente, eles não previram todas as consequências dessa unificação de Marias.

A unificação de personalidades, juntamente com o indício apresentado, repetidamente indica que Maria (Madalena) era a esposa de Jesus. Entretanto, há um problema com essa teoria, e não se trata apenas da clássica insistência da Igreja de que Jesus fosse um monge celibatário. Maria, Marta e Lázaro viviam juntos na casa de Simão, em Betânia.[B360] A

B356. Bíblia, João 11:5.
N357. *Manuscritos de Nag Hammadi*, Evangelho de Felipe.
B358. Bíblia, João 11:20.
359. *Bible Commentary*, A. Clarke. Nashville: Nelson Reference, 1997.
B360. Bíblia, João 11:1-2 – Mateus 26:6-7.

identidade de Simão não é explicitamente dada, mas está claro que, com Lázaro equiparado a Judas, Simão era um parente próximo da família e, possivelmente, irmão de Jesus e de Judas. É possível que a residência de Betânia fosse a segunda casa da família, bem próxima de Jerusalém. O castelo principal da família situava-se na Galileia, conforme veremos no capítulo VIII.

Maria não apenas "morava" nessa casa, mas também era irmã de Lázaro.[B360A] Se a hipótese de Lázaro ser um pseudônimo de Judas for aceita, então Maria também era irmã de Judas. José não somente teve filhos com os nomes de Jesus, Judas, Tiago, José e Simão, como também teve duas filhas que, agora, podem ser identificadas com Marta e Maria. Como esses eventos ocorreram na casa familiar de Betânia – a casa onde Maria estava sentada esperando por seu marido – é razoável presumir que Maria, a esposa de Jesus, também fosse a sua irmã, Maria.

Essa proposta pode parecer absurda à luz do clássico dogma cristão, mas é possível que esse dogma somente tenha surgido porque a Igreja de Saulo queria distanciar-se de tudo que dizia respeito à Igreja Nazarena. Entretanto, se o Velho Testamento for usado como guia, o casamento entre irmãos não era um crime tão hediondo quanto ele é considerado atualmente. Embora o Livro de Levítico proíba o casamento entre irmãos, o Livro de Gênesis descreve Abraão e Isaque apresentando suas esposas a monarcas/faraós como suas irmãs, conforme mencionado anteriormente. O motivo disso talvez seja o fato de as esposas serem de fato suas irmãs.

Realmente, Abraão declara que sua esposa era a sua meia-irmã, mas até mesmo esse relacionamento é proibido no Livro de Levítico, e o seu parentesco pode ter sido até mais próximo do que isso. Existe também a estranha história de Lot que teve filhos com as suas duas filhas. A desculpa esfarrapada para isso foi o fato de que, preocupadas por não encontrar maridos, as filhas embebedaram o pai e mantiveram relações sexuais com ele.[B361]

Nenhuma dessas histórias faz sentido na interpretação clássica da Teologia judaica, mas faz sentido em termos da Teologia egípcia, pois particularmente para a família real egípcia, o casamento com uma irmã não era absolutamente pecado, mas dever. O dever sagrado de um faraó era dar prosseguimento à linhagem, e as antigas tradições sustentavam que, embora os homens mantivessem o alto título de faraó, a linhagem real prosseguia a partir das mulheres, tradição seguida até hoje pelo Judaísmo moderno. Para que os filhos pudessem herdar a linhagem direta de seus ancestrais, eles tinham o dever de casar com uma irmã ou, às vezes, até mesmo com uma filha. Essa prática era repetida em todo casamento real no Egito: a esposa principal do faraó era sempre uma parente imediata.

B360A. Bíblia, João 11:1, 12:1 – Marcos 14:3.
B361. Bíblia, Gênesis 19:32.

É por isso que o casamento de Amenhotep III com a filha de seu vizir foi tão estranho, pois, para que ela se tornasse a esposa principal de acordo com os regulamentos, seu pai (o vizir) deveria ser um parente direto do faraó – e ele o era, por meio de José. Essa prática de casamento entre famílias continua nos círculos reais, mas com os modernos tabus cristãos a respeito da consanguinidade, a técnica é semelhante à de Amenhotep III e de seu vizir. Duas linhas de famílias correm paralelamente, e os descendentes casam entre si a fim de manter a linhagem em seu estado "puro" por meio da linhagem da mulher. Mas para todos os efeitos sociais, os filhos se casam somente com suas primas.[362]

Essa tradição até faz um estranho sentido biológico. O material genético não é somente levado para os núcleos das células, mas também está presente nas chamadas mitocôndrias. O único material genético que não é misturado durante a reprodução humana é levado para as mitocôndrias e é herdado tanto pelos filhos quanto pelas filhas exclusivamente da mãe. Portanto, quem quiser pesquisar a própria genealogia biológica deve rastrear esses pacotes genéticos a partir da linha familiar feminina.

A maioria das pessoas foi enganada pela propaganda cristã moderna que fez com que se acreditasse que a união entre irmãos produziria automaticamente filhos com deficiências físicas. A criação consanguínea tornou-se sinônimo de criação de idiotas e imbecis, mas isso não é verdade. A citação seguinte é extraída de uma enciclopédia médica:

> Antigamente, acreditava-se amplamente que o cruzamento consanguíneo humano resultasse em características "degenerativas". Provavelmente isso surgiu de falsas generalizações de casos particulares. É claro que o cruzamento consanguíneo aumenta as possibilidades de a prole ser homozigota por características recessivas, *mas argumentar que todos os cruzamentos consanguíneos produzirão necessariamente resultados adversos é uma inverdade.*
>
> Entretanto, poucos cientistas sociais acreditam agora que essa ideia foi a origem do tabu do incesto e é geralmente aceito que o verdadeiro propósito da proibição da prática sexual entre pessoas de parentesco próximo seja o de evitar as consequências, muitas vezes violentas, de rivalidades sexuais e de ciúmes pelo fato de os relacionamentos genitor-filho e irmão-irmã tornarem-se exploradores em vez de protetores.[363]
> (Itálicos do Autor)

A expressão científica "homozigota por características recessivas" talvez seja fundamental para a nossa percepção geral desses tabus de ca-

---
362. *Bloodline of the Holy Grail,* Gardner, Barnes & Noble: 1997.
363. *Guinness Encyclopaedia of the Human Being,* Dr. Robert Youngson. Guinness, 1994.

samentos consanguíneos. Todas as características de uma pessoa, como a cor dos olhos, são regidas pelo menos por dois genes. Um gene sempre tende a ser *dominante*; o outro é servil e conhecido como *recessivo*. Os olhos castanhos predominam sobre os olhos azuis, de maneira que a criança de olhos azuis é menos comum em uma família, algo para ser apreciado.

Tudo o que a expressão "homozigota por características recessivas" realmente significa é que um indivíduo veio a herdar dois genes recessivos desse traço particular, como olhos azuis. Sem o gene dominante de olhos castanhos, o indivíduo terá olhos azuis. O casamento consanguíneo entre irmãos pode aumentar a ocorrência dessas características recessivas que tanto podem ser doenças hereditárias quanto coisas inócuas, como a cor dos olhos. Por conseguinte, esse processo pode resultar em um aumento de ocorrências de doenças genéticas nas crianças que são fruto de uniões entre irmãos.

Entretanto, o tabu de casamentos consanguíneos também pode ser uma faca de dois gumes. Se não houver um casamento entre irmãos que carregam o mesmo gene recessivo de uma doença hereditária e essa doença não aparecer na prole, ela poderá continuar a ser transmitida às futuras gerações, espalhando-se invisivelmente entre a população. Se essas famílias específicas forem bem-sucedidas, poderá haver um momento em que será difícil evitar o casamento com alguém com o mesmo gene recessivo, e essa característica aparecerá nas crianças, apesar da prevenção contra uniões entre parentes próximos. Isso pode ser demonstrado pela abundância de pessoas com olhos azuis na Irlanda do Sul. Olhos azuis não são um problema para uma população, mas se o gene recessivo for próprio de uma doença, então a população terá problemas em algum momento futuro. O casamento consanguíneo e a possível ocorrência de uma doença hereditária poderão ser um infortúnio para o indivíduo, mas se ele não gerar outras crianças, então o potencial dessa doença em gerações subsequentes será extinta.

Resumindo, as possibilidades de aparecimento de defeitos hereditários, na média de muitas gerações, são as mesmas tanto para os casamentos entre parentes imediatos quanto para as uniões entre pessoas não aparentadas. A verdadeira desvantagem nos constantes casamentos consanguíneos é a consequente falta de diversidade genética dentro da família; as gerações colocam todos os seus ovos genéticos em uma só cesta. Se a raiz genética da família for boa, todas as gerações prosperarão. Se for fraca ou alguma coisa acontecer para afetar somente esse tipo genético, então toda a família fracassará. Algumas vezes, em épocas de dificuldades, é sábio ter alguns sobreviventes na família – alguns ovos em cestas diferentes.

Em parte, o motivo para a evolução do tabu de casamentos consanguíneos são essas "falsas generalizações de casos individuais" e, talvez, os temores bem reais das tensões sociais no seio da família, em sociedades que condenam os casamentos entre irmãos. Misturem essas rivalidades com a busca de poder e o resultado é a dizimação que ocorreu na família de Herodes, o Grande. Entretanto, o principal motivo desses tabus tem a ver com a rejeição de tudo o que era egípcio. Essas regras foram criadas depois do êxodo, mas está claro, pelas constantes queixas dos sacerdotes, que os reis de Jerusalém costumavam tratar com desdém esses regulamentos. Esse tipo de casamento não foi a prerrogativa única de Herodes, o Grande.

A lei tornou-se aplicável para as famílias reais (agora cristãs) depois das Guerras Judaicas, e isso foi principalmente em razão da posição de Saulo. Ele queria exterminar a Igreja Nazarena, conforme veremos mais adiante, declarando ilegais as antigas tradições do casamento nazareno, e a hereditariedade era um método simples e rápido de conseguir seus intuitos. As leis do casamento foram instituídas visando à estabilidade social dentro da população em geral. Posteriormente, elas foram aplicadas às famílias reais por finalidades políticas, e não por necessidade biológica.

O Último dos Faraós

O casamento consanguíneo era um dever do faraó, e Jesus pode ter seguido essa antiga tradição. Essa tradição longa e exclusiva de esposa-irmã continuou ao longo das subsequentes gerações da família do Graal e até o rei Artur dos Bretões aparentemente seguiu os passos faraônicos. Parece que ele também se casou com sua meia-irmã Morgana, de acordo com Laurence Gardner, e agiu dessa forma pelos mesmos motivos dos faraós: para dar continuidade à linhagem.[364]

Essa nova interpretação do ministério de Jesus revela um caráter completamente novo de Jesus, diferente daquele proposto pela Igreja – com um comportamento real, mas bem humano. Aí estava um homem que sofrera frustração com seus seguidores; que teve momentos de raiva; que era hábil em duplicidade política e, no entanto, detestava e era obrigado a fugir das multidões. Ele era um homem rico e influente, de sangue real. À luz desses fatos – ou seja, que Jesus se considerava nascido dos deuses; que ele era um descendente dos faraós hicsos do Egito; que ele era rico e aristocrata; que ele era reconhecido como um sacerdote e "rei dos judeus"; e que ele se casou com sua irmã na tradição real – não era ele da longa linha de detentores do conhecimento de Thoth – o "último dos faraós"?

Essa especulação poderia ser considerada uma enorme blasfêmia para alguém como Martinho Lutero e, levá-la a público, uma heresia que merecia a lenta morte sofrida por Jacques de Molay, o último Grão-Mestre dos Cavaleiros Templários. Mas isso não é bem assim, pois que tipo de divindade inteligente e racional desejaria reprimir a análise crítica da história humana? Além disso, a única modificação importante para essas religiões nessa nova interpretação – nesse caso, o Cristianismo – diz respeito ao

---

364. *Bloodline of the Holy Grail,* Gardner, Barnes & Noble: 1997, p. 199.

caráter único da divindade de Jesus. Entretanto, o *status* divino especial de Jesus sempre esteve em terreno incerto, como os judeus e os muçulmanos concordarão de bom grado. Supostamente, até o bíblico rei Davi nascera de uma união com Deus.

Também nos registros históricos existe o inequívoco indício documentado de que se pensava que todos os faraós egípcios nascessem de uma união com os deuses e, nos casos de Akhenaton e Tutankamon, de uma união com o deus único. Então, o que faz com que o diário autocontraditório da Bíblia tenha mais autoridade sobre esse assunto do que as crônicas do grande Templo de Karnak? Nada além de convenções, comandos e doutrinas de uma autoimortalizada organização – os sacerdotes egípcios teriam dito exatamente o mesmo a respeito de sua religião.

De fato, a Bíblia parece ter sido escrita com a certeza de que Jesus *fosse* um faraó egípcio em exílio, e esse indício é encontrado em sua crucificação e possível enterro. Na cena final da crucificação, Jesus levanta os olhos para o céu e brada em alta voz:

> Elói, Elói, lammá sabactáni?, que quer dizer: Meu Deus, meu Deus, por que me abandonaste?[B365]

O grito era dirigido a Deus, mas qual deles? Elias somente poderia ser uma referência a Hélios, o deus-Sol. Mas essa era apenas uma tradução grega; Akhenaton o teria chamado de Aton, e os judeus o interpretaram como Adhon. Isso é confirmado pelo título de Pandira, dado a Jesus no Talmude:

> Dizem que os discípulos estão curando os doentes em nome de Yeshu ben Pandira.[T366]

A origem desse nome sempre foi um mistério, e muitos teólogos presumiram que o nome ben Pandira (filho de Pandira) indicava que Jesus fosse o filho ilegítimo de um soldado romano chamado Pantera. A interpretação mais recente de Ahmed Osman, no livro *House of the Messiah* (A Casa do Messias), é que, muito provavelmente, seja isso mesmo, especialmente à luz da associação direta com o deus egípcio Aton. A palavra Pandira parece ser uma transliteração hebraica das palavras egípcias *Pa-Ntr-Ra*, que significam "o deus Ra" e, assim, ben Pandira seria o "filho do deus Ra". O Talmude estava sendo um pouco mais específico do que a Bíblia a respeito da ascendência de Jesus.

Conforme já foi mencionado, o avô de Jesus chamava-se Eli ou Hélios – o Sol –, e o próprio Jesus era chamado de Emanuel, que é traduzido como "o deus-Sol está conosco". Hélios, El e Ra, nesse caso, poderiam ser interpretados como outra manifestação de Aton, o deus-Sol de

---

B365. Bíblia, Marcos 15:34.
T366. Torá, Hull 2, 22-23.

Akhenaton. É por isso que os primeiros ícones dos santos retratavam suas cabeças com a auréola do disco do Sol e alguns com raios de luz emanando dele. As tradições posteriores viram nisso um pequeno embaraço e, assim, o disco solar foi reduzido a um halo. Entretanto, a conclusão permanece óbvia: o deus original de Jesus e dos nazarenos era Aton ou Ra, o deus-Sol do antigo Egito e de Heliópolis.

Isso está bem claro na igreja de São Nicolau, em Mala Strana, "o pequeno distrito" da cidade de Praga, na República Tcheca. A igreja foi construída pelos jesuítas no século XVII e é pesadamente ornamentada no estilo barroco. O emblema em cima da igreja e o monumento do rei Caroli VI, situado no pátio da entrada, são o "olho que tudo vê" – um olho dentro de um triângulo –, a mesma imagem impressa no verso da nota de um dólar americano. Além disso, essa simbologia é também usada como um halo na cabeça dos santos; ela não é circular, mas uma pirâmide. A cidade de Heliópolis, no Egito, está localizada perto das grandes pirâmides de Gizé e, muitos milhares de anos mais tarde, a mesma simbologia do Sol e das pirâmides é utilizada em Praga como pano de fundo para os santos cristãos.

Morte?

Ao aproximar-se o auge da crucificação, Jesus finalmente declarou: "Tudo está consumado",[B367] e caiu em um torpor. As autoridades apressaram-se logo em retirá-lo da cruz, o que parece ter sido uma tentativa de salvá-lo. Conforme parecem indicar as últimas palavras de Jesus, a profecia fora cumprida: o messias havia sido crucificado, então por que prolongar a tortura? Até Pilatos ficou surpreso com essa "morte" repentina de Jesus:

> Pilatos admirou-se de que ele tivesse morrido tão depressa. E, chamando o centurião, perguntou se já havia muito tempo que Jesus tinha morrido.[B368]

Se Jesus sobrevivera à cruz, e o indício de que realmente sobreviveu será apresentado mais adiante, nem todos os seus seguidores sabiam disso. Nicodemo, por exemplo, levou 100 libras em aromas e resinas à tumba para os rituais do funeral. Uma quantidade excepcionalmente cara de óleos preciosos, até mesmo para um aristocrata.

> Acompanhou-o Nicodemo (aquele que anteriormente fora de noite ter com Jesus), levando umas cem libras de uma mistura de mirra e aloés. Tomaram o corpo de Jesus e envolveram-no em panos com os aromas, *como os judeus costumam sepultar.*[B369] (Itálicos do Autor)

B367. Bíblia, João 19:30.
B368. Bíblia, Marcos 15:44.
B369. Bíblia, João 19:39-40.

Essas preparações eram destinadas a um sepultamento peculiar. Será por isso que João declara especificamente que se tratava de um enterro judeu? Jesus era judeu, portanto, de que outro tipo de enterro poderia tratar-se? As circunstâncias eram estranhas, pois o tradicional enterro judeu exigia que o corpo fosse deixado durante três anos, a fim de se decompor, para então os ossos serem coletados e colocados em um ossário ou em um caixão – um processo bem diferente do que João está indicando. Entretanto, a tradição de encharcar o corpo com grandes quantidades de óleos e de aromas, e especialmente o tratamento com resinas como a mirra, é um costume familiar – mumificação. Por conseguinte, observem o claro uso do termo "envolver" nesse trecho da Bíblia. Essa não era uma mortalha usada para revestir um cadáver à moda de Turim. Esse termo somente se referiria às tiras de linho usadas para envolver os membros de uma múmia. Portanto, o versículo acima deveria ser alterado para: "como os egípcios costumam sepultar". É bem evidente que havia intenção de que Jesus fosse embalsamado ou mumificado pelos seus seguidores.

O fato de os nazarenos estarem familiarizados com os métodos de embalsamento não é surpreendente, pois os ancestrais de seus líderes foram os próprios faraós egípcios. Assim, o rei Salomão parece ter recebido um sepultamento egípcio, e José do Velho Testamento também foi mumificado.

> José morreu... Foi embalsamado e depositado em um sarcófago no Egito.[B370]

Se Jesus tivesse sido embalsamado, não importa quando, um dos passos mais importantes do processo seria a remoção dos órgãos internos que provocam a decomposição do corpo. Esses órgãos eram removidos e colocados em jarras canópicas. Esse procedimento fazia com que o embalsamador realizasse uma incisão no lado do abdome do corpo para poder removê-los. A tradição exigia que essa incisão fosse feita sempre do lado esquerdo.[371] O Evangelho de João é novamente o único testemunho com informações suficientemente detalhadas para que se saiba que Jesus tinha uma incisão em seu lado, e ele informa que um centurião o ferira com uma lança. Isso aconteceu assim mesmo ou o corpo acabou sendo visto posteriormente, talvez deitado em uma cerimônia, com seus devotos inquirindo a respeito dessa estranha incisão? À luz das conexões e tradições egípcias, essa incisão só poderia ser a marca de um embalsamador, a qual estava se mostrando um grande embaraço.

B370. Bíblia, Gênesis 50:26.
371. *British Museum Dictionary of Ancient Egypt*, J. Shaw. London: British Museum Press, 1997.

Fé Unida

Considerar a história egípcia no mesmo nível do Cristianismo pode parecer, para algumas pessoas, um enorme salto de fé quando, na realidade, não é. Cristianismo, Judaísmo e Islamismo são todas simples expressões de um único legado egípcio. Para o Cristianismo, a única grande diferença diz respeito a uma pequena troca que pode ser considerada como benéfica sob muitos aspectos. Essa diferença envolve a troca da exclusiva divindade de Jesus pela história teológica que é duas vezes e, possivelmente, até cinco vezes mais extensa do que alega o Cristianismo. Será que isso é tão ruim?

O próximo capítulo tratará da forma pela qual essa estranha posição teológica surgiu. Por que a religião de Jesus e de seus seguidores tornou-se tão confusa e complicada? De que forma uma religião que tinha como base a veneração de um deus invisível transformou-se na crença em três divindades, uma das quais é distintamente humanoide – Jesus? De que maneira a história completa da nação judaica foi usada e depois posta à margem como um breve aparte por uma religião que se baseava na vida de um único homem?

Como uma religião pôde chegar a odiar, perseguir e matar milhões de seus próprios primos teológicos para atingir suas próprias metas obscuras? O holocausto provocado pela Alemanha pode ter sido o resultado de um fervor nacionalista, mas o Vaticano ficou observando sem nada dizer – afinal, tratava-se apenas de uma extensão do tradicional massacre católico contra os judeus. Todos esses acontecimentos cruéis se originaram de um homem que é relativamente anônimo e que, no entanto, mudou irrevogavelmente o curso da História ocidental. O seu nome era Saulo.

Capítulo VIII

Evangelista

Embora a carreira de Jesus tenha sido longa e distinta, de acordo com essa nova avaliação da história bíblica, a vida de seu sucessor foi mais enigmática. Aí estava um homem mentiroso autoconfesso, um "camaleão" capaz de mudar de religião, alianças e nome simplesmente para satisfazer seus próprios propósitos. Quem era esse homem? O seu nome era Saulo, o fundador do Cristianismo e que se chamava Paulo quando lhe era conveniente:

> Para os judeus fiz-me judeu, a fim de ganhar os judeus. Para os que não têm lei, (tornei-me) fora da lei, embora não o fosse, a fim de ganhar aqueles que não têm lei... Fiz-me fraco com os fracos, a fim de ganhar os fracos. Fiz-me tudo para todos (os homens)...[B372]

Esse era o caráter do homem que fundou uma das grandes religiões do mundo. Saulo é um personagem curioso de qualquer ângulo que se queira estudá-lo. Ele foi um dos indivíduos mais importantes dos últimos 2 mil anos de História e, no entanto, sabemos muito pouco a seu respeito. De fato, com exceção da história relatada na Bíblia que, em grande parte, foi escrita por ele próprio e pelos seus companheiros, nós nem sabemos quem ele era. Isso não é estranho? Como esse personagem importante da história mundial conseguiu esquivar-se das penas de seus adeptos, de seus críticos e dos historiadores contemporâneos? Afinal, quem era ele?

Apesar de a identidade de Saulo ter sido um mistério durante quase dois milênios, acredito tê-lo identificado nos registros históricos. Isso não me torna um historiador profissional com percepções da história que estejam além daquelas de todos os historiadores clássicos que já existiram. Acredito que muitos historiadores do passado possam ter visto o que eu

---

B372. Bíblia, I Coríntios 9:20-22.

enxerguei. A diferença é que eu sou capaz de considerar as consequências, pois o resultado dessa identificação do histórico Saulo é extraordinário.

O problema para os historiadores que respeitam as doutrinas cristãs é que essa identificação contradiz certos conceitos do Cristianismo clássico. Um desses efeitos é que Jesus devia estar vivo durante o período que levou à rebelião judaica. Para colocar isso em perspectiva, essa data teria ocorrido cerca de três décadas após a sua "crucificação". Não é à toa que, caso essa relação tenha sido apresentada anteriormente, ela foi simplesmente rejeitada.

Saulo

Para poder realizar essa associação, é preciso, antes, olhar um pouco para a vida de Saulo. Em primeiro lugar, deve-se observar que o Cristianismo não promoveu abertamente o papel de seu essencial fundador, colocando em relevância o papel de Pedro. Contudo, em comparação com Saulo, Pedro era um palerma. Era Saulo quem tinha a iniciativa e a energia para evangelizar em Roma, Chipre, Macedônia, Grécia, Éfeso e o restante da Ásia Menor. Foi a partir de Roma que ele auxiliou as comunidades nazarenas estabelecidas em toda a Europa, bem como a nova Igreja que ele estabelecera sob doutrina radicalmente nova. Foi para elas que escreveu as 14 cartas que formam a parte principal do Novo Testamento.

Saulo era um fanático religioso, mas não da Igreja Nazarena – a Igreja de Jesus e de Tiago. Não, Saulo promoveu a sua própria versão do Judaísmo Nazareno – o Cristianismo. Ele se tornou tão notório em sua promoção dessa nova seita que, ao voltar da Ásia Menor para Jerusalém, foi preso por ensinar uma doutrina incompatível com a Lei Mosaica. A sua nova religião tornou-se tão diferente da de Jesus que chegou a ser considerada heresia, foi ridicularizada e sofreu as completas consequências da Lei Judaica. Saulo teve de recorrer a todos os seus contatos dentro da administração romana para garantir um julgamento romano em vez de um julgamento judeu. Isso resultou na sua transferência para Roma e em um curto período de aprisionamento. O charlatão tinha conseguido escapar para, uma vez mais, plagiar a religião nazarena.

Entretanto, Saulo nem sempre fora um ardente defensor da divindade de Jesus. Embora se presuma que os textos que identificam Saulo tenham sido escritos por ele próprio, eles são bem francos nas afirmações de sua história. Inicialmente, ele fora um colaborador romano, trabalhando junto às autoridades judaicas na perseguição à igreja de Jesus e Tiago. Essa igreja era radical tanto em sua interpretação do Judaísmo quanto em sua hostilidade contra a ocupação romana. Ela era um estorvo tanto para os judeus quanto para os romanos, e havia muita gente que queria vê-la destruída. Saulo era a arma das autoridades judaicas nessa luta. Ele trabalhava junto com os romanos na captura dos nazarenos, testemunhando contra eles e presenciando a sua morte. Ele os obrigava a blasfemar, perseguiu-os de cidade em cidade e até tomou parte no apedrejamento à morte de Estevão. Então, ele...

> ... devastava a Igreja. Entrando pelas casas, arrancava delas homens e mulheres e os entregava à prisão.[B373]

Foi somente depois de sua famosa viagem a Damasco, durante a qual teve um momento ofuscante de inspiração, que ele mudou de opinião e procurou ser um membro da Igreja de Tiago. Aqui, é importante ser bem específico: muitos comentaristas diriam que ele se tornou cristão, mas isso não é verdade. O Cristianismo não existia nessa época. A Igreja de Jesus e de Tiago era uma seita judaica e, apesar de radical em muitos aspectos, ela ainda seguia a maioria das leis judaicas. Quando Jesus ensinava no Templo, os sacerdotes se surpreendiam com o seu conhecimento da Lei. Quando Saulo tentou fazer o mesmo, foi preso.

Saulo tentou desesperadamente juntar-se ao "clube" da Igreja Nazarena para aprender os seus segredos sagrados, mas a hierarquia era seleta e era necessário um longo período de iniciação antes de alguém se tornar um membro aceito. Talvez Saulo tenha conhecido alguns dos segredos dessa Igreja; talvez procurasse um meio de fazer dinheiro ou, quem sabe, estivesse apenas querendo atenção. Todas são possibilidades que serão exploradas em breve. De qualquer forma, Saulo estava determinado a se tornar nazareno e ansiava por um conhecimento maior.

Entretanto, parece que, por causa de sua reputação, a sinceridade de Saulo para com a Igreja Nazarena fora altamente suspeita. Tiago, talvez, achasse melhor tê-lo como amigo do que inimigo, mas não estava disposto a confiar a Saulo os segredos internos da Igreja. Isso simplesmente frustrou Saulo e, sem dúvida, foi por isso que ele, posteriormente, engendrou a sua própria organização. Foi por esse motivo que o conhecimento das estrelas, do cosmos, do Zodíaco e do signo de Peixes da Igreja Nazarena não lhe fora revelado e, ao mesmo tempo, é por isso que, atualmente, esse conhecimento é altamente desdenhado pelo Cristianismo. Quando decidiu partir por sua própria conta, Saulo pouco conhecia dos verdadeiros segredos dos nazarenos. A sua posição dentro da Igreja Nazarena é explicada claramente em Atos dos Apóstolos:

a. Todos os seus ouvintes (de Saulo) pasmavam e diziam: Este não é aquele que perseguia em Jerusalém os que invocavam o nome de Jesus?
b. Decorridos alguns dias, os judeus deliberaram, em conselho, matá-lo. Essas intenções chegaram ao conhecimento de Saulo.
c. Chegando a Jerusalém, tentava ajuntar-se aos discípulos, mas todos o temiam, não querendo crer que se tivesse tornado discípulo.[B374]

B373. Bíblia, Atos dos Apóstolos 8:3.
B374. *Ibid.*, 9:21-26.

Arquiteto

É difícil imaginar que tal indivíduo chegasse a ter papel importante na Igreja de Jesus e de Tiago e, no entanto, foi por meio de Saulo, com o pseudônimo de Paulo, que o Cristianismo acabou sendo formado. É óbvio, portanto, que o Cristianismo viesse a ser bem distinto da Igreja Nazarena. Saulo ficou irritado pelo fato de não lhe ser permitido compartilhar dos segredos dos nazarenos. Esse seria bem o caso se tal fosse o principal motivo de sua repentina transformação na estrada de Damasco. Frustrar Saulo seria perigoso e, a fim de acalmá-lo, os nazarenos fizeram com que passasse por um tipo de iniciação nessa seita maçônica. Muito provavelmente se tratou de uma iniciação nos níveis inferiores da Igreja, e os indícios para isso estão na Bíblia:

a. Tendo-nos dito que ele era um rabino, de repente, Saulo diz que a sua profissão era a de "fazedor de tendas". Ora, essa é uma profissão muito peculiar para um judeu que fazia parte da aristocracia e do sacerdócio, com poder e autoridade dos governantes de Jerusalém para perseguir os nazarenos em todo o país e aprisioná-los. Por que de repente ele diz que é um "fazedor de tendas"? Mais misterioso ainda é o fato de que, aparentemente, existia uma fraternidade internacional de "fazedores de tendas" e, como eles pertenciam ao mesmo "ofício", Saulo os procurou e se "alojou" com eles.

Da mesma forma, Omar Khayyam – o poeta erudito, matemático, astrônomo e filósofo do século XI – também era conhecido como "fazedor de tendas". Não é um pouco estranho o fato de tantos personagens dessa humilde profissão se tornarem tão historicamente influentes? A explicação dessa curiosidade é óbvia: a profissão de "fazedor de tendas" é somente uma pobre alusão à função de arquiteto – a profissão de Jesus. Essa é a forma teológica de arquiteto e, é claro, a maçônica. Essa explicação deriva do termo grego para "fazedor de tendas".

A palavra em questão é *skenopoios* σκηνοποιοδ, que deriva de *skene* σκηνη, a palavra grega para Tabernáculo que, em si mesmo, era uma "tenda". Saulo está indicando que pertence à ilustre linha de "arquitetos" responsáveis pela construção do protótipo do grande Templo de Jerusalém. Mas é sempre possível que o termo original no qual a "profissão" se baseava era *qabbah* קבה, que não somente é a palavra hebraica para "tenda", mas também é a palavra-raiz da fraternidade esotérica conhecida por Cabala. Está claro que Saulo está dizendo que é um membro de uma seita esotérica: um maçom.[B375]

B375. Bíblia, Atos dos Apóstolos 18:3 e o *Rubayat,* de Omar Khayam, Penguin, Peter Avery.

b. Para curar os doentes, Saulo utilizava-se de símbolos maçônicos como amuletos de proteção. É evidente que ele desconhecia o que realmente significavam, mas usava um avental e um lenço (venda) para espantar os maus espíritos e as doenças.[B376] Essas duas peças representam elementos básicos da Maçonaria, mas sua verdadeira finalidade não é a de realizar exorcismos. Entretanto, os pequenos truques de Saulo nem sempre funcionavam, pois um judeu chamado Cevas percebeu o seu subterfúgio e o expulsou de sua casa. Ele deve ter recebido uma boa surra por sua audácia, pois foi expulso da casa nu e ferido.[B377]

c. Saulo alojara-se com um "antigo discípulo" chamado Mneson. (*sic*)[B378] Seria essa uma profissão em vez de um nome? A comparação de nomes é sempre um assunto delicado, mas vale a pena notar que a palavra maçom deriva do inglês arcaico *macian*, que significa "fazer". Por sua vez, "mágico" ou "mago" deriva do grego *magike*, e os "reis magos" que estavam presentes no nascimento de Jesus eram conhecidos como "Magos". Provavelmente, eles eram sacerdotes zoroastrianos da Pérsia. Além disso, *sir* Isaque Newton, um homem com íntimos contatos maçônicos, era conhecido como o "último dos grandes magos". Há muita sinergia nisso.

d. Tal como Moisés, Saulo foi levado a um tribunal. Então, ele fez gestos com as mãos para mostrar a sua posição na fraternidade.[B379] O uso de sinais de reconhecimento é um tema importante no mundo maçônico.

Assim como Jesus, Saulo era obviamente versado em algumas das regras da Maçonaria. Entretanto, como pertencia à tribo de Benjamin,[380] Saulo pouco sabia do ofício e, talvez, conhecesse tanto quanto um maçom de padrão comum em uma Loja local de nossa época moderna. Embora isso fosse suficiente para a maioria dos maçons, Saulo queria saber mais e havia uma solução simples para a sua marginalização do centro de influência da seita nazarena.

B376. Bíblia, Atos dos Apóstolos 19:12.
B377. *Ibid.*, 19:16.
B378. *Ibid.*, 21:16.
B379. *Ibid.*, 26:1.
380. Se Jesus fosse da tribo de Judá e se Saulo fosse da tribo de Benjamin, então Saulo estaria mais próximo da linhagem do que Jesus – Benjamimn sendo o segundo filho favorito de Jacó. Somente os descendentes de José seriam superiores na linhagem, o que indica novamente que Jesus deve ter tido esse perfil para poder assumir a autoridade que ele, evidentemente, tinha.

Saulo havia se cientificado da popularidade dessa organização e da adulação pública de Jesus, e talvez ele até ansiasse pela mesma atenção. A solução era óbvia: se não pudesse se juntar à fraternidade, ele poderia iniciar a sua própria. Entre as religiões mais populares da época, a Nazarena, tal como a Essênia e a dos fariseus, era uma seita mais ascética do Judaísmo. Essas eram religiões que exigiam um compromisso sincero para poder viver de acordo com todos os princípios da lei. Entretanto, nem todos queriam esse pesado tipo de regime: sempre existiram indivíduos que os Manuscritos do Mar Morto chamam de "os que buscam coisas suaves" – pessoas que queriam apenas uma vida fácil, sem muitas leis e regras.

Vida Fácil

Havia uma lacuna no "mercado". Saulo percebeu a oportunidade e criou a sua própria forma de Judaísmo – com pouco ou nenhum conteúdo mosaico ou maçônico. As complexas regras e proibições do Sabá desapareceram, assim como os regimes alimentares mistificantes, a circuncisão e grande parte da Lei Rabínica. Inseriu-se a redenção pessoal, a compra do perdão com dinheiro, a obsessão predominante contra o pecado sexual e os simples dez mandamentos de Moisés, que deveriam ser obedecidos pelos seguidores. Tratava-se de um Judaísmo isento de inconveniências.

O mais interessante é que, como não existiam mais segredos importantes nessa seita, ela podia ser mais aberta e acolhedora. Não importava mais de onde o indivíduo fosse, a que família pertencia e quantos anos de iniciação paciente ele pudesse aguentar – se colocasse dinheiro no prato, ele era imediatamente aceito. É como o próprio Saulo disse:

> Declaro-o a vós, homens de origem pagã: como apóstolo dos pagãos, eu procuro honrar o meu ministério.[B381]

Assim, ao abraçar os pagãos, os não-judeus, Saulo "aumentou o seu ministério", ou seja, tornou-se mais poderoso. Ele sabia que, no mundo, havia mais pagãos do que judeus e pode ter percebido um vazio espiritual no mundo pagão. Qualquer que seja o caso, ele certamente percebeu a possibilidade de expansão e uma oportunidade para aumentar a influência de sua Igreja. Também está claro que Saulo estava preparado para distorcer qualquer ensinamento da Igreja Nazarena, bem como grande parte de sua própria educação como judeu a fim de ganhar poder. Para atingir esse propósito, até o próprio Deus mudou de lado – ele tornou-se pagão.

B381. Bíblia, Romanos 11:13.

É Deus somente dos judeus? Ele não é também Deus dos pagãos? Sim, ele também é Deus dos pagãos.[B382]

Assim, o deus individual e esotérico dos judeus, o deus que se preocupara com eles – e somente com os judeus – até mesmo antes da época de Abraão, agora estava sendo surrupiado por Saulo, que queria torná-lo o deus de qualquer um que pudesse pagar uma quantia suficiente de dinheiro. Alguns poderiam dizer: "E por que não?". Por que Deus deve ser restrito aos judeus? Pensem um pouco mais a respeito: isso era o mesmo que dizer que os cristãos estão rezando para os deuses hindus – Shiva ou Vishnu –, o que pode ser aceitável para pessoas como o escritor G. K. Chesterton, mas a hierarquia católica repudiaria essa sugestão, pois isso equivaleria a um sacerdote católico promovendo a religião hindu por acreditar que, fundamentalmente, as duas religiões rezam para o mesmo deus. Foi essa a drástica divergência da nova Igreja de Saulo com relação ao Judaísmo.

Muitas outras mudanças chocantes ainda seriam feitas. A fim de afastar-se ainda mais da Igreja Nazarena, Saulo proscreveu alguns dos ensinamentos essenciais dessa religião. Obviamente, ele conhecia muito pouco a respeito das seções da Igreja Nazarena e a solução para isso foi simples – o que Saulo não podia entender, ninguém mais teria permissão para entender. Tudo o que era próprio dos nazarenos seria proscrito e declarado herético. Isso não somente tornou a vida mais simples, como também teve o efeito de marginalizar e "paganizar" a Igreja Nazarena e todos aqueles que praticassem esses rituais secretos.

Agora, a situação seria "nós e eles" – o bem e o mal – os "cristãos" contra os hereges. Para esse propósito, Saulo considerou que a Astrologia, os signos do Zodíaco, o modelo heliocêntrico do sistema solar, o movimento das estrelas de acordo com as antigas religiões egípcias e todos os aspectos que pudessem associar-se ao termo "magia" (Maçonaria), tornariam-se conhecimento proibido. Se Saulo não conhecia ou não podia compreender esses segredos, ninguém mais teria essa possibilidade, e essa sua ignorância deve tê-lo irritado um pouco, pois ele ainda declarou:

... visto que em nada fui inferior a esses eminentes apóstolos.[B383]

Até o mais importante princípio do Judaísmo não seria mais sacrossanto. A circuncisão era um antigo costume egípcio que havia sido um *shibboleth* (sinal de reconhecimento) do povo judeu por milhares de anos. Era uma marca física que distinguia a raça das outras – ela era sagrada e inviolável. Em vez disso, Saulo primeiro acolheu os não-circuncidados e, finalmente, declarou que os seus seguidores não deveriam, absolutamente,

---

B382. Bíblia, Romanos 3:29.
B383. Bíblia, II Coríntios 12:11.

ser circuncidados.^B384 Ele foi longe a ponto de dizer que, se a circuncisão era tão importante para os judeus, eles deveriam cortar o pênis inteiro e acabar com ele de vez.^B384A

Essa é a base do que se tornou o Cristianismo: uma simples e imperfeita versão da Igreja Nazarena, a Igreja de Jesus e de Tiago. A Igreja Nazarena tinha uma história de milhares de anos naquela mesma época. A nova Igreja de Saulo tentou apagar essa ilustre história para substituí-la por uma estranha e nova doutrina baseada nos conceitos primitivos do sacrifício humano e do canibalismo, o *Corpus Christi*.

A Igreja de Saulo era uma instituição desprovida de conteúdo e sem tradição, sem conhecimento real e sem grande convicção, mas atraía aqueles que não conseguiam alcançar os altos padrões dos nazarenos. Também atraía os pagãos que tinham sido tradicionalmente excluídos dos "segredos" das religiões judaicas. A atração dessa nova seita era impressionante e, logo, Saulo encontrou-se no centro de um crescente número de fiéis e de uma organização influente. Isso incomodou muito os discípulos da Igreja tradicional:

> Saulo, porém, sentia crescer o seu poder e confundia os judeus de Damasco...^B385

O Filho

Saulo logo partiu para a Ásia Menor para pregar o seu novo evangelho e ali encontrou oposição ainda maior para a nova forma de Judaísmo. Quando Barnabé e Saulo chegaram à ilha grega de Pafos, eles ficaram sabendo que alguém conhecido como "filho de Jesus" estava visitando o governador da ilha. Saulo olhou para esse "filho de Jesus" e disse:

> Filho do demônio, cheio de todo engano e de toda astúcia, inimigo de toda justiça, não cessas de perverter os caminhos retos do Senhor!^B386

Foi um encontro interessante que não é muito discutido no púlpito das igrejas locais. É obvio que Saulo conhecia bem esse "filho de Jesus" e sabia que seus ensinamentos não apenas eram totalmente diferentes dos seus, mas também que subvertiam o significado e o conteúdo de seus próprios. É óbvio que, se os seus encontravam-se em um conflito tão grande, esse homem deveria pertencer à seita nazarena. Portanto, era uma ameaça direta à missão evangélica de Saulo: ele poderia pôr a perder tudo o que Saulo dizia a respeito de sua posição e de seu conhecimento sobre a Igreja

---

B384. Bíblia, Gálatas 5:2, 5:6.
B384A. *Ibid.*, 5:12.
B385. Bíblia, Atos dos Apóstolos 9:22.
B386. *Ibid.*, 13:10.

Nazarena. Também existe um elemento de ódio detectável na reação de Saulo – ele o chamou de feiticeiro e chegou ao extremo de cegar o pobre homem.

Por que Saulo reagiu dessa maneira? A única explicação lógica é que esse homem deve ter sido um membro muito especial dos nazarenos – e talvez o verdadeiro filho do próprio Jesus. Mesmo assim, Saulo estava evangelizando uma religião que se baseava na vida e na divindade de Jesus. Então, por que essa demonstração de ódio pelo filho de seu mestre e salvador? A resposta pode ser encontrada na grosseira e pérfida natureza de Saulo: ele pouco se importava com as pessoas que ofendia e feria em sua busca de glória. Superficialmente, ele professava o seu "amor" e aliança com Jesus, mas, é claro, os seus próprios ensinamentos eram tão diferentes daqueles de Jesus que qualquer contato com a Igreja Nazarena estava se tornando um embaraço. Tudo o que Saulo queria era edificar um ícone para que ele pudesse declarar essa imagem como a de um deus encarnado. Deixar que o filho desse "deus" dissesse a todos que isso era mentira e que os seus ensinamentos eram pervertidos seria, certamente, um grande estorvo.

A impressão é que esse "filho de Jesus" fosse realmente seu filho. A título de informação adicional, o seu nome é mencionado no texto como Elimas. O avô de Jesus era Eli e, provavelmente, foi dado ao seu filho o nome de seu bisavô. Eli é uma referência a Hélios, o deus solar, e também significa "homem sábio". É possível que Jesus tivesse um filho em missão evangélica pela Europa. Essa missão de Saulo não tem uma data definida, mas com a identificação de Saulo que está para ser feita, o ano de 64 d.C. pode ser proposto com certa confiança. Se esse filho de Jesus nascera aproximadamente no ano 25 d.C., então ele teria 40 anos nessa época – e Saulo seria um jovem de 27 anos.

Parece que Saulo conseguiu tirar de sua frente o filho de Jesus, mas havia muitas outras pessoas que ele teria de convencer quanto à "verdadeira" história de seus ensinamentos. Ele estava sempre na defensiva quanto à sua posição fora da Igreja Nazarena e quanto à sua versão revisada dos acontecimentos sobre a vida e "morte" de Jesus. Em suas cartas para as outras seitas nazarenas da Europa, tentou desesperadamente convencê-las de que ele era uma testemunha confiável e que possuía um conhecimento superior aos outros membros da Igreja. Saulo justificou o seu passado e a sua nova posição de evangelista dizendo:

> Eis uma verdade absolutamente certa e merecedora de fé: Jesus Cristo veio a este mundo para salvar os pecadores, dos quais sou eu o primeiro (pecador).[B387]

B387. Bíblia, I Timóteo 1:15.

Mas como declarou ter sido um pecador, Saulo tinha de convencer as pessoas de sua nova integridade. Ele defendia os seus ensinamentos dizendo:

... digo a verdade, não minto.[B388]

Repito: não me quereis tomar por um louco. Se tomais, aceitai-me como tal, para que também eu possa me gloriar![B389]

... Jesus Cristo... sabe que não minto.[B390]

Esse foi então o maravilhoso fundador do Cristianismo. Retomarei logo o fio da história, mas primeiro é preciso identificar Saulo nos registros históricos. Quem era Saulo na realidade? Certamente, um personagem tão importante não deve ter passado completamente despercebido pelos escribas da época; e, então, quem era ele? É óbvio que o nome Saulo não será encontrado nos registros históricos. Ele já havia trocado de nome uma vez, de maneira que não há possibilidade de encontrar esse nome nos registros. O método de identificar Saulo dependerá, por outro lado, da comparação direta de duas vidas históricas que são semelhantes demais para ser uma simples coincidência. A seguinte lista de comparações representa a vida histórica de dois homens que viveram no primeiro século d.C. Uma delas é a de Saulo no Novo Testamento e a outra é a de um personagem que tem uma impressionante semelhança com Saulo.

Saulo revelado

Saulo do Novo Testamento:

a. Ele era um judeu de Tarso.[B391]
b. Ele foi criado em Jerusalém.[B392]
c. Ele tinha cidadania romana.[B393]
d. Ele foi educado como um Fariseu.[B394]

O histórico "Saulo":

a. Ele era um judeu macabeu.[J395]
b. Ele foi criado em Jerusalém.[J396]
c. Ele se tornou cidadão romano.[J397]
d. Ele foi educado como um Fariseu.[J398]

B388. Bíblia, I Timóteo 2:7.
B389. Bíblia, II Coríntios 11:16.
B390. *Ibid.*, 11:31.
B391. Bíblia, Atos dos Apóstolos 22:3.
B392. *Ibid.*, 22:3.
B393. *Ibid.*, 22:27, 23:6.
B394. Bíblia, Atos dos Apóstolos, 23:6.
J395. Josephus, L 2.
J396. *Ibid.*, 7.
J397. *Ibid.*, 423.
J398. Josephus, 12.

e. Ele tornou-se um rabino.[B399]	*e.* Ele tornou-se um rabino.[J406]
f. Ele agiu com os romanos contra os revolucionários do país (os nazarenos), perseguindo-os em toda a Galileia e aprisionando seus seguidores.[B400]Não se menciona sob qual jurisdição ele aprisionava as pessoas.	*f.* Ele era contra os revolucionários do país, perseguindo-os e aprisionando-os. A sua tarefa como general nomeado da província da Galileia era 'induzir os rebeldes a baixar suas armas'.[J407]
g. Ele teve a visão de um homem (Jesus) que lhe falou dos erros de sua forma de vida. Ele, subsequentemente, mudou-se para o lado dos rebeldes.[B401]	*g.* Ele teve a visão de um homem (Jesus) que lhe falou dos erros de sua forma de vida. Ele, subsequentemente, mudou-se para o lado dos rebeldes.[J408]
h. Logo após essa visão, o sumo sacerdote Ananias foi enviado para ver Saulo em Damasco. Sabendo de sua intenção anterior de capturar os discípulos, Ananias desconfiava dele, mas acabou se convencendo de que Saulo era seu aliado.[B402]	*h.* Logo após essa visão, o sumo sacerdote Ananus enviou um emissário para ver esse personagem. Conhecendo a sua duplicidade, os sacerdotes desconfiaram dele. Ananus não estava convencido de que ele fosse seu aliado, e não foi possível convencê-lo a voltar com ele.[409]
i. Saulo foi acusado de ser um falso profeta egípcio. (É possível que, aqui, Saulo estivesse sendo confundido com Jesus, que era um faraó egípcio em exílio. Há mais indício a respeito disso adiante.)[B403]	*i.* Ele escreveu sobre um falso profeta egípcio que tentara ocupar Jerusalém pela força.[J410]
j. Saulo falava grego e hebraico.[B404]	*j.* Ele falava grego e hebraico.[J411]
k. Saulo viajou muito pela Europa e voltou para Jerusalém.[B405]	*k.* Ele viajou muito pela Europa e voltou para Jerusalém.[J412]

B399. Bíblia, I Timóteo 2:7.
B400. Bíblia, Atos dos Apóstolos 8:3.
B401. *Ibid.*, 9:3.
B402. *Ibid.*, 9:10-17.
B403. *Ibid.*, 21:38.
B404. Bíblia, Atos dos Apóstolos, 21:37, 21:40.
B405. *Ibid.*, 18:1, 20:1.
J406. *Ibid.*, 80.
J407. *Ibid.*, 18 e LCL Introdução IX.
J408. *Ibid.*, 208.
J409. *Ibid.*, 216.
J410. *Ibid.*, GJ 2:261.
J411. Josephus, ANT 20:263.
J412. Josephus, Penguin Classics, p. 10.

l. Saulo foi apedrejado por seus oponentes e abandonado como morto.[B413]

m. Os judeus queriam matá-lo novamente ao encontrá-lo no templo em Cesareia e surraram-no severamente. Mas Saulo foi capturado (salvo) pelos romanos.[B414]

n. Saulo foi enviado para Felix, o governador da Judeia, e Ananias, o sumo sacerdote, o acusou de ser um líder dos nazarenos, um rebelde que causava distúrbios no templo de Cesareia. Por causa de suas ligações, Saulo foi condenado unicamente a uma prisão domiciliar.[B415]

o. Felix, em uma ação mais civil, esperava conseguir uma boa propina de Saulo e, por isso, era condescendente com ele.[B416]

p. Saulo falou com Agripa e Berenice, a irmã do rei, e assegurou um tratamento favorável.[B417]

q. Saulo embarcou para Roma sob a "proteção" dos romanos.[B418]

l. Ele foi atacado por seus oponentes em muitas ocasiões.[J419]

m. Novamente, os judeus queriam matar esse indivíduo, mas ele conseguiu escapar. Por fim, ele foi capturado (salvo) pelos romanos.[J420]

n. Ele apresentou um bom relato dos distúrbios no templo de Cesareia, aparentemente causados por certas pessoas da cidade que colocavam oferendas proibidas nos degraus do templo.[J421]

o. Florus, o governador neste relato, foi acusado de ter pedido propina para soltar os prisioneiros.[J422]

p. Ele apresentou um relato das petições que Berenice, a irmã do rei Agripa, fez para Florus, pedindo que poupassem os judeus.[J423]

q. Ele embarcou para Roma.[J424]

B413. *Ibid.*, 14:19.
B414. *Ibid.*, 21:32, 22:24-25.
B415. *Ibid.*, 23:24, 24:1, 24:23.
B416. *Ibid.*, 24:26.
B417 *Ibid.*, 26:30-31.
B418. Bíblia, Atos dos Apóstolos, 27:1.
J419. *Ibid.*, L 95.
J420. *Ibid.*, 412, 94, 139.
J421. *Ibid.*, GJ 2:289.
J422. *Ibid.*, 2:273.
J423 *Ibid.*, 2:309.
J424. *Ibid.*, L 13.

r. Saulo fazia parte de um bando de prisioneiros que estavam sendo levados para Roma para ser julgados, quando o navio naufragou perto de Malta, e Saulo nadou muito para se salvar. Mais tarde, ele foi levado por outro navio para Puteoli (perto da atual Nápoles).[B425]	r. Esse indivíduo também naufragou ao levar um bando de prisioneiros eclesiásticos para Roma para ser julgados. Ele nadou a noite toda e, finalmente, foi salvo por outro navio e levado para Puteoli (perto da atual Nápoles).[J427]
s. Em Roma, Saulo escreveu muitas cartas para comunidades cristãs da Europa, promovendo os textos do Novo Testamento e testemunhando a sua autenticidade.	s. Em Roma, ele escreveu mais de 60 cartas para comunidades cristãs da Europa, recomendando os seus livros e testemunhando a sua veracidade.[J428]
t. O "editor" das obras de Saulo em Roma era Epafrodito, secretário do Imperador Domiciano.[426]	t. O "editor" das obras de Saulo em Roma era Epafrodito, secretário do Imperador Domiciano.[429]

Então, quem era esse segundo Saulo, o homem cuja vida seguiu a do bíblico Saulo tão de perto? Terá sido alguém muito obscuro que nunca foi estudado anteriormente em profundidade? É possível que eu tenha encontrado um manuscrito que nunca foi traduzido antes? Não, não é isso. De fato, "Saulo" era nada menos que Josephus, o historiador judeu do primeiro século, cujas obras eu estive utilizando em todas as primeiras seções deste livro. Não é surpreendente o fato de que essa semelhança entre a vida de Josephus e a de Saulo não tenha sido comentada antes?

A data do nascimento de Josephus, cerca de 36 d.C., enquadra-se perfeitamente no que sabemos sobre Saulo e, além disso, os dois parecem ter morrido em Roma. Já afirmei que não posso acreditar que essa semelhança não tenha sido percebida antes e, de fato, William Whiston, o tradutor de Josephus, compara os dois naufrágios e comenta que o navio de Josephus deveria ter sido maior do que o de Saulo. (Uma vez mais, o escriba de Josephus foi muito exagerado; 600 ante 300 almas.) Whiston não faz

---

B425. *Ibid.*, 27:41-43, 28:13-14.
426. *James, Brother of Jesus,* R. Eisenman, p. 35 – Também, Bíblia Filipenses 2:25, 4:23.
J427. *Ibid.*, 15 e 16.
J428. *Josephus,* Penguin Classics, p. 15.
429. *James, Brother of Jesus,* R. Eisenman, p. 35 – Josephus CA 1:1, *The Life,* 430 e prefácio de ANT.

nenhuma menção sobre as espantosas semelhanças entre as duas histórias. Contudo, quantos prisioneiros eclesiásticos judeus naufragaram entre os anos 50 d.C. e 60 d.C. enquanto se encontravam em trânsito para Roma e depois foram levados por outro navio para Puteoli e dali de volta para Roma? Não foi a associação histórica que impediu essa ideia de ser considerada seriamente, e sim as implicações teológicas dessa associação que a tornaram altamente inconveniente. Não obstante, essa nova teoria explicaria alguns enigmas teológicos interessantes.

Por exemplo, ela explica o estranho ponto em que *Atos dos Apóstolos* termina. Esse livro nos leva da crucificação de Jesus até o início da rebelião judaica. É inconcebível que um comentarista como Saulo, que seguia a história de uma seita radical judaica, devesse parar a sua narrativa nesse momento estranho. A rebelião judaica foi o maior acontecimento da época: todas as seitas judaicas estavam envolvidas e os ânimos estavam fervilhando. Por fim, as seitas assumiram seus respectivos lados e foi assim que estourou a guerra civil judaica, com os judeus lutando entre si e ao mesmo tempo contra os romanos. Depois de assumir as cidades menores uma por uma, os romanos cercaram Jerusalém. Ainda assim, mesmo, as facções religiosas na cidade sitiada seguiam matando-se umas às outras na jurisdição do templo, enquanto, do lado de fora, os romanos procuravam escalar os muros da cidade. Foi uma época trágica e terrível de grande paixão, de ódio público, de raiva, de massacre em massa, de privação desumana e do exílio do povo de Jerusalém.

Será que um repórter se esquivaria de tal acontecimento? Será que um homem como Saulo, que se aproveitou de todas as desgraças em seu próprio benefício, não queria tirar proveito dessa grande história? É claro que queria – e conseguiu –, mas no papel de Josephus, e não no de Saulo. A grande obra ficou conhecida como *A Guerra Judaica* e, com a sua publicação, Saulo/Josephus conseguiu converter a sua posição de traidor e colaborador dos romanos em uma gloriosa vitória para si mesmo. Tal como o seu *alter ego* Saulo, Josephus foi um homem que pôde trocar de lado duas vezes no conflito e ainda declarar ousadamente que a perfídia era uma virtude.

Além disso, essa teoria também explica a forma na qual os escritos de Josephus terminam. Ele conseguiu escrever uma versão pessoal inteira do Velho Testamento, da qual grande parte foi extraída de textos originais, mas alternativos, encontrados nas ruínas do Templo depois da queda de Jerusalém. Está claro que ele estava muito interessado na história da nação judaica, um assunto que é intimamente ligado à religião da nação. Josephus era um homem que seguia bem de perto os passos dos nazarenos. Ele conhecia os costumes da seita essênia; ele viveu na Galileia na mesma época dos discípulos e possuía muitas terras na Judeia. Contudo, por algum motivo, aparentemente nada conhecia ou escreveu sobre o Jesus bíblico. (Os dois parágrafos que mencionam especificamente Jesus Cristo e João Batista são inserções tão obviamente posteriores que chegam a ser ridículas.)

Sugeriu-se anteriormente que o culto de Jesus e dos nazarenos possam ter sido uma facção no agitado tumulto religioso de Jerusalém e, assim, é possível argumentar que Josephus não tenha ouvido falar a respeito dela. Mas Josephus vivia no mesmo território de Jesus, que era província pequena e com uma população relativamente escassa. De fato, ele tornou-se governador da Galileia e, em seu policiamento da região, realizou muitas campanhas nas cidades de Tiberíades, Nazaré e Séforis. Como é possível a um homem que era o chefe de polícia da região não conhecer e não escrever a respeito de Jesus e de seus discípulos?

Jesus e os nazarenos eram considerados rebeldes locais até nos textos da Bíblia. Depois da crucificação de Jesus, os "remanescentes" da Igreja Nazarena foram caçados pela guarda romana sob o comando de Saulo. Como é possível que Josephus, o "chefe de polícia" da área, por volta dessa época, desconhecesse essa ação?

É claro que Josephus conhecia Jesus e seus discípulos, mas ele preferiu escrever a parte da história que tratava de Jesus sob o pseudônimo de Saulo ou Paulo. O livro *As Antiguidades dos Judeus* foi a versão de Josephus do Velho Testamento; *A Guerra Judaica* foi um relato histórico de Josephus do primeiro século, e a sua contraparte foi *Atos dos Apóstolos* – escrito sob seu pseudônimo de Saulo —, que era a sua versão do Novo Testamento. Na realidade, foi o próprio Josephus quem perseguiu Jesus e seus discípulos na Galileia, mas no papel de Saulo, que era o chefe de polícia da região, exatamente como indica a Bíblia.

Mas por que Saulo/Josephus precisava de dois nomes – por que essa história de duas vidas? O motivo pelo qual Josephus não escreveu a respeito de Jesus nas obras sob o seu próprio nome é duplo.

Primeiro porque a verdadeira história de Jesus era muito diferente daquela que Saulo havia visto sendo escrita nos evangelhos. Quanto à sua história espiritual sobre a época, ele considerou melhor falar pouco, pois a vida comum de Jesus teria interferido muito na *persona* espiritual que ele queria retratar.

Em segundo lugar, é preciso lembrar que Josephus escrevia esses livros pela renda que obtinha deles. Eles sustentavam seu estilo de vida e, ao mesmo tempo, reforçavam as suas conexões com a realeza e com a hierarquia de Roma. Ele cita, com certo orgulho, o glorioso reconhecimento que recebera do rei Agripa depois de ter lido as suas obras. Ele também apresentou cópias ao imperador Tito na esperança de que ele os reconhecesse como autênticos para, assim, conseguir mais pelos seus livros.[J430] Josephus não teria conseguido esse reconhecimento se os livros contives-

---

J430. Josephus, L 365.

sem qualquer testemunho entusiástico relativo a esse rebelde bíblico, Jesus. Esses teriam sido testemunhos de admiração referentes a um personagem que, no passado, causara muitos problemas aos romanos e cujos seguidores eram alguns dos maiores instigadores da rebelião judaica que custou muitas vidas romanas. Se assim fosse, Tito teria, provavelmente, queimado os livros junto com Josephus.

Por necessidade, os dois livros relativos à história do primeiro século tinham de ser separados; um deles dizia respeito à história civil romana e o outro, à versão espiritual judeu-cristã. Isso é algo que a mente esquizofrênica de Saulo podia realizar com grande facilidade. Com o selo de aprovação do imperador em suas obras (civis), ele tinha a liberdade de vender outras cópias de seus livros aos importantes e ricos judeus da Palestina, bem como à Diáspora na Europa. Ele organizou tudo com grande empenho a partir de sua casa em Roma, enviando 62 cartas de recomendação sobre as obras – escritas sob o pseudônimo de Josephus – a toda a Europa. Tudo isso, em uma época em que essa correspondência deve ter custado uma fortuna![431]

Conhecendo o caráter de Josephus, a questão permanece quanto à veracidade de seu trabalho, especialmente em sua versão da Torá – o Velho Testamento. Contudo, acredito que essa versão possa ser mais confiável do que o próprio Velho Testamento bíblico. Em primeiro lugar, devemos considerar Josephus de maneira séria, porque ele conta ter sido autorizado a levar a cópia sagrada da Torá das ruínas do Templo depois da queda de Jerusalém. Dizia-se que essa cópia datava da época de Artaxerxes, o filho de Xerxes, e que, portanto, ela seria muito mais antiga do que qualquer outra cópia moderna existente da Torá. Isso é historicamente possível, pois o conteúdo do material que Josephus cita dessa fonte sustenta esse ponto de vista. Em segundo lugar, devemos considerá-lo seriamente porque os seus textos muitas vezes incluem muitos dos detalhes inconvenientes que a Bíblia subsequentemente eliminou.

Por exemplo, quando Josephus diz que Abraão tinha um exército de 318 oficiais e um ilimitado contingente, a Bíblia convenientemente altera isso para um número aceitável e ambíguo de 318 "serviçais" (ainda que seja questionável o fato de um pobre pastor precisar de 318 serviçais). E, com respeito à túnica sacerdotal de Moisés, Josephus diz que as 12 pedras representavam o Zodíaco, enquanto a Bíblia diz que significavam os 12 filhos de Jacó. Como todos os outros ornamentos da túnica representavam itens relativos ao cosmos, parece que Josephus deve ser novamente considerado aquele que detém maior autoridade sobre o assunto. Mas ele queria muito mais do que fama meramente civil e, assim, depois de completar todo o Velho Testamento e a história civil do primeiro século, recomeçou a escrever fervorosamente, mas sob o nome de Saulo. Ele preferiu esse pseudônimo por bons motivos, pois almejava ser o rei Saulo do Velho Testamento.

---

431. *Josephus,* Penguin Classics, p. 15.

Depois do êxodo de Moisés, o governo do povo passou do faraó para os sacerdotes. A nação judaica era governada por anciãos e seus superiores: os juízes. Durante a época de Samuel, contudo, houve contínuos problemas com os filisteus. Os judeus queriam um líder que lhes proporcionasse poder e influência novamente. O povo exigia um rei e a escolha recaiu sobre Saulo do Velho Testamento. Ele foi o primeiro rei dos judeus e provou ser um grande comandante militar, um líder popular e o salvador da nação. Ele também era da tribo de Benjamin, assim como o próprio Josephus. Além disso, presumia-se que ele havia simbolicamente assumido a realeza dos judeus a partir de Josué do Velho Testamento – o discípulo e sucessor de Moisés.[J432]

É óbvio o motivo pelo qual Josephus via-se nesse papel. Ele queria assumir os trajes reais de Jesus e tornar-se um grande líder da nação judaica. Assim, foi sob o pseudônimo de Saulo que Josephus ocupou-se em escrever mais cartas de Roma para a Europa, 13 das quais estão preservadas na Bíblia. Josephus/Saulo era prolífico em seu trabalho e, se ele falhara em tornar-se rei dos judeus, no mínimo, alcançou a imortalidade religiosa.

Novo Discípulo

Entretanto, o inverso desse argumento também deve ser verdadeiro. Se Josephus, o historiador, fosse um homem importante de sua época, aquele que perseguia a Igreja Nazarena com o pseudônimo de Saulo, não deveríamos perceber indícios de Josephus na Bíblia? De fato, percebemos, e a referência aqui citada também é uma alusão indireta à posição de Saulo, que se enquadra bem nessa teoria.

O período em questão ocorreu em uma época indefinida depois da crucificação. Dizia-se que Judas, o traidor, havia morrido e os líderes da Igreja estavam reunidos para discutir a situação. Se Judas morrera ou fora em exílio para o Oriente, como dizem os mitos, isso é irrelevante. O fato é que a Igreja Nazarena estava no processo de votar a aceitação de um novo membro para preencher o lugar vazio do discípulo. Os pretendentes à posição eram José Barsabás (também chamado Justo) e Matias.[B433] Na reunião, os outros 11 discípulos votaram e Matias acabou sendo eleito, e não José. Foi Matias quem também escreveu o Evangelho de Judas Tomé.

A história de alguém sendo votado e aceito na Igreja Nazarena, logo após a crucificação, assemelha-se às solicitações de Saulo, que tanto queria se tornar um membro aceito pelo círculo íntimo da Igreja. Saulo, tal como esse José Barsabás, não conseguiu ter acesso aos ensinamentos secretos de Jesus e de Tiago, pois não fora aceito como discípulo. Será que

---

J432. Josephus, ANT 6:68-88.
B433. Bíblia, Atos dos Apóstolos 1:23.

existe aqui uma ligação? Na Bíblia, os candidatos a essa posição eram José-Justo e Matias.

De acordo com o registro civil, o historiador Josephus tinha um irmão chamado Matias e um filho chamado Justo. De fato, Matias e José eram nomes que datavam de muitas gerações nessa mesma família. Seriam Josephus o historiador e seu irmão Matias os dois pretendentes ao lugar de discípulo mencionado na Bíblia?

José (Justo) dos textos bíblicos também era chamado de Barsabás (filho de Sabás). Se José-Justo (Josephus) e Matias fossem irmãos, então Matias seria também chamado Barsabás (o filho do mesmo pai, Sabás). Se José-Justo, Josephus e o bíblico Saulo eram, na realidade, a mesma e única pessoa, então é de se presumir que esse mesmo Matias Barsabás fosse mencionado na Bíblia no mesmo contexto de Saulo (sendo ele o seu irmão). Esse é, de fato, o caso. O companheiro de Saulo em muitas de suas viagens era Barnabás (Barnabé).

Eventualmente, Saulo separou-se de Barnabé durante a sua viagem pela Europa. Barnabé prosseguiu junto com João-Marcos, enquanto Saulo preferiu ser acompanhado por alguém chamado Silas. Ora, ao nos depararmos com a primeira menção a Silas no mesmo capítulo bíblico, ele está viajando acompanhado por um Judas também chamado Barsabás. De acordo com a editora Oxford University Press, esse "Judas" era o próprio José-Justo. Isso nos leva a acreditar que os "dois" pares de companheiros eram Saulo e Silas e José e Silas, mas, na verdade, provavelmente se tratasse somente de um só par de companheiros e Saulo é identificado com José Barsabás.[B434] Esse indício, considerado em conjunto com a fusão dos personagens Saulo e Josephus das páginas anteriores, faz com que seja plausível o fato de essa história ser citação bíblica a Josephus, o historiador – uma referência que, novamente, indica que Josephus era Saulo.

Isso nos deixa com um pequeno problema quanto ao motivo pelo qual Saulo ou Josephus, sendo a mesma e única pessoa, devesse ser chamado Barsabás – o "filho de Sabás". Josephus era filho de Matias, e Saulo provavelmente era o filho de Gamaliel; então, de que forma o nome Sabás se enquadra em tudo isso? A resposta está novamente na possibilidade de que Sabás não fosse um nome, mas um título. Sabá (Sheba) é palavra hebraica cujo significado principal é "bêbado" ou "bebedor de vinho" e, entre outros, ela era aplicada a Zacarias, um amigo e parente de Jesus, como demonstra-se no próximo capítulo. Ao ser conhecido como Barsabás (filho de Sabá, אבס ou שבא), Saulo tentava equiparar-se à posição de sacerdote, a Zacarias [Baco] e, portanto, ao próprio Jesus. Era um título adequado para um homem que tentava solapar a posição de Jesus.

B434. Bíblia, Atos dos Apóstolos 15:22 – Barsabás é entendido como sendo "Filho do Homem", mas esse nome pode muito bem se referir a "Filho das Estrelas" ou "Astrólogo".

Se esse novo indício – de que o historiador do primeiro século chamado Josephus fosse, talvez, uma testemunha de primeira mão de algumas das histórias bíblicas – deve ser seriamente levada em consideração, então é possível comparar um pouco mais os seus comentários a respeito dos acontecimentos bíblicos. Quais novas interpretações a respeito das histórias bíblicas podem ser encontradas nos textos de Josephus? A primeira nova perspectiva diz respeito a um conto bem conhecido e pode ser encontrada no relato de Josephus sobre a Guerra Judaica no qual ele menciona um tumulto organizado por três bandos de rebeldes: os sicários, os magos e o falso profeta egípcio.

Os Sicários

Os sicários eram um bando de assassinos cujo nome derivava de seus punhais, ou *sicae*, que eles escondiam embaixo dos mantos. Os sicários misturavam-se com as multidões principalmente em dias de festivais e usavam seus punhais para assassinar os inimigos. Dizem que a primeira vítima a sofrer esse tipo de ataque foi Jonatã,[435] o sumo sacerdote; após sua morte...

> ... muitos eram assassinados todos os dias e o medo dos homens de ser atacados dessa forma era maior do que a própria fatalidade.[J436]

A comparação com os relatos bíblicos da época revela um homem chamado Simão Zelote entre os discípulos de Jesus que, provavelmente, fosse Simão, o irmão de Jesus. Ele pertencia ao bando de fanáticos religiosos nacionalistas sob o comando de seu líder Eleazar, que estava na vanguarda do levante judaico. Também entre os discípulos estava Judas Iscariote, cujo último nome, sem dúvida, se originou dos sicários. Judas era conhecido como um sicário, homem do punhal, e era irmão gêmeo de Jesus. [B437]

Os Magos

Os magos eram homens que...

> ... enganavam e iludiam as pessoas sob o pretexto de possuir inspiração divina, mas, na realidade, procuravam inovações e mudanças de governo... e iam à frente no deserto, dizendo que Deus lhes mostraria os sinais da liberdade.[J438]

Uma melhor descrição dos nazarenos não poderia ser encontrada. Deve-se admitir que essa seja uma perspectiva pouco lisonjeira para os seguidores de Jesus do ponto de vista farisaico. Entretanto, é verdade que

---

435. Trata-se de um Jonatã posterior àquela morto por Herodes.
J436. Josephus, GJ 2:425, 254.
B437. Bíblia, Lucas 6:15-16.
J438. Josephus, GJ 2:259.

eles estavam em uma missão político-religiosa. Queriam realmente introduzir inovações. Eles queriam mudar o governo tentando restaurar a linhagem faraônica. Finalmente, passavam muito tempo no deserto. Essa citação poderia facilmente referir-se aos partidários de Jesus.

O Egípcio

A menção ao falso profeta egípcio é muito interessante, principalmente no contexto do envolvimento dos outros insurgentes já mencionados. Quem mais além de Jesus poderia ser o profeta egípcio dessa época? Ele foi educado no Egito, fato admitido pelos autores bíblicos e, além disso, a história que eu apresentei mostra que era intimamente ligado ao trono exilado dos faraós hicsos do Egito. O mais provável candidato para o egípcio tinha de ser Jesus.

Os fatores decisivos na revelação desse "falso profeta egípcio" são as ações que ele desempenhou, conforme relatadas na Bíblia e também por Josephus/Saulo. Primeiro, a Bíblia menciona que o próprio Saulo foi confundido com o "egípcio", o que ele terminantemente negou. Mas as acusações apresentadas contra o "egípcio" são bem familiares para qualquer pessoa com um pouco conhecimento da história do Novo Testamento. Essas acusações se referem...

> ... àquele egípcio que antes levantou um tumulto e conduziu ao deserto quatro mil extremistas...(?)[B439]

De maneira notavelmente semelhante, dizem que Jesus levou 5 mil homens ao deserto onde realizou o milagre de "alimentar" essa multidão com pães e peixes. É claro que o milagre é facilmente explicado de modo muito mais racional. Conforme foi explicado na parábola da mulher grega do Capítulo I, o "pão" é uma referência codificada para "conhecimento", enquanto o "peixe" é uma referência à "constelação de Peixes" e aos nazarenos. O suposto milagre bíblico nada mais é do que Jesus introduzindo uma grande congregação nos mistérios da Igreja Nazarena, inclusive o papel da Astrologia e do Zodíaco.

Mas a pergunta permanece: será esse "milagre" de alimentar 5 mil pessoas o mesmo acontecimento do qual o "egípcio" estava sendo acusado – era Jesus esse tal "egípcio"? A segunda referência ao "egípcio" pode ajudar a decidir o assunto para nós de maneira quase conclusiva. Josephus diz o seguinte a respeito desse indivíduo:

> ... (o egípcio) reuniu 30 mil homens que foram por ele iludidos. Ele os levou pelo deserto até o monte chamado de <u>Monte das Oliveiras</u> e estava pronto para invadir Jerusalém pela força a partir desse lugar e, se pudesse por uma vez vencer a guarnição romana e o povo, ele tinha

---

B439. Bíblia, Atos dos Apóstolos 21:38.

a intenção de dominá-los... Mas (o governador) foi ao seu encontro com os soldados romanos, enquanto todas as pessoas o assistiam em seu ataque... quando chegou o momento de lutar, o egípcio fugiu com algumas outras pessoas... enquanto o resto da multidão foi dispersa e todos foram para suas próprias casas...[J440]

Isso é realmente interessante. Eu já procurei enfatizar as aspirações políticas de Jesus e esse relato de uma rebelião é parecido demais com a versão bíblica desses eventos para ter sido uma coincidência. A Bíblia afirma que os discípulos e os seus seguidores haviam vendido todos os bens para comprar espadas.[B441] Isso coloca esse acontecimento logo depois da Última Ceia, que era uma refeição da noite de Páscoa – de fato, os discípulos caíam continuamente no sono. O local era o Monte das Oliveiras e Jesus estava aguardando com um bando de homens armados. A Bíblia não explica o propósito dessa reunião noturna fora de Jerusalém, mas se Jesus era o líder de uma facção rebelde, a avaliação de Josephus sobre uma rebelião não pode estar muito longe da verdade. Qualquer que fosse o plano, ele estava para ser "frustrado":

> ... eles foram para o Monte das Oliveras: e os seus discípulos também o seguiram. Então Judas, com um bando de homens e oficiais dos sacerdotes superiores e fariseus, para ali se dirigiu com lanternas e tochas e armas... Então Simão Pedro brandiu a espada e cortou a orelha direita do serviçal dos sacerdotes superiores.[B442] Então todos abandonaram-no e fugiram.[B443]

Como é possível que os historiadores e os teólogos anteriores não tenham percebido essas claras semelhanças entre o Jesus bíblico e o "egípcio" sem nome? Isso só pode ser uma continuação da milenar ocultação da exata natureza dos eventos que ocorreram em Israel durante o primeiro século, pois deve ter sido óbvio para o mundo que os dois diferentes relatos se enquadram perfeitamente.

Ao comparar os relatos sobre o Monte das Oliveiras, sendo um pouco tolerante com as desinformações dos escribas, a semelhança é óbvia. As duas revoltas fracassaram miseravelmente, por qualquer que seja a razão, e as duas acabaram com os agressores sumindo dentro da noite e voltando para as suas casas. A única verdadeira diferença entre os dois relatos é que o líder de Josephus fugiu enquanto o Jesus bíblico foi capturado.

Em termos de dados físicos nos dois textos, os 30 mil homens mencionados por Josephus são um óbvio exagero, algo que foi meramente engen-

---

J440. Josephus, GJ 261.
B441. Bíblia, Lucas 22:36.
B442. *Ibid.*, 22:39-50 – João 18:3-10.
B443. Bíblia, Marcos 14:50.

drado para demonstrar a bravura dos fariseus ao lidar com essa ameaça ao povo de Jerusalém. Com efeito, é possível equiparar a alimentação de 5 mil pessoas com a reunião no Monte das Oliveiras, o que colocaria o verdadeiro número de homens armados ao redor de 4 a 5 mil. É preciso lembrar também que Josephus/Saulo era um fariseu e foi essa facção que colocou um fim à inexperiente revolta e prendeu Jesus. A suspeita visão do "profeta egípcio que fugiu" é justamente o tipo de desinformação que se pode esperar de alguém como Saulo.

Por outro lado, os autores dos evangelhos tradicionalmente representaram como algo menor o apoio político de Jesus. Eles devem ter ficado especialmente cautelosos quanto a uma batalha organizada entre os seus seguidores armados e os líderes do povo de Jerusalém. De que maneira isso poderia ser acomodado dentro da tradicional doutrina de um salvador humilde? Os textos alterados descrevem apenas os discípulos presentes nesse drama, mas isso faz de uma revolta armada uma simples zombaria – como poderia um bando de pessoas apossar-se de Jerusalém? Por outro lado, se os discípulos estivessem apenas participando de uma reunião particular no Monte das Oliveiras, por que teriam eles de vender seus bens para comprar armas e por que o subterfúgio do horário noturno?

Sem dúvida, esse é um indício de que Josephus/Saulo conhecia o Jesus bíblico e que ele o incluiu em alguns de seus textos. Nesse caso, é possível que mais informações a respeito da vida de Jesus estejam nesses textos, mas esse primeiro trecho é uma confirmação suficiente de que todas as suposições apresentadas até aqui têm fundamentos sólidos. É possível que, em sua própria época, Jesus fosse conhecido como o profeta egípcio e por bons motivos, pois ele era um faraó em exílio.

A sua missão era justamente a esperada – a derrubada da nova administração rebelde que assumira Jerusalém e, talvez, até mesmo o restabelecimento da linhagem faraônica. O seu contingente armado era pequeno, mas suficiente para infiltrar-se na cidade durante as festividades da Páscoa e assumir o controle da administração da cidade. Josephus afirma que até 3 milhões de pessoas participavam do festival; mesmo considerando seu exagero habitual, deve ter sido uma enorme multidão. Para os sicários, era a oportunidade ideal para usar como cobertura de suas finalidades políticas. Misturando-se ao povo, eles assestariam contra outras facções rebeldes que haviam usurpado as autoridades normais, agiriam com rapidez e desapareceriam novamente na multidão, agora em tumulto.

Não é possível que alguém com a história familiar e a educação real de Jesus acreditasse que poderia facilmente eliminar os romanos de Israel. Os sacerdotes de Heliópolis estariam bem a par dos perigos de assumir essa poderosa nação baseado somente no zelo religioso, e eles devem ter contado a Jesus, como advertência, a história de Akhenaton e de seu exílio do Egito. Parece que os evangelhos, se for possível dar-lhes crédito a esse respeito, sugerem que Jesus havia se resignado a aceitar a proteção dos romanos; talvez eles até fossem uma influência estabilizadora no país. Entretanto, em termos dos encarregados judeus do Templo de Jerusalém e dos que controlavam a Judeia, a situação era bem diferente. O rei, Agripa I, estava morto. Seu filho, Agripa II, era apenas rei do Líbano e, mais tarde, foi transferido para a Síria. Israel era administrada por um governador romano. Seitas rebeldes haviam assumido o controle da cidade, e o trono real estava, de fato, vazio para o próximo na linhagem. Teria sido Jesus capaz de assumir o trono? Teria ele persuadido os romanos de que o país precisava de um rei testa-de-ferro para estabilizar a situação, assim como Herodes tentara antes dele? Era uma possibilidade que, por fim, fracassou.

Um Outro Exílio

E, uma vez mais, todo o planejamento de anos resultou em nada. Se o plano era tomar Jerusalém pela força, a revolta fracassara. Se o objetivo era cumprir as profecias até a última letra e encenar a crucificação do segundo messias, esse também falhara. Jesus não era visto pela maioria das pessoas como o verdadeiro messias, a real "segunda vinda" dos deuses.

Para a grande maioria dos judeus, a vinda do messias ainda estava no futuro, e Jesus era apenas um dos muitos falsos profetas ao longo desse pedregoso caminho para a salvação. Somente os novos cristãos emergentes, um bando formado principalmente de gentios, muitos dos quais nada sabiam do autêntico Judaísmo, foram persuadidos por Saulo de que o messias havia chegado. E, realmente, eles foram induzidos mesmo que não estivessem esperando por um messias, tamanho era o zelo e o carisma de Saulo. Ele era um erudito que podia falar durante horas a fio a respeito de seu sonho sobre a ordem de um novo mundo, até que um pobre jovem chamado Êutico adormecesse e caísse da janela onde se encontrava e então se pensasse que estava morto.[B444]

Josephus/Saulo disse que o profeta egípcio havia fugido, enquanto a Bíblia afirma que ele foi crucificado. Então, qual foi o verdadeiro destino de Jesus? Saulo, no papel de Josephus, tem a resposta e proporciona uma pista para decifrar outros escritos históricos. Os *Papiros do Mar Morto* são vários documentos antigos, provavelmente de origem essênia, descobertos em 1947. Eles falam frequentemente do "mestre da retidão" e do "sacerdote perverso" ou do "contador de mentiras".

Tornou-se motivo de debate entre os historiadores a identificação dessas personalidades em particular. Barbara Thiering deu a João Batista o papel de mestre da retidão e a Jesus, o de sacerdote perverso. Robert Eisenman fez de Tiago, o irmão de Jesus, o mestre, e Saulo tornou-se o sacerdote perverso. Acredito que Jacob Teicher e John Allegro estejam

---

B444. Bíblia, Atos dos Apóstolos 20:9.

mais perto da verdade em suas afirmações de que Jesus era o mestre da retidão e Saulo, o sacerdote perverso. O sacerdote perverso foi acusado pelos autores dos papiros de criticar o mestre da retidão; de conspirar para destruir a Comunidade (a Igreja Nazarena) e de roubar suas riquezas. De maneira que a Comunidade finalmente o entregou nas mãos de seus inimigos (os romanos). Saulo foi acusado de todas essas ofensas pela Igreja Nazarena.

No Judaísmo, uma das maneiras de profetizar era a interpretação de textos antigos. Se uma história antiga pudesse ser considerada semelhante à situação corrente, os textos poderiam ser seguidos a fim de se adivinhar o futuro. O *Comentário de Habacuc* era justamente um desses textos proféticos. Ele foi descoberto na Caverna 1, em Qumran, e é uma das principais fontes para o estudo da Teologia essênia. A citação seguinte parece ligar os principais personagens dos *Papiros do Mar Morto* a Josephus/ Saulo e aos nazarenos. O parágrafo antigo foi interpretado pelo essênio como a história do:

> Sacerdote perverso perseguindo o mestre da retidão até a casa de seu exílio para poder confundi-lo com sua fúria venenosa. E na hora designada para o descanso... ele (o sacerdote perverso) apareceu diante deles para confundi-los e fazer com que tropeçassem no Dia do Jejum.[445]

Josephus escreveu uma história muito semelhante a seu próprio respeito. No texto, ele usou o nome de Jesus para o homem com quem lutava. Portanto, antes de olhar para a sua versão desses eventos, esse nome em suas obras requer maior investigação. "Jesus" aparece esporadicamente nos escritos de Josephus, o que levou alguns historiadores a considerá-lo um nome comum. Por outro lado, eu afirmaria que muitas dessas referências dizem respeito ao próprio Jesus bíblico.

Na Bíblia, Saulo perseguia os membros da Igreja Nazarena, inclusive o Jesus "ressuscitado" pela Galileia. Foi Jesus, em Atos dos Apóstolos, quem perguntou a Saulo por que ele o perseguia. De maneira semelhante, Josephus, em seus escritos seculares, era o governador da Galileia e estava em disputa com um homem chamado Jesus, que era governador de Tiberíades. A disputa originara-se pela queima do palácio de Herodes em Tiberíades, uma cidade na província da Galileia. Josephus diz que Jesus a destruíra por lucro próprio, pois o teto era de ouro, mas uma análise mais profunda dos textos revela um motivo maior.

Josephus tinha ido a Tiberíades para demolir o palácio porque "ele continha figuras de criaturas vivas", o que era contrário à Lei Judaica.[J446] Portanto, o motivo pelo qual Jesus queimou o palácio é óbvio. Se esse fosse o Jesus bíblico, sendo um nazareno, ele saberia que as "criaturas vivas" no

---

445. *Habakkuk* 1QpHab VI ii,15.
J446. Josephus, L 65.

palácio nada mais eram do que imagens de animais. Sendo de propriedade da família real, a casa estaria, muito provavelmente, repleta de signos do Zodíaco, de esferas terrenas e celestiais e, talvez, de um panteão completo de deuses egípcios. Se Saulo tivesse visto esse palácio, ele receberia um choque semelhante ao de Ezequiel quando espiou o Santo dos Santos no Templo de Jerusalém e viu...

> ... pinturas... e outras cenas mitológicas, temas que pareciam referir-se a práticas sincretistas de procedência egípcia.[447]

Se um homem da reputação de Josephus descobrisse tais cenas, ele teria provocado um caos na região, principalmente na época em que estivera caçando os nazarenos, e muita gente inocente teria perdido sua vida. Estava claro que não se poderia permitir que Josephus/Saulo visse esses temas, mas, com a ajuda da guarda romana, seria difícil impedi-lo. A única solução era destruir totalmente o palácio antes que os segredos sagrados pudessem ser descobertos, o que justamente aconteceu.

Assim mesmo, havia o suficiente nas ruínas para que Josephus levasse uma parte do que sobrara, o que foi outro assunto contrário à Lei Judaica. Em retaliação, esse indivíduo chamado Jesus usaria, mais tarde, essa posse indevida de propriedade real para solapar o poder de Josephus. Por mais interessante que tudo isso seja, a conclusão dessa investigação é a seguinte: seria realmente esse personagem a respeito do qual estivemos discutindo o Jesus bíblico? A maioria dos comentaristas diz que Jesus não foi mencionado nas obras de Josephus. Isso somente é possível se a maioria dos historiadores não quisesse ali encontrá-lo, pois isso causaria problemas demais. Mas essa destruição do palácio *foi* obra do Jesus bíblico, pois Josephus fez com que esse ponto ficasse claro quando ele disse que esse Jesus era o líder de...

> ... um subversivo tumulto de marinheiros e de gente pobre.[J448]

Um subversivo tumulto de marinheiros? Desde quando marinheiros locais se organizam em um bando irado para incendiar o palácio de um rei falecido há muito tempo? Essa frase não faz sentido e deve ser interpretada de alguma outra maneira. Na realidade, a referência a marinheiros é apenas indireta aos seguidores do Jesus bíblico, mas foi deliberadamente dissimulada por algum motivo.

Os seguidores de Jesus eram os nazarenos, um nome que significa "pequenos peixes". Até na Bíblia, os discípulos eram frequentemente chamados de pescadores de homens ou simplesmente pescadores – seguidores da nova constelação de Peixes. Essa é a resposta para o que Josephus estava tentando dizer ao se referir a marinheiros; em outras palavras, esse

---

447. *Peake's Commentary on the Bible*, M. Black. London: Routledge, 1997.
J448. Josephus, L 66.

Jesus nos textos de Josephus era o líder dos nazarenos. De acordo com Josephus, ele era o líder de um "bando subversivo" – ou o líder de um heróico bando que lutava pela liberdade, dependendo de que perspectiva se assuma. Isso é, sem dúvida, uma referência ao Jesus bíblico, a segunda encontrada até agora nos livros de Josephus.

O retrato desse velho mestre está sendo paulatinamente limpo e restaurado, e finalmente libertado da poeira dos milênios. O verdadeiro caráter do Jesus bíblico está apenas começando a surgir. O condão que ele segurava agora parece mais um cetro; a coroa de espinhos parece brilhar como um diadema e o sagrado manto carrega nele o selo da grande biblioteca de Heliópolis.

Tendo já encontrado duas referências ao Jesus bíblico, vale a pena conhecer um pouco das outras pessoas chamadas Jesus, nas obras de Josephus, para ver se isso se repete:

a. O primeiro é Jesus, filho de Gamala. Esse Jesus era um sumo sacerdote e um líder de 600 rebeldes na vizinhança de Tiberíades.[J449] Ele era um galileu rico, dono de um grande castelo na região, e estava em posição de dar ordens à população de Tiberíades, o que leva a crer que era um governador local. Ele era encarregado pelas autoridades de cortar os poderes de Josephus.

b. O segundo Jesus é chamado de filho de Safias.[J450] Esse é o Jesus mencionado anteriormente, líder do bando subversivo de "marinheiros" na vizinhança de Tiberíades, um termo que certamente o identifica com o Jesus bíblico, além de um líder rebelde; os textos dizem que esse Jesus era governador de Tiberíades, um galileu, um "inovador acima de todos os outros", um alto sacerdote e um "general" (nomeado pelo sumo sacerdote Ananus – vejam o item "d".) Este Jesus também era encarregado do tribunal que procurava cortar os poderes de Josephus e isso ele conseguiu "tomando as leis de Moisés em suas próprias mãos".

Essa descrição não somente se adequa à do Jesus bíblico como parece ser muito semelhante à de Jesus de Gamala, que também aparenta ser o governador de Tiberíades. Embora essa amálgama levasse novamente a múltiplos nomes, não há necessariamente uma dicotomia aqui. Jesus poderia facilmente ter sido o filho de "Gamala", a cidade, e de "Safias", possivelmente o nome de família.

Esse Jesus e o sumo sacerdote Ananus eram chamados de "pessoas de Damasco" apesar de serem sacerdotes governantes baseados em Jerusalém e na Galileia. Essas pessoas representavam as autoridades que haviam nomeado Josephus, o historiador, general da Galileia. É preciso lembrar que foi na "estrada para Damasco" que ele teve a visão e que eram os

---

J449. Josephus, 190-193.
J450. Josephus, GJ 2:566-568.

judeus de Damasco que Saulo perseguia. É surpreendente o fato de o Documento de Damasco dos Papiros do Mar Morto afirmar claramente que a comunidade essênia vivia em uma localidade chamada "Damasco", e essa interessante informação levaria à sugestão de que a "Damasco" em questão era, de fato, a fortaleza essênia de Qumran.

É improvável que Josephus/Saulo tivesse autoridade para prender judeus na cidade síria de Damasco, mas ele poderia, facilmente, ter jurisdição sobre Qumran. Por outro lado, essa interpretação alternativa poderia sugerir que Jesus pertencesse à seita essênia e que Josephus estivesse envolvido na perseguição até o momento de sua conveniente "visão" na estrada para Damasco (Qumran).

c. Jesus também é chamado de filho de Shafat, um nome muito parecido com Safias.[J451] Esse Jesus era líder de um bando rebelde que atacou o comandante romano Valeriano e roubou os seus cavalos enquanto Valeriano analisava como sitiar Tiberíades. Jesus refugiou-se em Tiberíades, mas a população obrigou-o a sair da cidade, pois temia um ataque romano. Tiberíades era a cidade onde Jesus, filho de Safias, era governador e líder rebelde e também onde vivia o líder rebelde chamado Jesus de Gamala.

É possível que os textos estejam tentando nos convencer de que havia três líderes rebeldes chamados Jesus e os três na vizinhança de Tiberíades? Isso é realmente improvável e, novamente, a impressão é que as três diferentes religiões registraram esse Jesus, governador de Tiberíades, de maneira diferente. Josephus, o historiador, simplesmente fez uso dessas tradições como fontes de informação para as suas próprias obras.

d. Ainda há outro Jesus nesses textos: Jesus, filho de Ananus. Já se mencionou que Ananus era um título derivado do nome "An" ou "On" para Heliópolis, de maneira que o título poderia referir-se a qualquer alto sacerdote. Portanto, esse Jesus seria o próximo na linhagem para essa posição depois de seu pai, Ananus (Ananias), pois ela era hereditária.[J452] Os textos declaram que esse sumo sacerdote chamado Jesus também pertencia à facção rebelde, assim como os três Jesus mencionados anteriormente. Então, quem era esse Jesus, filho de Ananus?[J453] Ele só pode ser Jesus, filho de Safias-Shafat-Gamala, sumo sacerdote e líder de um bando rebelde de marinheiros.

e. Nesse mesmo texto, um pouco mais adiante, esse Jesus, filho de Ananus, é chamado de plebeu: um homem comum. Seria ele o mesmo Jesus mencionado no item *d*? Embora o título de Ananus pertencesse aos

---

J451. Josephus, GJ 3:450.
J452. *Ibid.*, 4:238.
J453. *Ibid.*, 4:238.

sumos sacerdotes e, portanto, esse personagem obviamente não era plebeu, essa descrição concorda bem com a narrativa bíblica na qual Jesus é também referido como um homem comum, apesar de sua alta

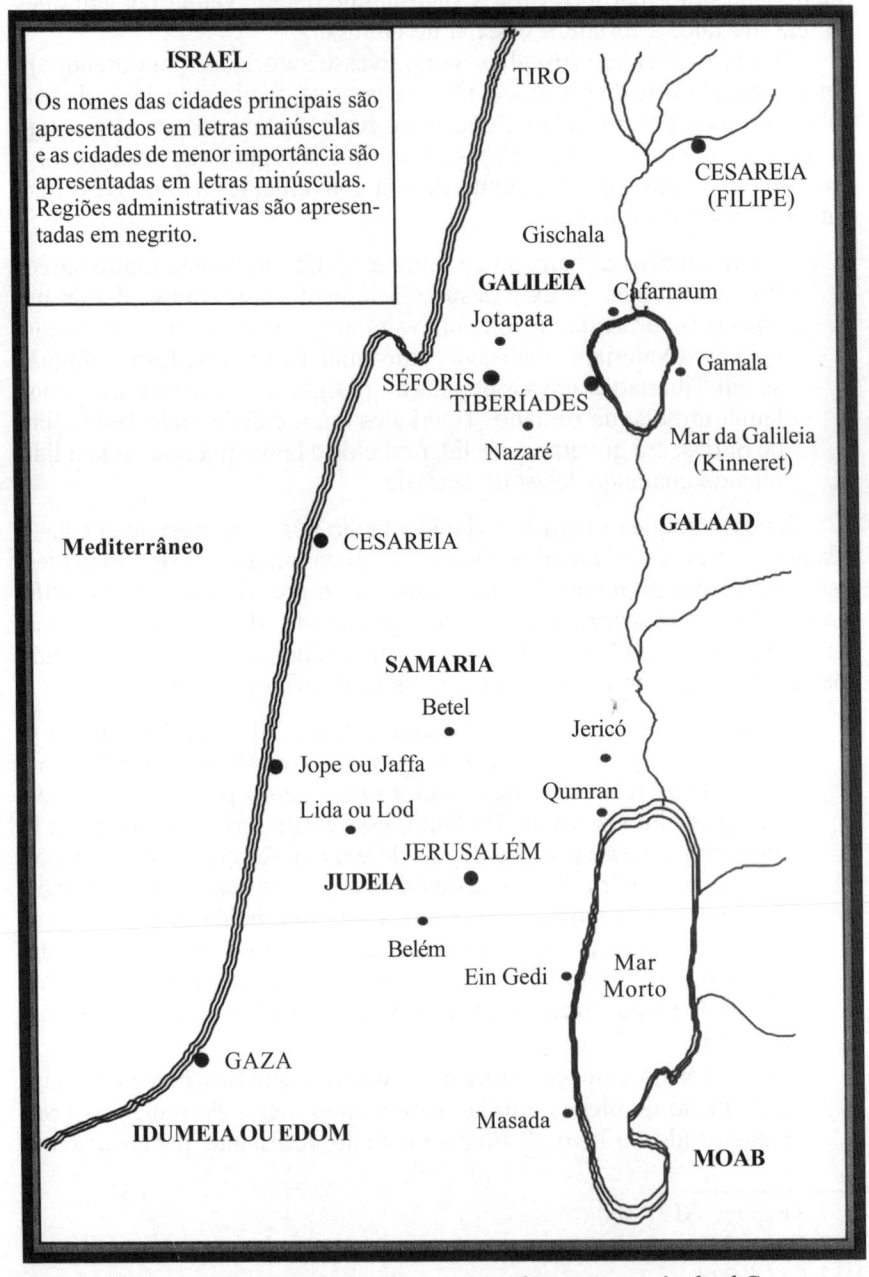

ISRAEL
Os nomes das cidades principais são apresentados em letras maiúsculas e as cidades de menor importância são apresentadas em letras minúsculas. Regiões administrativas são apresentadas em negrito.

Figura 23. Mapa de Israel no início do primeiro século d.C.

posição social. Além disso, esse sumo sacerdote Jesus também era chamado de "agricultor", um termo usado para representar o deus cristão na Bíblia.[B454] Esse Jesus também lamentou o destino de Jerusalém em um refrão familiar, motivo pelo qual foi perseguido:

> ... alguns dos mais eminentes dentre a multidão ficaram muito indignados com essa sua terrível expressão; apanharam-no (Jesus) e aplicaram-lhe severas chicotadas. No entanto, ele não procurou se defender e também nada disse de peculiar para os que o maltratavam, continuando a pronunciar as mesmas palavras... presumindo, como o caso provou ser, que essa fosse uma fúria divina no homem; (eles) o levaram à presença do procurador romano que mandou que fosse chicoteado até aparecerem os seus ossos. Mas, assim mesmo, ele não fez qualquer súplica para si mesmo nem tampouco chorou.[J455]

Essa citação final parece extremamente semelhante aos relatos bíblicos do açoitamento público de Jesus. De fato, todas as referências relativas a esses indivíduos chamados Jesus, juntamente com os acontecimentos que envolveram essas pessoas, são impressionantemente semelhantes aos relatos bíblicos.

Josephus, o historiador, sempre procurou interferir nos assuntos desse Jesus, o líder rebelde de 600 pescadores. Contudo, esses foram os exatos acontecimentos que causaram o conflito entre Saulo e a Igreja Nazarena de Jesus – Saulo interferindo sempre nos assuntos da Igreja Nazarena, a respeito da qual nada tinha de real compreensão. A situação é confusa, e essa confusão, uma vez mais, deve ter sido proposital. Mas os enredos dessas duas histórias são tão semelhantes que o Jesus dos textos de Josephus e os de Jesus da Bíblia só podem se referir ao mesmo indivíduo. Se esse for o caso, as associações feitas a respeito do alto nível social da família de Jesus não somente são, uma vez mais, claramente expostas, como também é possível aventar uma hipótese sobre o verdadeiro destino de Jesus.

Como príncipe real, Jesus foi iniciado nos segredos da fraternidade real e, provavelmente, na simbólica e importante idade de 33 anos. Esse foi um acontecimento que envolveu a morte simbólica no estilo da de Lázaro e a sua "ressurreição" após três dias. Seja por ingenuidade, seja por deliberada mistificação, Saulo interpretou o ritual de iniciação de Jesus como uma real ressurreição física e, após a sua "conversão", Saulo promoveu o acontecimento como um milagre – um sinal de deus. Na realidade, Jesus estava vivo e em boa saúde, organizando a defesa da nação contra os ataques dos romanos e das seitas judaicas que estavam desestabilizando a região.

B454. Bíblia, João 15:1.
J455. Josephus, GJ 6:300-305.

Foi em Jerusalém, por volta dos anos 68 ou 70 d.C., que Jesus realmente enfrentou o seu destino, cerca de 35 anos depois do evento bíblico. Jesus Ananus [Jesus bíblico], o sumo sacerdote de On (An ou Heliópolis), sofreu o açoitamento público enquanto carregava a sua própria cruz no pátio do Templo. Embora a crucificação fosse uma punição romana, e não judaica, a sentença que Jesus recebeu não dependia da presença do procurador romano em Jerusalém, nessa época. Jesus Ananus foi acusado de procurar assistência das legiões romanas para dispersar os revoltosos de Jerusalém; portanto, uma crucificação seria bem apropriada.

O Sacerdote Perverso

Entretanto, por volta dos anos 60-65 d.C., Josephus/Saulo tinha outras coisas com que se preocupar. Além do problema do palácio incendiado pelos "pescadores", ele estava tentando governar a província da Galileia dentro de uma estrutura judaica, mas algumas cidades da província tinham outras alianças. Séforis, a oeste do Mar da Galileia, por exemplo, era pró-Roma e havia procurado esse mesmo Jesus e o seu bando de "rebeldes" para protegê-los de Josephus, enquanto alguém chamado João tinha o apoio de Gischala, ao norte, uma cidade que também parece ter sido pró-Roma. Possivelmente, o próprio Josephus fosse pró-Roma, mas não os seus aliados, e a sua posição no governo dependia do apoio da população. Por conseguinte, essa dicotomia estava causando alguma preocupação a Josephus. Isso não quer dizer que Jesus fosse pró-Roma. A essa altura, havia tantas facções lutando entre si que todas estavam usando e abusando dos romanos para satisfazer seus próprios propósitos. Uma aliança temporária com os romanos poderia muito bem ser levada em consideração, a fim de que eles os ajudassem a derrotar Josephus/Saulo.

As autoridades em Jerusalém, influenciadas por Ananus e Jesus, haviam decidido que Josephus/Saulo deveria sair de cena. Para atingir esse objetivo dentro de alguma estrutura legal, a desculpa ganhou forma em acusações acerca da pilhagem do palácio incendiado do rei Herodes. Para isso, as autoridades de Jerusalém deram dinheiro a Jesus e a João que, supostamente, tinham um contingente de cerca de 700 homens para derrubar Josephus. As autoridades também incentivaram as cidades pró-Roma de Séforis, Gabara e Tiberíades a apoiar essa revolta contra Josephus/Saulo.[J456]

Se identificarmos Saulo e Josephus como a mesma pessoa, então tudo isso é bem possível. Esses acontecimentos ocorreram antes da conversão de Saulo na "estrada para Damasco". Ele mesmo afirma que estava "causando uma grande confusão na Igreja (de Jesus) e prendendo seus adeptos". Por sua vez, o próprio Josephus afirma que ocasionava

---

J456. Josephus, L 200.

grandes problemas para esse Jesus "rebelde" na Galileia. É estranho que a Bíblia não mencione de onde derivava a sua autoridade e em qual jurisdição ele tinha o poder de prender os seguidores nazarenos. Mas está claro que deve ter sido uma pessoa muito importante para exercer essa autoridade.

Posteriormente, ao tratar como os governadores Félix e Festo, Saulo demonstra novamente ser uma pessoa em alta consideração. Da mesma forma, Josephus também procurou comprovar as suas diversas conexões reais e a alta linhagem de família. Esses dois indivíduos são tão semelhantes a ponto de se fundirem repetidamente e, ao fazer essa conexão, agora sabemos a origem da autoridade do Saulo bíblico. Josephus, autor e historiador, foi autorizado por Ananus, o pai de Jesus e sumo sacerdote de Jerusalém, a policiar a Galileia. Josephus era o governador da província, mas a impressão é que esse subordinado estava fora de controle, abusando de sua autoridade, "engrandecendo-me às alturas da glória", conforme expressão do próprio Josephus.

As autoridades de Jerusalém tinham um problema. Josephus/Saulo era um oficial intransigente e temerário e, uma vez que lhe fora dada essa autoridade, ele não desistiria dela sem lutar. Uma série de cartas foi trocada na vã esperança de fazer com que Josephus fosse para Jerusalém, onde seria possível lidar com ele com maior facilidade, mas sem resultado. Finalmente, isso leva o argumento de volta ao *Comentário de Habacuc*, no qual o sacerdote perverso perseguia o mestre da retidão de volta para a sua casa, no Sabá. Parece que Josephus/Saulo desprezou as solicitações das autoridades de Jerusalém e, em vez disso, ele tratou de impedir o conflito indo à casa de Jesus, surpreendendo-o e prendendo-o junto com os seus seguidores. A casa de Jesus é descrita como...

... um grande castelo, parecido com uma cidadela.[J457]

Um dos rebeldes, chamado Jonatã, encontrava-se fora do castelo com uma guarda armada. Ele e o seu bando retiraram-se rapidamente para o castelo, deixando uma porta aberta para apanhar Josephus/Saulo em uma armadilha. Mas afastando-se do castelo, ele encontrou hospedagem na vizinhança e fingiu estar dormindo – um Sabá de descanso. Então, Jonatã saiu do castelo para avisar a cidade da presença de Josephus. A sua astúcia havia funcionado e, com os seus homens, Josephus atacou-o. Jonatã e seus homens tentaram escapar, temendo por suas vidas, mas foram todos capturados por Josephus, que os repreendeu com um discurso sobre o seu bom governo.

Essa passagem é estranha, mas o conteúdo é novamente muito semelhante à menção no *Comentário de Habacuc* quanto a um ataque de surpresa ou um estratagema realizado durante um Sabá, período de descanso,

---

J457. Josephus, L 246.

o que era contrário à Lei Judaica. No *Comentário de Habacuc*, o ataque foi realizado pelo sacerdote perverso contra o mestre da retidão, enquanto, na versão de Josephus, foi Josephus/Saulo quem atacou um homem chamado Jesus que, segundo ele, se tratava do "filho de Gamala", um dos personagens que já mencionamos. Jesus de Gamala era o governador da cidade de Tiberíades e o sumo sacerdote de Jerusalém. A sua posição e o fato de que possuía um "castelo" com um contingente de 600 homens sugerem que se tratasse de um homem de recursos influente na região. Seria ele o Mestre da Retidão indicado pelo *Comentário de Habacuc*? Novamente, a resposta só pode ser positiva, pois os fatos são consistentes demais para qualquer outra conclusão.

A Visão

Josephus havia ultrapassado seus limites, e as autoridades não estavam absolutamente satisfeitas com isso. De acordo com as obras de Josephus, Jesus – como governador de Tiberíades – congregou um tribunal no qual ele e a multidão interrogaram Josephus a respeito de sua conduta como governador da província. Jesus questionou Josephus especificamente sobre a sua apropriação indevida de artigos e tesouros roubados do palácio do rei:

> Ora, Jesus que era o governante... levantou-se e questionou-me (Josephus) a respeito dos artigos que foram retirados do palácio do rei quando fora incendiado, e da prata não cunhada...[J458]

Diante de uma oposição determinada e de uma ameaça à sua vida, Josephus conseguiu fugir. Foi por volta dessa época que teve a sua "visão na estrada para Damasco":

> Mas maravilhoso foi o sonho que tive essa mesma noite... parecia-me haver uma certa pessoa ao meu lado que me dizia: "Ó Josephus, pare de afligir a tua alma e deixe de lado todos os teus medos, pois o que te aflige agora te tornará muito importante...".[J459]

A título de comparação, a Bíblia diz de Saulo:

> (Saulo) caindo por terra, ouviu uma voz (de Jesus) que lhe dizia: Saulo, Saulo, por que me persegues?[B460]

Josephus diz que a sua visão fez com que se voltasse para os romanos. Se esse for o caso, sua visão deve ter sido de acontecimentos futuros porque ele então saqueou a cidade pró-Roma de Séforis e enfrentou solda-

---

J458. Josephus, 294.
J459. *Ibid.*, 208.
B460 Bíblia, Atos dos Apóstolos 9:4.

dos romanos em pequenos conflitos. Mas o coração de Josephus não estava realmente na luta contra os romanos e, finalmente, ele se rendeu na batalha de Jotapata. A visão, então, foi justificada e Josephus juntou-se às forças romanas. Após uma inglória carreira como colaborador – tentando convencer os defensores de Jerusalém a se render aos romanos –, ele, finalmente, retirou-se para Roma onde passou a escrever as suas diversas cartas, um destino que, novamente, lembra o de Saulo.[J461]

Provavelmente, muitos concordarão que Saulo e Josephus são a mesma pessoa. Entretanto, o problema com essa associação e com a subsequente ligação do Jesus no castelo com o Jesus bíblico é a época em que isso ocorreu. Esse episódio aconteceu durante o conflito que levou à Guerra Judaica, quando Felix e Pórcio Festo eram governadores da Judeia e, portanto, bem depois da "crucificação" do Jesus bíblico.

O motivo da rejeição dessa tese pelos historiadores clássicos, no passado, não é a falta de provas, mas o fato de que ela está em conflito com a Teologia tradicional. Jesus estava vivo e bem de saúde durante os anos 50-65 d.C. – ele sobreviveu à crucificação. De fato, Josephus está indicando aqui que alguns dos tradicionais acontecimentos associados à crucificação, tal como o açoitamento de Jesus e o seu monólogo de lamentação, ocorreram muito tempo depois – nos anos 60 d.C.

O Evangelista

Josephus/Saulo retirou-se para Roma para escrever livros e organizar o início de sua nova Igreja. Longas e desordenadas cartas foram escritas para os novos recrutas das principais cidades ao longo do Mediterrâneo, cartas que, alternadamente, bajulavam, castigavam, elogiavam e puniam seus seguidores. Elas envolviam todos os problemas de um administrador-chefe que procurava organizar comunidades enquanto se encontrava em outro país e que, provavelmente, só podia visitar seus subordinados uma vez a cada três ou quatro anos.

Quem eram essas pessoas impressionáveis que Saulo estava recrutando em sua nova Igreja Cristã? Quais eram suas origens, por qual motivo eles a aderiram e o que esperavam ganhar com essa associação? Só se pode descrever essa nova Igreja como tendo sido formada pela escória da sociedade. Saulo os descreve como pessoas ignorantes e fracas, dizendo ainda que se tratava de...

... impuros, idólatras, adúlteros, efeminados, devassos, ladrões, avarentos, bêbados, difamadores e assaltantes...[B462]

O Cristianismo teve início com a mais baixa ralé da sociedade e é bastante claro, a partir de suas cartas, que Saulo encontrava muita difi-

---

J461 Josephus, L 295.
B462. Bíblia, I Coríntios 6:9-11.

culdade com essas pessoas que se desviavam de seus ensinamentos assim que ele virava as costas.

Os coríntios, por exemplo, tinha a reputação de fornicar entre si mesmos e até com suas mães. Saulo estava preocupado e os repreendia de maneira resignada.[B463]

Então, por que se envolver em tantos problemas? Saulo alegou que levou muitas surras em sua busca por esse "novo evangelho"; então quais foram os seus motivos para continuar seguindo esse caminho e o que ele tinha a lucrar com isso? O fator poder já foi mencionado anteriormente neste capítulo. Saulo começou como um iniciado de segunda categoria na Igreja Nazarena e evoluiu para se tornar o líder de uma Igreja que se tornou muito mais poderosa. Ele deve ter-se deleitado com essa transformação e demonstrado desprezo pela posição da cambaleante Igreja Nazarena.

Entretanto, havia outro motivo para ele continuar lutando por essa nova religião, uma luta que o seu *alter ego*, Josephus, teria aprovado em razão de seu principal objetivo: lucro. Saulo deixou claro o que ele queria que suas congregações fizessem. Elas deveriam...

> No primeiro dia da semana, cada um de vós ponha de parte o que tiver podido poupar, para que não esperem a minha chegada para fazer as coletas. Quando chegar, enviarei, com uma carta, os que tiverdes escolhido para levar a Jerusalém a vossa oferta.[B464]

Saulo estava pedindo doações de seu rebanho e, obviamente, a nova Igreja cumpria os seus desejos. Também é evidente que ele não estava acima da fraqueza de tomar liberdades com essas doações para a Igreja. Entre essa instrução particular ao povo de Corinto e a seguinte, ele já tinha feito uma visita e coletado o seu dinheiro e queria visitá-los novamente, mas...

> Eu decidi, pois, comigo mesmo não tornar a visitar-vos, para não vos contristar; porque, se eu vos entristeço, como poderia esperar alegria daqueles que por mim foram entristecidos?[B465]

Está claro que a visita a Corinto não fora bem-sucedida. Então qual era o motivo de tanta tristeza durante a sua terceira visita?

> Eis que estou pronto a ir ter convosco pela terceira vez. Não vos serei oneroso, porque não busco os vossos bens, mas sim a vós mesmos. Com efeito, não são os filhos que devem entesourar para os pais, mas os pais para os filhos.[B466]

Com certeza, Saulo havia despojado os cristãos de Corinto de tudo o que possuíam durante a sua segunda visita e, por conseguinte, eles deviam

---

B463. Bíblia, I Coríntios 5:1.
B464. *Ibid.*, 16:2-3.
B465. Bíblia, II Coríntios 2:1-2.
B466. *Ibid.*, 12:14.

estar furiosos. Ele agora empreendia a rotina familiar de acalmar os nativos com algumas palavras paliativas e tranquilizadoras. Mas também é certeza que, tal como qualquer charlatão, assim que os ânimos se acalmassem, ele estaria de volta para buscar mais. Saulo tinha um ganso em cada cidade do Mediterrâneo que botava ovos de ouro para ele. Tudo o que ele tinha de fazer era viajar e colhê-los. O povo de Filipos era o próximo na lista:

> Já por duas vezes mandastes para Tessalônica o que me era necessário. Não é o donativo em si que eu procuro, e sim os lucros que vão aumentando a vosso crédito. Recebi tudo, e em abundância. Estou bem provido, depois que recebi de Epafrodito a vossa oferta.[B467]

Em troca dessa generosidade do povo de Filipos, Saulo estava disposto a conceder o seguinte favor:

> Em recompensa, o meu Deus há de prover magnificamente a todas as vossas necessidades, segundo a sua glória, em Jesus Cristo.[B468]

Observem como Saulo passou da posição evangélica para o papel de messias: agora, ele fazia tudo em nome de "seu deus". Se Saulo fosse transportado para a nossa época, ele apareceria nos Estados Unidos, no Canal 32, como um pregador evangélico salvando a humanidade do pecado. Ele estaria em um ambiente brilhante – a sua fronte marcada por uma falsa sinceridade e úmida de suor –, promovendo a virtude de "seu deus" para o povo da América. "Louvado seja o Senhor. Aceitamos Mastercard, Visa e American Express!"

A Igreja Nazarena não estava sendo apenas sufocada pelas névoas asfixiantes do Saulismo, mas também todo o Judaísmo estava diante da mesma ameaça. O Judaísmo era muito mais poderoso do que a Igreja Nazarena, mas se os dois tivessem juntado forças nesse momento, o Cristianismo seria um natimorto e Saulo morreria como um indigente. Mas isso não aconteceu. Durante 70 anos ou mais, as nuvens negras da tempestade juntavam-se sobre Jerusalém, e o consequente furacão estava para desencadear a sua fúria do céu para devastar grande parte do Judaísmo. A guerra civil judaica teria sido apenas um pequeno conflito no distante território oriental se não fosse por um simples motivo: o poderio de Roma. A disputa doméstica estava para se tornar um massacre.

Tal como o "insignificante" assassinato do arquiduque Ferdinando, herdeiro do trono austro-húngaro – o que precipitou a Primeira Guerra Mundial –, Roma temia que essa pequena chama se tornasse um inferno pavoroso que engolfaria todas as províncias orientais. Roma foi o catalisador que inflamou a disputa, mas Roma também se tornou o carrasco que destruiria Israel por quase 2 mil anos.

B467. Bíblia, Filipenses 4:16-18.
B468. *Ibid.*, 4:19.

Capítulo IX

A Queda de Jerusalém

Parte 1

O cerco de Jerusalém foi um acontecimento trágico e cruel e, de maneira geral, a culpa foi atribuída aos romanos. Mas esse não foi bem o caso. Nos anos 60-70 d.C., as políticas da região não eram mais estáveis do que nos dias de Herodes, o Grande; facção lutava contra facção, judeu contra judeu, irmão contra irmão. É bem evidente que os romanos estivessem satisfeitos pelo fato de Israel governar a si mesmo sob a autoridade de um governador imposto e enviado de Roma. Entretanto, esse conflito constante não estava somente desestabilizando essa região específica, mas tinha uma ação reflexa em todo o Mediterrâneo, com conflitos irrompendo até dentro das próprias populações da Diáspora judaica nas principais cidades da Europa e da Ásia Menor. Até na Síria havia levantes antissemitas no ano 66 d.C. Isso não podia continuar e cabeças tinham de rolar.

A Guerra Judaica é um acontecimento histórico conhecido e bem documentado. Os primeiros e principais tumultos ocorreram na cidade de Cesareia, em maio do ano 66 d.C. – os tumultos nos quais também Josephus/Saulo estava envolvido –, e, nesse mesmo ano, a guarnição romana foi expulsa de Jerusalém. Os comandantes regionais judeus, inclusive Jesus e Josephus/Saulo, foram designados pelas autoridades judaicas de Jerusalém para policiar a província. O general romano, Vespasiano, e o seu filho, Tito, chegaram em Israel no ano 67 d.C. com quatro legiões para restaurar a autoridade romana e para impor a lei e a ordem. As cidades de Jotapata, Tiberíades, Tariqueia e Gamala foram ocupadas pelos romanos naquele mesmo ano. Alguns dos líderes judeus queriam a paz com Roma – sabendo que nunca conseguiriam vencê-los – e, além disso, a presença romana proporcionava uma desejável medida de estabilidade em um território totalmente inconstante. Outros eram mais ousados e intermediavam imprudentemente nada menos que a independência de Roma. Com essa pressão, e provavelmente porque as escrituras também indicavam que um messias deveria aparecer, as várias facções judaicas começaram a lutar entre si em Jerusalém.

No ano seguinte, Nero César foi destronado em Roma e as hostilidades romanas em Israel pararam temporariamente até que um novo imperador fosse eleito e novas ordens fossem enviadas aos comandantes no campo. Nesse repentino vácuo de poder, a seita radical judaica dos edomitas[469] foi convocada para proteger Jerusalém das facções em luta. Infelizmente, eles iniciaram um grande massacre e o líder rebelde, Jesus [o Jesus bíblico], foi morto nessa batalha e Zacarias, seu bom amigo, também foi morto depois de um julgamento simulado.

Se Jerusalém estava agitada por intrigas políticas nessa época, Roma não estava em melhores condições. Para os romanos, esse período ficou conhecido como o ano dos quatro imperadores, após a morte prematura de três deles em uma rápida sequência: Galba, Otho e Vitelius. Roma estava à procura de um líder carismático que todos pudessem respeitar, e isso eles encontraram em Vespasiano, o comandante das campanhas em Israel. Com a sua volta para Roma para tratar de assuntos importantes, Vespasiano deixou o comando das legiões para o seu filho, Tito. Assim teve início o cerco de Jerusalém.[470]

Publicano

Essa é uma história resumida dos acontecimentos que levaram à queda de Jerusalém, mas em que época tudo isso ocorreu? Os textos históricos são inflexíveis e as datas mencionadas no registro são indubitavelmente corretas. Entretanto, já percorremos alguns desses eventos e, como seguramente eles envolvem a disputa entre Saulo e Jesus, é óbvio que as datas bíblicas e históricas não são compatíveis. Já se apresentaram os argumentos de que Saulo era Josephus, o historiador. Mas essa associação apresenta dificuldades consideráveis. Pelo seu próprio registro – que concorda bem com outros textos históricos –, Josephus foi nomeado comandante da Galileia por volta do ano 60 d.C. e começou a causar ao líder rebelde desse local, Jesus, contínuos problemas na província. Nos textos equivalentes da Bíblia, Saulo estava perseguindo Jesus (o Jesus "ressuscitado") e os nazarenos da área da Galileia. Contudo, esses acontecimentos são tradicionalmente fixados por volta dos anos 35-45 d.C. Mas se Saulo e Josephus eram a mesma pessoa, qual a data real desses acontecimentos?

---
469. Os edomitas pertenciam a uma seita judaica do sul de Israel, a tribo da qual a família de Herodes, o Grande, surgiu.
470. *Josephus* GJ, Penguin Classics, fim da sinopse.

Se a conexão de Josephus for correta, então alguns dos textos bíblicos devem estar retratando os acontecimentos que levaram ao cerco de Jerusalém, uma data bem posterior à normalmente presumida. A questão, portanto, é se existe qualquer outro indício que indique um período posterior para essas ocorrências bíblicas. Surpreendentemente, existe sim. A Bíblia menciona que os seguintes eventos ocorreram depois que Jesus entrou em Jerusalém durante o festival da Páscoa, mas antes da Última Ceia. Tradicionalmente, considera-se que isso ocorreu apenas alguns dias antes da crucificação de Jesus, por volta dos anos 30-35 d.C. Jesus deu vários avisos aos seus oponentes, que presumidamente pertenciam à seita dos fariseus, de Jerusalém:

> Ai de vós, escribas e fariseus hipócritas! Vós fechais aos homens o Reino dos céus... Vede, eu vos envio profetas, sábios, doutores. Matareis e crucificareis uns e açoitareis outros nas vossas sinagogas. Persegui-los-eis de cidade em cidade...
>
> Jerusalém, Jerusalém, que matas os profetas e apedrejas aqueles que te são enviados! Quantas vezes eu quis reunir teus filhos, como a galinha reúne seus pintinhos debaixo de suas asas... e tu não quiseste![B471]

Na história paralela de Josephus (Saulo) há uma concordância surpreendente com esse sentimento. O Jesus mencionado nesses textos, que eu identifiquei com o Jesus bíblico, é Jesus Safias de Gamala, o candidato à sucessão do sumo sacerdote Ananus. Nessa versão histórica, Jesus dirigia-se à seita edomita que estava trancada fora dos portões da cidade de Jerusalém:

> Ó edomitas que aqui viestes... para apoiar o mais vil dos homens contra nós... que prendestes homens de grande eminência e sob nenhuma acusação... e os torturastes prendendo-os em correntes... eles as destruíram... Agora eles triunfam na desesperada condição em que se encontram, quando ouvem que um povo luta contra outro povo, e uma cidade contra outra cidade... Abaixai vossas armas e entrai em Jerusalém sabendo que somos aparentados... Vamos juntar-nos (as duas facções), nós dois, e que ninguém insulte nossas calamidades e nem tampouco confabule com esses conspiradores contra Jerusalém.[J472]

Existe uma surpreendente semelhança nessas afirmações e, agora, está claro por que Jesus lamentava a cidade de Jerusalém. Essa não era a relativa paz dos anos 30-35 d.C., mas o turbulento período do ano 68 d.C. e o início do cerco de Jerusalém. Na Bíblia, Jesus continua o seu lamento:

B471. Bíblia, Mateus 23:13, 23:37.
J472. Josephus, GJ 4:259-263.

> Para que caia sobre vós todos o sangue inocente derramado sobre a terra... de <u>Zacarias, filho de Baraquias</u>, a quem matastes entre o templo e o altar.[B473]

De uma forma semelhante, Josephus (Saulo) continuou:

> E agora os zelotes e os edomitas estavam cansados de matar homens e, assim, estabeleceram tribunais... e eles tinham a intenção de fazer com que <u>Zacarias, filho de Baruch</u>, um dos mais eminentes cidadãos, fosse morto... ele também era um <u>homem rico</u>, de maneira que, com ele fora do caminho, eles não somente poderiam apossar-se de seus bens, como também eliminar um homem de grande poder... a fim de destruí-los.[J474]

Obviamente, os textos são os mesmos. Considerando-se o tempo que se passou e o número de escribas e tradutores pelos quais os textos de Josephus e da Bíblia passaram, as expressões e os personagens permaneceram notavelmente inalterados. Zacarias, filho de Baraquias, deve ser o mesmo Zacarias, filho de Baruch. Eles têm o mesmo nome e circunstâncias idênticas, e até mesmo o local onde o homem morreu é semelhante nos dois textos.

Zacarias estava passando por um julgamento encenado pelos zelotes, liderado por Simão e julgado pelos sumos sacerdotes. Esse acontecimento ocorreu no pátio do templo. Entretanto, os sacerdotes não tinham medo dos zelotes e inocentaram Zacarias de qualquer malfeito. Enraivecidos, dois dos zelotes pularam em cima de Zacarias "no meio do templo" e mataram-no. De acordo com a Bíblia, Zacarias morreu "entre o templo e o altar".

Parte 2

Depois da queda de Jotapata, Josephus/Saulo refugiou-se em um esconderijo bem preparado, com um estoque adequado de alimento. Nesse esconderijo havia 40 pessoas, mas uma mulher do grupo foi capturada pelos romanos, aos quais acabou revelando o local onde se situava o refúgio. Os romanos queriam Josephus/Saulo vivo, pois pensavam que ele lhes seria de grande utilidade. Josephus/Saulo decidiu render-se e tornar-se traidor usando a patética justificativa de que...

> ... eu protesto abertamente que não estou passando para o lado romano como um desertor dos judeus, mas como um ministro de (Deus).[J475]

Mas havia um pequeno obstáculo a esse plano: os outros refugiados não queriam que Josephus/Saulo fosse embora, ao contrário, eles queriam

---

B473. Bíblia, Mateus 23:35.
J474. Josephus, GJ 4:334.
J475. Josephus, GJ 3:354.

matá-lo como traidor. Josephus/Saulo apresentou um prolongado monólogo debatendo os méritos de sua rendição, mas os homens não se impressionaram. Ele então propôs que se tirasse a sorte para ver quem mataria quem a caminho para o martírio. Eles concordaram e, um por um, todos os componentes do refúgio foram mortos pelos próprios companheiros. Por uma estranha coincidência, coube a Josephus/Saulo tirar a sorte por último e, assim, ele se entregou aos romanos. É de se suspeitar que esse resultado tenha sido um típico truque de Josephus e o curioso é que a versão russa do livro *A Guerra Judaica* afirme que isso realmente se passou dessa forma. Josephus até se permitiu sorrir a respeito da desgraça de seus infortunados companheiros.

Os romanos juntaram-se para ver Josephus/Saulo e cercaram o prisioneiro e o seu general, Vespasiano. Alguns dos romanos até aplaudiram o feito, o que enfatiza a posição social que ele tinha na Judeia. Mas também houve quem quisesse vê-lo morto, pois, afinal, ele era o comandante das forças judaicas que infligira muitas perdas aos romanos. Josephus/Saulo percebeu a mudança de humor e decidiu que somente uma demonstração de bravura militar poderia redimir a sua situação:

> Ó Vespasiano, vós que sois César e Imperador, vós e este vosso filho, amarrai-me de maneira ainda mais apertada e fazeis de mim o vosso servo, pois vós, ó César, sois não somente o meu Senhor, como sois também Senhor da terra e do mar, e de toda a humanidade.[J476]

Nessa época Nero era o imperador de Roma, e não Vespasiano. Josephus/Saulo estava apenas se permitindo um ato de adulação para salvar a sua pele mais uma vez, predizendo que Vespasiano se tornaria imperador. O estratagema funcionou. Josephus/Saulo foi designado para ser o adivinho, tradutor e propagandista pessoal de Vespasiano. Ele tornou-se uma versão anterior de "*lord* Haw-Haw", ou William Joyce, um americano-irlandês que se tornou traidor a favor da Alemanha nazista e que divulgava propaganda nazista para a Inglaterra durante a Segunda Guerra Mundial. Mas aqui a analogia cessa. Depois da Segunda Guerra Mundial, *Lord* Haw-Haw foi julgado e executado por crimes de guerra, enquanto Josephus/Saulo teve a felicidade de possuir um apartamento luxuoso em Roma e de fundar uma nova religião: o Cristianismo.

Depois da queda de Jotapata, Vespasiano levou o seu exército de volta para a costa, para Cesareia (Torre de Strato). Cesareia era em grande parte de propriedade grega e abriu suas portas para Vespasiano como a um libertador. Mas a cidade era pequena demais para abrigar todo o exército. Assim, duas legiões foram enviadas para Citópolis, ao sul do Mar da Galileia. A cidade de Jope, ao sul de Cesareia, estava sendo um estorvo para Vespasiano, e uma pequena força militar foi enviada para o sul. Os

---

J476. Josephus, GJ 3:401.

habitantes de Jope amedrontaram-se e fugiram com seus barcos em busca de segurança, mas uma tempestade os surpreendeu e seus barcos foram arremessados contra os rochedos e, assim, outra cidade caiu nas mãos dos romanos. Tito, o filho de Vespasiano, era comandante das duas legiões de Citópolis e, agora, levava a sua força ao norte e leste do Mar da Galileia para atacar Tiberíades. Ele encontrou-se com Vespasiano, com cujas forças formaram, ao todo, três legiões. (Nas descrições seguintes, escritas por Josephus, os números de combatentes e de baixas devem ser divididos por dez para poder se chegar a quantidades razoáveis.)

Um comandante de nome Valeriano foi enviado com um destacamento de 50 cavaleiros para dialogar com os habitantes da cidade de Tiberíades, a fim de tentar obter o seu apoio. Foi nesse momento que Jesus [o bíblico] e alguns de seus homens os atacaram, capturando todos os cavalos, e Valeriano foi obrigado a retirar-se a pé.[J477] Alguns anciãos da cidade não ficaram impressionados com essa ação; isso certamente provocaria a fúria das legiões romanas. Muitos deles, inclusive Agripa, o simbólico rei dos judeus, saíram da cidade e foram ao campo romano para pedir que a cidade fosse poupada e que punissem Jesus e seus companheiros. Percebendo que a opinião pública estava contra ele, Jesus e seus homens decidiram partir para Tariqueia, uma pequena cidade ao sul de Tiberíades. Logo depois, Vespasiano dirigiu-se para Tiberíades, onde os cidadãos lhe abriram as portas, receberam-no e "o acolheram com aclamações de alegria".

As legiões não demoraram para ir contra Jesus em Tariqueia; cercaram a cidade e construíram torres de onde podiam atacar as defesas. Embora Jesus estivesse confiante de sua posição, barcos foram preparados no pequeno porto em caso de retirada apressada. Nesse meio tempo, os seus homens realizaram uma série de investidas fora da cidade, dispersando os guardas e os construtores romanos. Mas durante uma das investidas, eles foram surpreendidos pelos romanos, e um grande número de seguidores de Jesus foi apanhado em campo aberto e massacrado pela cavalaria. O que sobrou das forças rebeldes recuou para a cidade. Mas, agora, a população estava amedrontada, e surgiram muitas disputas entre aqueles que queriam continuar lutando e os que preferiam se render. Aproveitando da confusão na cidade, os romanos escalaram os muros e caíram sobre os defensores. A batalha resultou na derrota da cidade e Jesus foi forçado a fugir para o campo. Outros foram para os barcos, para "se afastar ao máximo do inimigo".[J478] Vespasiano saiu ao encalço deles com seus próprios barcos e acabou incendiando todos os barcos com seus arqueiros, que arremetiam flechas em chamas.

J477. Josephus, GJ 3:450.
J478. *Ibid.*, GJ 3:502.

Como castigo por resistir ao poderio de Roma, os velhos e os enfermos da cidade, totalizando cerca de mil, foram despachados na arena do estádio. Quase 6 mil jovens foram levados a Nero como escravos para um projeto de construção, e os restantes, cerca de 30 mil habitantes, foram entregues a Agripa como escravos. Apesar da grande perda, o povo de Gamala também decidiu resistir ao avanço romano. O cerco de Gamala durou até o 22º dia de Hyperberetaeus (outubro), quando os romanos conseguiram derrubar uma torre do muro externo, que caiu com grande estrondo. Os romanos surgiram pela brecha e massacraram os habitantes, mas muitos morreram ao se jogar dos muros em desespero. A última cidade da Galileia a resistir aos romanos foi Gischala, ao norte. Foi João de Gischala quem convenceu os cidadãos a fechar suas portas. Mas ao ver o avanço romano, eles mudaram de opinião e convenceram-no a fugir. Ele assim o fez com os seus seguidores, infiltrando-se por meio das linhas romanas em uma noite escura com 6 mil homens e mulheres, e fugiram para Jerusalém. Toda a Galileia estava agora nas mãos dos romanos.

Jerusalém

A cidade era uma tremenda fortaleza construída no topo de duas colinas com grande parte de seu perímetro protegido por barrancos fundos e paredes espessas megalíticas. Nos lugares onde o terreno era mais suave, as fortificações haviam sido aumentadas para incluir três muros, cada um separando áreas da cidade. Para as legiões romanas, isso não seria o mesmo que atacar as pequenas cidades da Galileia. Não poderia haver um assalto repentino a essa fortaleza, de maneira que o preparo das forças de Tito e da área foi lento e metódico. Como era frequentemente o caso com esses cercos, a grande arma era o impedimento da entrada de provisões na cidade e a consequente fome da população.

Antes que as legiões romanas chegassem aos grandes muros de Jerusalém, a cidade já fervilhava com divisões internas. Os zelotes tentavam expulsar os altos sacerdotes do templo e instalar os seus próprios religiosos. Ananus, Jesus [o bíblico] e os chefes dos altos sacerdotes foram obrigados a organizar os homens da cidade para defender o pátio do Templo, e uma grande luta irrompeu ao redor dele.[J479] João, que recentemente fugira de Gischala, aconselhou Ananus sobre a distribuição de seus homens e, de acordo com as políticas da época, à noite, ele comunicou os planos aos zelotes. Era difícil saber quem era amigo ou inimigo no terreno duvidoso das alianças dentro desse conflito. João disse aos zelotes que Ananus havia enviado emissários a Vespasiano com um convite para que os romanos entrassem na cidade e restaurassem a ordem. Os zelotes ficaram muito

---

J479. Josephus, GJ 4:160.

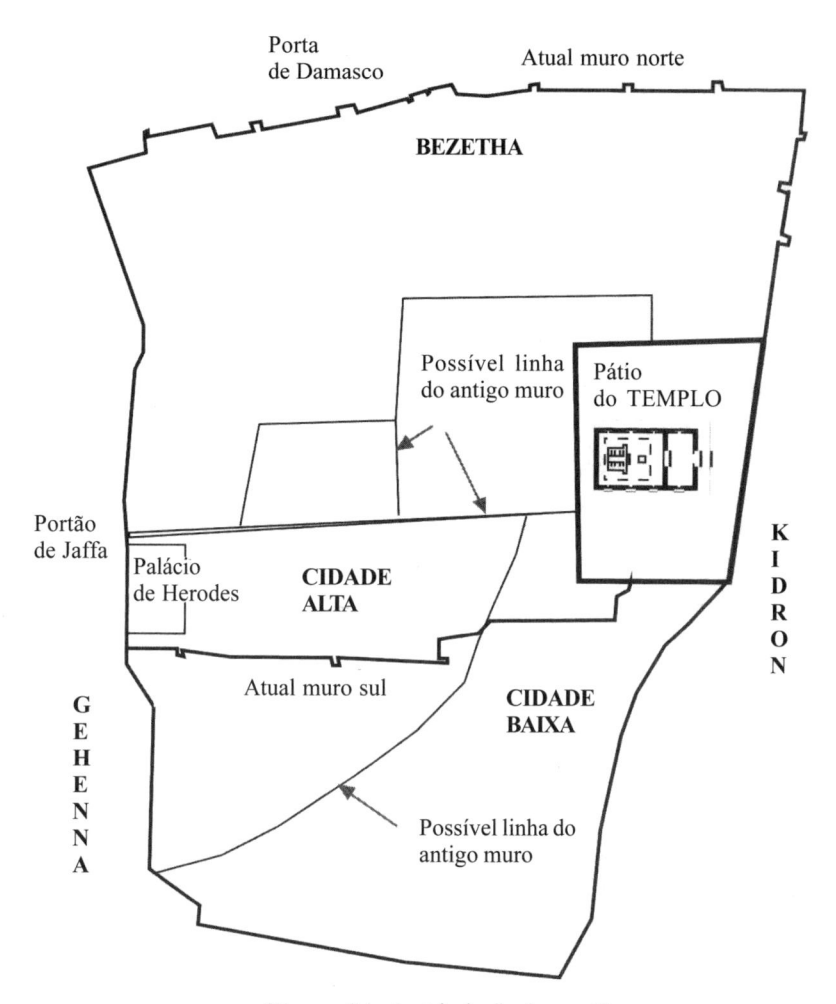

Figura 24. A cidade de Jerusalém

contrariados e enviaram um mensageiro aos edomitas pedindo ajuda.[J480] Como o mensageiro chamava-se Ananus e, como esse nome era, na realidade, um título sacerdotal, isso indica que ele também era um alto sacerdote.

Os edomitas chegaram às portas de Jerusalém com 20 mil homens armados, supostamente para proteger a cidade. Seu avanço foi percebido e as portas da cidade foram fechadas imediatamente. Jesus Safias-Gamala [o Jesus bíblico] fez um discurso aos soldados edomitas dos muros da cidade, declarando que eles não haviam chamado os romanos, pois Jesus era

---

J480. Josephus, GJ 4:232.

contra a ocupação romana. Ele também observou que eram os zelotes que estavam poluindo os pátios do templo com o sangue de suas vítimas, e não os romanos. Mas esse apelo não impressionou os edomitas que acamparam fora da cidade planejando um assalto. Durante uma tempestade, Jesus não estava suficientemente atento para fazer com que seus homens vigiassem os muros. Aproveitando essa oportunidade, os zelotes da cidade conspiraram para deixar entrar os edomitas por uma porta lateral. Uma vez dentro da cidade e junto com os zelotes, eles caíram sobre os guardas do templo e os massacraram.

Mas os edomitas "não estavam satisfeitos com esse único massacre" no pátio do templo e atacaram a própria cidade de Jerusalém, matando as pessoas e jogando os corpos sem sequer enterrá-los. Esse assassinato em massa foi seletivo, pois o principal objetivo dos zelotes e dos edomitas era o aprisionamento dos sacerdotes e das tradicionais autoridades. O tratamento e a tortura desses desafortunados faziam com que pedissem aos seus captores que os matassem. Foi nesse momento que Zacarias foi julgado pelos altos sacerdotes que acabaram por inocentá-lo. Então, os zelotes o assassinaram e surraram os sacerdotes que o haviam julgado. Nesse assalto à cidade quase 8 mil pessoas morreram, inclusive Ananus e Jesus de Gamala [o Jesus bíblico].

Cansados dessa matança, os edomitas sofreram uma mudança de sentimentos e exigiram que os zelotes provassem que Ananus e Jesus haviam conspirado para convidar os romanos a entrar na cidade. Não havendo indício sobre o avanço dos romanos, eles libertaram os prisioneiros remanescentes e abandonaram a cidade que, então, ficou sob o controle dos zelotes que deram prosseguimento ao que os edomitas haviam iniciado. Eles prenderam outros cidadãos eminentes e executaram-nos.

Nesse meio tempo, Vespasiano estava esperando que o conflito de poder em Roma, pela posição de imperador, chegasse a uma conclusão e pelas suas ordens de como proceder. Entretanto, ao saber do conflito em Jerusalém, enquanto estava descansando em Alexandria, ele ficou entusiasmado, dizendo que deus estava novamente do lado dos romanos.

Com os romanos inativos, novas disputas surgiram em Edom, ao sul de Jerusalém. Um homem chamado Simão de Gerasa levou o seu bando para Edom e dispersou a população, vencendo uma grande batalha. Em Jerusalém, João de Gischala ainda estava causando confusão dentro da cidade. Assim, permitiu-se a Simão de Gerasa e aos seus homens entrar na cidade para ajudar na luta contra João. Mas a situação deteriorou-se ainda mais com três facções dentro dos sufocantes limites dessa pequena cidade e todas lutando entre si.

Em Roma, os imperadores Galba e Otho haviam sido depostos e o novo imperador, Vitélio, estava tentando consolidar a sua posição. Uma luta de poder irrompeu e logo as legiões de Roma se alinhavam para lutar entre si no Egito e na Ásia Menor. Foi Vitélio quem perdeu nesse conflito. O general Antônio enfrentou o exército do imperador na própria Roma e o derrotou. Depois de oito meses de governo, Vitélio foi decapitado. A pedido do povo, Vespasiano foi, então, proclamado o novo César em Alexandria. Ele queria voltar para Roma o quanto antes para consolidar a posição de imperador e despachou seu filho Tito para a Palestina para tratar de Jerusalém novamente. Tito levou seu exército de volta pelo deserto para a cidade dividida de Jerusalém e acampou não longe dali.

O Cerco

Agora, o cerco de Jerusalém começava de fato. Catapultas com capacidade de arremessar grandes pedras e piche em chama foram erigidas um pouco fora do alcance dos arqueiros defensores. Também foram construídas torres altas o suficiente para que os atacantes atirassem suas flechas sobre os defensores a fim de deixar os muros livres para os engenheiros tentar abrir brechas. As torres eram construções elaboradas e recobertas com peles de ferro para evitar que fossem incendiadas por flechas ardentes, mas uma torre desabou sozinha com um estrondo que alarmou todo o campo romano. Por meio desse trabalho lento e metódico, uma brecha foi aberta no primeiro muro e, agora, os romanos tinham acesso a uma seção interna do muro. O trabalho no segundo muro era mais perigoso, pois os romanos estavam cercados de defensores inimigos enquanto trabalhavam.

O segundo muro foi vencido cinco dias mais tarde, e mil soldados da infantaria romana começaram a invadir a cidade, mas as ruas onde eram obrigados a lutar eram estreitas e a milícia local conhecia a disposição do lugar melhor do que eles. O avanço foi detido, e os romanos acabaram forçados a se retirar. Depois desse revés, Tito fez uma avaliação e Josephus/Saulo foi enviado aos judeus para convencê-los a se render. Josephus/Saulo falou à população da fragilidade de sua posição, falta de alimento e do invencível poderio romano. Ele lhes ofereceu a segurança e a proteção dos romanos, mas, por outro lado, se a cidade fosse tomada à força, ninguém seria poupado. A previsível resposta foi uma saraivada de flechas e injúrias dos defensores da cidade.

Na verdade, a situação de Jerusalém era grave, e muitos cidadãos começaram a sair pelas portas laterais para se render aos romanos. Como sinal de boa vontade, os romanos deixaram livres essas pessoas a fim de incentivar um maior número a desertar. Para evitar que esse fluxo se tornasse avalanche, João e Simão ficaram vigiando as portas e degolavam os que tentavam escapar. Além disso, seus homens percorreram a cidade em busca de alimento. Se alguma comida fosse encontrada em uma casa onde o dono tentara negá-la, os ocupantes eram cruelmente torturados com estacas cravadas no reto.[J481]

J481. Josephus, GJ 5:435.

Tito descobriu que os cidadãos de Jerusalém realizavam saídas noturnas em busca de migalhas de alimento. Ele crucificou todos aqueles que pôde encontrar e começou a selar a cidade, construindo um muro em volta de toda a sua circunferência. Essa construção, incluindo as barragens para o cerco, foi um empreendimento fantástico, mas os seus homens ainda assim trabalhavam incansavelmente para alcançar o objetivo e cada unidade procurava fazer o melhor possível. Por fim, a fome na cidade piorou e muitos dos menos afortunados fizeram tentativas desesperadas para sair da cidade, alguns tomando a precaução de engolir ouro antes de sair e, assim, poder começar uma vida nova. Quando certos romanos ficaram sabendo disso, eles começaram a dissecar os refugiados vivos, procurando ouro em seus estômagos. As pessoas que permaneceram na cidade não estavam em melhores condições, pois acabavam morrendo de fome ou eram torturadas pelos homens de Simão e de João, e seus corpos empilhados fora dos muros da cidade.

Em seu ápice, a fome era tão grave que os homens ficaram sujeitos a comer velhas pilhas de estrume do mercado de gado, e uma mulher desesperada foi encontrada comendo seu próprio filho. O cerco era implacável, e os romanos ainda pressionavam do lado de fora com enormes aríetes tentando derrubar os muros. Parecia que todo esse trabalho não estava dando resultado, e as tropas estavam desmoralizadas. Mas, de repente, uma seção cedeu e o caminho ficou aberto para um assalto.

No início, houve um impasse, pois a brecha estava bem defendida, e ninguém ousava ser o primeiro a passar. Finalmente, 12 bravos soldados de infantaria decidiram entrar pela brecha e, apesar de conseguir entrar na cidade, eles foram atingidos por mísseis de pedra e flechas, e acabaram sucumbindo. Depois de dois dias, alguns soldados se infiltraram na brecha à noite, escalaram o muro interno, mataram os guardas adormecidos e tocaram suas trombetas como sinal. Então, os romanos apareceram na entrada e iniciou-se uma grande batalha que acabou sendo vencida pelos romanos. Finalmente, essa parte da cidade estava dominada.

Os grandes aríetes foram agora levados para tentar derrubar o muro interno, mas as pedras haviam sido tão bem dispostas que os golpes eram de quase nenhum efeito. Pequenos embates continuaram nos arredores da parte conquistada da cidade e em um desses confrontos, o grande Templo de Herodes foi totalmente arrasado pelo fogo. Logo depois, os romanos construíram grandes estrados para que os aríetes pudessem atingir as partes mais vulneráveis dos muros. Dessa vez, quando conseguiram uma brecha, os defensores foram dominados pelo medo e abandonaram seus postos. Os romanos aproveitaram-se desse momento e ocuparam grandes seções do muro. Assim que a derrota se fez sentir, os defensores também abandonaram as três torres principais do muro. Os romanos não podiam acreditar nesse golpe de sorte, pois essas seções do muro eram praticamente impregnáveis. Finalmente, a insígnia romana foi hasteada nas torres e a cidade se rendeu.

Ordem Interna

A maioria dos judeus rebeldes foi presa e morta, quanto ao resto da população, seu destino dependeu do estado físico. Os que ainda estavam em boas condições de saúde foram para as minas egípcias ou para as arenas dos gladiadores para efeito de entretenimento. Os mais jovens foram enviados como escravos pessoais para os romanos da classe alta. Josephus estima os números envolvidos no cerco de Jerusalém ao redor de 1,1 milhão de mortos e 97 mil presos como escravos, números que, como de costume, devem ser postos em dúvida. Josephus disse que eram altos porque os romanos cercaram a cidade durante o festival da Páscoa e todos os peregrinos dos distritos vizinhos estavam em Jerusalém para a maior celebração do ano. Josephus estima que havia perto de 2,5 milhões de pessoas na cidade antes do cerco e, portanto, o número de escravos era pequeno em comparação ao de pessoas que sobreviveram.

Assim, há uma nova fusão entre essas histórias. Apesar dos sumos sacerdotes Jesus de Gamala [o Jesus bíblico] e Ananus terem morrido defendendo o templo antes do cerco final dos romanos, parece que o avanço sobre a cidade foi na véspera do festival da Páscoa, prendendo nela os milhares de visitantes. A analogia é óbvia, pois a Última Ceia bíblica também era a ceia da Páscoa praticada em toda a Jerusalém.

O exército romano ainda tinha de resolver o problema da fortaleza de Masada que estava nas mãos dos zelotes sicários. Ela se localizava na remota costa do Mar Morto, na qual se encontravam alguns milhares de rebeldes. O fanatismo dessas pessoas era tão grande que se considerou necessário capturar a cidadela e evitar que eles provocassem outra revolta. O cerco foi outro empreendimento trabalhoso, com a construção de grandes rampas e torres de pedra para permitir a ação dos aríetes contra os muros. Finalmente, quando os romanos conseguiram atingir seu objetivo, a cidadela foi acometida de um silêncio total. Com certo receio, alguns soldados entraram pela brecha para descobrir que os 960 defensores haviam se suicidado com suas próprias espadas. Para a continuidade da linhagem, somente duas mulheres e cinco crianças foram encontradas vivas, escondidas nos porões.

Os sicários que conseguiram sobreviver fugiram da Judeia para Alexandria, no Egito. Os sicários eram obviamente um subgrupo da Igreja Nazarena porque o lugar onde se refugiaram foi Heliópolis, o ariano (ora pisciano) templo de Onias. O imperador transmitiu uma ordem a Lupus, o governador de Alexandria, e os romanos fecharam e demoliram o templo de Heliópolis.[J482] Os sicários foram então perseguidos até Tebas, no Alto Egito, onde 600 foram capturados. Eles foram devolvidos a Alexandria e queimados.

J482. Josephus, GJ 7:421.

Foi provavelmente nesse momento, quando da destruição do templo de Heliópolis, que os últimos sacerdotes que possuíam o conhecimento da antiga religião do Egito foram silenciados. A longa e ilustre história da Teologia egípcia havia chegado ao fim nessa terra. Entretanto, esse conhecimento não seria totalmente extinto, pois todo esse tumulto na região havia, inadvertidamente, produzido um efeito colateral positivo. Ondas e ondas de imigrantes foram forçadas a fugir do Egito e de Israel durante milênios, espalhando-se ao longo da costa mediterrânea e estabelecendo-se em terras distantes. Eles levaram suas próprias e individuais religiões ariana/pisciana, cada onda carregando a distinta versão de suas crenças, dependendo da região e da época de sua origem. Nessas terras distantes, os princípios individuais dessa Teologia deixaram sinais, frequentemente uma marca própria dessa região. É a partir dessas crenças locais que as áreas para as quais as pessoas fugiram e se refugiaram podem ser rastreadas. De fato, o vestígio moderno dessas crenças cosmológicas egípcias também pode ser rastreado – pois elas não foram totalmente extintas.

Capítulo X

Legado

O final da Segunda Guerra Mundial foi testemunha de um grande movimento na Europa, mas essa forma de migração em massa aconteceu muitas vezes antes. Na longa história do Egito, está claro que houve muitos êxodos forçados dessa terra histórica por causa de disputas religiosas e de intolerância, as quais foram exploradas neste livro. Membros da população, importantes ou não, podem ter se mudado para a região do Mediterrâneo durante as diversas crises que atingiram o Egito. Tal como os padres peregrinos, quando realizaram sua perigosa jornada para a América em 1620 d.C., eles teriam esquecido tudo e arriscado suas próprias vidas a fim de fugir da perseguição religiosa em sua pátria.

Não era mais possível chamar essas pessoas de arianas, pois as constelações haviam mudado e Peixes era o Ascendente. Talvez o termo "povo das estrelas" com seus sacerdotes-astrólogos seria bem mais apropriado. Qualquer que fosse o nome, havia muito incentivo para que essas pessoas do Egito e de Israel se espalhassem ao longo do Mediterrâneo: por exemplo, durante o êxodo de Jacó, no século XVII a.C., e, novamente, no posterior êxodo de [Tut]Moisés, no século XIV a.C., parte da população teria seguido pelo Mediterrâneo em vez de enfrentar as dificuldades da travessia do Deserto de Negev.

Mais de 700 anos depois, os descendentes dessas pessoas teriam enfrentado, mais ou menos, a mesma escolha e, sem dúvida, algumas delas fugiram à medida que os babilônios avançavam sobre Jerusalém pelo nordeste; outras ainda teriam fugido quando os romanos iniciaram sua grande e devastadora campanha. Sem dúvida, o povo estelar (Estelares) colonizou outras áreas costeiras do Mediterrâneo, mas devemos perguntar: Para onde foram? Suas migrações ainda podem ser rastreadas nos registros históricos?

Os arqueólogos clássicos concordam que antigas migrações ocorreram em épocas pré-históricas, embora elas tendam a ser um tanto duvidosas quanto às datas e aos países envolvidos. A opinião geral é a de que as emigrações e as influências espalharam-se a partir do Leste Próximo, da Pérsia e do Egito, pelo Vale do Danúbio e também, para o Ocidente, por meio da costa do Mediterrâneo. Isso pode referir-se a pequenos grupos de pessoas – comboios de apenas três ou quatro embarcações em busca de novas terras e da liberdade para praticar sua religião sem perseguição – ou migrações em massa de tribos inteiras. De qualquer forma, eles provavelmente fugiram dos tumultos estabelecidos no Sul do Europa e, assim, preferiram localidades mais afastadas onde poderiam ser de grande influência entre as pequenas e simples populações nativas.

Um dos lugares onde pessoas do leste se instalaram foram as Ilhas Baleáricas de Maiorca e de Minorca, perto da costa da Espanha, onde parecem ter estabelecido pequenas comunidades. Se essas pessoas foram realmente peregrinos estelares, é bem possível que essa colonização tenha sido realizada em duas ondas, com o primeiro êxodo jacobita estabelecendo-se somente em Minorca. Nessa ilha isolada, a população começou erigindo estranhas "mesas" megalíticas ou *taules* formadas de uma única pedra vertical e outra horizontal no topo, formando um "T".

Apesar de ter viajado várias vezes para Maiorca e visto cartões-postais das pedras, nunca me foi possível visitá-las. Felizmente, um leitor de *Thoth,* Stephen Johnson, havia realizado um *tour* aos sítios e gentilmente me indicou um *website* que apresentava informações a respeito da história dessas estranhas pedras. Com essas informações, ficou evidente que, apesar de alguns desses artefatos neolíticos serem comuns para as pessoas das Ilhas Baleáricas, essa *taule* específica se encontra somente em Minorca. Daí a sugestão de que a primeira imigração se estabeleceu unicamente nessa ilha. Essas mesas megalíticas possuem altura de 4 metros e foram construídas em um encaixe "macho-fêmea", assim como são encontradas no monumento de Stonehenge, na Inglaterra. Sua função é desconhecida; alguns sugeriram que se tratava da peça central de uma casa, mas a explicação mais apropriada provavelmente envolve uma função religiosa. Cada *taule* parece ter sido situada em meio a pedras verticais em forma de ferradura, com uma abertura no sul, e muitas se encontram em colinas isoladas. Outras pessoas sugeriram que sacrifícios humanos fossem realizados em cima da grande mesa, mas essa é uma sugestão pouco provável.

Como alternativa, o arqueólogo espanhol, J. Mascaro Pasarius, sugeriu que eram imagens de um touro com a pedra no topo representando os grandes chifres desse animal sagrado.[483] Isso é possível, pois as pedras verticais parecem ser a "espinha" de suas costas, como se fossem desenhadas para simbolizar representações de um animal. Além disso, o nome *taule* baseia-se na letra semita e grega de "T", o Tau, e essa é uma boa

---

483. *Minorca,* David Taylor. Devon: David & Charles, 1975, p. 42.

ligação com Taurus, o touro. Entretanto, pode haver aqui um problema com a tradução, pois o símbolo de Touro tem chifres altos e não horizontais, e o nome *taule* é uma tradução moderna baseada na forma específica das pedras. Esse cenário também indicaria que os que fizeram as *taules* eram, possivelmente, taurinos do Alto Egito ligados ao culto influente do touro da Creta Minoana. Se o elo egípcio deve ser levado em conta seriamente, isso não parece provável. As datas arqueológicas sugeridas para essas estruturas giram em torno do final da Idade do Bronze, cerca de 1500 a 1300 a.C., e os taurinos, nessa época, não estavam sofrendo pressão alguma, exceto por uma breve perseguição do faraó Akhenaton. Portanto, a possibilidade de uma migração taurina é mínima.

Então, seriam elas construções taurinas? Que indícios temos de que esses povos baleáricos têm origem no Egito? Existem muitas razões para esse tipo de especulação. A Arqueologia clássica pressupõe que essas pessoas viessem inicialmente do leste e a presença de tumbas em forma de barcos cuidadosamente feitas, chamadas *navetas,* parece confirmar que esses migrantes vieram do outro lado do mar. A conexão egípcia é ainda confirmada pela descoberta de uma estátua do lendário arquiteto egípcio, Imhotep,[484] em uma das *taules,* a "Torre d'en Gaumes". Além disso, muitas das *taules* são associadas aos salões de pilares, vestígios equivalentes aos imponentes salões de hipostilos que fazem parte dos templos do Egito.

Se essas pessoas tinham influências egípcias, mas provavelmente não eram taurinas, seriam elas então exilados jacobitas ou arianos de Akhenaton do Baixo Egito? As *taules* podem ser similares à nossa representação ocidental de um touro, mas essa não era necessariamente a imagem que um antigo egípcio teria dele. Tal como o símbolo astrológico de Touro, a imagem egípcia do touro tinha chifres altos, e isso é confirmado pelo hieróglifo para touro, que apresenta um conjunto quase vertical de chifres. Esse hieróglifo foi reduzido na posterior escrita cursiva egípcia para a forma de um "Y", mas certamente manteve a imagem vertical dos chifres do touro. Para os egípcios, as *taules* de Minorca seriam representações pobres desse animal.

Hieróglifo cursivo para touro   *Hieróflifo cursivo para carneiro*

Figura 25.

---

484. *Internet Description of Taules,* Ferran Lagarda i Mata, 1996, <http://classicweg.com/usr/magazine/menorca/arqme23.htm>. Informação gentilmente fornecida por Stephen Johnson.

Se esses monumentos não eram representações de touros, o que eles seriam então? De fato, na religião egípcia o animal que apresentava chifres horizontais era o carneiro, pois o primitivo carneiro doméstico do Egito (*Ovis longpipes palaeoaegyptiaca*) tinha exatamente esse formato. O carneiro mais familiar, de chifres enrolados (*Ovis aties platyra aegyptiaca*), só foi introduzido mais tarde. Na posterior escrita cursiva, o hieróglifo para o carneiro assumiu a forma de um "J" com um leve lintel no topo (vejam a Figura 25), bem semelhante ao signo astrológico de Áries.[485]

A conclusão é clara. Se esses habitantes de Minorca fossem refugiados do Egito, eles seriam arianos exilados do país em um dos dois êxodos já mencionados. Como hipótese inicial, é possível propor que ele envolvesse o primeiro dos êxodos porque essa era uma pequena colônia, limitada somente à Ilha de Minorca. Parece ter havido uma segunda e maior imigração que abarcou todas as Ilhas Baleáricas, e esse acontecimento trouxe um número maior de monumentos egípcios para essa área. Os outros monumentos egípcios nas Ilhas Baleáricas serão analisados mais adiante, pois existe a história de outro êxodo a ser investigado antes: o bem posterior êxodo judaico de Israel – a Diáspora.

Fora de Israel

Sem dúvida, parte da população de Israel fugiu para o exílio antes da queda de Jerusalém pelos romanos, no ano 70 d.C., mas a maioria fugiu depois. Qualquer que seja a época, outra onda de emigrantes foi posta em movimento e orientada em direção à Europa em busca de novas terras. Esse era o quarto êxodo desses sacerdotes-astrônomos e de seu povo [os estelares] em turbulentos 1.600 anos. Não é de surpreender que alguns deles quisessem deixar para trás as dificuldades e as tribulações do Oriente Próximo e estabelecer novos impérios no Ocidente e, talvez, no Extremo Oriente.

Alguns dos emigrantes eram pobres mendigos e outros, ricos e poderosos, com reservas de ouro para comprar uma vida nova no "mundo novo". Entretanto, qualquer que fosse a sua posição financeira, é surpreendente o fato de que alguns parecem ter conseguido introduzir-se imediatamente na vida teológica e na realeza da Europa Ocidental. *Sir* Laurence Gardner apresenta um argumento plausível de que a filha de José de Arimateia se casou imediatamente com um membro da família real celta da qual nasceu Lear, o famoso rei shakespeariano. Ana de Arimateia casou-se com o arquidruida Bran, o Abençoado, ao redor dos anos 50 ou 60 d.C., bem antes da queda de Jerusalém, e os dois estabeleceram a linha real que, eventualmente, produziu Morgana, a esposa do rei Arthur.[486]

---

485. *Hieroglyphs,* M. Betro. New York: Abbeville Press, 1996.
486. *Bloodline of the Holy Grail,* Gardner, Barnes & Noble: 1997, p. 197.

Mas, se isso for verdade, como tudo aconteceu? De que maneira um príncipe exilado simplesmente muda para outro país para ali se estabelecer no seio de outra dinastia real? *Sir* Laurence Gardner parece pensar que essa não foi uma simples coincidência porque as duas linhas reais se conheciam intimamente. De fato, ele afirma que José de Arimateia foi convocado à Inglaterra pela esposa do rei Caractacus de Camulod e que ele viajara de Roma para a Grã-Bretanha na companhia de Bran, o Abençoado. Gardner fala com autoridade, mas sem divulgar as suas fontes, de maneira que é difícil dizer o quanto se pode dar crédito a essas histórias. Entretanto, é interessante que os galeses chamem José de "Ilid", uma distorção da palavra Eli, que, por sua vez, descende de Ellil e, por fim, de Enlil, o chefe dos deuses sumérios.

É graças a histórias como essas e aos mitos relativos à visita de Josefeno, o filho de Jesus, à Grã-Bretanha que a sobrevivência da linhagem dessa família real deve ser seriamente levada em consideração. De fato, esses mitos não são o único indício disponível. Devemos lembrar que há o casamento de Jesus em Canaã e a estranha narrativa da Bíblia quando Saulo encontra o "filho de Jesus" em Chipre. Um indício maior da sobrevivência dessa família será apresentado um pouco mais adiante, mas é possível que um erro proposital esteja começando a surgir. Está claro que o título deste livro é ligeiramente capcioso, pois Jesus não era o "último dos faraós", mas apenas o último dos faraós do continente africano. A linhagem real não foi extinta, mas parece ter se restabelecido no coração da Europa.

Reis Divinos

A linhagem real egípcia foi famosa pelas ligações com as divindades e por seu conhecimento sagrado. Dos faraós do Antigo Reino do Egito até o rei Salomão e daí até o próprio Jesus, a linhagem real havia sido procurada por seu conhecimento e sangue sagrado. É por isso que a família de Jesus foi capaz de misturar-se com tanto êxito com as casas reais da Europa e restabelecer a sua dinastia em outro lugar. Roma pode ter sido impenetrável nessa época, talvez pelo fato de ser uma aristocracia civil em vez de real, mas havia muitas outras linhagens reais na Europa que ficariam satisfeitas em se ligar à dinastia faraônica e aliar-se aos próprios deuses. Uma dessas linhas reais estava na Grã-Bretanha.

A fusão real teve o efeito desejado, e esses antigos bretões foram, assim, elevados aos olhos de alguma realeza europeia. *Sir* Laurence Gardner fala novamente com autoridade quando afirma que a filha de Caractacus (um líder pendragão) acabou se casando com um senador romano, e que o filho de sua outra irmã se tornou bispo de Roma, o príncipe Linus, o primeiro papa eleito.[487]

---
487. *Bloodline of the Holy Grail,* Gardner, Barnes & Noble: 1997, p. 144-145.

A origem dessa informação é obscura, mas a história convencional parece confirmar que havia alguma coisa especial a ser encontrada na aristocracia britânica. Na tradição celta, assim como no Egito, a linhagem real era matrilinear: a herança da realeza descendia das filhas do rei. Foi por isso que mais tarde o imperador romano Constâncio se casou com a princesa Elaine da Grã-Bretanha. Seu filho, Constantino I, foi coroado imperador de Roma em York, Inglaterra. Também foi Constantino I quem criou o Catolicismo romano, conforme se sabe atualmente, e tentou, sem sucesso, tornar-se o novo messias por meio de sua assumida descendência real da família de Jesus.[488]

Entretanto, até o reinado de Constantino, o destino da família pode ter ficado incerto – naquela época, em Roma, havia muita oposição contra a nascente Igreja Cristã, e a Igreja Nazarena original certamente teria sido envolvida nesses conflitos. Mas na Europa do Norte, os reis regionais como Bran, o Abençoado, não eram somente bretões, mas também celtas. Assim, se a situação política não fosse mais favorável na região sul da Inglaterra, então as terras altas do País de Gales e da Irlanda seriam sempre um refúgio. Citam Bran como se ele tivesse dito:

Aquele que deseja ser chefe, que faça uma ponte para si mesmo.[489]

Tomou-se isso como referência à fuga de suas tropas para a Irlanda. Ao fazê-lo, Bran estaria retornando à sua pátria, para Tara, onde as tradições celtas tiveram origem milhares de anos antes. Conforme é explicado no livro *Thoth, Arquiteto do Universo*, as tradições celtas provavelmente nasceram em circunstâncias bastante semelhantes às do Egito; a construção das pirâmides e os grandes monumentos neolíticos (*henge*) irlandeses devem ter sido aproximadamente coincidentes. Se as linhagens reais também fossem estabelecidas próximas a esses monumentos e tradições antigas, então a linhagem real celta poderia ser vista como bem semelhante à linhagem Estelar/Israelita; as duas possivelmente descendiam de uma civilização antiga e mais técnica. Os celtas teriam sido filhos e filhas da mesma tradição dos judeus, mas eram linhagens reais que haviam estado separadas durante alguns milhares de anos.

Os monumentos da família judaica foram as pirâmides do Egito; para os druidas da Grã-Bretanha, foram Stonehenge e Avebury, enquanto para os celtas da Irlanda foi Bru, às vezes chamado Eamhain, no Condado de Meath (atualmente conhecido como Newgrange). Aí, no primeiro século d.C., houve uma união entre a linhagem real celta e a judaica. Algumas das filhas de Bran teriam mantido a linhagem e, a partir de então, a real judaica misturou-se com a linhagem celta e uma nova dinastia unificada começou a ser formada.

---

488. *Grolier CD Rom Encyclopaedia.*
489. *The Celtic Tradition,* Caitlin Matthews. Element Books, 1996, p. 38.

Kilkenny

Eu estava em uma competição de balonagem em Kilkenny, uma deliciosa cidade rural às margens do Rio Nore, onde a leve cerveja Kilkenny é fabricada. Os prazeres da balonagem são um pouco prejudicados pela necessidade de levantar cedo para aproveitar as condições do vento calmo, necessário para inflar o balão, mas a compensação está na quietude da manhã antes de a cidade acordar e no ar frio com traços de neblina roçando a grama orvalhada. O ponto de reunião em Kilkenny era nas próprias terras do castelo, quase no centro da cidade. Portanto, às 5h30 de todas as manhãs, pouco antes do nascer do sol, uma fila de veículos 4x4 e seus reboques subiam pelo caminho tortuoso até o portão do castelo, entrando na área gramada aberta, na sua parte posterior.

Cada veículo e seu contingente de ajudantes espalhou-se pelo campo e logo foram ouvidos os costumeiros gritos, o zumbido de ventiladores e o rugido dos queimadores de gás, enquanto as equipes procuravam organizar o inflar dos balões. A ideia era encher o maior número possível de balões, mas ainda presos ao solo, no momento da largada, todos subiriam juntos. Bem, não exatamente juntos, pois isso seria perigoso, mas em números escalonados.

Logo, a área do castelo estava repleta de globos de cores vivas em que cada balão e seu piloto buscavam um espaço apropriado. O barulho dos queimadores de gás ecoava pelos muros do castelo, e a chama que iluminava a parte superior dos balões na semiescuridão da manhã fazia com que parecessem gigantescas luzes de Natal. No momento determinado, os primeiros balões foram soltos e subiram pelo ar seguidos pelos seguintes em rápida sequência, cada piloto buscando um espaço de céu vazio para o qual se lançar, até que o céu ficou cheio de pontos coloridos.

Com uma última rajada de calor em nosso balão e um comando para soltar a amarra, levantamos voo. Não havia confusão nem barulho; o balão já tinha força suficiente de flutuação em sua estrutura e subiu majestosamente para o céu, deixando para trás um mar de balões sobre o solo acarpetado do castelo, como um leito de flores multicoloridas. A leve brisa, acima, levou-nos de volta para a cidade que, de uma altitude de 150 metros, parecia perto o suficiente para tocá-la. Ali estavam a cervejaria, o novo desvio e, à distância distância, as Colinas Slieeardagh; as leves tonalidades de cinza da névoa da madrugada contrastando com os tons avermelhados do céu. Logo estávamos voando sobre uma das principais igrejas da cidade. Seu desenho era de padrão cruciforme, voltada para o sol nascente, como o Tabernáculo de Moisés e os templos de Akhenaton. Ao sul, uma torre alta, cuja sombra, nessa hora matutina, disfarçava a sua verdadeira altura. Ela parecia um tanto peculiar, algo de uma época diferente do que a própria igreja. A igreja tinha um campanário incorporado em seu desenho, então, por que duas torres?

Na volta, encontramo-nos à frente da igreja com sua torre redonda de 35 metros de altura. Ela era tão estranha vista do solo quanto do ar. Seu desenho era arredondado, como uma chaminé, e seu teto era encimado por uma estrutura cônica. Ela parecia ser mais antiga do que a própria igreja, e a porta de entrada fora colocada precariamente cerca de 5 metros acima do solo. Mas, afinal, qual era a sua função?

Uma rápida busca sobre a história da igreja contribuiu com provas ser insuficientes em suas informações. As leituras indicavam que o conceito da torre redonda, nesse formato, era uma tradição antiga e exclusiva da Irlanda. Essas torres eram bem comuns em todo o país; elas eram sempre fisicamente independentes das próprias igrejas ou das catedrais com as quais eram associadas e ligadas aos muitos monastérios presentes na Irlanda durante a Era das Trevas. O exato propósito das torres é desconhecido e, no entanto, parece peculiar que a função de uma característica tão comum da vida religiosa irlandesa possa ter se perdido em menos de mil anos. Nas leituras que fiz, indicava-se que seu possível uso era o seguinte:

a. **Eram campanários para os monastérios.**
Essa ideia não parecia fazer sentido. Como poderiam essas estruturas ser campanários quando tinham somente janelas muito pequenas no topo da torre das quais se deveria projetar o som? Para poder escutar o som dos sinos dessa torre, seria preciso estar bem próximo dela. É como um autor disse a esse respeito:

> A praticidade de tocar um sino de mão a partir da janela onde se situa o sino é uma consideração não resolvida. Na melhor das hipóteses, a ideia de tocar uma sineta de janelas no nível do solo na profunda estrutura da parede não parece particularmente prática.[490]

b. **Eram posições defensivas contra os vikings invasores durante a Era das Trevas.**
Novamente, isso não parece ser autêntico. Muitas das torres redondas eram associadas a monastérios que, como se sabe, tinham refúgios subterrâneos contra esse tipo de ataque. O monastério em Monasterboice (às margens do Rio Boyne) tinha três desses refúgios chamados *souterrains* (subterrâneos), cavados na própria rocha. As pesquisas dizem a esse respeito:

> ... análises da estrutura e desenho dos subterrâneos tendem a sugerir um papel defensivo. Em combinação com as inúmeras referências em manuscritos primitivos irlandeses que relatam o fato de pessoas que se refugiaram em subterrâneos, isso tende a apoiar a ideia de que fossem construídas principal-

---

490. *The Irish Round Tower,* Brian Lalor. Cork: Collins Press, 1999.

mente para esse propósito. O tipo de construção à prova de fogo assim como a passagem estreita (acesso) devem ter sido motivo suficiente para desencorajar os inimigos menos persistentes. Por outro lado, a sua eficiência e estocagem de alimento seriam severamente prejudicadas pela umidade e pelo seu interior apertado.[491]

Nesse caso, havia outros refúgios nas proximidades que negariam a necessidade de construir essas torres grandes e de construção difícil. Além disso, as próprias torres não são boas posições de defesa, apesar de a estranha porta de entrada estar em uma posição alta e inacessível. As próprias torres são tubos ocos de pedra sem qualquer acomodação interna e poderiam abrigar apenas uns poucos defensores. Elas têm a aparência de uma alta chaminé industrial vitoriana, com uma estrutura de escadas de madeira que leva ao topo da torre.

Se um inimigo tivesse acesso à base da torre, seria simples fazer um buraco na base, introduzir material combustível e transformar o edifício todo em uma boa cópia de seu primo vitoriano – uma chaminé. A versão vitoriana era projetada para atrair ar para o fundo e produzir uma forte queima. Essa cópia da Era das Trevas teria o mesmo efeito e, nesse caso, os seus ocupantes seriam rapidamente assados vivos. Essas estruturas certamente não eram posições defensivas.

Finalmente, quanto à frequentemente citada ameaça dos vikings, é fato que Monasterboice foi um monastério funcional durante todo o período das invasões desses guerreiros. Por outro lado, ele está situado na costa leste da Irlanda, às margens do Vale Boyne, e seria uma das primeiras áreas a ser invadida pelos escandinavos. As pesquisas confirmam isso quando dizem:

> Já em 964, quando se poderia pensar que as condições para estudar e compor literatura pudessem ser adversamente afetadas pela presença de escandinavos em Monasterboice, os subordinados do abade e do bispo, Dubhhabhoireann, elogiam-no como "sábio em educação de todo Leinster"; cerca de um século mais tarde, em 1092, o abade Cormac foi descrito como "chefe dos irlandeses em educação".[492]

Está claro que o monastério não estava sofrendo indevidamente por causa da presença de Vikings, e, como dependeriam em parte do

---

491. *Monasterboice and its Monuments,* H. Roe. County Louth Archaeological and Historical Society, 1981, p. 78.
492. *Monasterboice and its Monuments,* H. Roe. County Louth Archaeological and Historical Society, 1981, p. 10.

patrocínio da população local, os escandinavos devem ter permitido um contínuo suporte à antiga igreja.

c. **As torres eram depósitos dos objetos de valor da igreja.**
Essa é uma ideia mais plausível. Certamente, a porta inacessível e o difícil acesso aos níveis superiores devem ter desencorajado os ladrões locais menos determinados, ainda que não obtivessem êxito com as hordas invasoras. Também existem muitos registros de objetos de valor da igreja sendo guardados nas torres, o que novamente dá suporte a essa ideia. A confirmação de que essas torres fossem depósitos de livros ou de registros é mais difícil. A única referência, em qualquer dos registros, é a queima simultânea de livros da igreja e da torre no mesmo incêndio em Monasterboice. Mas isso não significa necessariamente que os livros estivessem na torre. O fogo pode ter sido a consequência de um incêndio mais amplo.

De fato, não é provável que os registros e os objetos de valor da igreja fossem normalmente depositados nessas torres. Esses lugares religiosos e monastérios frequentemente se situavam em regiões elevadas do interior do país e as próprias torres eram bem altas. Dadas as condições do clima prevalecente na Irlanda e as posições das torres, há vários registros de incidentes nos quais elas foram atingidas por raios e, consequentemente, incendiadas. De fato, esses não seriam lugares apropriados para guardar objetos de valor de fácil combustão.

Mesmo que um ou dois abades tenham ordenado que seus pratos e candelabros de ouro fossem guardados nas torres, essa observação pode ser mais coincidência do que causa. O fato de objetos de valor estarem ali depositados não significa necessariamente que esse foi o propósito verdadeiro da construção da torre. Ao projetar e construir um depósito, pensar-se-ia realmente em uma torre de mais de 35 metros de altura? Não haveria um projeto mais fácil, que não tornasse necessário elevar o material de construção a essa grande altura do solo?

Além disso, por que essas torres são iguais em toda a Irlanda? O projeto de algo tão comum como um depósito poderia ser um projeto local qualquer. Mas uma construção consistente em todo o país indica que a sua forma fosse especial: religiosa ou sagrada. Tal como o consistente projeto das próprias igrejas, o fato de que essas torres fossem tão importantes a ponto de todo monastério ter uma e todas elas serem iguais entre si indica que essas estruturas não foram obras comuns, mas sagradas.

Guerra

Essa ideia é reforçada pelo uso moderno dessas estruturas. Durante a ofensiva de Somme, na Primeira Guerra Mundial, o número de regimentos protestantes da Irlanda do Norte ficou bem reduzido. Em razão da falta de recursos, eles acabaram se fundindo com seus inimigos mortais, os regimentos católicos da Irlanda do Sul. Por mais relutantes que estivessem, os soldados aceitaram a situação. Sua união foi severamente testada, pois foram colocados em ação para recapturar um lugar isolado conhecido como Monte Messina. A tarefa desses jovens soldados era a mesma ao longo de todo o fronte ocidental; ficar de pé e andar desprotegidos e em meio ao chumbo de alta velocidade. Até os soldados mais disciplinados da antiga Roma teriam hesitado com esse comando. Os regimentos irlandeses acabaram aniquilados e o *Messina Monte*, para os irlandeses, tornou-se a pequena seção da carnificina trágica que foi Ypres ou Somme.

Infelizmente para os sulistas, suas dificuldades estavam longe de terminar ao final da guerra. Durante sua ausência, uma revolta em Dublin havia mudado o mapa político da ilha e os soldados vitoriosos, cansados da guerra, voltaram para casa para ser tachados de traidores por lutarem junto com os britânicos. Muitos foram perseguidos e outros, mortos. Os mortos podem ter descansado em paz no profundo solo de Flandres, mas essa oportunidade não existiu para os sobreviventes.

Nos anos que se seguiram à Grande Guerra, cemitérios majestosos foram construídos ao longo da linha do fronte ocidental para marcar esse grande sacrifício da humanidade. Em Thiepval Ridge, os irlandeses do norte construíram uma torre a título de lembrança, mas as vítimas do sul foram apenas um embaraço para o governo, que deveria ser apagado da história. Esperaram-se mais de 75 anos para que esse erro fosse corrigido e, por fim, em espírito de reconciliação, uma fundação filantrópica construiu um monumento no cemitério de Messina – uma torre redonda irlandesa. A despeito do poder de Roma no território, decidiu-se que o símbolo irlandês em memória dos soldados seria essa estranha torre, quase pagã.[493]

Se essas torres eram e ainda são tão sagradas, então o que elas significam? Parece haver muita confusão a respeito de sua função, mas será que o uso moderno em Messina denuncia um conhecimento oculto de seu papel verdadeiro? Essa é uma possibilidade, mas forasteiros devem idealizar uma hipótese usando somente os fatos disponíveis e isso nos traz alguns problemas.

Em primeiro lugar, tentar adivinhar a função de um objeto alheio à nossa cultura é quase impossível, pois imediatamente a mente se volta às formas e funções familiares: igrejas têm pináculos e campanários; castelos têm fortes seguros e circulares – essas são as coisas que surgem instantaneamente na mente quando as torres são vistas pela primeira vez. Projetando ainda mais a imaginação, a visão de minaretes ao lado de mesquitas islâmicas revela uma semelhança bem próxima, mas, novamente, não seria prático convocar os fiéis à igreja tendo uma única e estreita abertura no

---

[493] *London Times,* 12-11-98.

meio da torre. Se minaretes e campanários de igrejas têm alguma relação com essas torres redondas, o propósito original não pode ter sido o de convocar os fiéis.

Em segundo lugar, se a Igreja Católica conhecesse a origem e o propósito dessas torres, ela teria encoberto sua verdadeira função com qualquer história que pudesse tramar, pois a origem dessas torres é desconhecida à igreja e uma ameaça direta a ela e, por isso, a sua sobrevivência é bastante admirável. As torres representam um sinal de que a antiga religião celta na Irlanda ainda possui um apoio enorme, apesar da camada sufocante de Catolicismo, que encobriu o país durante os últimos 1.2 mil anos. Até hoje, o sítio de Monasterboice com suas cruzes celtas é um lugar de importante peregrinação, a despeito dos claros vestígios celtas do sítio.

Mas o enigma ainda deve ser resolvido. O que representam essas torres redondas? A pista para a origem dessas construções pode ser encontrada no Monte Messina e na torre ali construída em memória dos soldados. A janela superior da torre não foi feita para lamentar os bravos homens dos regimentos irlandeses, mas para captar os raios do Sol da décima primeira hora do décimo primeiro dia do décimo primeiro mês do ano – a hora exata do fim da Primeira Guerra Mundial.

Benben

Assim, a função das torres redondas irlandesas é bem impressionante, e sua história tem mais sinergia com os sítios ingleses e irlandeses do que com as doutrinas romanas. De fato, a origem da torre redonda é mais misteriosa do que isso, pois o projeto chegou à Irlanda diretamente do Egito. As torres redondas são simplesmente cópias do mais sagrado sítio de Heliópolis, a torre de Benben. Em razão de seu formato de torres redondas, seu ápice cônico, seu óbvio significado sagrado e solar, e à luz de tudo o que foi dito a respeito da religião estelar, elas não podem ser outra coisa. De alguma maneira e em algum momento, as tradições do Egito devem ter sido introduzidas na Irlanda.

O Benben é uma das tradições mais antigas do Egito. Ele era colocado no centro da cidade de Heliópolis e do templo de Fênix. A pedra Benben não era a torre em si mesma, mas a pedra cônica colocada em seu ápice que, presume-se, tenha sido de origem meteórica (vejam a Figura 26). Por causa de seu aparecimento dramático e flamejante no mundo, ao cair do céu, a pedra Benben era considerada propriedade original dos deuses. A partir disso, ela foi reputada como semente dos deuses, parte do ritual da morte e do renascimento.

As lendas indicam que a pedra Benben original de Heliópolis foi perdida ao redor do ano 2.000 a.C. Diversos faraós erigiram ali outras torres, oferendas aos deuses que foram supostamente a raiz do culto ao obelisco no Egito. O mais antigo desses obeliscos a sobreviver é a construção em granito vermelho de Senusret I, que ainda está de pé nos subúrbios do Cairo. Hoje, o obelisco é totalmente desguarnecido, mas muitos desses monumentos eram, no início, recobertos de metais preciosos – *electrum* ou ouro.

Figura 26. A torre Benben de Heliópolis

O desenho dos obeliscos substitutos é obviamente diferente do Benben original e, talvez, o novo desenho reflita a forma mais geométrica das pirâmides. Entretanto, em sua forma original, o monumento de Senusret teria sido bem diferente, pois seu ápice era originalmente coberto por um espesso cone de cobre que agregava outros 3 côvados (1,5 metro) à sua altura. Isso foi relatado por Abdel-Latif, um médico árabe do século XII que também disse que o obelisco era manchado de verdete.[494] É possível que, com esse cone em seu lugar, o obelisco se parecesse com o desenho original do Benben.

Josephus confirma isso com a sua história do sacerdote judeu Onias, mencionado no Capítulo VI. Onias foi para Heliópolis (a cidade de On) durante o reinado de Ptolomeu para ali construir um templo, pois Heliópolis, naquela época, era deserta. Na realidade, o que ele construiu foi...

---

494. *The Obelisks of Egypt,* Labib Habachi. Cairo: The American University in Cairo Press, 1985, p. 48.

... um templo, diferente do templo de Jerusalém, e em formato que lembrava uma torre. Ele o construiu com grandes pedras até a altura de 60 côvados (32 metros); ele fez a estrutura do altar imitando o nosso (o altar de Jerusalém), com exceção do candelabro... uma única lâmpada feita de ouro martelado... o templo todo era cercado por uma parede de tijolos queimados, embora tivesse portões de pedra.[J495]

Até na era ptolomaica (cerca do ano 160 a.C.), em um templo construído pelo sumo sacerdote judeu de Jerusalém, o templo reconstruído de Heliópolis estava centrado em volta de uma torre sagrada. O poder dessas construções era tal que elas dominaram as políticas de muitas nações e não somente as da Irlanda. A despeito do que dizem os livros-guia da Irlanda sobre a exclusividade de sua tradição, muitos países chegaram a copiar essas torres de formato redondo e outros simplesmente se apropriaram de obeliscos originais diretamente do Egito. Na Era Moderna, a França, a Inglaterra e os Estados Unidos erigiram obeliscos em suas capitais, levados do Egito, e essa prática tem uma longa história.

O primeiro exemplo surgiu quando um imperador romano mandou que um obelisco fosse levado para Constantinopla (Istambul). Logo depois, uma sequência de imperadores romanos instalou 13 obeliscos na antiga capital romana. O fato de que os engenheiros do imperador Constâncio conseguiram transportar um obelisco de 500 toneladas de Karnak para Roma (hoje na Piazza San Giovanni), ao redor do ano 357 d.C., sugere que os antigos podiam realmente organizar o transporte de pesos tão grandes. Entretanto, é verdade que o esforço romano envolveu polias e eixos de ferro e a ajuda de parelhas de cavalos, nenhum dos quais supostamente disponível no Egito há 1.8 mil anos. Foi um maravilhoso feito de transporte, mas bem ao alcance da capacidade tecnológica romana. O obelisco da Piazza San Giovanni havia sido originalmente dedicado a Tutmose III e é um terço mais alto e duas vezes mais pesado do que o obelisco conhecido como "Agulha de Cleópatra", que foi transportado para Londres no século XIX.[496]

Outro obelisco se encontra, um tanto estranhamente, na Praça de São Pedro, em Roma, fora do Vaticano. Embora seja um obelisco original egípcio, esse foi o único que não foi derrubado depois que os cristãos assumiram o poder no século IV. É possível que a sua permanência se deva ao fato de não haver nenhuma inscrição nele, como os outros dois, em Roma. Nunca houve uma explicação satisfatória por essa falta de gravuras, pois nenhum obelisco dessa natureza foi encontrado no Egito e, portanto, o lugar de onde os romanos o conseguiram é um mistério. O destino dos outros obeliscos de Roma foi mais incerto e o da Piazza San Giovanni, por exemplo, ficou en-

---

J495. Josephus, GJ 7:426.

496. *The Obelisks of Egypt,* Labib Habachi. Cairo: The American University in Cairo Press, 1985, p. 112-131.

terrado por mais de mil anos. Ele só foi redescoberto e erigido novamente no século XVII.

Talayot

Está claro que a tradição do obelisco não é simplesmente um interesse moderno em tudo o que é egípcio. O obelisco é difundido e persistente em todas as eras. É preciso considerar peculiar o fato de essa tradição ter se perpetuado durante os milênios. De que forma esses monumentos encontraram seu caminho por meio do Mediterrâneo e para o noroeste da Europa até a Irlanda? Em que época isso aconteceu? É possível que esses conceitos tenham chegado à Irlanda diretamente do Egito durante um dos primeiros êxodos ou eles chegaram por um intermediário, talvez em um posterior êxodo judaico de Israel? Outro indício de influências egípcias na Irlanda nesse período, que não responde completamente à questão que acabamos de fazer, origina-se da infusão simultânea de conhecimento do Oriente Médio na Irlanda.

À medida que o Império Romano ruía durante os séculos V e VI d.C., a Irlanda, sob a tutela de São Patrício, emergiu da escuridão para tornar-se um dos últimos centros remanescentes da educação clássica em toda a Europa. São Patrício era um bretão romanizado que foi levado como escravo para a Irlanda por invasores que atacavam a costa ocidental da Grã-Bretanha. Por fim, ele conseguiu fugir, tornou-se sacerdote e voltou para a Irlanda a fim de evangelizar. Mas Patrício não era um cristão nos aprovados moldes romanos. Ele havia passado anos suficientes em cativeiro na Irlanda para que a sua Teologia assumisse distintos tons celtas. Foi por esse motivo que os novos monges e monastérios irlandeses ficaram mais do que satisfeitos em copiar e preservar um tesouro de literatura grega e romana que a hierarquia da Igreja não teria visto com bons olhos ou teria banido de imediato.

Assim, descobrimos que o monastério Ulster de Bangor havia copiado suas obras *ex Aegypto transducta* ou "traduzido diretamente do egípcio".[497] Em outras palavras, os monges irlandeses haviam conseguido e utilizavam versões coptas egípcias da Bíblia e de outras obras, e isso é confirmado pelo estilo dos consequentes livros irlandeses que usavam pontos vermelhos coptas para ilustrar as obras. Entretanto, os textos coptas não eram necessariamente sujeitos aos regulamentos do Conselho de Niceia e podem ter sido consideravelmente diferentes da linha ortodoxa. Longe de ser um baluarte do Catolicismo e disseminando os editos de Roma, a Irlanda estava, na realidade, preservando as obras mais obscuras e heréticas da Igreja de Jesus e de Tiago. A Ilha Esmeralda (Irlanda) era um dos condutos vitais por meio do qual grande parte desse material esotérico sobreviveu à Era Medieval.

---

497. *How the Irish Saved Civilization,* T. Cahill. New York: Anchor Books, 1996.

Embora isso dê suporte a uma ligação com o Egito, ainda não está claro se uma nação intermediária foi utilizada. A datação no início da Era das Trevas da Idade Média (século VI d.C.) dada a essas torres e aos escritos irlandeses ainda tende a sugerir que não, mas com isso surge outra questão. Se José de Arimateia foi responsável pela chegada dessas antigas tradições nas costas ocidentais da Ilhas Britânicas, por que não existem torres Benben em Jerusalém, a fonte do êxodo final?

Poder-se-ia especular que a Igreja Nazarena em Israel não fosse a força maior de Jerusalém que ela pretendeu ser e teve de se conformar com a interpretação judaica da crença. A maioria da população de Jerusalém pode ter exigido que um templo fosse construído no mesmo molde dos templos do Alto Egito, de Tebas, daí o projeto do Templo de Salomão. Mas talvez alguns quisessem um templo do Sol, como o de Heliópolis, e esse foi possivelmente o motivo pelo qual Simão Onias teve de voltar ao Baixo Egito, para Heliópolis, a fim de construir a sua *maktal*, ou torre.

Existem duas observações interessantes que sugerem que as torres fossem, realmente, importantes elementos teológicos para algumas das primitivas seitas judaicas.

Em primeiro lugar, é significativo o fato de que Maria, a esposa de Jesus, fosse chamada Madalena (em grego, Magdala μαγδαλα – em hebraico, Migdalah מגדלה – em egípcio, Maktal ⟨hieróglifos⟩), um nome que significa "torre", em grego, hebraico e também em antigo egípcio – uma observação que dá mais suporte ao argumento de uma herança egípcia tanto de Jesus quanto de Maria.[498]

Em segundo lugar, é certo que a fortaleza essênia de Qumran teve, um dia, uma grande torre de pedra. Embora esse componente tradicionalmente tenha sido interpretado como "fortificação", ele poderia facilmente ter o mesmo significado religioso das torres redondas irlandesas.

Entretanto, o fato de que o Judaísmo no início manteve esses conceitos é confirmado a partir de fontes alternativas. O Islamismo, sua crença correlata, parece ter recebido as mesmas influências, se observado pela análise mais detalhada da analogia com os minaretes islâmicos. A torre tradicional de uma mesquita tem pouca semelhança com a torre redonda irlandesa. Mas nem todos os minaretes são iguais e, ao olharmos para o Minarete de Kalyan, na cidade de Bucara, no Uzbequistão, podemos ver impressionantes semelhanças com essa torre.

A torre é separada da mesquita que tem o mesmo nome, e a estrutura da torre afunila para o topo, encimado por um cone elaboradamente decorado. O mais importante é que a porta de entrada está situada a cerca de 6 metros do nível do chão, exatamente como nas torres redondas irlandesas.

---

498. *The Woman with the Alabaster Jar, m.* Starbird. Rochester: Bear & Company, 1993, p. 50. – *Online Bible, Thayer's notes in Greek and Hebrew.*

Essa é uma característica curiosa, e uma possível explicação envolve outra analogia simbólica com as pirâmides do Egito. A torre Benben original estava em Heliópolis, perto das pirâmides de Gizé, e todas as portas de entrada para as pirâmides ficam no alto, no flanco norte da estrutura, de maneira que é possível que as torres Benben simplesmente seguiram essa mesma tradição.

O caminho islâmico desse desenho pode ter partido de Moisés para Jerusalém ou, talvez, de Abraão diretamente para Meca. É claro que Abraão e o seu filho Ismael têm a reputação de construir a mesquita original de Meca.[C499] Mas esse não é o único meio pelo qual essa antiga tradição pode ter viajado pelo mundo. Há outra rota possível para a Irlanda, por meio de outros estranhos monumentos encontrados nas Ilhas Baleares e na Ilha de Sardenha. As torres redondas não são exclusivas da Irlanda, pois nessas ilhas do Mediterrâneo, além das *taules*, existem outros curiosos artefatos neolíticos – torres redondas. Diferentes das *taules*, essas torres não são encontradas somente em Minorca, mas em todas as Ilhas Baleares, e são conhecidas como *talayots*. Na própria Minorca, elas formam...

> ... grandes cones truncados de pedras gigantescas, de 10 metros de altura e um diâmetro de 15 a 20 metros... as torres semelhantes em Maiorca são menores e de desenho diferente.[500]

Embora sejam robustas, essas construções são bem anteriores e mais grosseiras do que as irlandesas. É possível que a sua forma truncada se deva à falta de argamassa ou, talvez, a economia dessas pequenas ilhas não permitisse um projeto mais arrojado. Contudo, a semelhança entre essas torres e suas equivalentes irlandesas é inegável. Nesse caso, há uma rota alternativa do Egito para a Irlanda. Talvez não tenha sido por Jerusalém ou Meca, mas por meio dessas ilhas mediterrâneas.

Um único olhar sobre as torres da Sardenha e das Ilhas Baleares pode ser suficiente para confirmar essa hipótese. Na Sardenha, a economia era forte o suficiente para que se imitasse e até superasse a torre Benben original. Torres grandes e complexas foram construídas com uma engenharia esmerada, mas os arqueólogos as chamaram de "posições defensivas". A Sardenha é uma ilha pequena com uma área de 200x100 quilômetros e, de acordo com os textos arqueológicos, essa pequena comunidade neolítica tinha mais de 7 mil dessas torres ou *nuraghi* para proteger a população!

Os arqueólogos chegaram a essa conclusão porque algumas dessas torres eram unidas com muros reforçados, formando seguramente a base de uma colônia fortificada. Uma das mais espetaculares é o sítio neolítico de "Nuraghi Su Nuraxi" (cerca de 1300 a.C.), que é, certamente, um cas-

---

C499. Corão, 2:122.
500. *Minorca,* David Taylor. Devon: David & Charles, 1975.

telo fortificado com quatro *nuraghi* nos cantos do forte central e outros sete *nuraghi* cercando o forte com muros maciços entre si. De fato, ele parece um castelo de cruzados do século XII d.C., mas construído aproximadamente no século XII a.C.! Embora esse indício específico de que os *nuraghi* tinham como finalidade um objetivo defensivo pareça convincente, isso não significa que todos os *nuraghi* fossem fortes castelos.

Além desses principais *nuraghi* e colônias, havia literalmente milhares de torres isoladas em toda a Sardenha, muitas vezes em locais elevados. Essas outras torres não podem ter sido estruturas defensivas pelos mesmos motivos indicados para as torres redondas irlandesas – nas quais os defensores poderiam ser facilmente assados vivos por seus inimigos. Uma construção defensiva muito mais lógica seria um muro do tipo paliçada, o mesmo utilizado para proteger as vilas da Grã-Bretanha Neolítica e os soldados do Império Romano.

Tal como as torres da Irlanda, essa constante repetição de monumentos de pedra nessas ilhas deveria ter uma função religiosa, e essa analogia óbvia pode ser observada nos principais monumentos sagrados do mundo. Desde as pirâmides do Egito e da América Central até as igrejas da Europa e as faces enigmáticas da Ilha da Páscoa, foi a religião que incentivou o homem a construir os maiores e mais numerosos monumentos. Obviamente, os monumentos da Ilha da Páscoa não tiveram nenhum propósito popular, e os arqueólogos viram-se forçados a lhes designar uma função religiosa. Será que os *nuraghi* da Sardenha não deveriam ser considerados no mesmo contexto? Certamente, uma solução mais racional para a dupla natureza dessas torres é que elas eram, originalmente, construções sagradas, mas, em certo período do passado, notou-se que, ao serem ligadas, elas poderiam também ser usadas como parte de uma fortificação.[501]

Sem dúvida, os *nuraghi* da Sardenha são intimamente relacionados com as construções de Minorca, mas será que eles descendem diretamente do modelo egípcio? Um dos fatores decisivos é a importante forma cônica da pedra Benben. Como eram os *nuraghi* originalmente? Embora nenhum topo dos *nuraghi* tenha sobrevivido, felizmente ainda existem um ou dois modelos antigos. Eles apresentam uma borda em volta do ápice, apoiada sobre consoles, semelhante aos minaretes islâmicos. Dentro e em cima dessa borda ou galeria circular havia um teto cônico. A semelhança com as torres redondas mais recentes é impressionante, e uma em particular, o Minarete de Kalyan, na cidade de Bucara, tem exatamente essas mesmas características arquitetônicas, inclusive o teto cônico. Agora o projeto dessas torres pode ser mais bem compreendido, pois, certamente, ninguém poderá dizer que o Minarete de Kalyan é uma posição defensiva.

---

501. <www.luna.cas.usf.ed/~rtykot/index.html> < www.abc.sardegna.it/luoghi/-> <www.vol.it/edicola/isv/nuraghi/eng.nuraghi.html>

Infelizmente, resta ainda um problema importante relacionado à ideia de que essas torres são cópias da torre Benben, que é a falta de artefatos egípcios na Sardenha e nas Ilhas Baleares. Uma única estátua de Imhotep não produz uma cultura inteira. Essa é uma discrepância clara e podemos somente especular por que isso pode ter acontecido. Discuti longamente essa questão com o dr. Robert Tykot, professor assistente do Departamento de Antropologia da Universidade do Sul da Flórida, que participou de muitas escavações dos *nuraghi* na Sardenha. Eu perguntei se uma elite pequena e dominadora nessas ilhas, semelhante à influência controladora que a Inglaterra teve no passado sobre a Índia, deixaria vestígios de sua existência no registro arqueológico. Ele disse o seguinte a esse respeito:

> Até uma pequena presença egípcia (ou outra qualquer) teria resultado em uma quantidade significativa de artigos estrangeiros (cerâmica, ferramentas, armas, etc.), sem mencionar arquitetura, padrões de colônias e enterros de estilo não-nativo. Tudo isso seria observado no registro arqueológico. Como exemplo, é bastante claro, no sítio egípcio de Buto, que os mesopotâmios haviam ali estabelecido um posto comercial, porque a cultura material é parecida com aquela encontrada em um sítio mesopotâmio e não egípcio. O mesmo poderia acontecer em uma futura escavação na Índia, onde haveria uma camada relativa à ocupação britânica, com materiais não-nativos.

Isso pode ser verdade no que diz respeito a qualquer colônia de expatriados cujos membros quisessem, naturalmente, manter uma ligação com a sua pátria e fazer uso de suas habilidades e produtos. Entretanto, esses colonizadores arianos da Sardenha teriam sido refugiados que viraram as costas para a sua pátria. Não haveria comércio com o Egito e, por conseguinte, nada para ser depositado no registro arqueológico.

Heródoto também indicou que os habitantes da Sardenha (sardos) tinham fortes ligações culturais com os egípcios. Ele afirma que os egípcios e os colquidianos eram da mesma raça, e a sua descrição é notavelmente semelhante ao Povo do Mar, o que será discutido logo mais. Cólquida estava situada na Geórgia moderna, na costa leste do Mar Negro, e, na mitologia grega, era o destino de Jasão e dos Argonautas. Heródoto ainda menciona o motivo mais forte para pensar que os egípcios e os colquidianos estivessem relacionados:

> Essas duas nações (egípcia e colquidiana) tecem seus tecidos da mesma e exata maneira, e essa maneira é totalmente desconhecida do resto do mundo... O tecido colquidiano é chamado sardo pelos gregos...[502]

O fato de se chamar esse exclusivo estilo de tecer de "sardo" é forte indicação de um legado comum para o Egito e a Sardenha. E um suporte ainda maior para essa hipótese do legado comum viria de uma fonte inesperada.

---

502. Heródoto, Livro II: 104, 105.

Peter Oefner e uma equipe de geneticistas da Universidade de Stanford, Califórnia, estavam pesquisando as origens genéticas da humanidade, analisando as relações entre o cromossomo macho "Y" nas populações do globo. Sua pesquisa confirmou a especulação arqueológica de que o homem moderno teve origem na África há cerca de 50 mil anos e dali espalhou-se pela Terra. Mas a pesquisa genética pôde ser mais específica do que o registro arqueológico e indicou que a fonte do homem moderno na África foi, na realidade, o sul do Egito e a Etiópia. Talvez mais surpreendente ainda seja o fato de que, fora a África, a população sarda é a mais antiga no degrau seguinte do registro genético. Na Sardenha, a população era geneticamente mais antiga do que qualquer outro lugar da Europa ou do resto do mundo.

Entretanto, isso não significa necessariamente que a população da Sardenha migrou da África para a sua nova pátria há cerca de 50 mil anos, mas simplesmente indica que os parentes sanguíneos mais próximos dos sardos são os habitantes do sul do Egito e da Etiópia, e que esses são os tipos genéticos mais antigos já encontrados. Assim, muito tempo depois de todas as outras migrações ocorrerem da África para a Europa, uma população do antigo tipo genético pode ter iniciado um longo êxodo do sul do Egito para a Sardenha, carregando a sua antiga linhagem genética para a nova pátria mediterrânea. A migração pode ter acontecido em qualquer período do passado, de maneira que essa nova evidência certamente apoia a teoria de um êxodo do Egito no início do Império Novo e do projeto das torres *nuraghi* de origem egípcia.

A única discrepância com essa teoria, que está na arqueologia da Sardenha, é a falta de hieróglifos e de enterros de estilo egípcio para a nobreza. Ora, esse é realmente um problema, embora seja preciso observar que muitos enterros de estilo egípcio, datando do final da era do Império Novo, existem na ilha vizinha de Malta. A despeito da falta de enterros de estilo egípcio na Sardenha, essa teoria de um legado comum continuará sendo investigada, pois existem outras coincidências na história posterior que, novamente, apontam na direção de Sardenha.

Vingança

Embora a cultura da Sardenha, nessa época, tivesse um longo futuro à frente, seus vizinhos neolíticos das Ilhas Baleares logo começaram a fracassar e acabaram extintos. É difícil dizer em que período os *talayots* dessas ilhas foram abandonados, embora existam mais do que apenas indícios circunstanciais que sugerem que os habitantes emigraram de volta para o Mediterrâneo Oriental em direção à sua região tradicional. Conflitos que estremeceram as civilizações dessa época parecem ter irrompido no Mediterrâneo Oriental, principalmente no Egito. Se isso foi obra das culturas do Mediterrâneo ocidental, é possível que o tenham feito por vingança? Infelizmente esses acontecimentos ficaram na Era Pré-Histórica, um período do qual, diferente do Egito, essa parte do Mediterrâneo não possui nenhum registro histórico para poder mensurar a sua real natureza. Contudo, os arqueólogos conseguiram montar uma estrutura dos eventos que ocorreram no século XIII a.C., quando muitas das civilizações europeias e norte-africanas fracassaram e declinaram.[503]

Esse período se refere a um século antes do segundo êxodo do Egito, logo após o reinado de um dos maiores faraós do Egito, Ramsés II. Foi uma época de alta cultura: as cidades da antiga Grécia Micênica eram ricas e poderosas, e o Egito gozava de uma riqueza e estabilidade insuperáveis, com as ramificações de seu império estendendo-se bem ao sul e ao nordeste. Até os minoicos estavam recuperando-se da destruição provocada pelo vulcão de Thera (Santorini), e novos santuários estavam sendo construídos nas ruínas do palácio de Knossos.

De repente, piratas apareceram do Ocidente. Eles eram chamados de Shardana, Shekelesh, Teresh, Peleset e também de os Danus, que ali chegaram para destruir, colonizar e se estabelecer. Eles devastaram o Mediterrâneo oriental. A Grécia Micênica caiu, os minoicos deixaram de existir e os hititas retiraram-se. Até os poderosos egípcios recuaram diante desse massacre e nunca mais recuperaram suas antigas glórias. Corpos desses piratas foram encontrados enterrados até em Sakara, perto de Heliópolis.[504]

Ramsés III mandou que esses acontecimentos dramáticos fossem registrados para a posteridade e, assim, cenas de grandes batalhas dos egípcios contra os piratas foram gravadas nas paredes do templo de Medinet Habu. Elas apresentam retratos de lutas corpo-a-corpo com esses guerreiros com chifres de touro na cabeça e cabelos eriçados, semelhantes às imagens dos primeiros piratas que entraram no Egito (vindos da Suméria?) durante a primeira dinastia, 1.8 mil anos antes. Os piratas Shardana (conhecidos historicamente como o Povo do Mar) sofreram muitas baixas em suas batalhas contra os egípcios e, no entanto, foram confiantes o suficiente para se estabelecer na área local, construindo cidades em Chipre e na Palestina – onde ficaram conhecidos como filisteus.

Quem eram essas pessoas e qual era o propósito dessa invasão corajosa ao coração das civilizações sofisticadas do Mediterrâneo oriental? Por que essa nação ocidental de terceiro mundo acreditou que pudesse derrotar as maiores civilizações da época? A origem desse povo talvez seja surpreendente. Eles vieram da Sardenha e da Sicília, pois os nomes dessas ilhas soam evidentes na sua denominação racial. Os elos históricos entre a

---

503. *Oxford Illustrated Prehistory of Europe,* Barry Cunliffe. Oxford: Oxford University Press, 2001, p. 277.
504. *Ibid.,* p. 293.

Sardenha, a Sicília e o Povo do Mar são indiscutíveis. Os invasores de chifres são bem semelhantes às figuras de bronze da Sardenha e, depois desse período, eles se tornaram aparentemente grandes elos comerciais entre o Mediterrâneo oriental e a Sardenha, com artefatos característicos comercializados entre os dois lugares.[505]

Mas por que a Sardenha? O que fez com que a Sardenha se erguesse contra as três nações mais poderosas do Mediterrâneo com tanto vigor a ponto de quase exterminá-las? A proposta anterior – que parte do êxodo ariano se dirigiu para o Mediterrâneo ocidental, para as Ilhas Baleares e para a Sardenha – proporciona todos os motivos necessários. De fato, a tribo Peleset foi identificada com os filisteus, e o autor americano Michael Sanders reconheceu nos danus a tribo bíblica de Dã, registrada como o povo que vivia do mar em Juízes 5:17 (da mesma forma que os filisteus são registrados historicamente) e que invadiu o Egito na época de Jeroboão.[506]

Se essa hipótese for verdadeira, e houvesse elos culturais entre os arianos depostos e o Povo do Mar, então os arianos sardos atacaram a Grécia como um primeiro passo para invadir o Egito, a pátria de sua aristocracia. Até a Bíblia pode confirmá-lo quando confunde os filisteus com os egípcios. É possível que seus líderes fossem essas mesmas pessoas comandando hordas de mercenários e habitantes locais dessas ilhas ocidentais.[B507]

Essa não é uma simples especulação, pois a Bíblia diz que os filisteus descendiam de um indivíduo conhecido como Patrusim, um dos patriarcas bíblicos.[B508] Em razão do tema dessa história, é possível que Patrusim tenha sido um príncipe egípcio. Na atmosfera tribal que envolvia essas épocas, os seus descendentes, como os danistas, podem ter permanecido como uma tribo distinta e dirigido-se para o mar em um dos êxodos.

Na história, os filisteus foram tachados como povo bárbaro, de pouca ou nenhuma cultura, mas isso é resultado do habitual ofuscamento da Bíblia. É evidente pela história que, em Chipre, houve um desenvolvimento imediato das artes e dos ofícios nas colônias ali estabelecidas pelos filisteus, sendo o trabalho em bronze a sua especialidade. Também na Grécia houve importantes achados em Xerópolis (Lefkandi), onde um templo e um cemitério continham enfeites em ouro e trabalhos em ferro, assim como artefatos da Palestina e da Babilônia. O importante é que o próprio templo parece imitar o formato dos templos egípcios: embora bem menor, ele contém várias antecâmaras que levam ao Santo dos Santos.[509]

---

505. *Oxford Illustrated Prehistory of Europe,* Barry Cunliffe. Oxford: Oxford University Press, 2001, p. 287.
506. <http://www.biblemysteries.com>.
B507. Bíblia, Gênesis 26:1.
B508. *Ibid.*, 10:14.
509 *Origins,* Barry Cunliffe. London: BBC Books, 1987, p. 73.

Na própria Palestina, a hipótese histórica é de que o povo filisteu tenha sido eventualmente absorvido ou disperso dentro da cultura semita do rei Davi, cerca de 200 anos mais tarde. Aparentemente, as duas populações parecem ter se misturado a ponto de ser indistinguíveis, mas isso não aparenta ser possível, uma vez que o povo judaico era rígido em sua política de não se misturar com outras culturas. Por outro lado, a Bíblia indica que houve muitos conflitos entre filisteus e israelitas e, durante a época de Samuel, existiam conflitos constantes entre os dois povos.

É evidente que havia diferenças nacionalistas, e uma hipótese razoável seria considerar que os filisteus representavam um bando de mercenários que perdera a sua utilidade. Mas quando os filisteus capturaram a Arca da Aliança dos israelitas, eles ficaram tão abismados com essa relíquia e com o deus que ela "continha" que acabaram por devolvê-la – completa, com as suas próprias oferendas em ouro a título de penitência.[B510] Esse incidente ilustra claramente o potencial da tendência semita dentro da cultura filistina e certo respeito pela divindade israelita. Em contrapartida, os persas e os romanos não tiveram escrúpulo em confiscar os artefatos sagrados do Templo de Jerusalém.

Enquanto a Bíblia confirma essas associações entre os filisteus e os israelitas, os arqueólogos também, conscientemente ou não, acompanham à risca a linhagem genética entre as raças apresentadas na Bíblia. A Bíblia indica que os canaanitas de Israel e os filisteus eram do mesmo grupo tribal – camitas que descendiam do patriarca Cam. (Vejam a "Árvore Genealógica de Abraão" no Capítulo III.) A despeito dos conflitos entre filisteus e canaanitas, deve ter havido contatos amistosos e troca de cultura e de conhecimento entre os dois, pois as habilidades de navegação dos filisteus obviamente não foram esquecidas. Uma nova cultura de navegação emergiu dessas mesmas terras, uma cultura que era mais semita do que camita: a cultura fenícia.

Os fenícios não procediam dos gregos, como geralmente se supõe, mas eram um povo semita. Eles eram os descendentes do patriarca Sem, o irmão de Cam.

Olhando novamente para a árvore genealógica de Abraão, podemos ver que os povos semita e camita descendiam do Noé bíblico: eles eram o mesmo povo, mas estabelecidos em locais diferentes. Os arqueólogos concordam com a ideia geral da Bíblia a esse respeito. Eles dizem que...

> ... os fenícios (não eram) diferentes dos canaanitas da Palestina. (Parece que) os fenícios chamavam-se em sua própria língua de *kena,ani,* ou "canaanitas". Em hebraico, a palavra também significa "mercador".[511]

B510. Bíblia, I Samuel cap. 6.
511. *Enciclopédia Britânica.*

Além disso, os canaanitas eram também muito próximos à cultura e as realeza israelitas, particularmente, adotava muito dos costumes canaanitas:

> A despeito do aparente Javismo fervoroso do Rei Jeú, os reinos israelita e judaíta ainda eram canaaníticos em seus rituais em geral e religiosos.[512]

A impressão é de que as três culturas não somente eram muito próximas geograficamente entre si, mas também social e culturalmente. Embora os arqueólogos afirmem que os canaanitas eram um povo semita, eles são mais precisamente descritos como povo camita, mas a distinção é quase acadêmica. A verdadeira diferença é que os povos semitas tinham como base a Suméria, enquanto as bases dos canaanitas eram a Palestina e o Líbano; no entanto, com tantos conflitos, conquistas e alianças dinásticas em sua história, a linhagem sanguínea deve ter frequentemente se misturado. Os fenícios também podem ser equiparados à cultura egípcia, pois geralmente se aceita que a civilização egípcia teve origem na Suméria. Assim, a história antiga dos egípcios e dos fenícios possui as mesmas raízes semitas. David Rohl até indica que alguns dos fenícios descendiam diretamente da Suméria via Bahrein, e os libaneses ainda ensinam suas crianças que seus ancestrais fenícios tinham origem no Golfo Pérsico. Indubitavelmente, aqui há uma tradição comum e, por conseguinte, os fenícios:

    a. Usavam sarcófagos antropomórficos.
    b. Adoravam o deus El, o deus-Sol (Hebraico: Eli; Grego: Hélios).
    c. Adoravam a deusa Anath, o nome da esposa de José.
    d. Eram governados por reis.[513]

A nação fenícia era próspera e influente, e é frequentemente negligenciada a favor da história do império grego. Entretanto, a sua contribuição na história foi tão fundamental quanto qualquer outra das antigas civilizações. Sua maior influência, que novamente demonstra fortes ligações com o Egito, foram seu alfabeto e linguagem. O alfabeto fenício é reconhecido como o ancestral de todos os alfabetos ocidentais. Ele inspirou os do antigo hebraico, do grego, do romano e o do cirílico que hoje estão espalhados pelo mundo. Muitas palavras gregas e romanas eram também derivadas do fenício, e essa talvez seja a passagem mais provável para as palavras egípcias que alcançaram o inglês do final do século XX. A língua fenícia também foi a base sobre a qual se formou a língua hebraica israelita. Portanto, o seu legado cultural não pode ser subestimado.[514]

---

512. Ian Wilson, *The Bible is History*. Washington: Regnery, 1999, p. 154.
513. *Enciclopédia Britânica*.
514. B. Isserlin, *Israelites*. London: Thames & Hudson, 1998, p. 204.

Os fenícios surgiram da mesma terra dos filisteus, dos israelitas e dos canaanitas – a Palestina. Então, estariam os filisteus e os fenícios relacionados? Às vezes, as tramas dessa história se afunilam, mas elas continuam crescendo e bifurcando-se, de maneira que a especulação também continuará. Certamente, se houve líderes semitas ou seguidores camitas entre os filisteus, eles devem ter mantido sua independência genética dos mercenários e de outros nativos dentre o Povo do Mar, como os povos semitas sempre fizeram. Entretanto, as habilidades de navegação dos filisteus podem ter sido absorvidas pelas tribos semitas de Israel por meio dos canais disponíveis nesses vínculos consanguíneos.

As novas habilidades aprendidas dessa maneira impulsionaram os fenícios a se tornar comerciantes marítimos dominantes no Mediterrâneo da época. Eles estabeleceram ligações em toda a linha costeira da Europa, do norte da África, das Ilhas Baleares, da Sardenha e até da Grã-Bretanha. Eles dominaram o Mediterrâneo por quase cinco séculos, mas como todos os impérios, esse domínio fenício se tornou por fim sujeito a pressões externas. Dessa vez os ataques vieram do leste, dos persas que invadiram a Palestina no ano 573 a.C., conquistando as cidades fenícias da costa levantina e dispersando seus habitantes. Como a Fenícia era uma nação voltada para o mar, grande parte da população conseguiu fugir dos invasores por meio dele. A escolha para seu exílio foi interessante: eles se dirigiram para os postos avançados estabelecidos no Mediterrâneo, para Cartago (a atual Tunísia) e para a Ilha da Sardenha.

Será essa uma coincidência? Os arqueólogos dirão que os filisteus não eram um povo semita, mas eles não podem afirmar quais eram as influências políticas desse povo, e a própria Bíblia discorda deles. Seria o Povo do Mar o resultado de uma colônia egípcia que conseguira assumir o controle das Ilhas Baleares e da Sardenha, na medida em que dominaram a população nativa? É possível que esse tenha sido o motivo pelo qual eles atacaram o Egito, sua antiga pátria? E, ao mesmo tempo, por que os fenícios, ao se encontrar em perigo mortal, fugiram de volta para a Sardenha? Ainda há muito para ser descoberto nessa história, que requer investigações mais detalhadas acerca desses povos.

Infelizmente, depois que o famoso fenício Aníbal devastou Roma com seus elefantes, os romanos conseguiram se reagrupar. Eles haviam aprendido uma difícil lição, fortaleceram-se, começaram a formar o seu próprio império e, finalmente, dizimaram totalmente a cidade fenícia de Cartago. O semelhante império etrusco, na costa italiana oposta à Ilha da Sardenha, teve o mesmo destino, e, assim, os registros dessa época foram negados à História. Contudo, existe um último ponto significativo nessa teoria.

Os fenícios tinham esse nome por causa de sua associação com o mítico pássaro egípcio – a fênix. É dessa raiz que deriva a palavra latina *poenus* e é por isso que as guerras posteriores contra os fenícios de Cartago foram chamadas de Guerras Púnicas.⁵¹⁵ A fênix era um símbolo muito antigo do Egito, onde era conhecida como *Benu*, um termo ligado à cópula e, por sua vez, à vida, morte e renascimento. A fênix era muitas vezes retratada no Egito como uma garça, a ligação aparente é o costume migratório anual desse pássaro. O mito está tão enraizado em nossas civilizações que permanece até hoje, com a renovação da vida humana ainda sendo retratada na imagem "pagã" da cegonha que carrega a criança recém-nascida para os pais.⁵¹⁶ A cegonha é simplesmente a imagem da antiga fênix.

Nesse ponto, as ligações entre os migrantes arianos egípcios e os fenícios fecham o círculo, pois o Templo Egípcio da Fênix encontrava-se em Heliópolis e continha a pedra Benben em seu recinto sagrado. Os textos dentro das pirâmides da quinta e da sexta dinastia assim se referem ao templo de Heliópolis:

> Ó Aton, o Criador. Tu te tornaste grande nas alturas, te elevaste como a pedra Benben na Mansão da Fênix em Heliópolis.⁵¹⁷

Aqui, a conexão está bem clara. A própria pedra Benben era entendida como a semente divina do cosmos e colocada no alto de um obelisco – era uma torre redonda com seu ápice cônico. A ligação egípcia entre a fênix e a pedra pode ser claramente detectada pelo nome dessa mítica criatura, Benu, uma palavra que é sinônimo da pedra Benben. Considerava-se que a pedra Benben tinha origem meteórica e daí a sua associação tanto com o cosmos quanto com o renascimento.

O termo Benben também pode ser interpretado como o esperma humano, e a própria pedra era entendida como a semente divina dos deuses que caiu do céu: era a terra primordial, o início que criou e moldou a humanidade.⁵¹⁸

Considerada nesse contexto, torna-se bem claro o que representava a torre Benben original de Heliópolis e o que significam as centenas de cópias encontradas na Sardenha, em Minorca e na Irlanda. Elas são grandes torres redondas direcionadas e afuniladas para o céu e encimadas por pedras cônicas ou tetos – elas nada mais são do que símbolos fálicos gigantes, representando o nascimento da raça humana.

---

515. *Origins*, Barry Cunliffe. London: BBC Books, 1987, p. 147.
516. *Myth and Symbol in Ancient Egypt*, R.T. Rundle-Clarke. London: Thames & Hudson, 1959.
517. *Ancient Egyptian Pyramid Texts*, R. Faulkner. London: Aris & Philips, 1985, nº 1652.
518. *Orientalia*, Vol. 39, J. Baines.

Pedras Sagradas

Existe outro paralelo direto entre o Egito e a Irlanda que também envolve a pedra Benben. A pedra sagrada assentada no topo da torre redonda de Heliópolis foi perdida no início da história egípcia. Até mesmo na época de Senusret I, no século XX a.C., ela já estava perdida e, em sua restauração de Heliópolis, ele mandou construir dois obeliscos de granito em seu lugar. Esse era exatamente o momento em que a constelação de Touro estava mudando para Áries, um pouco antes do período dos reis hicsos. Será que a pedra sagrada foi perdida ou havia sido escondida?

É mais provável que fora escondida, pois o conceito de uma pedra sagrada permaneceu e muitas das ramificações da Igreja Egípcia que evoluíram por meio do Judaísmo ainda veneram, de certa forma, pedras sagradas. O lugar mais sagrado de Jerusalém, tanto para judeus quanto para muçulmanos, é o recinto do templo. O ponto central desse recinto é o "Domo da Rocha", uma mesquita muçulmana construída em 691 d.C. Ela foi edificada sobre uma grande pedra sagrada, da qual a parte visível é vista como a ponta de um grande bloco cúbico.

Existem outras pedras a ser consideradas. Bethel, ao norte de Israel, aparentemente uma localidade intimamente associada aos patriarcas bíblicos, tem mais pedras sagradas e cultos a elas associados. Acreditava-se que essas pedras fossem "habitadas" pela divindade, e elas eram conhecidas como Beit-el, daí derivando o nome da região.[519] Heródoto fala a respeito do oráculo no Templo de Leto, em Buto, cidade no Delta do Nilo. Ali, a capela era formada por um único cubo de rocha medindo cerca de 40 côvados (entre 18 e 21 metros) de cada lado. Sem dúvida, isso é um exagero, mas a forma dessa capela sagrada é interessante, se considerarmos o seguinte.

Voltando para o Islã, mais pedras sagradas são encontradas, além de certo indício interessante que sugere que a pedra Benben original não se perdeu. O local mais sagrado para os muçulmanos não é o Domo da Rocha, mas Meca, na Arábia Saudita oriental. Até hoje, o propósito de milhões de peregrinações anuais para Meca, o Hajj, é o de visitar e dar três voltas, a pé, em volta da Kaaba, ou o Cubo. Trata-se de uma construção cúbica sem janelas no centro da grande Mesquita de al-Haram, uma estrutura semelhante ao Santo dos Santos no Templo de Salomão de Jerusalém e ao antigo Templo de Leto no Delta do Nilo, que também parecem ter sido cúbicos.[520] Entretanto, na Kaaba de Meca, o ponto central é o al-Hajarul

---

519. B. Isserlin, *Israelites*. London: Thames & Hudson, 1998, p. 259.
520. B. Isserlin, *Israelites*. London: Thames & Hudson, 1998, p. 250. – Heródoto, Livro II:155. "Leto" era a versão grega de um dos oito deuses fundadores do Ogdoad egípcio.

Aswad: a pedra preta sagrada. Como Meca é uma cidade fechada a todos que não sejam da religião islâmica e como a Kaaba é muito sagrada, não existe registro de como essa pedra sagrada se parece, embora a parte visível seja parecida com um ovo de avestruz tanto em tamanho quanto em formato.

É possível que essa seja a pedra Benben perdida de Heliópolis? O Corão registra que foram o bíblico Abraão e seu filho Ismael quem levaram a Kaaba para Meca, de maneira que a época de seu aparecimento nesse local coincide com o seu desaparecimento do Egito. Além disso, com todos os tumultos religiosos que ocorreram por volta dessa época no Egito, tal acontecimento é bem possível. Se uma dinastia regente de reis-sacerdotes quisesse salvaguardar a sua relíquia mais preciosa, ela poderia muito bem retirá-la e escondê-la, em vez de a deixar ser profanada por incrédulos que não acreditavam na Astronomia que estava por detrás do verdadeiro sistema estelar de veneração.

Essa mudança nas constelações ocorreu em meados do século XIX a.C. Abraão foi o primeiro dos faraós hicsos, e o seu reinado começou no início do século XVIII a.C. Isso deixa um período de apenas 150 anos para que os sacerdotes convencessem o povo de que a religião deveria mudar para poder acompanhar o ciclo das estrelas, e é bem evidente que Abraão acabou conseguindo isso por meio de uma demonstração de força. Se os arredores onde se encontrava a pedra Benben fossem conhecidos nos meios sacerdotais, ela poderia muito bem ter ficado perdida durante essa disputa. Estima-se que a pedra Benben pesasse até 5 toneladas. Não é algo que possa ser facilmente escondido e surrupiado de um templo muito frequentado, portanto, a retirada da pedra Benben deve ter sido resultado de um plano bem organizado e, muito provavelmente, realizado por alguém da dinastia regente.

Se esse for o caso, os segredos e as lendas que cercam a pedra Benben – a Kaaba – seriam de conhecimento da elite governante dos hicsos. Eles seriam conhecidos por Abraão, José, Akhenaton, Moisés e, finalmente, pelo próprio Jesus. Assim, os segredos da pedra sagrada seriam compreendidos com clareza pelos antigos sacerdotes judaicos de Jerusalém. Nesse caso, é coincidência o fato de que a seita mística do Judaísmo seja conhecida como a Cabala, uma palavra que combina Kaaba e Allá, que significam "cubo" e "deus"?

Scone

Na Irlanda existe outra pedra antiga que é "reverenciada". Scone foi capital da Irlanda e o local de muitas coroações de reis escoceses. Dentre os seus vários atributos, Scone é famosa por sua pedra sagrada. Ela foi usada tradicionalmente na coroação dos reis escoceses, e o seu poder era tanto que ela foi levada por Eduardo I, em 1296, e colocada sob o trono de coroação na Abadia de Westminster, em Londres, onde tem o seu pequeno papel na coroação de todos os monarcas britânicos desde aquele tempo.

Um verdadeiro escocês afirmará que a Pedra de Scone de Westminster é falsa; de qualquer maneira, alguns escoceses empreendedores a retiraram da abadia em 1950 e levaram-na de volta para Arbroath. Logo depois, o governo de Westminster retirou-a e a recolocou na Abadia de Westminster. Em consequência da aura e do rebuliço em torno dessa pedra, falsa ou não, um Ato do Parlamento cedeu à pressão escocesa e decretou que a pedra sagrada deveria ser devolvida aos escoceses para a sua salvaguarda entre as coroações.

Afinal, por que tanta confusão a respeito dessa pedra? Por que tantas ramificações da linha judaica fazem essa associação com pedras sagradas? A Pedra de Scone não é uma relíquia pagã considerada sagrada pela linhagem celta dos escoceses, mas dizem que se trata da própria pedra sobre a qual Jacó pousou sua cabeça para descansar no deserto de Negev, na Palestina. Portanto, a Pedra de Scone é, supostamente, da mesma época e procedência da pedra da Kaaba; elas são quase a mesma coisa. Que aparência, então, a verdadeira Pedra de Scone deveria ter? Seria ela também um meteorito cônico semelhante à pedra Benben? Seria esse o motivo pelo qual as torres redondas preservaram o formato cônico de seu cume, de maneira semelhante à original Torre Benben?

Existem aqui muitas perguntas e poucas respostas autênticas, mas é provável que exista mais do que mera coincidência, pois a conexão irlandesa é ainda reforçada pela história celta da própria Ilha de Esmeralda. Já se mencionou que a tribo de Dan era um povo voltado para o mar e, possivelmente, ligada ao Povo do Mar de Danu, que invadiu o Egito na época de Ramsés III. Mas na Irlanda pré-histórica, possivelmente na mesma época, surge outra tribo de Dã.

> Com respeito a "Bru na Boinne" (Newgrange) existem dois conceitos: Bru como a morada (mansão ou castelo) de seres mitológicos ou sobrenaturais conhecidos como os "Tuatha de Dannan (povos da deusa Danu), e Bru como o cemitério dos reis de Tara.[521]

Os Tuatha de Dannan eram considerados os habitantes originais da Irlanda, antes da chegada dos celtas, que se "retiraram para os sítios mortuários" encontrados na Irlanda setentrional e oriental. Eles não eram deuses, mas seres sobrenaturais que realizavam façanhas superiores aos poderes de simples mortais – o que é precisamente o tipo de imagem que um grupo de educados sacerdotes e príncipes egípcios teria tido diante de pessoas simples, caso aparecessem nas praias da Irlanda entre 1600 e 1300 a.C.

---

521. *Newgrange,* Michael J. O'Kelly. London: Thames & Hudson, p. 45.

Será que a tribo de Dã levou a pedra Benben para a Irlanda? É provável que a pedra Benben original fosse pesada e grande demais para ser levada para a Irlanda, seu destino europeu original de acordo com o mito. Por outro lado, teria sido mais simples criar uma cópia (menor?) de uma pedra local que pudesse ser utilizada como foco de uma "nova" religião naquela localidade.

Havia muitos contatos entre a Irlanda e a Escócia durante a Era das Trevas, e nem sempre esses encontros eram amistosos. Portanto, não é difícil imaginar os escoceses se apropriando da pedra sagrada irlandesa e usando-a em suas próprias cerimônias ao longo dos séculos até a chegada dos ingleses. Deparados com a possível perda de sua pedra sagrada, uma cópia extremamente grosseira foi rapidamente cortada por um pedreiro local e entregue a Eduardo I como troféu de sua expedição, enquanto a pedra original foi bem escondida sob algum marco local. Agora que os escoceses possuem o seu próprio Parlamento e não há ameaça real de perda da pedra verdadeira, será interessante observar se essa história ressurge uma vez mais.

Orange

Existe ainda mais nesse conto intrigante e, agora, a história nos leva para um dos vários conflitos dinásticos europeus que assolavam o continente. Na escala doméstica, o problema era de fundo religioso. Por causa da influência da esposa católica de Carlos I e de suas constantes disputas com o Parlamento, deu-se início à Guerra Civil Inglesa. As facções estavam divididas em bases essencialmente religiosas: os monarquistas eram predominantemente católicos e os protestantes estavam unidos sob o comando de Oliver Este. Cromwell acabou vencendo o conflito, e Carlos I (Carlos Stuart) foi decapitado. Entretanto, com a morte de Cromwell, houve um desejo público da restauração da monarquia, e Carlos II foi coroado rei em 1660.

Tanto Carlos I quanto o seu irmão, que se tornou Jaime II (Jaime Stuart), eram nominalmente protestantes, e a filha de Jaime, Maria, casou-se com Guilherme de Orange, o príncipe protestante da Holanda. É preciso lembrar que a verdadeira linhagem real é transmitida pela linha feminina, portanto, por meio de Maria que, agora, estava casada com Guilherme de Orange. Isso explica por que Guilherme de Orange deveria ter sido considerado o legítimo rei da Inglaterra. Foi o seu futuro filho com Maria que lhe proporcionou a legitimidade. Mas as tendências protestantes de Jaime II eram tão-somente uma farsa e ele recusou-se a pronunciar o juramento anticatólico e, ao tornar-se rei em 1685, as suas políticas foram abertamente católicas. Foi por esse motivo que, desde então, se impôs o juramento protestante compulsório para todos os futuros monarcas.

A hierarquia protestante estava preocupada, pois uma nova guerra civil devastadora estava se pronunciando. O povo não queria outro ditador igual a Cromwell e, a fim de abafar essa rebelião, alguns líderes de destaque, em Londres, decidiram solicitar a assistência de Guilherme de Orange, cujos filhos eram da linhagem real. Guilherme desembarcou na Inglaterra em 1688 e, embora o seu exército fosse pequeno, ondas de oficiais protestantes e seus homens desertaram, aumentando o contingente de Guilherme. Jaime fugiu do país, e Guilherme foi coroado Guilherme III da Inglaterra em fevereiro de 1689. Guilherme não era homem de perder tempo; em março do mesmo ano, dirigia-se para a Irlanda em forte perseguição a Jaime, e uma batalha histórica estava para ser travada em solo irlandês.

Esse era o cenário doméstico, mas havia um ambiente político mais amplo dentro do qual um pequeno conflito estava se desenrolando. O problema básico na Europa não era tão religioso, pois transcendia as crenças religiosas paroquiais – tratava-se de uma disputa entre as alianças dinásticas rivais. A impressão é que a linhagem dos descendentes de Jesus havia se misturado a dinastias regentes da Europa e, como todas as famílias, eles estavam sujeitos a ocasionais discórdias domésticas. Inicialmente, muitos presumiriam que a linhagem era própria da dos Habsburgos, pois a sua rejeição da Igreja Católica fazia com que essa suposição fosse lógica. Entretanto, *sir* Laurence Gardner fez uso de registros históricos persuasivos para afirmar que Jaime II da Inglaterra também era da linhagem, a despeito de suas tendências católicas. Isso confundiu ainda mais a questão. Duas perguntas ainda persistiam: Por que essas duas dinastias estavam em conflito, uma vez que ambas pertenciam à linhagem? Por que um descendente de linhagem da Igreja de Jesus e Jaime eram tão leais à Igreja Católica que tanto distorceu a sua verdadeira história?

A resposta pode estar nas pesquisas de Clive Prince e de Lynn Picknett, em seu livro *The Templar Revelation* (A Revelação dos Templários). Eles afirmam que houve uma longa e amarga disputa entre Jesus e João Batista, que resultou na morte de João. Já se demonstrou que João era o sumo sacerdote de Jerusalém e que foi um conflito dinástico que resultou em sua morte; mas será que esse conflito ocorreu em parte por causa de uma disputa com a família de Jesus? As descobertas de Lynn e de Clive merecem uma leitura mais aprofundada, pois elas possivelmente explicam as raízes dessa disputa entre os Habsburgos e os Bourbons a partir de uma perspectiva mais antiga. Eles indicam que os Cavaleiros Templários mantinham as tradições da dinastia que descendia de João Batista, e não da que provinha de Jesus. Os Templários tinham a fama de venerar uma cabeça decepada barbada – algo instigantemente explicado como veneração à cabeça decepada de João Batista.[522] O indício de uma antiga disputa entre as

---

522. *The Templar Revelations,* Clive Prince, Lynn Picknett. London: Corgi Adult, 1998.

famílias de João e de Jesus é fragmentária, mas a posterior veneração medieval de João Batista pode facilmente ter originado-se de uma divisão nessa família real.

Durante os séculos, a riqueza da família havia exaurido, mas nessa época da história, a linhagem faraônica parece ter feito parte da linhagem real, tanto dos Habsburgos quanto dos Bourbons. Mas essa era uma família dividida, e as sementes da discórdia provocariam outro conflito dinástico pelo poder. Um microcosmo dessa teia emaranhada de alianças é representado pela história dos duques de Saboia, na Itália. Essa família não apenas realizou casamentos com os Bourbons e também com os Habsburgos, que representavam as duas partes da divisão, mas também eles se tornaram reis da Sardenha, sobre a qual já falamos. Além disso, essa família fundou o museu egípcio de Turim, o primeiro museu de antiguidades egípcias do mundo. A herança dessa família, portanto, está se fazendo bem evidente.

A noroeste da Europa, a linhagem Habsburgo era representada e seguida por príncipes saxões, espanhóis e suecos, conhecidos como a "Liga de Augsburgo" ou a "Grande Aliança". Alinhados contra eles nessa disputa estavam os Bourbons, liderados por Luis XIV, da França, e uma mescla de principados católicos. A disputa mais ampla dizia respeito ao futuro da Espanha que, surpreendentemente, estava sob o controle Habsburgo e a ineficiente liderança do rei Carlos II da Espanha, que não tinha herdeiros. Parecia provável que os Bourbons obteriam o controle da Espanha por meio da esposa de Carlos, que era uma Bourbon. Os Bourbons possuíam o exército mais poderoso da Europa, que se tornaria imbatível se a Espanha viesse a ser controlada por eles. No meio disso tudo, os Habsburgos estavam passando por um conflito com os turcos, na fronteira oriental. Luis XIV pensou que Jaime II da Inglaterra pudesse manter ocupados os estados protestantes na Holanda – sob o controle de Guilherme de Orange –, enquanto conduzia os seus homens para a Saxônia para enfrentar os Habsburgos. A dinastia católica dos Bourbons estava a ponto de dominar toda a Europa.[523]

Mas o plano estava fadado a fracassar. Jaime II perdeu o apoio da população inglesa, Guilherme de Orange foi convidado a ir para a Inglaterra com seu exército e Jaime teve de fugir para a França. Luis XIV estava rapidamente perdendo o controle de seu flanco norte. Desesperado, ele enviou tropas valiosas para dar suporte a Jaime, decisão que enfraqueceu a sua capacidade de atacar os Habsburgos. Jaime planejava reconquistar o flanco norte (Inglaterra) usando a Irlanda como trampolim, visando a uma investida no norte da Europa. Guilherme, agora rei da Inglaterra e da Escócia, percebeu o estratagema e, imediatamente, dirigiu-se para a Irlanda a fim de cortar o suporte de Jaime pela raiz.

---

523. *Enciclopédia Britânica*.

A batalha nada tinha a ver com a Irlanda: tratava-se de um conflito menor, disputa de uma família europeia, entre as linhagens de Abraão, aparentemente representadas pelas Igrejas distintas de João Batista e de Jesus. Era uma discórdia que apresentava, até mesmo no âmbito doméstico, Jaime II lutando contra o seu genro Guilherme e a sua própria filha Maria. A situação atingiu o seu ápice no Rio Boyne, ao norte de Dublin, em 1690 – uma localidade bem simbólica.

Será que essa posição foi combinada pelas duas partes? Será que eles tinham compreensão de seu significado sagrado e de como a sua história estava interligada com a disputa corrente? É possível que eles conheciam a história antiga do sítio de Newgrange no qual estavam prestes a lutar, uma história que era intimamente ligada com o Egito e com a linhagem da dinastia faraônica? Conheciam eles a importância da natureza sagrada dessa localidade, que havia permeado a própria história irlandesa para tornar-se a Sede de Tara, a pátria de todos os famosos reis irlandeses? Foi por esse motivo que Newgrange, no sinuoso Vale do Boyne, foi escolhida para essa batalha histórica?

Disposto nessa mais própria das batalhas europeias, estava Jaime II, à margem sul do rio Boyne. Ele tinha 7 mil soldados regulares franceses e 14 mil irlandeses. O contingente irlandês era composto de homens sem nenhum preparo militar. Do outro lado do rio, estava Guilherme de Orange, que tinha 35 mil soldados à sua disposição. Enfatizando a verdadeira natureza internacional da disputa, as forças de Guilherme eram compostas da Guarda Azul Holandesa, duas divisões de protestantes franceses, de uma infantaria, com alguns ingleses, dinamarqueses e prussianos, e, na retaguarda, de uma mistura de finlandeses e de suíços.[524]

As intrigas correntes eram tantas que até o papa enviou tropas para lutar ao lado de Guilherme e contra os católicos. A impressão é que o papa temia mais a política expansionista de Luis XIV do que as pretensões da Liga de Augsburgo. Até hoje se comemora esse evento na história da Irlanda, considerada uma batalha dos ingleses contra os irlandeses. Ela foi tudo, menos isso. Essa foi a batalha pelo futuro da linhagem faraônica, a casa real de Abraão. Também pode ter sido para estabelecer o controle do indício vital da legitimidade dessa linhagem.

As Cruzadas

Após o exílio da família de Jesus de Jerusalém, no primeiro século d.C., mil anos se passaram até que ela se estabelecesse no topo de uma linhagem dinástica com poder e influência suficientes para prosseguir com sua missão e dever sagrados. Assim que conquistaram essa capacidade, eles marcharam sobre Jerusalém em busca de seus antigos registros – as

---

524. *Enciclopédia Britânica.*

Cruzadas cristãs medievais haviam se iniciado. Ondas e ondas de cruzados fluíram na Palestina para proporcionar segurança à área e, ao mesmo tempo, permitir à dinastia regente o início das escavações em busca do Templo de Salomão, há muito tempo perdido. Parece que tiveram êxito: algo poderoso e sagrado foi encontrado nas catacumbas de Jerusalém que consolidou o poder da família, levando-a a se tornar a dinastia mais poderosa da Europa. Os Templários foram criados para controlar esse grande e sagrado império e também ficaram extremamente ricos e poderosos.

Mas os Templários não eram todo-poderosos. A sua derrocada ocorreu na sexta-feira do dia 13 de outubro de 1307, quando tropas controladas por Filipe IV, e a mando da Igreja Católica, prenderam todos os membros da organização, confiscando os seus bens. Foi um enorme golpe para a dinastia, mas a sua influência e poder ainda se revelaram quando ela decidiu que, a partir de então, a sexta-feira 13 seria considerada um dia de azar. O resto do mundo não estava a par do motivo, mas todos fizeram o que lhes foi mandado.

A família sobreviveu a esse assalto por uma combinação de sorte e astúcia e, por fim, ela voltou a crescer para dominar novamente a Europa. Eles alimentaram com muito cuidado cada associação influente e real, da mesma forma que Jacó fez com Labão no Egito, até conseguir entrincheirar-se novamente nos mais altos níveis da sociedade.

Cerca de 400 anos mais tarde, houve outra oportunidade para essa família demonstrar poder e consolidar a sua influência na Europa. Graças às suas tradições faraônicas, a família deveria conhecer a importância dos monumentos antigos do mundo – as pirâmides do Egito eram, no mínimo, um patrimônio perdido da família. Os monumentos da Grã-Bretanha também pareciam estar envolvidos em um mistério semelhante. Tanto os gregos quanto o historiador Josephus mencionam os mistérios da Grã-Bretanha.

Se tudo isso fosse de conhecimento da família real, Newgrange seria um lugar adequado para encenar uma batalha final pelo poder. Além disso, se um boato quanto à condição de Newgrange tivesse se espalhado, a família poderia ter percebido a oportunidade de encenar uma nova cruzada, mas dessa vez para a Irlanda, e não para a Palestina. O propósito dessa cruzada irlandesa teria sido semelhante ao das cruzadas medievais em Jerusalém: para escavar as ruínas de Newgrange em busca de outros artefatos a ser apreciados pela sagrada família. Isso pode parecer uma louca especulação, mas é exatamente o que aconteceu. Guilherme de Orange venceu a batalha, Jaime recuou para a França e os Bourbons perderam a sua oportunidade. Mas o que Guilherme ganhou com isso?

Foi permitido a Jaime II retirar-se para o sul com o resto de seu exército e nenhuma tentativa foi feita para dizimar o inimigo derrotado. Até hoje, de acordo com o pesquisador da Irlanda do Norte, Andrew Power, a comemoração dessa vitória não se refere ao sucesso da própria batalha nem tampouco à derrota de Jaime – celebra-se o cruzamento do Rio Boyne pelo rei Guilherme de Orange. As imagens que sobreviveram até nossa época confirmam o fato: não se trata do rei Guilherme derrubando os seus inimigos, mas de Guilherme sobre um corcel branco cruzando o Rio Boyne. A batalha foi vencida quando as patas de seu corcel pisaram o solo úmido de Eamhain (Newgrange). Seria Newgrange o prêmio?

Muitas coisas nessa busca são incertas, mas um fato muito mais sólido é que, depois da batalha decisiva, Newgrange, o sítio mais sagrado da Irlanda, foi aberto pela primeira vez depois de quase 3 mil anos. Não existem registros do que foi encontrado ali.

Fertilidade

Pessoalmente, acredito que Newgrange foi sem dúvida muito importante para esses antigos mitos. No livro *Thoth,* sugeriu-se que os mamoas (montículos artificiais que encobrem túmulos) de West Kennet, na Inglaterra, fossem, conceitualmente, muito semelhantes aos de Newgrange, e que existe ligação específica entre essas duas culturas. Além disso, a disposição interna de Newgrange também é semelhante a Gavrinis, na Grã-Bretanha, e a Grouville, em Jersey, este último sendo uma impressionante sepultura de passagem com uma sala interior enorme. As tradições dessas estruturas neolíticas parecem ter espalhado-se pelos limites ocidentais da Europa. Tanto seus projetos quanto as gravações dentro desses monumentos mostram que havia íntimas conexões entre esses sítios bastante distantes uns dos outros, na época em que está datada a construção desses monumentos: o terceiro milênio a.C.[525]

Interior de Newgrange   *Interior do Tesouro de Atreu*

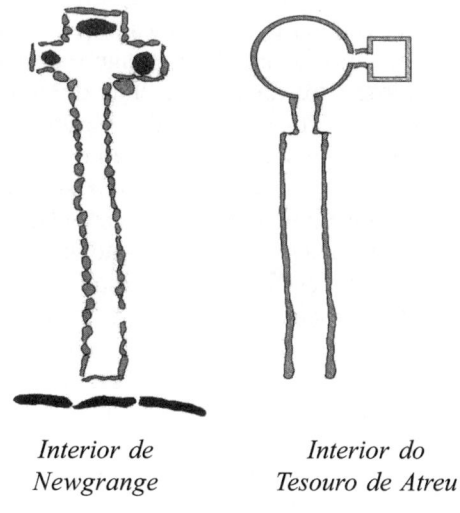

Figura 27

---

525. *Civilization of the Goddess,* Marija Gimbutas.

Muito tempo mais tarde, essas tradições deram um salto em direção leste. Por volta de 1300 a.C., os gregos de Micenas começaram a construir monumentos muito semelhantes àqueles de pedras ocidentais, construções como o Tesouro de Atreu. Esses sítios orientais com suas "sepulturas de passagem" são separados por uma distância de cerca de 2.4 mil quilômetros e quase 2 mil anos de seus parentes europeus e, no entanto, eles são muito semelhantes: todos têm uma longa passagem que termina em uma cripta de formato cônico com console; cada um dos lados tem alcovas ligadas à câmara principal.

Existe um grande espaço de tempo entre o projeto do Tesouro de Atreus e o de Newgrange, e é interessante o motivo pelo qual o projeto ressurgiu dessa maneira. É possível que, se os gregos antigos tivessem visto Newgrange e entendido a sua importância, o próprio projeto poderia ter sido considerado sagrado, e não somente a localidade. Com essa associação entre o Tesouro e Newgrange, entre o Oriente e o Ocidente, foi interessante descobrir que a porta de entrada para o Tesouro possui um distinto lintel. Ele é formado por uma grande laje com um espaço piramidal desnecessário no alto. Essa característica, que é repetida na porta menor da tumba e no famoso Portal do Leão, confundiu os historiadores, e a explicação que se deu está relacionado a um alívio de tensão sobre o lintel. Mas, se formos projetar uma arcada, não haveria absolutamente necessidade de um lintel tão grande.

Para uma explicação mais satisfatória dessa característica, é preciso entender as origens do projeto, e elas envolvem tanto a Irlanda quanto o Egito. Parece ter passado despercebido ao mundo ortodoxo que o projeto do sítio de Newgrange não é somente muito semelhante ao do Tesouro, mas também que a sua entrada tem essa mesma característica, uma abertura acima da porta de entrada. Em Newgrange é através dessa estranha abertura que os primeiros raios do Sol nascente, durante o solstício de inverno, clareiam o fundo da câmara dentro do monumento. A função dessa penetração solar na câmara no solstício de inverno é óbvia. Há muito tempo observou-se que a disposição dessas câmaras simboliza os órgãos reprodutores femininos, com a longa passagem representando o canal de nascimento e a cripta, o próprio útero. O monumento inteiro é uma representação da Mãe Terra. Ao nascer do Sol, durante o solstício de inverno, o útero da Terra é ritualisticamente penetrado pelos raios do deus – Sol Ra –, para que o novo ano nasça e a Terra possa ser fertilizada com uma nova vida.

Esse simbolismo pode ser levado ainda além porque bem no fundo da câmara de Newgrange existem tigelas finamente esculpidas em granito, das quais uma tem a impressão de dois ovais em sua superfície. A sua função é desconhecida, mas Andrew Power considera-as representações de óvulos humanos para ser fertilizados no "útero" da câmara pelos raios do Sol nascente. De fato, as duas depressões ovais em uma das tigelas são muito parecidas a dois núcleos genéticos na célula fertilizada prestes a se juntar.

Figura 28. A tigela de Newgrange

Os gregos micênicos parecem ter copiado essa característica da abertura acima da porta, mas sem necessariamente entender a sua finalidade. Eles simplesmente a copiaram e, para agregar o seu próprio significado ao projeto, apelaram para os sábios do Egito. O projeto final que escolheram foi também muito significativo em matéria de simbolismo, pois na linguagem egípcia o projeto da abertura acima da porta é um hieróglifo e o seu significado é "pirâmide".

O fato de que projeto do Tesouro de Atreu foi cuidadosamente concebido e deliberado em sua execução é enfatizado pelo projeto da tumba de Clitemnestra, que é idêntico. O projeto do Tesouro não é absolutamente exclusivo. Onde não fosse possível construir uma enorme pirâmide, um projeto de túmulo com o hieróglifo de uma pirâmide foi considerado suficiente. Há uma curiosa fusão entre os dois antigos cultos à fertilidade.

Entrada do Tesouro de Atreu *Hieróglifo para pirâmide*

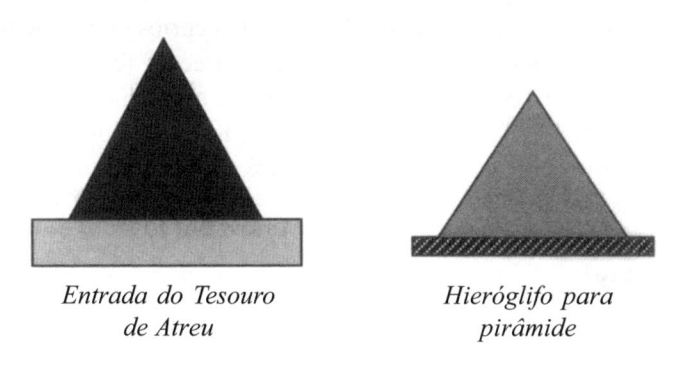

Figura 29

Por mais incrível que pareça, os monumentos sagrados dos antigos parecem ter sido projetados para um plano que abrangia toda a Europa. As crenças nos limites ocidentais da Europa eram dominadas pela fertilidade de uma deusa: o útero dessa divindade feminina era profundamente encerrado nos grandes túmulos "celtas", nos quais a divindade era ritualisticamente fertilizada por um raio de luz do Sol nascente que penetrava as profundezas da câmara. Os limites orientais do Mediterrâneo, por outro lado, eram dominados pelas torres fálicas Benben da divindade masculina, Aton. Aton foi o deus primordial, o ser supremo que existiu antes de o cosmos ser criado, e ele era venerado como a divindade principal de Heliópolis. Os textos da pirâmide confirmam a associação com Heliópolis e com as imagens fálicas do Benben quando dizem, na linha 527, que Aton se masturbou em Heliópolis e...

> ... segurando o seu falo e ejaculando por meio dele a fim de gerar os gêmeos Shu e Tefnut.

Assim, o panteão de deuses egípcios foi criado pela semente ejetada do falo do deus Aton, graficamente representado pela torre fálica Benben de Heliópolis.

Aqui temos a sexualidade distinta e oposta dos deuses que, de alguma forma, ficou graficamente representada em uma arquitetura monolítica semelhante, mas em distintos continentes, por diferentes civilizações, retratando sexos opostos. Durante longos espaços de tempo, os cultos femininos ocidentais ao útero da Terra dirigiram-se em direção leste, desde a Irlanda até a Grécia. Por outro lado, os cultos masculinos orientais ao falo Benben moveram-se para o Ocidente, do Egito para o Mediterrâneo Ocidental e dali para a Irlanda.

Essas duas culturas se fundiram temporariamente no Tesouro de Atreu e na tumba de Clitemnestra, nos quais a câmara feminina e a pirâmide masculina são representadas juntas. Aqui há uma curiosa fusão de fertilidade, e os elos entre todos esses monumentos parecem fechar o círculo: o noroeste da Europa, o Mediterrâneo ocidental, a Grécia e o Egito estão todos imersos em semelhanças culturais. É bastante evidente que houve contatos históricos entre as nações, e a Grécia, em particular, absorveu muitas dessas influências.

Estrelados

A religião egípcia original, inalterada, e a linhagem a ela associada tiveram uma vida tortuosa. Ela passou por uma existência bastante estável por milhares de anos na fértil planície do Egito antes de ser forçosamente erradicada e enviada em exílio para Jerusalém e ainda mais longe. Ela procurou restabelecer-se no Egito para ser expulsa novamente de volta para Jerusalém e até o Mediterrâneo Ocidental. Então, planejou-se um assalto direto pelo oeste, mas esse também não conseguiu deslocar os egípcios taurinos. Ela sofreu um exílio temporário na Babilônia, nas mãos dos persas, para novamente se dispersar pela Europa, nas mãos dos romanos. Todas as vezes que ela era atingida por essas calamidades, os leais adeptos e detentores desses antigos segredos e rituais recuperavam-se e tornavam a estabelecer-se em terras novas.

Os judeus e cristãos exilados promoveram a sua versão dos acontecimentos no Egito, mas aqueles que tinham "ouvidos para ouvir" levaram as suas histórias e tradições. Algumas das semelhanças entre a vida judaica e a egípcia já foram exploradas no Capítulo V, mas também existem antigas tradições egípcias que passaram a ser usadas pelos maçons:

a. O avental maçônico. Originalmente, esses aventais eram usados pelos faraós e pela elite regente nas cerimônias religiosas e baseavam-se no desenho das pirâmides, em formato triangular.

b. A bandeira de guerra dos Templários, quadriculada em branco e preto, o Beausant – que representava a *vitória* –, baseava-se no desenho do hieróglifo para o deus Amon, como pode ser visto no porta-joias da tumba do faraó Tutankamon. Esse símbolo parece ter evoluído na bandeira xadrez que representa *vitória* em corridas de carros.

c. Os pilares Djed egípcios, que eram fundamentais no desenho dos grandes templos do Egito, tornaram-se um aspecto proeminente do Templo de Salomão em Jerusalém e, por fim, evoluíram nos dois pilares que podem ser vistos nas Lojas Maçônicas. Atualmente, o desenho dos dois pilares é uma característica de igrejas e de cidades em todo o mundo. Um importante exemplo são os dois pilares situados na zona portuária de Veneza e outros dois, distintamente de desenho egípcio, formam a fachada do "Templo da Sagrada Família" em Barcelona – a exótica e famosa catedral de Gaudí.

d. O conjunto completo de símbolos astrológicos que ainda é usado em grande parte do mundo.

e. A simbologia do esquadro e do compasso, dos quais foram descobertos exemplos entre os amuletos encontrados nas bandagens que envolviam o corpo de Djedhor, um egípcio de alto posto militar. Esse sarcófago foi descoberto por Flinders Petrie em 1902 e data da 13ª dinastia (cerca de 380 a.C.).

f. Os exércitos começam a marchar com o pé esquerdo à frente, para a vitória. Todas as estátuas dos faraós, no Egito, são apresentadas com o pé esquerdo à frente para demonstrar força, confiança e vitória.

g. A tradicional *Line and Stick Dance* (tipo de dança folclórica) que representa o antigo confronto entre Osíris e Set (Caim e Abel). Essa dança foi provavelmente introduzida na Grã-Bretanha pela Espanha moura e é conhecida atualmente como *Morris Dancing* (dança moura ou, talvez, dança Maris, em homenagem a Stella Maris ou

Estrela do Mar, pseudônimo da mãe de Jesus). Tradicionalmente, supõe-se que a *Morris Dancing* ilustra o ciclo de vida, morte e renascimento, um papel semelhante às antigas tradições da fênix e do deus Osíris. O fato de que as pessoas seguram ramos verdes nessa dança também é significativo, pois Osíris era o deus "verde" do Egito e ele foi frequentemente relacionado ao culto do Homem Verde na Inglaterra medieval e dos Tudor.

h. O símbolo "OK" feito com o polegar e o indicador em forma de círculo e os outros três dedos abertos para cima. Essa é simplesmente uma representação invertida do "Olho de Hórus", cujo significado era semelhante ao nosso atual "OK":

> Sempre que uma fraqueza ou um vacilo venha a ameaçar a ordem natural das coisas, a imagem restaura e, por meio de sua magia, confere uma mensagem de esperança.[526]

A imagem do Olho de Hórus indica que tudo está bem (OK) e os marinheiros gregos ainda o pintam na frente de seus barcos como um talismã protetor.

i. A expressão "hermeticamente fechado" refere-se a um local ou a um frasco fechado e impermeável. Os sacerdotes heliopolitanos pensavam que os segredos e os rituais fossem, tradicionalmente, baseados nos ensinamentos do deus Thoth ou Hermes, e eles eram alguns dos segredos mais guardados do planeta. Eles eram tão bem preservados que nada poderia escapar, de maneira que a expressão "hermeticamente fechado" foi criada para demonstrar que um recipiente estava bem vedado.

j. A cerimônia de coroação dos egípcios, que também foi adotada em Jerusalém e realizada para o rei Salomão, ainda é praticada nas coroações britânicas. Até na Era Moderna, o rei é ritualisticamente ungido com óleos entre as espáduas e no peito e, desde o século XVIII, esse ritual também foi acompanhado pela ária da coroação de Händel, que começa com as palavras...

Zadok, o sacerdote, e Natã coroam o rei Salomão...

A Nova Ordem Mundial

À medida que as várias ramificações da linhagem fluíam pelo século XVIII, ocorreu uma ligeira mudança na estrutura de seus partidários. O poder e a influência das classes regentes estavam desvanecendo em todo o território, enquanto o papel dos ricos mercadores crescia. Observou-se que

---

526. *Hieroglyphs,* M. Betro. New York: Abbeville Press, 1996, p. 55.

os recém-chegados aos corredores do poder gostavam de se relacionar com a aristocracia e, por outro lado, verificou-se que algumas dessas pessoas comuns poderiam ser muito úteis à família. Os novos recrutas, do que veio a ser chamado "o ofício", não deveriam ser informados sobre toda a verdade, é claro, e, assim, uma mistura de cerimônias peculiares de iniciação foi inventada para instruir os leigos sobre a história básica da linhagem da família.

Era um jogo de charadas para adultos, um sistema destinado a assegurar que os livres-pensadores radicais não se juntassem ao clube. Somente pessoas simples com uma lealdade cega a uma causa a respeito da qual nada sabiam eram admitidas e, para prevenir qualquer questão dúbia sobre a sociedade, toda discussão sobre religião e política era proibida nas reuniões. A Igreja Católica fez uso das leis da blasfêmia e da brutalidade da Inquisição para manter os crentes no caminho certo. A fraternidade baniu a liberdade de expressão e instituiu maldições horrendas contra quem ousasse revelar seus segredos. As duas providências surtiram efeito no sentido de silenciar os possíveis dissidentes em seu meio.

Embora o futuro parecesse menos hostil do que o turbulento passado, caso surgisse outro assalto direto contra o sistema, a família queria o máximo possível de influência sobre os poderes da lei e da ordem. A prudência exigia que as pessoas que tinham acesso ao poder fossem assiduamente controladas e seguidas, principalmente aquelas ligadas às instituições mais importantes da polícia e das forças armadas e judiciárias. As fileiras dessas instituições foram minuciosamente investigadas na busca de candidatos adequados para proteger a linhagem de perigos que envolviam desde pequenos desentendimentos com a lei, passando pela contínua influência da Igreja Católica, até uma grande guerra mundial com os nazistas ou os comunistas (sendo que, de alguma forma, essas três organizações perseguiam e declaravam a ilegalidade da Maçonaria). Tanto a Segunda Guerra Mundial quanto a Guerra Fria combateram a Maçonaria em diversos níveis, pois nem sempre elas foram simples cruzadas pela liberdade ou pelo capitalismo.

Nadir

Essa mentalidade de assédio foi, talvez, o resultado lógico da constante perseguição do passado, e os envolvidos não podem ser totalmente responsabilizados por perseguir essa linhagem; mas essa não é uma estratégia isenta de problemas internos próprios. Como a fraternidade foi obrigada a manter o seu sigilo durante gerações, ela não teve a possibilidade de informar seus recrutas sobre os princípios essenciais do Ofício, de maneira que a associação acabou sendo continuamente reforçada por bajuladores.

Essas eram pessoas satisfeitas em seguir uma crença na qual tinham pouco interesse e compreensão, mas que estavam dispostas a acompanhá-la para satisfazer a suas ambições pessoais. Elas estavam até dispostas a favorecer e proteger seus companheiros social e profissionalmente e, muitas vezes, independentemente de sua posição moral ou de suas habilidades. Não é somente lamentável, mas também uma situação grave. Agora, o mundo está repleto de capitães de indústria, políticos, banqueiros e até pilotos de avião que foram promovidos a posições de responsabilidade graças às afiliações em vez de suas habilidades. É um sistema que suga o sangue vital de nações inteiras.

Assim, essa religião que já foi esplendorosa, aquela da mais duradoura linhagem real na história do mundo, ficou reduzida a um nadir. Seus membros são seguidores dos passos dos sacerdotes altruístas de Heliópolis, que possuíam os segredos dos deuses e observavam o cosmos em nosso nome, em épocas de prosperidade e privação. Agora, eles são afiliados a uma sociedade que, muitas vezes, tem pouca ambição além daquela de promover as carreiras de seus companheiros-membros. Entretanto, as coisas não precisam ser assim, pois o mundo vem mudando muito nos últimos tempos e existem poucos segredos, se é que realmente há, a ser ocultados dos membros inferiores da fraternidade. O paradigma está prestes a mudar e, com as religiões contemporâneas minguando no Ocidente, chegou o momento de a "religião" original baseada na ciência ser restaurada à sua glória anterior.

APÊNDICE I

A Crucificação

No capítulo VIII, eu afirmei que, embora houvesse uma alusão histórica a um açoitamento, não existia evidência da crucificação. Entretanto, essa afirmação pode ter sido prematura, pois ao final da autobiografia de Flávio Josephus, *A Vida*, existe a seguinte informação:

> Ao voltar, vi muitos presos crucificados e lembrei-me de três deles como antigos conhecidos. Senti muita pena deles em minha mente e fui ver Tito (comandante da Judeia e futuro imperador romano) com lágrimas nos olhos. Imediatamente, ele mandou que os retirassem e que tivessem muito cuidado com eles para (facilitar) a sua recuperação. Mas dois deles morreram nas mãos do médico, enquanto o terceiro se recuperou.[J527]

Já foi exaustivamente demonstrado que Josephus era, na realidade, Saulo (São Paulo), e que foi Saulo quem criou o Cristianismo tal como o conhecemos. Josephus [Saulo] menciona muitas vezes o Jesus bíblico em suas obras históricas e, portanto, essas referências podem ser usadas como uma versão alternativa dos relatos do Novo Testamento. Contudo, nessa passagem, há menção a três pessoas conhecidas de Josephus [Saulo] que estavam sendo crucificadas, das quais uma sobreviveu. Assim como vários aspectos das obras de Josephus [Saulo], esse relato parece relacionado à Bíblia e, em comparação, o Novo Testamento menciona:

> Levaram então consigo Jesus. Ele próprio carregava a sua cruz para fora da cidade, em direção ao lugar chamado Calvário, em hebraico Gólgota. Ali o crucificaram, e com ele outros dois, um de cada lado, e Jesus no meio.[B528]

J527. *Josephus Life*, 420, 421.
B528. Bíblia, João 19:17.

Depois disso, José de Arimateia, que era discípulo de Jesus, mas ocultamente, por medo dos judeus, rogou a Pilatos a autorização para tirar o corpo de Jesus. Pilatos permitiu. Foi, pois, e tirou o corpo de Jesus.[B529]

O que temos aqui é um paralelo codificado do relato de Josephus [Saulo] que acabamos de ler, de maneira que é bem possível que a crucificação de Jesus possa ter sido registrada em texto histórico alternativo. Mas vamos analisar as semelhanças e as diferenças entre essas duas versões da crucificação e tentar entender como elas podem ter ocorrido.

a. Os dois relatos mencionam três eminentes cidadãos judeus sendo crucificados. A Bíblia procura identificar Jesus como uma pessoa insignificante, um simples carpinteiro. Mas nós sabemos que isso não é verdade por muitos motivos – e um dos mais importantes é que uma petição bem-sucedida foi feita ao governador de Jerusalém para a sua retirada da cruz. Um humilde carpinteiro não teria condição de conseguir uma intervenção oficial dessa forma.

b. Em ambas as versões, uma petição foi feita ao governador responsável de Jerusalém para que três pessoas fossem retiradas da cruz. A Bíblia afirma que o governador era Pilatos, mas Josephus diz que era Tito. A diferença entre os dois relatos é explicada pela insistência da Bíblia em afirmar que Jesus morreu por volta do ano 30 d.C., enquanto as obras de Josephus repetidamente indicam que, na realidade, Jesus morreu durante o cerco de Jerusalém (ou logo depois) no ano 70 d.C. Pessoalmente, eu penso que essa última data seja o registro mais preciso desses acontecimentos. A data de 30 d.C. origina-se de uma confusão com a ressurreição metafórica de Jesus durante o Ritual Maçônico de Terceiro Grau, enquanto o relato de Josephus descreve os eventos que ocorreram na crucificação real de Jesus. Se Josephus estiver correto, então, o governador responsável de Jerusalém era realmente Tito.

c. Os dois relatos afirmam que foi um homem chamado José[phus] quem pediu pelo corpo do homem crucificado [Jesus]. A semelhança aqui é interessante, pois ela pode explicar quem era esse José de Arimateia. Mas se José[phus] de Arimateia fosse realmente Flávio Josephus (Josephus), o historiador, e se Josephus fosse Saulo (São Paulo), como eu afirmo, então por que os escribas não usaram o nome mais familiar de Saulo? Por que o subterfúgio? Há dois motivos para isso:

Primeiro, José de Arimateia não poderia ser identificado com o Flávio Josephus porque esse laborioso historiador havia criado dois relatos paralelos, mas totalmente separados dos acontecimentos na Judeia

---

B529 Bíblia, João 19:38.

do primeiro século. Uma versão foi propriamente editada e vendida aos membros de uma nova seita judaica: a Cristã, que foi chamada de Novo Testamento. Ao mesmo tempo, uma versão mais popular da mesma história estava sendo vendida aos romanos, e ela foi chamada de Guerra Judaica. O nome de "Flávio Josephus" não poderia ser usado no relato do Novo Testamento porque os novos cristãos judeus odiavam Flávio Josephus por ser um judeu traidor que se tornou na destruição da cidade de Jerusalém, assim como cúmplice na captura e crucificação do próprio Jesus. Por outro lado, os romanos não teriam apreciado o nome de Saulo, um discípulo de Jesus, como autor da história de quatro legiões romanas envolvidas no cerco de Jerusalém – afinal, Jesus era um líder rebelde judeu que tinha contribuído para a Guerra Civil Judaica. Por necessidade, Josephus/Saulo tinha de separar a sua identidade como autor desses relatos paralelos.

Segundo, os escribas bíblicos não poderiam usar o nome de Saulo relacionado à crucificação de Jesus porque a reputação de Saulo era tão escandalosa quanto a de Josephus (afinal, tratava-se da mesma pessoa). Tal como Josephus, Saulo era o perseguidor da Igreja de Jesus e de Tiago; ele tivera uma inspiração na estrada de Damasco e tentara, em vão, juntar-se à Igreja. Não sendo inteiramente confiável, Saulo foi com reservas aceito na Igreja iniciatória de Jesus e de Tiago. Frustrado pela falta de progresso nos vários graus, Saulo então decidiu seguir seu próprio caminho e formou a sua própria religião rival chamada Cristianismo, uma nova seita que chegou a ter mais sucesso que a de Jesus. Por conseguinte, Saulo foi o maior e mais persistente inimigo que a Igreja de Jesus e de Tiago jamais enfrentou, com exceção, talvez, dos romanos.

Para os líderes da emergente Igreja Cristã do primeiro século, a ideia de que esse delator, traidor e inimigo jurado judeu, Saulo/Josephus, havia se tornado o salvador de Jesus, que se encontrava em agonia na cruz, era algo insuportável. Apesar de Saulo/Josephus ter criado o Cristianismo por necessidade, os nomes de "Saulo" e de "Josephus" não poderiam ser associados de forma alguma com o digno papel de José[phus] de Arimateia e, portanto, pela primeira e única vez, esse enigmático indivíduo aparece no Novo Testamento [representando Flávio Josephus ou Saulo]. É por isso que o Evangelho de João, na citação anterior, indica que José de Arimateia era um discípulo secreto de Jesus "por temer os judeus". Esse estranho medo, para um indivíduo aparentemente santo, não é explicado, mas é muito possível que se baseasse no fato de que o verdadeiro nome de José de Arimateia fosse Josephus/Saulo e, na realidade, ele era o indivíduo mais ultrajante da Judeia.

O motivo pelo qual a versão alternativa e, talvez, mais precisa dos acontecimentos na Judeia de Saulo/Josephus não pôde ser reconhecida mais abertamente pela Igreja de Saulo é explicado pelo fato de se basear em acontecimentos lógicos do mundo real. O relato bíblico destinado à nova seita denominada Cristianismo precisava de uma ressurreição espiritual para tornar mais interessante a história, com a inclusão de deuses e milagres, enquanto a versão romana da história relatava simples e unicamente os acontecimentos factuais. Assim, o herói de Flávio Josephus sobreviveu à crucificação, enquanto o herói equivalente do Novo Testamento somente "sobreviveu" graças a uma ressurreição milagrosa.

Parece que, na realidade, Jesus foi capturado no final do cerco de Jerusalém e crucificado juntamente com todos os outros líderes e autoridades daquela fadada cidade. Mas Josephus/Saulo, que havia ajudado os romanos em suas campanhas militares na Judeia e em Jerusalém, apiedou-se de três dos líderes rebeldes crucificados. Um desses rebeldes era um príncipe ou rei da Judeia com o qual mediu forças na Galileia e que se tornara o ícone de sua nova religião. Conhecendo o caráter maquiavélico de Josephus (e de Saulo), com certeza houve nisso muito de satisfação pessoal, pois o Saulo/Josephus que fora rejeitado e surrado anteriormente agora podia demonstrar a todos nova influência e poder, exibindo magnanimidade e salvando graciosamente a vida de Jesus. Mas, ao fazê-lo e ao escrever uma história abrangente desses eventos, Josephus fez algo da maior importância – ele registrou a informação de que o rei Jesus não morreu na cruz.

APÊNDICE II

ÁRVORE GENEALÓGICA DE HERODES, O GRANDE

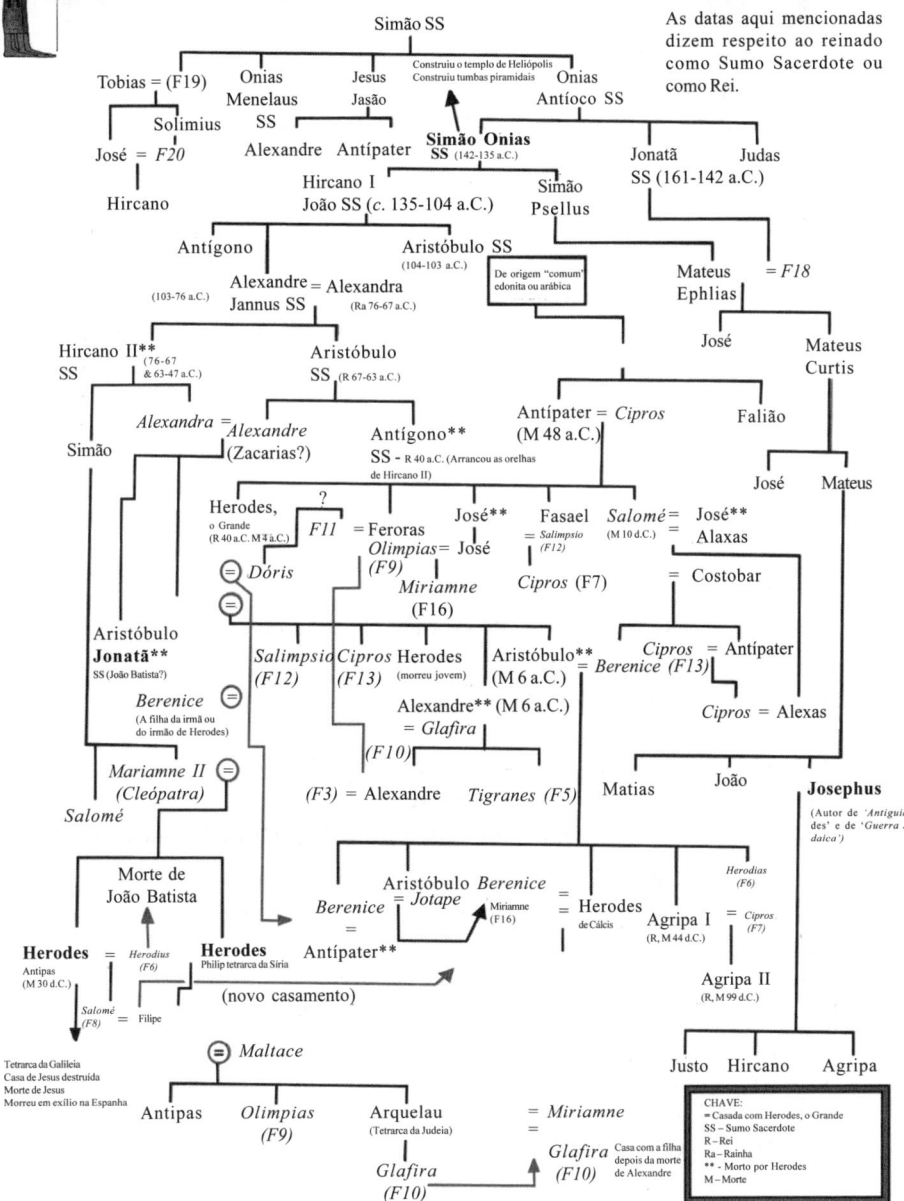

As datas aqui mencionadas dizem respeito ao reinado como Sumo Sacerdote ou como Rei.

Simão SS

Tobias = (F19)   Onias Menelaus SS   Jesus Jasão — Construiu o templo de Heliópolis, Construiu tumbas piramidais   Onias Antíoco SS

Solimius   Alexandre   Antípater   **Simão Onias** SS (142-135 a.C.)   Jonatã SS (161-142 a.C.)   Judas

José = F20   Hircano I João SS (c. 135-104 a.C.)   Simão Psellus

Hircano   Antígono (103-76 a.C.)   Aristóbulo SS (104-103 a.C.)   De origem "comum" edonita ou arábica   Mateus Ephlias = F18

Alexandre Jannus SS = Alexandra (Ra 76-67 a.C.)   José   Mateus Curtis

Hircano II** SS (76-67 & 63-47 a.C.)   Aristóbulo SS (R 67-63 a.C.)   José   Mateus

Simão   Alexandra = Alexandre (Zacarias?)   Antígono** SS - R 40 a.C. (Arrancou as orelhas de Hircano II)   Antípater = Cipros (M 48 a.C.)   Falião

Aristóbulo Jonatã** SS (João Batista?)   Herodes, o Grande (R 40 a.C. M 4 a.C.) — ? = F11   = Feroras   José**   Fasael = Salimpsio (F12)   Salomé (M 10 d.C.) = José** = Alaxas

(=) Dóris   Olimpias = José (F9)   Cipros (F7)   = Costobar

(=) Mariamne II (Cleópatra)   Miriamne (F16)

Berenice (A filha da irmã ou do irmão de Herodes)   Salimpsio (F12)   Cipros (F13)   Herodes (morreu jovem)   Aristóbulo** (M 6 a.C.) = Berenice (F13)   Cipros = Antípater

Salomé   Alexandre** (M 6 a.C.) = Glafira (F10)   Cipros = Alexas

(F3) = Alexandre   Tigranes (F5)   Matias   João

Morte de João Batista   Aristóbulo = Jotape   Berenice Miriamne (F16) = Herodes de Cálcis   Agripa I (R, M 44 d.C.) = Cipros (F7)   **Josephus** (Autor de 'Antiguidades' e de 'Guerra Judaica')

Berenice =   Antípater**   Herodias (F6)

Herodes Antipas (M 30 d.C.) = Herodius (F6)   **Herodes** Philip tetrarca da Síria   (novo casamento)   Agripa II (R, M 99 d.C.)

Salomé (F8) = Filipe

Tetrarca da Galileia
Casa de Jesus destruída
Morte de Jesus
Morreu em exílio na Espanha

(=) Maltace

Antipas   Olimpias (F9)   Arquelau (Tetrarca da Judeia)   = Miriamne   Justo   Hircano   Agripa

Glafira (F10)   Glafira (F10) Casa com a filha depois da morte de Alexandre

CHAVE:
= Casada com Herodes, o Grande
SS – Sumo Sacerdote
R – Rei
Ra – Rainha
** - Morto por Herodes
M – Morte

Relação dos Diagramas

	Capítulo I
Fig. 1	Cartucho de Yacobaam
	Capítulo II
Fig. 2	Cartucho de Akhenaton
Fig. 3	Cartucho do Caim bíblico
Fig. 4	Cartucho do Heber bíblico
Fig. 5	Cartucho do Ragu bíblico
Fig. 6	Cartuchos de Aasahra e de Nehesy
Fig. 7	Cartucho de Aassii, nome real do pai de Abraão
Fig. 8	Cartucho de Mayebra
Fig. 9	Novo cartucho de Abraão (lido ao contrário)
	Capítulo III
Fig. 10	Cronologia dos faraós
Fig. 11	Gilgamesh (Órion) ataca Touro
Fig. 12	Zodíaco de Dendera, do Antigo Egito
Fig. 13	Cartucho de Khutawyre
Fig. 14	Árvore genealógica faraônica do ponto de vista da Bíblia
	Capítulo V
Fig. 15	Árvore genealógica dos faraós de Amarna
Fig. 16	Planta de Amarna
Fig. 17	Mapa do Egito Antigo
	Capítulo VI
Fig. 18	Recinto do templo de Herodes
Fig. 19	Templo de Herodes
Fig. 20	Árvore genealógica de Herodes
Fig. 21	O símbolo cristão do peixe

Capítulo VII
Fig. 22　　Árvore genealógica de Jesus

Capítulo VIII
Fig. 23　　Mapa de Israel no início do primeiro século d.C.

Capítulo IX
Fig. 24　　A cidade de Jerusalém

Capítulo X
Fig. 25　　Hieróglifo cursivo para touro – Hieróglifo cursivo para carneiro
Fig. 26　　A torre Benben de Heliópolis
Fig. 27　　Interior de Newgrange – Interior do Tesouro de Atreu
Fig. 28　　A tigela de Newgrange
Fig. 29　　Entrada do Tesouro de Atreu – Hieróglifo para pirâmide

Créditos Fotográficos

Foto 1	Adoração do Bezerro de Ouro	National Gallery
Foto 2	Akhenaton	Ralph Ellis
Foto 3	Akhenaton	Ralph Ellis
Foto 4	A planície de Akhetaton ou Amarna	Ralph Ellis
Foto 5	Marco de fronteira	Ralph Ellis
Foto 6	*Pietà* – Roma	Ralph Ellis
Foto 7	O Domo da Rocha	Corel Library
Foto 8	Lamentação sobre o Cristo Morto	National Gallery
Foto 9	Símbolo do Sol	Ralph Ellis
Foto 10	Símbolo do Sol	Catedral de Palma
Foto 11	Trança de cabelo lateral egípcia	Ralph Ellis
Foto 12	Taula de Torralba	Stephen Johnson
Foto 13	Taula de Talati	Stephen Johnson
Foto 14	Impressão artística de Nuraghi	Ralph Ellis, conforme Salvatore Mullin
Foto 15	Minarete de Kalyan	Fitzroy Maclean
Foto 16	Minarete de Khiva	Corel Library
Foto 17	Nuraghi de Erismanzanu	Robert Tykot
Foto 18	Torre de Domhnach	Ralph Ellis
Foto 19	Torre de Monasterboice	Ralph Ellis
Foto 20	Obelisco egípcio, Roma	Scott Gilchrist
Foto 21	Tumba de Atreu	Scott Gilchrist
Foto 22	Newgrange, Irlanda	Duchas Heritage
Foto 23	Grande Loja Maçônica	Ralph Ellis

Índice Remissivo

13ª dinastia, 96, 97, 317
318 oficiais, 29, 52, 257

A

Aarão 21, 94, 142, 143, 144, 147, 149, 150, 152, 153, 155, 156, 157, 158, 159, 160, 161, 162, 163, 164, 165, 167, 168, 169, 173, 177, 181, 186, 187, 188, 189, 190, 194
Aasahra 55, 60, 63, 64, 65, 96, 119, 326
Aassii 64, 326
Abadia de Westminster 307
Abel 61, 317
Abidos 36, 155
Abimelec 51, 61
Abraão 18, 24, 25, 26, 27, 28, 29, 30, 34, 35, 36, 39, 45, 46, 47, 48, 49, 50, 51, 52, 53, 54, 55, 63, 64, 65, 66, 67, 69, 73, 74, 75
Abrão, 66
Ácio, 178
açoitamento, 259, 260, 263, 321

Adão, 54, 100
Adonai, 138
Adonith, 102, 138
África, 298, 303
Agamenon, 197
Agripa I, 178, 253, 325
Agripa II, 178, 253, 325
Agripa, 178, 242, 245, 253, 271, 272, 325
Ahmed Osman, 9, 52, 84, 101, 131, 132, 138, 143, 193, 228
Akhenaton, 57, 59, 157, 159
Akki, 40
Alemanha, 17, 174, 230, 270
Alexandra, 178, 183, 185, 325
Alexandre, 74, 83, 84, 133, 160, 177, 178, 191, 192, 213, 325
Alexandria, 33, 47, 114, 178, 274, 275, 277, 278
al-Hajarul, 306
al-Haram, 306
Altar de Cristal, 37
Alto Egito, 21, 36, 47, 48, 50, 71, 72, 74, 75, 77, 79, 81, 106, 108, 112, 115,

118, 126, 136, 139, 145, 147, 152, 173, 278, 281, 294
Amarna 19, 57, 131, 134, 137, 138, 140, 143, 144, 145, 146, 147, 148, 150, 151, 152, 153, 156, 159, 160, 161, 162, 163, 164, 166, 167, 168, 169, 171, 172, 173, 175, 177, 180, 329
Amenemés I, 135
Amenemhat VI, 96, 97, 99
Amenhotep, 41, 56, 57, 58, 85, 86, 127, 128, 129, 130, 132, 133, 135, 136, 141, 142, 143, 144, 148, 149, 150, 151, 152, 156, 160, 162, 189, 224
Amka, 165
Amon, 73, 74, 102, 317
amor, 156, 239
Ananias, 180, 182, 244, 260
Ananus, 241, 256, 257, 258, 260, 261, 268, 272, 273, 274, 277
Anath, 302
Anather, 60, 86, 96
Andrew Power, 314, 316
Ani, 180
ani, 302
Anias, 180
Aníbal, 303
Ankh, 139
ankh, 180
Ankhesenamun, 135
Antióquio, 114, 129
Antipas, 178, 192, 194, 325
Antípater, 177, 178, 185, 186, 325
Apachnat, 59, 60, 96, 97
Apepi Auserre, 69
Apião, 13, 172, 173
Apophis, 96
Aqenenre, 62, 63, 96
Aquário, 70, 92, 94, 195
árabe, 40, 54, 193, 208, 215, 308
Arábia, 17, 178, 305

Arado, 93
aramaico, 32, 54, 193, 196, 219
Arbroath, 307
Arca da Aliança, 138, 146, 301
Arfaxad, 59, 60, 96, 97, 98, 99, 102
Argos, 85
ariano, 127, 129, 130, 137, 140, 148, 160, 167, 168, 169, 196, 204, 277, 300
arianos, 85, 108, 116, 122, 123, 124, 126, 127, 128, 129, 132, 133, 137, 143, 147, 148, 150, 151, 155, 156, 157, 160, 165, 168, 193, 195, 281, 282, 297, 300, 304
Aristóbulo, 178, 183, 184, 185, 186, 325
Arquelau, 192, 325
Arquiteto, 18, 159, 170, 190, 191, 287
arquiteto, 190, 191, 234, 238
Artaxerxes, 246
artes 135, 158, 300
Asenet, 102, 115, 138
Ásia Menor, 127, 178, 232, 238, 266, 275
Ásia, 111, 127, 178, 232, 233, 239, 267, 275
Astrologia, 26, 45, 70, 73, 195, 237, 250
Astronomia, 45, 306
astronomia, 69
Atanásio, 33
Aton, 53, 57, 58, 135, 136, 137, 138, 143, 150, 153, 155, 156, 157, 158, 164, 168, 188, 194, 227, 228, 304, 316
aton, 58
AVARIS, 155
Avaris, 36, 48, 72, 74, 75, 108, 109, 161, 162, 163, 165, 166
avental, 235, 317
Avery, 234
Aye, 133, 135, 165

aye, 67
Ayres Rock, 73
azar, 312
Azar, 60, 65, 96

B

Babilônia, 5, 25, 95, 173, 174, 175, 178, 183, 301, 317
Baco, 248
Bahrein, 302
Bangor, 293
Baraquias, 269
Barnabé, 238, 248
Baronius, 222
Barsabás, 247, 248
Barsabás, 248, 249
Baruch, 269
Beausant, 317
Beit-el, 305
Belém, 111, 196, 259
Benben, 135, 136, 173, 290, 291, 294, 295, 296, 297, 304, 305, 306, 307, 308, 316, 328
Beni Hasan, 116
Benjamin, 114, 119, 121, 124, 125, 235, 247
Benu, 304
Betel, 259
Beza, 33
bezerro de ouro, 170
Bezerro de Ouro, 328
Bíblia, 13, 18, 20, 21, 25, 28, 31, 32, 33, 35, 36, 37, 38, 39, 41, 42, 45, 46, 48, 49
Biblioteca Bodleana, 33
Bnon, 60, 96
Boaz, 169
Bordéus, 206
Bourbons, 309, 310, 312

Boyne, 286, 289, 312, 313, 315
braço, 42, 98
Bucara, 294, 297
Budge, 88, 131, 191
burro, 202
Buto, 297, 305

C

Cabala, 234, 306
Caim, 60, 61, 63, 96, 102, 326
Cairo, 291
calendário gregoriano, 71, 73
calendário Juliano, 73
Cam, 97, 102, 301
camita, 301, 302
cana, 61, 62
Canaã, 81, 84, 88, 102, 109, 121, 123, 132, 143, 187, 218, 223, 231, 301
canaanitas, 102, 301, 302
captura, 65, 203, 210, 232, 323
Caractacus, 283
Carlos I, 308
Carlos II, 308, 310
Caroli VI, 228
carpinteiro, 27, 187, 188, 190, 208, 322
carpinteiro, 27, 187, 188, 190, 208, 326
Cartago, 303, 304
cartas, 169, 210, 233, 240, 243, 244, 246, 247, 262, 263, 264
Casamento, 178
casamento, 46, 78, 128, 129, 133, 148, 165, 175, 183, 184, 188, 203, 223, 224, 225, 226, 325
Catolicismo, 205, 284, 290, 298
Cavaleiros Templários, 226, 309
cegonha, 304
celtas, 284, 290, 293, 307, 316

Cesareia, 185, 242, 252, 276, 297
CESAREIA, 259
Cesarião, 178
cetro, 24, 99, 256
Cevas, 235
Chedorlaomer, 28
chefe de polícia, 186, 245, 246
Cheres, 57
Cheres, 57
Chesterton, 237
chicote, 23
Chipre, 232, 283, 299, 300
circuncisão, 111, 139, 236, 237, 238
circuncisão, 139, 237, 238
cirílico, 302
Citópolis, 270, 271
Cléofas, 206, 207, 208, 212, 213, 220
Clive Prince, 182, 309, 310
Códice de Alepo, 32
codorniz, 64
Cólquida, 297
como vizir, 117
Constâncio, 284, 292
Constantino I, 33, 284
Constantinopla, 292
Copenhagen, 103
Coponius, 192
Corão, 13, 20, 25, 53, 54, 65, 66, 163, 182, 189, 190, 193, 213, 295
Corinto, 170, 264, 265, 283
Cormac, 287
coroação, 79, 107, 306, 307, 318
cosmos, 38, 68, 69, 98, 112, 115, 136, 153, 159, 169, 190, 192, 199, 246, 304, 316, 320
Cosmos, 71, 91
Creta, 104, 105, 281
cristão, 25, 33, 131, 182, 187, 195, 196, 208, 223, 233, 259, 293, 327
Cristianismo, 4, 27, 30, 37, 39, 63, 68, 82, 178, 189, 195, 199, 204, 226, 230, 231, 232, 233, 234, 238, 240, 264, 266, 271, 322, 324, 326
Cristianismo, 4, 27, 30, 37, 39, 68, 83, 180, 196, 202, 227, 231, 232, 233
Crucificação, 11, 206, 211, 219, 220, 227, 228, 232, 244, 245, 247, 253, 260, 263, 268, 320, 322, 323, 324
Cruz Ansada, 180
Cruzadas, 17, 311, 312
cruzadas, 17, 312, 319

D

Dã, 102, 112, 300, 307, 308
Damasco, 210, 233, 234, 238
Damasco, 210, 233, 234, 239, 242, 257, 261, 263, 272, 324
Dânao, 85
Danu, 307
Danúbio, 280
Davi, 39, 68, 102, 125, 142, 168, 180, 227, 301
David Rohl, 90, 100, 170, 305
de Tebas, 49, 72, 74, 129, 152, 156, 160, 162, 294
Deir el Medineh, 139
Delta do Nilo, 21, 36, 47, 53, 78, 84, 116, 168, 311
Déspota, 142
determinativo, 41, 42, 63
Deus-Sol, 193
deus-Sol, 57, 58, 153, 227, 228, 302
Deuteronômio, 32, 110
Diáspora, 178, 246, 266, 282
diáspora, 30
Dídimo, 219, 220, 221
discípulo amado, 211, 212, 213, 214, 215, 216, 217, 218, 219

Discípulo Amado, 212
Djedefra, 58
djehu, 190
Domiciano, 243
Domo da Rocha, 305, 328
druidas, 284
duas terras, 90, 98, 99
Duas Terras, 99, 104
Dubhhabhoireann, 287
Dublin, 289, 311
Duma, 116
Dumuzi, 90, 95
dupla cana, 61, 62

E

Eamhain, 284, 313
Eber 54, 62
Éden, 20, 147
Eduardo I, 307, 308
educação em Heliópolis, 136, 194
Egito, 17, 18, 20, 21, 24, 26, 28, 29, 30, 34, 35, 36, 37, 38, 39, 41, 43, 45, 47, 48, 50, 51, 53, 70, 71, 73, 88, 90, 95, 104, 105, 106, 108, 109, 112, 114, 115, 116, 117, 118, 120, 121, 122, 123, 124, 125, 126, 128, 129, 130, 131, 132, 133, 136, 137, 139, 140, 143, 152, 157, 164, 174, 187, 196, 229, 278, 282, 284, 290
El Minia, 145
El Qunaytirah, 16
Elber, 96
Elias, 227
Élimas, 213
Enkidu, 90, 91, 92
Enlil, 283
Epafrodito, 243, 265
equinócio, 70, 71, 73, 75, 175
eras, 25, 26, 147, 194, 293

Esaú, 79, 80, 100
Esaú, 79, 80, 81, 100, 102, 108, 110, 111, 112, 113, 115, 118, 145, 207, 224
escaravelho, 142
Escócia, 119, 308, 311
escravos judeus, 113
escravos, 31, 34, 82, 83, 84, 105, 106, 113, 123, 130, 178, 180, 181, 279, 284
Espanha, 70, 178, 280, 310, 317, 325
Esposas, 135
esposas, 46, 49, 80, 100, 114, 124, 125, 140, 169, 175, 223, 243
Essênio, 193
essênio, 39, 254
Estelar, 284
estelar, 72, 91, 95, 279, 290, 306
estilo de vida, 27, 245
etíopes, 149, 150, 163
Etiópia, 164, 298
etrusco, 303
Europa, 56, 127, 135, 178, 211, 238, 241, 247, 249, 252, 253, 272, 285, 286, 289, 290, 299, 302, 304, 316, 317, 319, 323
Eusébio, 34, 85, 207
Euterpe, 73, 118, 138
Êutico, 253
Evangelho de Felipe, 31, 197, 222
Evangelho de João, 188, 208, 209, 211, 212, 215, 217, 218, 219, 220, 229, 323
Evangelho de Judas Tomé, 247
Evangelho de Lucas, 33, 216, 220
Evangelho de Marcos, 196
Evangelho de Mateus, 125, 190, 201
Evangelho de Tomé, 220
Exército Vermelho, 116
exército, 28, 29, 48, 52, 80, 81, 83, 101, 106, 107
exílio interno 143
Êxodo, 11, 34, 36, 37, 89, 90, 94, 105,

107, 109, 147, 149, 157, 159, 162
êxodo, 30, 34, 37, 51, 52, 56, 73, 89, 90, 91, 92, 93, 94, 95, 107, 111, 112, 113, 114, 115
Ezequiel, 255

F

Faleg, 96, 97, 98, 99, 102
falso profeta egípcio, 241, 249, 250
fariseus, 175, 176, 199, 236, 251, 268
Felipe, 31, 197, 222
Felix, 242, 263
fenícios, 169, 302, 303, 304, 305
fenícios, 51, 169, 301, 302, 303, 304
Fênix, 180, 290, 304
fênix, 304
Feroras, 178, 181, 186, 325
festival da Páscoa, 203, 268, 277
Festo, 261, 263
Filadelfo, 151
filho de Herodes, 182, 194
filho de Jesus, 238, 247, 248, 289
Fineias, 180
Flinders Petrie, 318
Florus, 242
fome, 47, 123, 276
França, 17, 206, 292, 310
Franco-Maçonaria, 25, 109
Fua, 159

G

Gabara, 260
Galba, 267, 274
Gália, 106
Galileia, 15, 16, 177, 195, 203, 210, 211, 223, 241, 244, 245, 254, 256, 259, 260, 261, 267, 271, 272, 324, 325
Gamala, 256, 257, 259, 262, 268, 272, 273, 277
Gamaliel, 248
Gavrinis, 313
gêmeos, 77, 316
Gêmeos, 89, 92
genealogia, 175, 224
Genealogia, 197
Gênesis, 11, 21, 28, 32, 34, 44, 47, 49, 51, 53, 54, 54, 57, 66, 68, 74, 78, 80, 82, 85, 100, 104, 130, 132, 223, 225, 228, 229, 300
genética, 225, 298, 311, 316, 318
Gengis Khan, 129
gentios, 176, 253
George Hart, 58
Geórgia, 297
gerar, 225, 316
Gerar, 51
Gilgamesh, 88, 90, 91, 92, 93, 94, 95, 326
Gischala, 259, 260, 272, 274
Gizé, 58, 71, 119, 155, 228, 295
gnóstico, 199, 211
Golã, 15, 16
Golfo Pérsico, 302
Gomorra, 76
governador da Galileia, 245, 254
governador, 116, 177, 238, 242, 245, 251, 253, 254, 256, 257, 261, 262, 266, 278, 322
governo, 116, 127, 130, 183, 251, 283, 295, 309, 329
Grã-Bretanha, 283, 284, 293, 296, 303, 312, 313, 317
Grahame Smith, 89
Grande Aliança, 310
Grande Guerra, 289
grande guerra, 319
Grão-Mestre, 202, 226

Grego, 234, 329
grego, 32, 38, 54, 75, 88, 112, 205, 235, 241, 253, 254, 257, 272, 287, 295, 320, 329
Grouville, 313
Guarda Azul Holandesa, 311
Guerra dos Seis Dias, 16
Guerra Judaica, 13, 178, 244, 245, 249, 263, 266, 270, 323
Guilherme de Orange, 308, 309, 310, 312, 313
Guilherme III, 309

H

Habsburgo, 310
Hagar, 46
Haifa, 16
Hajj, 305
Händel, 318
Hapi, 141
Heber, 54, 60, 62, 96, 98, 102, 326
hebraico, 32, 54, 56, 122, 241, 294, 302, 321
hebreu, 19, 32, 34
Hebreus, 189, 194
hebreus, 35, 45, 159, 216
Heliópolis, 23, 24, 69, 71, 72, 73, 74, 76, 89, 110, 115, 117, 120
Henrique II, 53
Henrique VIII, 147
herdeiro 66, 114, 116, 118, 126, 150, 161, 162, 166, 180, 194, 223, 267
Hermes, 318
Herodias, 178, 181, 182, 325
Heródoto, 51, 73, 118, 119, 138, 297, 305
hicsos, 19, 29, 35, 36, 39, 47, 50, 54, 55, 56, 59, 63, 69, 80, 84, 85, 88, 89, 90, 95, 96, 97, 100, 101, 103, 107, 109, 112, 116, 118, 122, 124, 128, 129, 131, 136, 140, 152, 162, 187, 236, 259, 313, 314, 315
Hicsos, 35
Hieróglifos, 40
hieróglifos, 42, 57, 62, 63, 298
hindu, 237
Hircano II, 142, 177, 178, 183, 325
Hircano, 142, 177, 178, 183, 186, 188, 325
história oculta, 83
hititas, 165, 299
Hitler, 49
holocausto, 230
Homem Verde, 318
Horemheb, 85, 86, 135, 165, 202
Hórus, 38, 93, 112, 318
Humbaba, 92

I

Iakbher, 62
íbis, 59, 190
ichthys, 195
igreja de Saint Croix, 206
IHS, 195, 196
Índia, 56, 70, 75, 127, 221, 297
Índice
Inglaterra, 17, 56, 202, 270, 280, 283, 284, 297, 309, 310, 313
Irlanda, 50, 284, 286, 288, 289, 292, 293, 295, 296, 305, 307, 308, 309, 311, 313, 328
irmã de Herodes, 180, 181, 185
irmão de Herodes, 180, 181, 183, 325
Isaque, 34, 39, 51, 77, 102, 188, 235
Ishtar, 92
Ísis, 38, 112
Islã, 305

Ismael, 295, 306
israelitas, 34, 35, 37, 38, 50, 67, 79, 95, 99, 118, 128, 138, 141, 144, 148, 152, 153, 156, 160, 173, 174, 183, 216, 321, 328
Istambul, 292
Itália, 155, 310

J

Jachin, 169
Jacó, 11, 19, 23, 24, 34, 39, 43, 45, 54, 59, 60, 77, 78, 80, 81, 100, 101, 103, 105, 107, 108, 109, 110, 111, 113, 114, 115, 120, 121, 123, 124, 133, 207, 213, 235, 307
Jacó, 19, 23, 24, 34, 39, 43, 45
Jacob Teicher, 254
Jacoba, 42, 43, 45, 59, 60, 63, 84, 85, 96, 100, 105, 108, 116, 125, 127, 128, 131, 133, 137
jacobita, 178, 189, 280
Jacques de Molay, 226
Jafé, 97, 102
Jaime, 21, 33, 109, 207, 308, 309, 310, 311, 312
Jannus, 60, 61, 96, 325
Jericó, 101, 110, 111, 259
Jersey, 313
Jerusalém, 30, 34, 38, 45, 83, 84, 100, 111, 115, 116, 124, 125, 128, 139, 140
Jesus, 18, 19, 20, 30, 31, 39, 68, 89, 94, 114, 115, 125, 182, 185, 188, 189, 190, 191, 192, 193, 194, 195, 196, 198, 199, 201, 202, 204, 205, 207, 208
Jezebel, 139, 140
João Batista, 178, 185, 186, 188, 189, 190, 192, 248, 257, 313, 318, 319
João de Gischala, 272, 274
João-Marcos, 248

José de Arimateia, 208, 282, 283, 294
José de Arimateia, 208, 282, 305, 316, 329
José, irmão de Herodes, 181, 183
Josefeno, 283
josefita, 189
Jotapata, 259, 263, 271, 274, 275
Judá, 102, 112, 124, 125, 188, 189, 213, 235
Judaísmo, 18, 27, 37, 39, 68, 72, 82, 133, 138, 147, 173, 222, 252, 254, 257, 259, 260, 275, 286, 315, 328
Judas Iscariotes, 209, 212, 214, 216, 217, 218
Judeia, 47, 118, 119, 178, 184, 185, 187, 192, 194, 201, 202, 210, 249, 251, 260, 270, 277, 285, 325, 328
judeus, 25, 27, 29, 30, 47, 51, 67, 72, 83, 88, 113, 114, 115, 125, 126, 139, 169, 174, 177, 178, 188, 210, 214, 227, 229, 231, 233, 237, 238, 239, 242, 244, 246, 247, 253, 257, 267, 270, 272, 276, 277, 285, 306, 322, 324
uditas, 167, 180
Juízes, 101, 300
juízes, 250
Júlio César, 178

K

Kaaba, 305, 306, 307
Kanefera, 58
Karl Zauzich, 66
Karnak, 37, 72, 136, 138, 139, 153, 155, 160, 162, 227, 292
Khafre, 58
Kherpii, 57
Khnumhotep, 116
Khutawyre, 98, 99, 326

Khyan, 60, 61, 86, 96
kibutz, 15, 16
Kilkenny, 285

L

labab, 217
Labão, 78, 79, 102, 312
lady Macbeth, 117
latim, 63
Laurence Gardner, 20, 226, 282, 283, 309
leban, 217
Lebbaios, 216, 227
Lebeu, 207, 216, 217
Lei Judaica, 232, 254, 255, 262
Lei Mosaica, 232
Lei Rabínica, 236
Leinster, 287
leprosos, 86, 107, 125, 126, 137, 141, 143, 150, 151, 155, 161, 216
Leto, 305
Levi, 86, 102, 112, 125, 170, 183, 213
levita, 86, 130, 189
Líbano, 253, 302
Líbia, 73
Liga de Augsburgo, 310, 311
Lightfoot, 222
Lince, 93
linhagem real, 25, 27, 39, 45, 67, 100, 114, 117, 119, 120, 121, 124, 125, 180, 185, 188, 223, 283, 284, 310, 320
Linhagem Real, 54
linhagem, 25, 27, 35, 39, 43, 45, 48, 54, 65, 66, 67, 68, 82, 100, 108, 114, 116, 117, 121, 125, 132, 133, 162, 183, 185, 187, 188, 191, 235, 283, 284, 308, 310, 319
Linhagem, 54, 213

lista dos faraós, 63
Lodovico Muratori, 210
Londres, 16, 203, 292, 307, 309
Lot, 28, 75, 76, 102, 223
Lugulbanda, 90, 93, 94, 95
Luxor, 21, 139, 147
Lynn Picknett, 182, 309, 310

M

Macedônia, 232
maçom, 234, 235
mago, 235
Maiorca, 280, 295
Malta, 243, 298
Mamayebra, 66
Maneton, 13, 20, 26, 29, 34, 35, 54, 56, 57, 58, 59, 61, 64, 69, 80, 84, 85, 86, 88, 97, 100, 107, 108, 111, 126, 131, 137, 141, 149, 152, 164, 165
Mar da Galileia, 15, 195, 259, 260, 270
Mar Morto, 236, 253, 254, 257, 277
Mar Negro, 297
Mar Vermelho, 83
Maria de Betânia, 222
Maria Madalena, 194, 197, 205, 206, 222
Mariamne, 177, 178, 180, 181, 183, 184, 185, 325
Marta, 206, 212, 213, 222, 223
Masada, 259, 277
Mascaro Pasarius, 280
Matemática, 191
matemática, 69, 170
Matias, 247, 248, 325
Mayebra, 65, 66, 96, 326
Mayebra, 65, 66, 96, 326
Meca, 295, 305, 306

Medinet Habu, 299
Mediterrâneo, 105, 263, 265, 266, 279, 280, 293, 295, 298
Mênfis, 35, 36
Meroe, 151
Mesopotâmia, 124
Micênica, 299
Michelangelo, 205, 206
Milão, 210
Minorca, 280, 282, 295, 296, 304
Miriam, 102, 213
mitologia, 74, 160, 297
Moab, 102, 167, 259
Moisés, 9, 11, 18, 25, 32, 34, 39, 51, 96, 97, 98, 99, 100, 102, 106, 114, 116, 119, 120, 125, 135, 136, 141, 142, 143, 144, 145, 146, 147, 148, 149, 150, 152, 153, 155, 156, 157, 158, 162, 163, 164, 166, 167, 169, 170, 172, 173, 175, 176, 177, 180, 181, 182, 186, 193, 196, 197, 204, 205, 213, 251, 252, 261, 264, 274, 295, 312, 329
Monasterboice, 286, 287, 289, 290, 292, 328
Monoteísmo 84
Monte das Oliveiras, 204, 250, 251, 252
Monte Messina, 289, 290
Morgana, 226, 283
morte de Tutankamon, 165
morte, 32, 83, 93, 114, 116, 127, 146, 147, 164, 180, 181, 184, 186, 191, 196, 210, 212, 217, 221, 228, 233, 243, 251, 261, 268, 292, 311, 325
muçulmanos, 25, 227, 305
mumificado, 229
Museu Britânico, 58, 69, 77

N

Nabucodonosor II, 173
nação, 17, 18, 24, 28, 30, 52, 89, 125, 137, 167, 244, 247, 294
Nachor, 52, 55, 60, 65, 74, 119
Nag Hammadi, 13, 20, 31, 34, 197, 198, 219, 220, 221, 222
Naggar, 190
Nahor, 55, 60, 66, 96, 102
nascimento, 65, 66, 114, 124, 125, 129, 147, 148, 160, 189, 206, 208, 217, 220, 228, 256, 263, 314, 328
Nasrani, 195
Natã, 318
Natal, 19, 24, 107, 126, 172, 295
Natanael, 208
Nazaré, 195, 245, 259
Nazareno, 192, 195, 216, 217, 226, 232, 234, 255
Neco, 28, 52, 65, 66, 68, 73, 77, 109, 130
Necos, 119
Nefertiti, 20, 57, 133, 135, 140, 160, 165
Néftis, 38
Negev, 29, 35, 155, 279, 307
Nehesy 52, 53, 55, 60, 63, 64, 65, 96, 326
Nehesy, 52, 53
Nehosy, 65, 119
Nero, 267, 270, 272
Nicodemo, 228
Nicolau II, 116
Nilo, 16, 21, 23, 36, 39, 47, 48, 71, 74, 105, 123, 143, 152, 155, 305
Nisan, 72
No Judaísmo, 82, 147, 254
Noé, 54, 89, 90, 96, 97, 99, 100, 102, 301

nomes egípcios, 36, 40, 41
Novo Reino, 41, 99, 145, 155, 160
Novo Testamento, 9, 11, 30, 32, 33, 46, 54, 62, 114, 186, 202, 204, 205, 210, 211, 212, 214, 218, 220, 224, 242, 260, 261, 262, 264, 314, 316, 317
Núbia, 128
Nuraghi Su Nuraxi, 296
nuraghi, 296, 297, 299
Nut, 38

O

Obadias, 140
obeliscos, 135, 136, 172, 291, 292, 293, 305
Onias, 102, 114, 115, 176, 178, 180, 190, 277, 292, 294, 325
Orestes, 197
Órion, 55, 90, 91, 114, 115, 116
Osarsef, 131, 132
Osarseph, 141
Osíris, 38, 39, 55, 69, 94, 112, 130, 131, 132, 141, 318
Otaviano, 178
Otelo, 181
Otho, 268, 275

P

Padam-aram, 78
Pafos, 239
País de Gales, 16, 285
Palestina, 16, 17, 35, 36, 47, 50, 83, 88, 100, 106, 124, 128, 130, 168, 175, 177, 178, 188, 275, 301, 302, 303, 308, 313
Papa, 63
papa, 63, 284, 312

Papiro de Rhind, 69
Papiros do Mar Morto, 254, 255, 257
Páris, 74, 160
pastor, 27, 29, 30, 35, 36, 37, 46, 63, 72, 94, 99, 119, 120, 129, 130, 131, 160, 249
patriarca, 30, 37, 53, 61, 96, 302
Patrusim, 102, 301
Pedra de Rosetta, 41, 60
Pedra de Scone, 307, 308
Pedreira, 155, 156, 164
pedreiras, 83, 126, 143, 146, 152, 157, 160, 161
Pedro, 195, 198, 206, 214, 215, 216, 219, 221, 232, 293
Peleg, 60, 96, 97
Peleset, 300, 301
Pentateuco, 32
perizitas, 111
persas, 302, 303, 317
Pérsia, 17, 56, 128, 174, 178, 236, 280
Pesher, 29, 45
Peter Oefner, 298
Petersef, 132
Piazza San Giovanni, 293
pilares de fogo, 103
Pilatos, 229, 322, 323
Pi-Rameses, 36
piratas, 138, 300
piscianos, 195, 217
Pitom, 84
Planisfério, 71, 89
planisfério, 89
Plêiades, 90, 92
Pompeu, o Grande, 175
Popi, 63
Portal do Leão, 315
Potifar, 117, 120
Povo do Mar, 119, 298, 300, 301, 303, 304, 308

Praga, 101, 145, 228, 229
pragas, 83, 101, 103, 104, 105, 107, 108, 164
precessão, 26, 73, 95
Primeira Guerra Mundial, 266, 289, 291
princesa Elaine da Grã-Bretanha, 284
príncipe Linus, 284
pronúncia, 40, 41, 52, 54, 55, 58, 60, 61, 62, 63, 67
protestantes franceses, 312
Psamético, 118, 119
Psamtik, 119
Ptah, 69, 132
Ptolomeu, 115, 151, 292
Puteoli, 243, 244

Q

quarto, 30, 108, 164, 199, 210, 215, 218
Queremon, 132
Quiriat Shamona, 16
Qumran, 176, 254, 257, 258, 259, 295

R

Ra, 42, 53, 58, 62, 66, 98, 99, 180, 228, 316, 325
ra, 58, 97, 194
Raab, 111
Raameses, 84
Ragau, 54, 60, 96, 102
Ragu, 63, 327
Rakhaf, 58
Ramsés II, 56, 84, 86, 119, 299
Ramsés, 36, 56, 58, 84, 85, 86, 119, 299, 300
Raqu, 60, 63, 96
Raquel, 78, 102, 114, 124, 125
Ratotis, 57, 59, 85, 86
Rebeca, 51, 77, 102
Re-Herakhte, 136
rei Arthur, 283
rei Hiram, 17, 168, 169
rei Og, 110
rei pastor, 35, 36, 37, 72, 94, 127, 129
rei Salomão, 20, 68, 140, 168, 169, 230, 284, 319
rei Sargon, 39
rei-Sol 158
Rei-Sol 74, 221
Rei-Sol, 74
Relland, 47
Ricardo I, 53
Rio Jordão, 15, 17
Rio Nore, 285
Robert Graves, 94
Robert II, 120
Rodes, 178
Roma, 17, 30, 34, 56, 175, 177, 178, 186, 210, 242, 243, 244, 253, 271, 274, 277, 281, 283, 299
Romano, 33, 107, 168, 178, 186, 193, 210, 216, 240, 259, 265, 284, 287, 291, 305
Romanoff, 117
Ruben, 102, 125
russa, 127, 272

S

Sabá, 20, 102, 175, 237, 249, 262
Sabás, 248, 249
saduceus, 176
Safias, 257, 258, 259, 269, 274
sah, 193

Sah, 55, 56, 193
Sahr al Gharbiya, 74
Sakara, 300
Salah, 60, 96
Salitis, 60, 96
Samuel, 247, 301
Santorini, 101, 300
São Nicolau, 228
São Patrício, 294
São Paulo, 4, 322, 323
São Pedro, 206, 293
Sara, 28, 48, 49, 51, 52, 53, 55, 56, 66, 102
sarcófagos, 303
Sardenha, 295, 296, 297, 298, 300, 303, 304
Saulo, 11, 33, 189, 197, 201, 202, 203, 210, 222, 223, 226, 231, 232, 233, 234, 235, 236, 238, 239, 240, 241, 242, 243, 244, 249, 251, 254, 255, 260, 261, 262, 263, 264, 265, 266, 267, 268, 270, 271, 322, 323, 324, 326
Scone, 307, 308
Sebaste, 186
Sede de Tara, 312
Séfora, 160
Séforis, 245, 261, 263
SÉFORIS, 259
Segunda Guerra Mundial, 175, 271, 280, 320
segundo, 28, 29, 48, 82, 100
Sekhmet, 38
Selo de Salomão, 139
semitas, 35, 55, 63, 210, 302, 303
Senado Romano, 178
Senado romano, 178
Senusret I, 292, 305
Seon, 110
Serapeu, 70
Seruch, 60, 96
Sesostris, 96

Set, 38, 112, 318
sexta-feira 13, 312
Shafat, 258, 259
Shah, 56
Shamash, 92
Shardana, 300
Shekelesh, 300
Shem, 90
Sheshi, 53, 60, 65, 67, 86, 95, 96, 98
Sheshonq I, 167
Shiva, 237
Shu, 316
Siamun, 140
Sicários, 47, 249
sicários, 47, 48, 249, 252, 277, 278
Sicília, 300
Sigmund Freud, 84
Silas, 249
Simão Onias, 102, 176, 180, 183, 190, 295, 325
Simão Pedro, 252
Simão, 115, 176, 178, 180, 183, 190, 205, 206, 207, 208, 209, 212, 213, 214, 216, 217, 221, 223, 250, 270, 276, 295, 325
símbolos, 63, 78, 95, 99, 139, 235, 305, 318
Sinai, 47, 100, 146, 166, 168
Siquém, 111
Sire, 56
Síria, 16, 35, 109, 115, 128, 165, 166, 175, 178, 253, 267, 325
síria, 257
Siwa, 73, 74, 155
Smenkhkare, 135, 160, 161
Sobekhotep II, 99
Sodoma, 76
sol, 15
Sol, 23, 57, 58, 69, 70, 71, 92, 228, 291, 316
Somme, 289

Sothis, 97
status, 27, 28, 46, 49, 66, 114, 202
Stephen Johnson, 281
Suméria, 77, 90, 92, 93, 94, 300, 303
suméria, 77, 90, 95

T

Tabernáculo, 139, 146, 166, 169, 235, 286
tabernáculo, 146
Talayot, 293
talayots, 295, 298
Talmude, 13, 81, 138, 142, 148, 149, 228
Tau, 281
taule, 281
taurino, 127, 143, 150, 161, 165
TEBAS, 155
Tebas, 21, 36, 37, 47, 53, 54, 55, 78, 80, 160, 176, 293, 294
Tefnut, 316
Tekh, 191
tekh, 191
tekton, 190, 191
Tempest Stele, 104
Templários, 138, 182, 227, 310, 312, 317
Templo, 17, 23, 24, 38, 115, 131, 139, 140, 145, 146, 168, 169, 171, 172, 173, 176, 178, 188, 199, 211, 242, 248, 276, 297, 301, 313, 314, 316, 325, 328
Terah, 55, 60, 65, 97, 102
Teresh, 300
Tesouro de Atreu, 312, 314, 316, 317, 328
Thoth, 9, 18, 38, 59, 68, 131, 132, 159, 170, 190, 191, 226, 280, 284, 313, 323
Tiberíades, 210, 245, 255, 257, 259, 261, 262, 267, 271, 272

TIBERÍADES, 259
TIRO, 259
Tiro, 51, 168, 169
Tisithen, 132
Tito, 246, 267, 268, 271, 274, 275, 276, 322, 323
Tiye, 128, 132, 133, 135, 140, 148, 149, 189
Tomé, 198, 211, 219, 220
Torre de Strato, 271
torre redonda, 286, 290, 291, 295, 305
Touro Apis, 61, 69, 70, 71, 74, 110, 122, 137
Touro do Céu, 92, 93
traição, 185, 211, 218, 221
tsunami, 105
túnicas multicoloridas, 116
Turim, 229, 310
Tuya, 165
Tuyu, 135

U

Ulster, 294
Última Ceia, 203, 212, 222, 225, 259, 276, 300
União Soviética, 39
Universidade do Sul da Flórida, 297
Universidade dos Faraós, 188
Ursa Maior, 93
Uruk, 90
Uzbequistão, 295

V

Valeriano, 257, 271
Vaticano, 140, 156, 235, 300
Velho Testamento, 25, 28, 30, 32, 33, 34, 35, 43, 48, 50, 53, 56, 89, 98, 101,

207, 213, 225, 226, 233, 248, 249, 250, 251
Vespasiano, 267, 268, 270, 271, 272, 274, 275
Vikings, 287, 288
Vishnu, 237
vizir, 29, 77, 82, 117, 120, 128, 130, 131, 132, 133, 141, 224
Vossius, 47

W

Wadjkara, 58
Wegaf, 88, 109, 116, 117, 118
Wegaf, 88, 89, 96, 97, 98, 99

X

Xerópolis, 301
Xerxes, 247

Y

yacob, 207
Yacobaam, 19, 39, 40, 42, 326
Yahweh, 131, 139, 140
yakobos, 207
Yakubher, 60, 62, 96
Yeshu ben Pandira, 228
Ypres, 289
Yuya, 128, 129, 131, 133, 134, 135, 136, 140, 165

Z

Zacarias, 178
Zacarias, 178, 202, 213, 248, 267, 269, 274, 325
Zadok, 180, 320
Zaqueu, 203
Zelote, 207, 250
Zípora, 102, 135, 150
Zodíaco 70, 73, 89, 93, 94, 95, 99, 167, 173, 235, 244, 251, 255, 260, 329

Este livro foi composto em Times New Roman, corpo 11/12.
Papel Offset 75g
Impressão e Acabamento
Hr Gráfica e Editora – Rua Serra de Paraicana, 716 – Mooca– São Paulo/SP
CEP 03107-020 – Tel.: (011) 3341-6444 – e-mail: vendas@hrgrafica.com.br